Constitución Española

3.000 preguntas

de examen tipo test para oposiciones

Agustín Odriozola Kent

Coleccion JuriTest

Yo también pasé por ello...

Estimado/a opositor/a; este volumen pretende ayudarte en tu tarea de estudio.
Recopila convocatorias de exámenes reales como repaso

Puedes hacernos llegar cualquier sugerencia de mejora que estimes oportuna

Yo también recorrí el duro camino del opositor y ahora sólo espero
humildemente haber podido facilitarte el tuyo

AGUSTÍN ODRIOZOLA KENT

Triple Eñe Ediciones / TapaBlanda
ISBN: 978-84-12019643

Fotos cubierta: S.V. Klimkin (Moscú)
Interior: Pexels (Reino Unido), Mia Powterr Weifang (China),
Ahmed Adly (Egipto), Felix Mittermeier y Jakob 5200 (Alemania)

Diseño y maquetación: Daniel García [**www.daninet.net**]

Última modificación:
11 de marzo de 2024

La constitución. Antecedentes
Derechos y deberes fundamentales

La Corona

Legislativo

100		200		300		400	
1 D	51 C	101 B	151 D	201 D	251 C	301 A	351 C
2 B	52 A	102 C	152 C	202 D	252 B	302 B	352 B
3 D	53 A	103 A	153 A	203 B	253 A	303 C	353 A
4 C	54 B	104 B	154 C	204 C	254 B	304 B	354 D
5 D	55 A	105 A	155 D	205 C	255 D	305 C	355 A
6 D	56 D	106 C	156 B	206 C	256 B	306 A	356 A
7 B	57 C	107 C	157 D	207 A	257 D	307 C	357 A
8 A	58 B	108 D	158 D	208 C	258 B	308 D	358 B
9 C	59 D	109 B	159 D	209 D	259 A	309 B	359 B
10 D	60 A	110 B	160 D	210 D	260 A	310 B	360 B
11 C	61 B	111 A	161 C	211 D	261 C	311 C	361 B
12 C	62 A	112 C	162 C	212 B	262 C	312 A	362 C
13 D	63 D	113 D	163 C	213 D	263 C	313 C	363 B
14 C	64 A	114 C	164 D	214 C	264 A	314 C	364 C
15 A	65 C	115 C	165 A	215 C	265 D	315 B	365 B
16 B	66 B	116 B	166 B	216 D	266 D	316 A	366 D
17 C	67 D	117 B	167 D	217 D	267 A	317 B	367 B
18 B	68 C	118 D	168 D	218 C	268 B	318 D	368 C
19 C	69 C	119 D	169 C	219 C	269 D	319 A	369 A
20 D	70 D	120 D	170 D	220 C	270 D	320 B	370 B
21 B	71 A	121 A	171 C	221 A	271 D	321 A	371 B
22 B	72 C	122 A	172 A	222 C	272 C	322 A	372 A
23 C	73 C	123 C	173 C	223 D	273 C	323 A	373 C
24 C	74 B	124 C	174 B	224 D	274 A	324 A	374 A
25 D	75 C	125 A	175 D	225 C	275 C	325 B	375 A
26 B	76 A	126 D	176 C	226 A	276 B	326 C	376 C
27 A	77 C	127 C	177 C	227 C	277 D	327 D	377 C
28 A	78 C	128 A	178 D	228 D	278 D	328 B	378 D
29 B	79 D	129 B	179 B	229 D	279 C	329 B	379 D
30 D	80 C	130 C	180 D	230 C	280 D	330 C	380 A
31 B	81 C	131 D	181 D	231 C	281 D	331 C	381 C
32 C	82 C	132 A	182 C	232 A	282 D	332 D	382 A
33 B	83 B	133 B	183 D	233 B	283 C	333 C	383 B
34 B	84 A	134 B	184 A	234 C	284 A	334 A	384 C
35 B	85 B	135 B	185 C	235 B	285 B	335 A	385 C
36 D	86 D	136 B	186 B	236 D	286 B	336 D	386 A
37 B	87 C	137 C	187 D	237 C	287 B	337 C	387 C
38 B	88 B	138 C	188 B	238 C	288 A	338 A	388 A
39 C	89 D	139 B	189 A	239 D	289 B	339 B	389 B
40 D	90 B	140 A	190 D	240 B	290 B	340 A	390 D
41 C	91 B	141 C	191 A	241 C	291 B	341 C	391 A
42 B	92 D	142 B	192 B	242 D	292 D	342 B	392 B
43 A	93 A	143 A	193 C	243 A	293 C	343 B	393 A
44 B	94 B	144 B	194 D	244 A	294 A	344 A	394 D
45 C	95 D	145 D	195 C	245 B	295 C	345 A	395 D
46 C	96 B	146 D	196 C	246 C	296 D	346 B	396 A
47 A	97 C	147 B	197 C	247 B	297 B	347 A	397 C
48 A	98 A	148 B	198 D	248 C	298 D	348 B	398 C
49 C	99 D	149 D	199 D	249 D	299 A	349 A	399 D
50 A	100 A	150 B	200 C	250 A	300 D	350 B	400 C

400	
401 B	451 D
402 C	452 D
403 A	453 D
404 C	454 B
405 B	455 A
406 C	456 C
407 B	457 C
408 C	458 D
409 D	459 B
410 A	460 C
411 A	461 C
412 B	462 D
413 A	463 B
414 A	464 B
415 C	465 D
416 B	466 A
417 B	467 C
418 A	468 B
419 D	469 A
420 C	470 C
421 D	471 B
422 C	472 D
423 C	473 A
424 B	474 D
425 D	475 D
426 C	476 B
427 A	477 E
428 D	478 A
429 B	479 A
430 B	480 C
431 C	481 D
432 C	482 C
433 D	483 C
434 C	484 B
435 C	485 B
436 C	486 A
437 C	487 B
438 A	488 D
439 B	489 C
440 B	490 B
441 B	491 A
442 B	492 C
443 D	493 C
444 A	494 B
445 B	495 E
446 D	496 C
447 A	497 B
448 B	498 D
449 D	499 C
450 B	500 A

TOTAL FALLOS:
__ / 100

TOTAL FALLOS:
__ / 100

TOTAL FALLOS:
__ / 100

TOTAL FALLOS:
__ / 100

TOTAL FALLOS:
__ / 100

501 B	551 A	601 D	651 C	701 C	751 C	801 C	851 D	901 C	951 C
502 A	552 D	602 B	652 D	702 B	752 C	802 B	852 C	902 C	952 C
503 D	553 B	603 D	653 A	703 D	753 A	803 C	853 D	903 A	953 D
504 B	554 A	604 C	654 C	704 A	754 B	804 A	854 B	904 C	954 A
505 C	555 C	605 B	655 D	705 B	755 C	805 A	855 D	905 B	955 D
506 A	556 D	606 A	656 C	706 D	756 A	806 D	856 D	906 C	956 C
507 B	557 B	607 B	657 C	707 C	757 D	807 A	857 A	907 B	957 C
508 C	558 C	608 C	658 B	708 D	758 B	808 B	858 D	908 A	958 A
509 B	559 D	609 C	659 C	709 C	759 B	809 C	859 C	909 B	959 A
510 A	560 D	610 C	660 C	710 C	760 A	810 D	860 C	910 A	960 D
511 A	561 A	611 C	661 B	711 B	761 A	811 A	861 D	911 D	961 B
512 D	562 A	612 A	662 A	712 B	762 B	812 A	862 A	912 D	962 C
513 A	563 D	613 A	663 C	713 A	763 A	813 A	863 D	913 A	963 A
514 A	564 B	614 B	664 D	714 D	764 B	814 A	864 C	914 C	964 B
515 D	565 B	615 B	665 D	715 B	765 D	815 B	865 B	915 B	965 A
516 D	566 B	616 D	666 D	716 B	766 A	816 C	866 B	916 A	966 D
517 B	567 C	617 A	667 C	717 B	767 A	817 D	867 D	917 C	967 C
518 C	568 A	618 B	668 D	718 A	768 D	818 C	868 C	918 C	968 A
519 C	569 D	619 A	669 A	719 D	769 B	819 D	869 A	919 A	969 B
520 B	570 A	620 B	670 B	720 A	770 C	820 D	870 A	920 A	970 C
521 C	571 C	621 C	671 D	721 D	771 B	821 A	871 A	921 D	971 A
522 C	572 B	622 A	672 D	722 C	772 A	822 D	872 D	922 A	972 D
523 C	573 D	623 A	673 A	723 B	773 D	823 D	873 C	923 C	973 C
524 B	574 B	624 D	674 A	724 A	774 A	824 A	874 A	924 A	974 C
525 D	575 B	625 D	675 D	725 C	775 A	825 A	875 A	925 A	975 D
526 D	576 B	626 C	676 B	726 C	776 B	826 A	876 B	926 A	976 A
527 C	577 B	627 C	677 C	727 B	777 A	827 A	877 D	927 C	977 C
528 C	578 A	628 C	678 C	728 A	778 A	828 A	878 D	928 A	978 C
529 C	579 A	629 C	679 A	729 C	779 A	829 B	879 C	929 C	979 C
530 D	580 B	630 A	680 A	730 C	780 C	830 A	880 B	930 A	980 A
531 B	581 A	631 C	681 A	731 D	781 C	831 D	881 D	931 A	981 C
532 B	582 C	632 B	682 B	732 A	782 B	832 C	882 B	932 C	982 A
533 B	583 D	633 D	683 A	733 C	783 B	833 B	883 A	933 B	983 D
534 C	584 C	634 B	684 D	734 B	784 D	834 C	884 B	934 B	984 C
535 D	585 D	635 C	685 D	735 B	785 A	835 B	885 B	935 C	985 A
536 B	586 A	636 B	686 D	736 D	786 B	836 D	886 A	936 C	986 D
537 A	587 A	637 B	687 C	737 B	787 C	837 A	887 B	937 C	987 D
538 A	588 D	638 B	688 A	738 B	788 A	838 B	888 A	938 A	988 C
539 B	589 C	639 B	689 D	739 A	789 B	839 A	889 B	939 C	989 C
540 D	590 C	640 C	690 C	740 A	790 D	840 C	890 A	940 B	990 A
541 A	591 C	641 C	691 D	741 A	791 A	841 D	891 B	941 A	991 C
542 A	592 C	642 D	692 B	742 D	792 A	842 D	892 A	942 A	992 C
543 D	593 B	643 A	693 C	743 A	793 D	843 D	893 D	943 C	993 C
544 A	594 D	644 A	694 D	744 B	794 B	844 C	894 B	944 B	994 B
545 D	595 A	645 B	695 B	745 A	795 B	845 A	895 C	945 C	995 B
546 A	596 D	646 C	696 B	746 B	796 D	846 B	896 D	946 A	996 A
547 A	597 B	647 B	697 C	747 B	797 D	847 C	897 D	947 C	997 A
548 A	598 D	648 B	698 A	748 B	798 B	848 C	898 A	948 D	998 D
549 B	599 B	649 C	699 C	749 B	799 B	849 C	899 A	949 A	999 A
550 D	600 C	650 B	700 D	750 B	800 B	850 A	900 A	950 D	1000 B

TOTAL FALLOS:	TOTAL FALLOS:	TOTAL FALLOS:	TOTAL FALLOS:	TOTAL FALLOS:
__ / 100	__ / 100	__ / 100	__ / 100	__ / 100

REAL DECRETO LEGISLATIVO 5/2015
ESTATUTO BÁSICO DEL EMPLEADO PÚBLICO

TÍTULO I		TÍTULO II		TÍTULO III		TÍTULO IV		TÍTULO V	
1000		**1100**		**1200**		**1300**		**1400**	
1001 C	1051 B	1101 A	1151 C	1201 B	1251 B	1301 D	1351 B	1401 C	1451 B
1002 A	1052 A	1102 C	1152 C	1202 C	1252 C	1302 A	1352 B	1402 C	1452 C
1003 D	1053 B	1103 B	1153 B	1203 D	1253 B	1303 D	1353 B	1403 D	1453 B
1004 B	1054 C	1104 B	1154 C	1204 C	1254 B	1304 A	1354 B	1404 A	1454 A
1005 D	1055 C	1105 C	1155 A	1205 B	1255 C	1305 B	1355 C	1405 B	1455 C
1006 D	1056 D	1106 B	1156 D	1206 B	1256 A	1306 C	1356 B	1406 A	1456 C
1007 B	1057 C	1107 D	1157 A	1207 C	1257 D	1307 A	1357 A	1407 D	1457 A
1008 C	1058 A	1108 C	1158 B	1208 A	1258 B	1308 A	1358 C	1408 A	1458 B
1009 D	1059 D	1109 D	1159 B	1209 A	1259 B	1309 A	1359 B	1409 D	1459 A
1010 C	1060 D	1110 D	1160 C	1210 B	1260 A	1310 A	1360 C	1410 C	1460 D
1011 C	1061 D	1111 D	1161 C	1211 A	1261 B	1311 D	1361 A	1411 B	1461 B
1012 B	1062 C	1112 B	1162 C	1212 C	1262 D	1312 B	1362 A	1412 D	1462 A
1013 B	1063 A	1113 A	1163 D	1213 A	1263 A	1313 B	1363 D	1413 B	1463 C
1014 B	1064 A	1114 A	1164 C	1214 B	1264 B	1314 B	1364 C	1414 A	1464 C
1015 C	1065 A	1115 D	1165 D	1215 D	1265 B	1315 D	1365 B	1415 A	1465 A
1016 C	1066 D	1116 C	1166 B	1216 A	1266 C	1316 B	1366 B	1416 B	1466 C
1017 D	1067 C	1117 B	1167 A	1217 A	1267 C	1317 C	1367 C	1417 B	1467 C
1018 B	1068 C	1118 C	1168 C	1218 C	1268 C	1318 D	1368 B	1418 B	1468 C
1019 C	1069 D	1119 A	1169 D	1219 D	1269 C	1319 B	1369 B	1419 C	1469 B
1020 B	1070 C	1120 D	1170 B	1220 B	1270 A	1320 B	1370 A	1420 B	1470 C
1021 C	1071 C	1121 B	1171 B	1221 A	1271 C	1321 C	1371 D	1421 C	1471 C
1022 A	1072 D	1122 D	1172 C	1222 D	1272 A	1322 A	1372 C	1422 D	1472 B
1023 C	1073 B	1123 C	1173 A	1223 D	1273 B	1323 A	1373 A	1423 D	1473 C
1024 B	1074 D	1124 D	1174 B	1224 C	1274 D	1324 B	1374 B	1424 B	1474 C
1025 C	1075 C	1125 C	1175 B	1225 B	1275 C	1325 C	1375 C	1425 D	1475 D
1026 B	1076 A	1126 D	1176 B	1226 B	1276 A	1326 A	1376 B	1426 D	1476 C
1027 A	1077 B	1127 C	1177 D	1227 B	1277 A	1327 C	1377 B	1427 D	1477 A
1028 C	1078 C	1128 A	1178 B	1228 D	1278 E	1328 D	1378 C	1428 B	1478 C
1029 C	1079 D	1129 D	1179 D	1229 C	1279 C	1329 A	1379 D	1429 D	1479 B
1030 C	1080 C	1130 C	1180 D	1230 D	1280 C	1330 C	1380 B	1430 C	1480 B
1031 A	1081 D	1131 D	1181 C	1231 B	1281 D	1331 A	1381 C	1431 B	1481 C
1032 A	1082 A	1132 B	1182 D	1232 B	1282 C	1332 B	1382 B	1432 B	1482 D
1033 D	1083 C	1133 A	1183 A	1233 B	1283 B	1333 D	1383 C	1433 D	1483 C
1034 B	1084 A	1134 C	1184 C	1234 A	1284 B	1334 C	1384 A	1434 C	1484 B
1035 C	1085 D	1135 D	1185 D	1235 A	1285 B	1335 D	1385 C	1435 D	1485 B
1036 D	1086 C	1136 B	1186 B	1236 A	1286 D	1336 D	1386 B	1436 D	1486 A
1037 D	1087 D	1137 D	1187 D	1237 C	1287 C	1337 D	1387 D	1437 B	1487 C
1038 A	1088 C	1138 D	1188 B	1238 D	1288 D	1338 C	1388 B	1438 C	1488 B
1039 C	1089 D	1139 B	1189 C	1239 A	1289 A	1339 B	1389 B	1439 B	1489 B
1040 A	1090 A	1140 C	1190 C	1240 B	1290 D	1340 C	1390 D	1440 D	1490 B
1041 A	1091 C	1141 D	1191 D	1241 C	1291 D	1341 A	1391 D	1441 D	1491 C
1042 A	1092 B	1142 B	1192 C	1242 D	1292 C	1342 C	1392 C	1442 B	1492 C
1043 C	1093 C	1143 B	1193 A	1243 B	1293 B	1343 C	1393 C	1443 A	1493 C
1044 A	1094 A	1144 B	1194 C	1244 C	1294 A	1344 B	1394 D	1444 C	1494 D
1045 A	1095 D	1145 B	1195 D	1245 D	1295 B	1345 D	1395 B	1445 D	1495 B
1046 B	1096 B	1146 C	1196 B	1246 B	1296 B	1346 B	1396 C	1446 B	1496 A
1047 C	1097 D	1147 B	1197 A	1247 A	1297 C	1347 C	1397 A	1447 B	1497 A
1048 B	1098 A	1148 C	1198 B	1248 C	1298 C	1348 B	1398 A	1448 B	1498 A
1049 A	1099 B	1149 C	1199 D	1249 C	1299 C	1349 B	1399 C	1449 B	1499 C
1050 D	1100 A	1150 A	1200 C	1250 C	1300 D	1350 C	1400 B	1450 C	1500 B

TOTAL FALLOS:	TOTAL FALLOS:	TOTAL FALLOS:	TOTAL FALLOS:	TOTAL FALLOS:
_ _ / 100	_ _ / 100	_ _ / 100	_ _ / 100	_ _ / 100

TÍTULO VI — 1500

Nº	R	Nº	R
1501	D	1551	A
1502	A	1552	B
1503	C	1553	C
1504	C	1554	B
1505	B	1555	C
1506	C	1556	D
1507	C	1557	B
1508	B	1558	D
1509	A	1559	B
1510	D	1560	B
1511	D	1561	C
1512	B	1562	C
1513	A	1563	C
1514	C	1564	B
1515	A	1565	C
1516	A	1566	A
1517	A	1567	A
1518	A	1568	C
1519	D	1569	C
1520	C	1570	A
1521	B	1571	B
1522	C	1572	C
1523	B	1573	B
1524	C	1574	C
1525	C	1575	B
1526	C	1576	D
1527	B	1577	D
1528	C	1578	C
1529	C	1579	C
1530	C	1580	B
1531	B	1581	C
1532	C	1582	C
1533	A	1583	A
1534	A	1584	A
1535	C	1585	C
1536	C	1586	A
1537	D	1587	C
1538	C	1588	D
1539	A	1589	B
1540	D	1590	C
1541	C	1591	C
1542	B	1592	C
1543	D	1593	D
1544	D	1594	B
1545	B	1595	D
1546	D	1596	D
1547	D	1597	A
1548	C	1598	B
1549	A	1599	D
1550	B	1600	B

TOTAL FALLOS: __ / 100

TÍTULO VII — 1600

Nº	R	Nº	R
1601	D	1651	D
1602	B	1652	C
1603	D	1653	C
1604	A	1654	D
1605	A	1655	D
1606	D	1656	C
1607	B	1657	A
1608	C	1658	B
1609	A	1659	C
1610	B	1660	A
1611	C	1661	B
1612	C	1662	B
1613	D	1663	C
1614	C	1664	B
1615	D	1665	B
1616	A	1666	A
1617	D	1667	D
1618	A	1668	A
1619	D	1669	C
1620	B	1670	B
1621	B	1671	A
1622	A	1672	D
1623	D	1673	C
1624	A	1674	D
1625	D	1675	B
1626	D	1676	C
1627	B	1677	A
1628	C	1678	B
1629	B	1679	B
1630	D	1680	D
1631	C	1681	D
1632	D	1682	A
1633	C	1683	C
1634	A	1684	B
1635	A	1685	B
1636	C	1686	C
1637	A	1687	D
1638	C	1688	C
1639	B	1689	B
1640	D	1690	C
1641	A	1691	C
1642	C	1692	C
1643	A	1693	D
1644	C	1694	C
1645	D	1695	C
1646	D	1696	C
1647	C	1697	A
1648	C	1698	A
1649	C	1699	D
1650	B	1700	D

TOTAL FALLOS: __ / 100

LEY 39/2015 DE PROCEDIMIENTO ADMINISTRATIVO COMÚN — 1700

Nº	R	Nº	R
1701	B	1751	C
1702	A	1752	C
1703	B	1753	A
1704	C	1754	C
1705	D	1755	B
1706	A	1756	B
1707	D	1757	D
1708	A	1758	D
1709	A	1759	B
1710	D	1760	A
1711	B	1761	B
1712	A	1762	C
1713	C	1763	D
1714	B	1764	A
1715	C	1765	B
1716	D	1766	C
1717	C	1767	D
1718	A	1768	A
1719	A	1769	C
1720	D	1770	D
1721	A	1771	B
1722	B	1772	C
1723	C	1773	A
1724	B	1774	D
1725	C	1775	A
1726	D	1776	D
1727	D	1777	C
1728	C	1778	D
1729	D	1779	A
1730	A	1780	C
1731	C	1781	C
1732	D	1782	B
1733	D	1783	A
1734	B	1784	B
1735	B	1785	D
1736	A	1786	D
1737	B	1787	C
1738	A	1788	A
1739	C	1789	D
1740	C	1790	C
1741	B	1791	A
1742	C	1792	C
1743	A	1793	D
1744	D	1794	D
1745	D	1795	A
1746	C	1796	D
1747	B	1797	C
1748	A	1798	D
1749	B	1799	C
1750	D	1800	D

TOTAL FALLOS: __ / 100

1800

Nº	R	Nº	R
1801	B	1851	C
1802	A	1852	C
1803	B	1853	A
1804	C	1854	A
1805	D	1855	B
1806	C	1856	C
1807	C	1857	B
1808	A	1858	C
1809	D	1859	D
1810	A	1860	D
1811	D	1861	D
1812	A	1862	D
1813	B	1863	C
1814	B	1864	A
1815	D	1865	A
1816	B	1866	C
1817	A	1867	D
1818	D	1868	A
1819	B	1869	A
1820	D	1870	A
1821	D	1871	A
1822	A	1872	C
1823	A	1873	A
1824	D	1874	D
1825	C	1875	C
1826	B	1876	B
1827	B	1877	A
1828	A	1878	B
1829	C	1879	B
1830	C	1880	A
1831	B	1881	A
1832	D	1882	B
1833	A	1883	D
1834	C	1884	C
1835	B	1885	D
1836	A	1886	D
1837	B	1887	B
1838	C	1888	A
1839	D	1889	D
1840	C	1890	D
1841	B	1891	D
1842	A	1892	D
1843	C	1893	C
1844	C	1894	D
1845	B	1895	B
1846	A	1896	D
1847	C	1897	A
1848	A	1898	D
1849	A	1899	C
1850	C	1900	C

TOTAL FALLOS: __ / 100

LEY 40/2015 DE REGIMEN JURÍDICO DEL SECTOR PÚBLICO — 1900

Nº	R	Nº	R
1901	D	1951	C
1902	A	1952	C
1903	B	1953	B
1904	C	1954	D
1905	C	1955	A
1906	D	1956	B
1907	A	1957	C
1908	C	1958	A
1909	B	1959	C
1910	B	1960	D
1911	B	1961	C
1912	A	1962	B
1913	D	1963	D
1914	C	1964	A
1915	D	1965	D
1916	A	1966	A
1917	D	1967	C
1918	C	1968	A
1919	C	1969	C
1920	B	1970	B
1921	B	1971	C
1922	C	1972	D
1923	A	1973	A
1924	C	1974	B
1925	A	1975	C
1926	D	1976	D
1927	B	1977	C
1928	A	1978	A
1929	B	1979	B
1930	C	1980	B
1931	B	1981	C
1932	C	1982	D
1933	D	1983	A
1934	A	1984	B
1935	A	1985	B
1936	B	1986	A
1937	D	1987	B
1938	B	1988	C
1939	C	1989	C
1940	D	1990	D
1941	B	1991	C
1942	D	1992	B
1943	A	1993	C
1944	C	1994	D
1945	B	1995	C
1946	C	1996	A
1947	C	1997	D
1948	B	1998	B
1949	B	1999	B
1950	C	2000	A

TOTAL FALLOS: __ / 100

TERCERA PARTE

Repaso Constitución Española

2000

2001 C	2051 A		
2002 A	2052 B		
2003 C	2053 C		
2004 C	2054 B		
2005 D	2055 C		
2006 C	2056 B		
2007 B	2057 C		
2008 B	2058 C		
2009 C	2059 D		
2010 C	2060 A		
2011 D	2061 C		
2012 A	2062 D		
2013 C	2063 C		
2014 B	2064 A		
2015 A	2065 D		
2016 A	2066 C		
2017 C	2067 D		
2018 D	2068 A		
2019 C	2069 B		
2020 D	2070 C		
2021 A	2071 B		
2022 D	2072 C		
2023 A	2073 B		
2024 C	2074 D		
2025 B	2075 C		
2026 B	2076 C		
2027 A	2077 C		
2028 A	2078 A		
2029 B	2079 A		
2030 C	2080 D		
2031 C	2081 C		
2032 B	2082 C		
2033 A	2083 C		
2034 C	2084 D		
2035 B	2085 A		
2036 C	2086 C		
2037 C	2087 B		
2038 C	2088 A		
2039 C	2089 A		
2040 B	2090 B		
2041 B	2091 C		
2042 B	2092 B		
2043 B	2093 C		
2044 D	2094 C		
2045 B	2095 B		
2046 B	2096 D		
2047 A	2097 B		
2048 B	2098 C		
2049 B	2099 C		
2050 A	2100 A		

TOTAL FALLOS: __ __ / 100

2100

2101 B	2151 C
2102 B	2152 A
2103 D	2153 A
2104 A	2154 D
2105 A	2155 B
2106 C	2156 C
2107 B	2157 D
2108 B	2158 A
2109 C	2159 A
2110 C	2160 A
2111 C	2161 D
2112 A	2162 D
2113 A	2163 A
2114 B	2164 D
2115 C	2165 D
2116 C	2166 C
2117 B	2167 A
2118 B	2168 B
2119 D	2169 A
2120 B	2170 C
2121 D	2171 C
2122 A	2172 A
2123 B	2173 A
2124 B	2174 B
2125 C	2175 B
2126 D	2176 C
2127 A	2177 A
2128 B	2178 A
2129 A	2179 C
2130 A	2180 C
2131 C	2181 D
2132 B	2182 A
2133 C	2183 A
2134 D	2184 D
2135 B	2185 A
2136 D	2186 B
2137 B	2187 B
2138 C	2188 C
2139 B	2189 B
2140 A	2190 B
2141 C	2191 C
2142 B	2192 C
2143 B	2193 D
2144 B	2194 B
2145 A	2195 A
2146 D	2196 C
2147 B	2197 A
2148 D	2198 D
2149 B	2199 D
2150 A	2200 B

TOTAL FALLOS: __ __ / 100

2200

2201 B	2251 C
2202 B	2252 C
2203 B	2253 A
2204 D	2254 A
2205 B	2255 B
2206 D	2256 C
2207 A	2257 D
2208 B	2258 C
2209 D	2259 B
2210 C	2260 D
2211 C	2261 C
2212 B	2262 A
2213 D	2263 A
2214 A	2264 C
2215 B	2265 C
2216 B	2266 B
2217 C	2267 C
2218 A	2268 B
2219 A	2269 D
2220 B	2270 D
2221 D	2271 C
2222 B	2272 D
2223 B	2273 B
2224 A	2274 D
2225 A	2275 D
2226 A	2276 D
2227 A	2277 D
2228 B	2278 B
2229 D	2279 B
2230 C	2280 B
2231 C	2281 B
2232 B	2282 C
2233 C	2283 D
2234 A	2284 A
2235 A	2285 B
2236 C	2286 B
2237 A	2287 A
2238 D	2288 C
2239 B	2289 D
2240 C	2290 C
2241 B	2291 B
2242 D	2292 A
2243 B	2293 A
2244 B	2294 D
2245 B	2295 B
2246 B	2296 C
2247 D	2297 C
2248 B	2298 B
2249 C	2299 D
2250 C	2300 A

TOTAL FALLOS: __ __ / 100

2300

2301 D	2351 C
2302 B	2352 B
2303 D	2353 D
2304 A	2354 C
2305 A	2355 A
2306 B	2356 A
2307 C	2357 A
2308 C	2358 B
2309 C	2359 C
2310 A	2360 B
2311 D	2361 B
2312 B	2362 D
2313 C	2363 D
2314 B	2364 D
2315 A	2365 C
2316 C	2366 B
2317 A	2367 A
2318 D	2368 B
2319 D	2369 B
2320 A	2370 A
2321 C	2371 A
2322 D	2372 A
2323 C	2373 A
2324 D	2374 C
2325 B	2375 C
2326 C	2376 A
2327 D	2377 B
2328 C	2378 D
2329 B	2379 C
2330 C	2380 B
2331 B	2381 B
2332 B	2382 B
2333 A	2383 D
2334 C	2384 D
2335 B	2385 C
2336 A	2386 B
2337 D	2387 B
2338 A	2388 B
2339 D	2389 B
2340 A	2390 B
2341 A	2391 C
2342 A	2392 B
2343 B	2393 C
2344 C	2394 B
2345 B	2395 C
2346 B	2396 C
2347 B	2397 D
2348 B	2398 B
2349 B	2399 C
2350 C	2400 B

TOTAL FALLOS: __ __ / 100

2400

2401 A	2451 A
2402 D	2452 C
2403 B	2453 C
2404 A	2454 B
2405 C	2455 C
2406 C	2456 C
2407 C	2457 B
2408 A	2458 B
2409 A	2459 D
2410 B	2460 C
2411 B	2461 A
2412 A	2462 B
2413 B	2463 D
2414 A	2464 B
2415 B	2465 A
2416 B	2466 A
2417 D	2467 D
2418 B	2468 A
2419 C	2469 B
2420 B	2470 B
2421 D	2471 A
2422 C	2472 A
2423 A	2473 B
2424 A	2474 D
2425 A	2475 B
2426 C	2476 A
2427 A	2477 A
2428 D	2478 B
2429 D	2479 B
2430 C	2480 A
2431 D	2481 B
2432 B	2482 C
2433 D	2483 D
2434 A	2484 A
2435 D	2485 B
2436 D	2486 D
2437 C	2487 C
2438 C	2488 B
2439 A	2489 A
2440 C	2490 D
2441 A	2491 B
2442 B	2492 A
2443 A	2493 C
2444 D	2494 A
2445 D	2495 C
2446 D	2496 D
2447 C	2497 D
2448 D	2498 A
2449 C	2499 B
2450 D	2500 B

TOTAL FALLOS: __ __ / 100

2500		**2600**		**2700**		**2800**		**2900**	
2501 B	2551 C	2601 C	2651 C	2701 B	2751 D	2801 A	2851 D	2901 A	2951 A
2502 D	2552 D	2602 D	2652 D	2702 C	2752 C	2802 C	2852 B	2902 B	2952 B
2503 D	2553 C	2603 B	2653 D	2703 D	2753 B	2803 C	2853 C	2903 A	2953 D
2504 A	2554 A	2604 C	2654 C	2704 A	2754 A	2804 C	2854 B	2904 C	2954 A
2505 A	2555 C	2605 D	2655 D	2705 D	2755 D	2805 A	2855 D	2905 D	2955 A
2506 B	2556 B	2606 C	2656 C	2706 B	2756 B	2806 C	2856 E	2906 C	2956 D
2507 C	2557 A	2607 D	2657 C	2707 D	2757 D	2807 A	2857 C	2907 D	2957 D
2508 B	2558 B	2608 C	2658 B	2708 A	2758 B	2808 D	2858 C	2908 A	2958 C
2509 B	2559 B	2609 B	2659 B	2709 D	2759 A	2809 A	2859 C	2909 B	2959 D
2510 B	2560 B	2610 D	2660 D	2710 D	2760 C	2810 D	2860 A	2910 C	2960 D
2511 C	2561 A	2611 D	2661 B	2711 C	2761 B	2811 B	2861 D	2911 A	2961 B
2512 B	2562 B	2612 B	2662 B	2712 C	2762 C	2812 C	2862 C	2912 C	2962 A
2513 A	2563 A	2613 D	2663 D	2713 A	2763 D	2813 A	2863 B	2913 B	2963 D
2514 D	2564 C	2614 B	2664 A	2714 D	2764 B	2814 A	2864 B	2914 C	2964 D
2515 B	2565 D	2615 D	2665 C	2715 C	2765 A	2815 C	2865 D	2915 B	2965 C
2516 D	2566 C	2616 A	2666 B	2716 B	2766 C	2816 C	2866 C	2916 D	2966 A
2517 C	2567 D	2617 D	2667 C	2717 B	2767 A	2817 D	2867 D	2917 C	2967 A
2518 C	2568 C	2618 D	2668 A	2718 B	2768 C	2818 A	2868 A	2918 C	2968 D
2519 B	2569 D	2619 A	2669 B	2719 B	2769 C	2819 A	2869 C	2919 B	2969 B
2520 D	2570 B	2620 D	2670 B	2720 C	2770 B	2820 B	2870 A	2920 D	2970 C
2521 A	2571 B	2621 D	2671 B	2721 D	2771 A	2821 B	2871 C	2921 B	2971 B
2522 A	2572 B	2622 C	2672 D	2722 B	2772 C	2822 B	2872 A	2922 D	2972 C
2523 D	2573 C	2623 C	2673 C	2723 A	2773 A	2823 B	2873 D	2923 C	2973 D
2524 B	2574 A	2624 B	2674 B	2724 A	2774 A	2824 A	2874 C	2924 A	2974 B
2525 C	2575 B	2625 C	2675 C	2725 C	2775 D	2825 A	2875 A	2925 A	2975 A
2526 C	2576 A	2626 A	2676 C	2726 D	2776 D	2826 A	2876 C	2926 D	2976 E
2527 A	2577 A	2627 B	2677 D	2727 C	2777 C	2827 D	2877 A	2927 C	2977 B
2528 D	2578 A	2628 C	2678 C	2728 A	2778 D	2828 B	2878 C	2928 D	2978 B
2529 C	2579 B	2629 C	2679 B	2729 B	2779 C	2829 B	2879 D	2929 A	2979 E
2530 A	2580 B	2630 A	2680 A	2730 B	2780 A	2830 A	2880 D	2930 B	2980 A
2531 A	2581 D	2631 A	2681 D	2731 C	2781 C	2831 C	2881 A	2931 B	2981 C
2532 C	2582 B	2632 A	2682 B	2732 B	2782 D	2832 D	2882 A	2932 A	2982 D
2533 A	2583 D	2633 C	2683 B	2733 D	2783 C	2833 C	2883 A	2933 D	2983 A
2534 A	2584 D	2634 B	2684 D	2734 A	2784 B	2834 A	2884 C	2934 B	2984 E
2535 A	2585 A	2635 C	2685 D	2735 B	2785 B	2835 B	2885 D	2935 A	2985 C
2536 D	2586 B	2636 C	2686 A	2736 B	2786 C	2836 C	2886 A	2936 A	2986 D
2537 B	2587 B	2637 C	2687 D	2737 D	2787 A	2837 B	2887 C	2937 B	2987 B
2538 B	2588 A	2638 C	2688 B	2738 C	2788 A	2838 B	2888 D	2938 D	2988 D
2539 D	2589 D	2639 B	2689 D	2739 A	2789 D	2839 B	2889 A	2939 A	2989 D
2540 B	2590 B	2640 B	2690 A	2740 A	2790 B	2840 D	2890 C	2940 B	2990 D
2541 A	2591 D	2641 B	2691 C	2741 C	2791 A	2841 C	2891 B	2941 E	2991 A
2542 B	2592 C	2642 B	2692 B	2742 D	2792 A	2842 A	2892 D	2942 C	2992 C
2543 C	2593 A	2643 D	2693 B	2743 C	2793 C	2843 D	2893 B	2943 E	2993 E
2544 D	2594 A	2644 B	2694 A	2744 B	2794 A	2844 C	2894 A	2944 C	2994 D
2545 C	2595 A	2645 B	2695 D	2745 D	2795 C	2845 C	2895 B	2945 E	2995 D
2546 C	2596 B	2646 A	2696 D	2746 C	2796 A	2846 B	2896 B	2946 B	2996 A
2547 B	2597 B	2647 B	2697 A	2747 C	2797 B	2847 C	2897 D	2947 B	2997 B
2548 D	2598 D	2648 B	2698 C	2748 A	2798 A	2848 D	2898 D	2948 D	2998 A
2549 D	2599 A	2649 C	2699 A	2749 B	2799 A	2849 C	2899 C	2949 D	2999 C
2550 B	2600 B	2650 D	2700 D	2750 B	2800 C	2850 A	2900 A	2950 B	3000 B

Constitución española

1. Primera Constitución española:

a. 1821   b. 1815   c. 1819   d. 1812

2. El Principio de igualdad es propio de:

a. Un Estado constitucional
b. Un Estado democrático
c. Un Estado absolutista
d. Un Estado liberal

3. Cuál de estas Constituciones NO existió en España:

a. 1837   b. 1869   c. 1876   d. 1875

4. En qué año se aprobó la Constitución inmediata anterior a la actual:

a. 1936   b. 1933   c. 1931   d. 1940

5. NO establecía división de poderes:

a. la Constitución de 1837
b. la Constitución de 1865
c. la Constitución de 1879
d. el Estatuto Real de 1834

6. Le corresponde la iniciativa legislativa:

a. Al Congreso
b. Al Senado
c. Al Gobierno
d. A los tres

7. De los tres Poderes del Estado, el Gobierno ejerce:

a. el legislativo
b. el ejecutivo
c. el judicial.
d. Los tres

8. Es el Jefe del Estado español:

a. el Rey
b. el Presidente del Gobierno
c. el Presidente de las Cortes
d. el Fiscal General del Estado

9. NO se considera influencia de la Constitución de 1978:

a. la Constitución francesa de 1958
b. la Constitución portuguesa de 1976
c. la Constitución italiana de 1974
d. la Ley fundamental de Bonn de 1949

10. Cuál de estas características no es predicable de ella:

a. Es una Constitución consensuada
b. Es una Constitución rígida
c. Es una Constitución extensa
d. Las tres son predicables de ella

11. Cuándo se publicó en el BOE:

a. el 6 de diciembre de 1978
b. el 27 de diciembre de 1978
c. el 29 de diciembre de 1978
d. Ninguna de las anteriores

12. Se promulgó:

a. el 31 de octubre de 1978
b. el 6 de diciembre de 1978
c. el 27 de diciembre de 1978
d. el 29 de diciembre de 1978

13. Cuándo se creó la Comisión Constitucional que nombró a la ponencia encargada de redactarla:

a. el 20 de julio de 1978
b. el 5 de enero de 1978
c. el 20 de julio de 1977
d. el 25 de julio de 1977

14. La aprobó:

a. el Rey
b. el pueblo español
c. Las Cortes Generales
d. el Congreso de los Diputados

15. La ratificó:

a. el pueblo español
b. Las Cortes Generales
c. el Rey
d. Ninguna de las anteriores

16. Y ante quién la sancionó el Rey:

a. Ante el Congreso de los Diputados
b. Ante las Cortes Generales
c. Ante el Senado y el Gobierno
d. Ante Gobierno y Congreso de los Diputados

17. Fue sancionada el :

a. 6 de diciembre de 1978
b. 31 de octubre de 1978
c. 27 de diciembre de 1978
d. 29 de diciembre de 1978

18. Y entró en vigor el:

a. 1 enero 1979
b. 29 dic. 1978
c. 28 dic. 1978
d. 27 dic. 1978

19. Qué parte abre el texto:

a. el Título Preliminar
b. el Título I
c. el Preámbulo
d. Ninguna de las anteriores

20. Qué parte no tiene fuerza jurídica:

a. Todas las partes de la Constitución tienen fuerza jurídica
b. Las Disposiciones adicionales
c. el Título Preliminar
d. el Preámbulo

21. De cuántos Títulos consta:

a. 10   b. 11   c. 12   d. 13

22. El Título Preliminar comprende:

a. Arts. 1 al 8   b. Arts. 1 al 9
c. Arts. 1 al 12   d. Arts. 1 al 14

23. En qué Título encontramos regulado el Poder Judicial:

a. V   b. IV   c. VI   d. VII

24. Las Disposiciones Adicionales son:

a. 9   b. 5   c. 4   d. Otra cantidad

25. Qué Título está dedicado a la organización territorial del Estado:

a. VII   b. VI   c. IX   d. VIII

26. De cuántos artículos consta:

a. 167   b. 169   c. 170   d. 165

27. Qué artículos comprende el Título I

a. Del 10 al 55
b. Del 9 al 55
c. Del 14 al 55
d. Del 14 al 29

28. En qué Título se regula la Corona:

a. II   b. III   c. I   d. Preliminar

29. A tenor del contenido del artículo 1.1., en qué tipo de Estado se constituyó el Estado español:

a. Social, liberal y de derecho
b. Democrático, de derecho y social
c. Social, democrático y capitalista
d. la constitución del estado español no se recoge en el artículo citado en la pregunta

30. La Disposición Final contiene:

a. Una cláusula derogatoria y el mandato de publicación en todas las lenguas españolas además del castellano
b. Solamente el mandato de publicación en todas las lenguas españolas además del castellano
c. Solamente el mandato de vigencia inmediata
d. Ninguna respuesta es correcta

31. A tenor del artículo 1.2. la soberanía nacional reside:

a. En las Cortes Generales
b. En el pueblo español
c. En el Jefe del Estado y en el pueblo español
d. En las distintas partes que forman el Estado

32. Forma política del Estado español:

a. Estado democrático
b. Estado social y democrático de derecho
c. Monarquía parlamentaria
d. Constitucional y democrático

33. En qué se fundamenta la Constitución, según su artículo 2:

a. En el pueblo español que la refrendó
b. En la indisoluble unidad de la nación española
c. En el poder soberano de las Cortes Generales
d. En el estado democrático

34. Qué artículo recoge el principio de autonomía de nacionalidades y regiones:

a. 1   b. 2   c. 3   d. 4

35. Es la lengua oficial del Estado:

a. el español exclusivamente
b. el castellano
c. el castellano y las demás lenguas de acuerdo con los Estatutos de las CC AA
d. Ninguna de las tres

36. Qué artículo recoge la bandera española:

a. 3   b. 5   c. 7   d. 4

37. Cuál es el artículo más corto :

a. el 3
b. el 5
c. el 6
d. Otro

38. A quién le corresponde la defensa del ordenamiento constitucional:

a. Al Tribunal Constitucional
b. A las Fuerzas Armadas
c. A las Cortes Generales
d. Al Gobierno y a las Cortes Generales

39. Según el artículo 9, a qué están sujetos los poderes públicos y los ciudadanos:

a. A la Constitución y a la ley
b. A la ley y al ordenamiento jurídico
c. A la Constitución y al resto del ordenamiento jurídico
d. A la Constitución, a la ley y al resto del ordenamiento jurídico

40. Son irretroactivas las disposiciones:

a. Las sancionadoras que limiten derechos individuales exclusivamente
b. Las normas de rango inferior a la ley que establezcan una limitación a las libertades individuales
c. Las disposiciones favorables que limiten derechos adquiridos
d. Ninguna de las anteriores es correcta

41. Qué significado tiene el principio de publicidad normativa:

a. Que a los ciudadanos están obligados a conocer las normas para que les pueda ser exigible su contenido
b. Que todas las normas deben publicarse en un periódico de difusión nacional
c. Que todas las normas deben ser publicadas en un diario oficial
d. Ninguna de las anteriores es correcta

42. Qué artículo hace referencia a los sindicatos de trabajadores:

a. 5   b. 7   c. 8   d. 9

43. Qué Título regula la reforma constitucional:

a. X   b. IX   c. VIII   d. VII

44. Cuántos tipos de reforma constitucional existen:

a. Dos, ordinario y sumario
b. Dos, ordinario y extraordinario
c. Tres, ordinario, extraordinario y sumario
d. Uno, el extraordinario

45. Según el procedimiento del artículo 167, qué mayoría es necesaria para aprobar una reforma constitucional que afecte a un artículo del Título VIII, en primera votación:

a. Mayoría simple
b. Mayoría absoluta
c. Mayoría de 3/5
d. Mayoría de 2/5

46. De qué plazo disponen los miembros de las Cámaras para solicitar, en el caso anterior, la celebración de un referéndum:

a. 10 días hábiles
b. 5 días hábiles
c. 15 días
d. 20 días

47. En qué caso se aplica el procedimiento reformista del artículo 168:

a. Cuando se pretenda reformar el artículo 2 de la Constitución
b. Cuando se pretenda la reforma del Título VI de la Constitución
c. Cuando se pretenda la reforma del Título X de la Constitución
d. Todas las otras respuestas son correctas

48. La Ley para la Reforma Política fue aprobada en referéndum:

a. el 15 de diciembre de 1976
b. el 4 de enero de 1977
c. el 7 de enero de 1976
d. el 1 de diciembre de 1977

49. NO ha influido en su redacción:

a. la Constitución francesa de 1958
b. la Constitución portuguesa de 1976
c. la Constitución francesa de 1971
d. la Ley fundamental de Bonn de 1949

50. El último artículo del Título II es:

a. 65   b. 66   c. 64   d. 67

51. El principio de legalidad se recoge en el artículo:

a. 1   b. 5   c. 9   d. 12

52. Cuál es la última disposición:

a. la disposición final
b. la disposición derogatoria
c. la disposición adicional cuarta
d. la disposición transitoria novena

53. Creó el Tribunal de Garantías Constitucional (antecedente directo del actual Tribunal Constitucional)

a. la Constitución de 1931
b. la Constitución de 1978
c. la Constitución de 1876
d. el Estatuto Real de 1812

54. La lengua oficial del Estado es:

a. el español exclusivamente
b. el castellano
c. el castellano y las demás lenguas de acuerdo con los Estatutos de las CC AA
d. Todas y cada una de las lenguas habladas en territorio español

55. El primer artículo reformado fue el:

a. 13.2
b. 21.1
c. 10
d. 12

56. Y el segundo el:

a. 14   b. 140   c. 13.3   d. 135

57. Los poderes públicos y los ciudadanos están sometidos a:

a. la Constitución y a la ley
b. la ley y al ordenamiento jurídico
c. la Constitución y al resto del ordenamiento jurídico
d. la Constitución, a la ley y al resto del ordenamiento jurídico

58. El fundamento de la Constitución es:

a. el pueblo español que la refrendó
b. la indisoluble unidad de la nación española
c. el poder soberano de las Cortes Generales
d. el estado democrático constituido

59. Sancionó la Constitución:

a. el Congreso de los Diputados
b. Las Cortes Generales
c. el Gobierno
d. el Rey

60. Cuántas Disposiciones adicionales hay:

a. 4   b. 9   c. 1   d. 2

61. En qué Título se regulan las Cortes Generales:

a. VIII   b. III   c. VI   d. IX

62. Título que regula las relaciones entre Gobierno y Cortes Generales:

a. V   b. VI   c. IX   d. VIII

63. La Disposición Final hace referencia a:

a. Una cláusula derogatoria y el mandato de publicación en todas las lenguas españolas además del castellano
b. Contiene solamente el mandato de publicación en todas las lenguas españolas además del castellano
c. Contiene solamente el mandato de vigencia inmediata
d. Hace referencia a su entrada en vigor

64. Cuántos Títulos tiene, además del preliminar:

a. 10   b. 11   c. 9   d. 14

65. Entró en vigor el día

a. 29 dic. 1977
b. 28 dic. 1978
c. 29 dic. 1978
d. 28 dic. 1977

66. La soberanía nacional reside en:

a. el Congreso de los Diputados
b. el pueblo español
c. el Jefe del Estado
d. el Gobierno de la nación

67. El principio de igualdad jurídica se recoge en el artículo:

a. 12   b. 15   c. 17   d. 14

68. Protege el libre ejercicio de los Derechos y Deberes Fundamentales:

a. el Gobierno
b. el Tribunal Constitucional
c. Las Fuerzas y Cuerpos de Seguridad
d. el Consejo General del Poder Judicial

69. Qué disposición establece el plazo de su entrada en vigor:

a. la disposición adicional cuarta
b. la disposición transitoria primera
c. la disposición final
d. la disposición adicional segunda

70. El antecedente constitucional inmediato a la actual es de:

a. 1921   b. 1915   c. 1919   d. 1931

71. La abolición de la pena de muerte se recoge en el artículo:

a. 15   b. 17   c. 18   d. 14

72. Recoge el derecho a la educación:

a. 17   b. 25   c. 27   d. 28

73. Qué parte de la Constitución no tiene fuerza jurídica:

a. el Título Preliminar
b. el Título I
c. el Preámbulo
d. Las disposiciones finales

74. El Estado español es:

a. Social, liberal y de derecho
b. Democrático, de derecho y social
c. Social, democrático y capitalista
d. Democrático, occidental y capitalista

75. El principio de publicidad normativa se traduce en:

a. Que a los ciudadanos están obligados a conocer las normas para que les pueda ser exigible su contenido
b. Que todas las normas deben publicarse en un periódico de difusión nacional
c. Que todas las normas deben ser publicadas en un diario oficial
d. Que las normas deben ser conocidas para que puedan ser exigibles

76. En cuántas partes se estructura el texto constitucional:

a. En dos partes: dogmática y orgánica
b. En tres partes: orgánica, dogmática y estructural
c. En dos partes: orgánica y estructural
d. No tiene divisiones internas

77. Están prohibidas:

a. Las asociaciones ilegales
b. Los Tribunales de honor en el ámbito de la administración militar
c. Las asociaciones secretas
d. Las celebración de manifestaciones que se realicen sin solicitar autorización previa

78. Qué confesión religiosa tiene carácter estatal:

a. la que defina el pueblo español en referéndum
b. la católica
c. ninguna confesión tendrá carácter estatal
d. la que designe el gobierno de la nación

79. El Título Primero trata de:

a. el Poder Judicial
b. Las Cortes Generales
c. la Reforma Constitucional
d. Los Derechos y Deberes Fundamentales

80. En total cuántas constituciones se promulgaron en el siglo XX:

a. 4   b. 3   c. 2   d. Sólo la de 1978

81. Constitución más extensa de toda la historia constitucional española:

a. 1869   b. 1827   c. 1812   d. 1876

82. NO es un valor superior del ordenamiento:

a. la libertad
b. la justicia
c. la seguridad
d. el pluralismo político

83. La Constitución tiene:

a. Nueve disposiciones adicionales
b. Nueve disposiciones transitorias
c. Cuatro disposiciones derogatorias
d. Una disposición adicional

84. Recoge el derecho de petición:

a. 29   b. 28   c. 25   d. 19

85. Recoge el principio de autonomía de las nacionalidades el Artículo:

a. 10   b. 2   c. 1   d. 5

86. Refrenda los actos del Rey:

a. el Presidente del Gobierno
b. Los Ministros correspondiente
c. el Presidente del Congreso
d. Todas son correctas

87. Característica principal de las Cortes Generales:

a. Unicameralidad
b. Provisionalidad
c. Inviolabilidad
d. Judicialidad

88. Propone la disolución de las Cortes:

a. el Presidente del Gobierno

b. el Presidente del Gobierno, previa deliberación con el Consejo de Ministros

c. el Presidente del Senado, previa consulta al Presidente del Gobierno

d. el Rey

89. Plazo máximo de detención preventiva sin prórroga:

a. 24 h   b. 48 h   c. 43 h   d. 72 h

90. El Estado de las autonomías fue creado en la Constitución de:

a. 1930   b. 1931   c. 1932   d. 1939

91. Cuál es el último artículo:

a. 165   b. 169   c. 168   d. 166

92. No tienen efecto retroactivo:

a. Las disposiciones sancionadoras que limiten derechos individuales exclusivamente

b. Las normas de rango inferior a la ley que establezcan una limitación a las libertades individuales

c. Las disposiciones favorables que limiten derechos adquiridos

d. Las normas indicadas en el artículo 9

93. Los valores superiores del ordenamiento se recogen en el artículo:

a. 1.1   b. 1.2   c. 1.3   d. 2

94. Último artículo del Título Preliminar

a. el 8   b. el 9   c. el 7   d. el 6

95. La Constitución se considera:

a. Derivada   b. Rígida

c. Extensa   d. Las tres cosas

96. La defensa del ordenamiento constitucional está encomendada a:

a. Al Tribunal Constitucional

b. A las Fuerzas Armadas

c. A las Cortes Generales

d. Al Gobierno

97. Las Cortes Generales están integradas por cuántas cámaras:

a. 3   b. 2   c. 1   d. 4

98. El artículo 2 reconoce el derecho a:

a. la autonomía de las nacionalidades y regiones

b. la autodeterminación de las CC AA

c. la autonomía de las CC AA

d. la autodeterminación de las nacionalidades y regiones

99. la Constitución contiene:

a. Una disposición adicional, una transitoria, una derogatoria y una final

b. Nueve disposiciones adicionales, cuatro transitorias, una derogatoria y una final

c. Cuatro disposiciones adicionales, nueve transitorias, dos derogatorias y una final

d. Cuatro disposiciones adicionales, nueve transitorias, una derogatoria y una final

100. Qué Título recoge la reforma constitucional:

a. X   b. I   c. IX   d. II

101. En cuántos Capítulos se estructura el Título I:

a. 4   b. 5   c. 6   d. 3

102. Qué artículo cierra el Título I:

a. el 53   b. el 54   c. el 55   d. el 56

103. De cuántas secciones consta el Capítulo II del Título I:

a. 2   b. 3   c. Ninguna   d. 4

104. Qué artículos forman la sección denominada 'Derechos fundamentales y libertades públicas':

a. 14 a 29

b. 15 a 29

c. 14 a 30

d. 15 a 30

105. Qué artículo del Título I recoge la regulación de la suspensión de los derechos y libertades:

a. el 55   b. el 53   c. el 51   d. el 57

106. Qué artículo del Título I recoge el principio de igualdad jurídica de los españoles ante la ley:

a. el 12   b. el 11   c. el 14   d. el 16

107. En España, la mayoría de edad se alcanza a los 18 años según:

a. el Preámbulo de la Constitución

b. su Disposición Adicional Segunda

c. su Artículo 12

d. la Ley Orgánica del Régimen Electoral General (LOREG)

108. La pena de muerte España:

a. Fue totalmente abolida por la Constitución de 1978

b. la Ley Orgánica 11 de 1995 volvió a permitirla pero únicamente en tiempos de guerra

c. Ambas son verdaderas

d. Ninguna lo es

109. No goza de iniciativa de reforma constitucional:

a. el Congreso de los Diputados

b. el Tribunal Constitucional

c. el Parlamento de Andalucía

d. el Gobierno

110. Sobre el derecho a la libertad religiosa la Constitución:

a. la reconoce

b. la garantiza

c. la reconoce y la garantiza

d. la reconoce, la garantiza y la protege

111. Se puede obligar a un ciudadano a declarar sobre su ideología:

a. En ningún caso

b. En caso de ciudadanos extranjeros

c. En casos de riesgo grave de la seguridad ciudadana

d. En cualquier caso

112. Qué carácter tiene el estado español según el artículo 16:

a. Estado laico

b. Estado católico

c. Estado aconfesional

d. Estado civil

113. El 'Derecho a la libertad y seguridad individual' está en el artículo:

a. 18   b. 20   c. 21   d. 17

114. Tiempo máximo de duración de la detención preventiva a tenor del contenido del artículo anterior:

a. 48 h   b. 24 h   c. 72 h   d. 36 h

115. Cuando se agote el tiempo máximo de detención preventiva:

a. Poner al detenido en libertad

b. Ponerlo a disposición judicial para que declare la puesta en libertad

c. Ponerlo en libertad o a disposición judicial

d. Declarar el ingreso en prisión

116. En el caso de la detención preventiva en qué trámites está garantizada la asistencia de abogado:

a. En las diligencias policiales

b. En las diligencias policiales y en judiciales

c. Sólo en las diligencias judiciales

d. Sólo en las diligencias policiales en las que lo solicite el interesado

117. Procedimiento por el que se debe poner a un detenido a disposición inmediata de la autoridad judicial:

a. Proceso sumario

b. Habeas Corpus

c. Recurso de amparo

d. Proceso de amparo

118. Se puede proceder a la entrada en un domicilio particular en caso de...

a. ...resolución judicial exclusivamente

b. ...delito flagrante o resolución judicial exclusivamente

c. ...autorización del titular o resolución judicial exclusivamente

d. ...autorización del titular, resolución judicial o flagrante delito

119. Qué artículo recoge el secreto de las comunicaciones:

a. 20   b. 22   c. 24   d. 18

120. Pueden interceptarse las comunicaciones postales:

a. Sí, por medio de resolución administrativa

b. Sí, por medio de resolución judicial o administrativa

c. No, en ningún caso

d. Sólo mediante resolución judicial

121. Puede limitarse el derecho a la entrada y salida de territorio español por motivos ideológicos a los ciudadanos españoles:

a. No, a tenor del artículo 19

b. Sí, a tenor del artículo 20

c. No, a tenor del artículo 21

d. Sí, a tenor del artículo 23

122. En qué artículo se regula el derecho a la cláusula de conciencia y al secreto profesional:

a. 20   b. 24   c. 27   d. 19

123. Quiénes tienen derecho a la tutela judicial efectiva de jueces y tribunales:

a. Todos los españoles pero no los extranjeros no legalizados

b. Todos los ciudadanos de la UE y los españoles, pero no los extranjeros ajenos a ese ámbito

c. Todas las personas

d. Solo los ciudadanos españoles y los nacionales de países de la UE legalizados

124. En qué ámbito están prohibidos los Tribunales de Honor:

a. En el ámbito de la Administración civil

b. En el ámbito de la Administración civil y militar

c. En el ámbito de la Administración civil y en el de las organizaciones profesionales

d. En el ámbito de la Administración civil y militar y en el de las organizaciones profesionales

125. Puede la Administración civil imponer sanciones que impliquen privación de libertad:

a. No, ni de forma directa ni de forma indirecta o subsidiaria

b. No de forma directa, pero si de forma subsidiaria

c. Sólo de forma directa

d. Sí, tanto indirecta como directamente

126. Cuál de los siguientes derechos no se engloba en el derecho a la tutela judicial efectiva:

a. Libertad de acceso a jueces y tribunales

b. el derecho al cumplimiento de las resoluciones judiciales

c. el derecho a obtener una decisión por parte de los jueces y tribunales

d. el derecho al juez subsidiario

127. En qué artículo se contempla el derecho al matrimonio:

a. 31   b. 33   c. 32   d. 34

128. Se delimita el derecho a la propiedad privada:

a. Sí, de acuerdo con las leyes y en virtud de su función social

b. Sí, de acuerdo con las normas extraordinarias dictadas por el Tribunal Constitucional

c. No. la propiedad privada no tiene delimitación constitucional

d. Sí, en el artículo 22 de la Constitución

129. Qué asociaciones son ilegales:

a. Las que no estén inscritas en el registro correspondiente del Ministerio del Interior

b. Las que persigan fines o utilicen medios tipificados como delito

c. Las que se reúnan sin autorización previa

d. Las asociaciones prohibidas

130. Están prohibidas las asociaciones:

a. Las secretas y las ilegales

b. Las ilegales y las paramilitares

c. Las paramilitares y las secretas

d. Las paramilitares, ilegales y secretas

131. Pueden ejercer el derecho de petición solo de manera individual:

a. Los jueces y magistrados

b. Los miembros de las Fuerzas Armadas

c. Los miembros de las Fuerzas Armadas y los miembros del Poder Judicial

d. Los miembros de los institutos armados con disciplina militar y los pertenecientes a las Fuerzas Armadas

132. Qué artículo ecoge el derecho y el deber de trabajar:

a. el 35   b. el 33   c. el 37   d. el 39

133. Qué regula el artículo 44:

a. el derecho a la salud

b. el derecho de acceso a la cultura

c. el derecho a una vivienda adecuada

d. el derecho a vacaciones retribuidas

134. La nacionalidad española se adquiere se conserva y se pierde según:

a. la Constitución

b. la ley

c. las normas internacionales

d. los Tratados internacionales

135. Qué tipo de delitos están excluidos de la extradición:

a. Los delitos de terrorismo

b. Los delitos políticos

c. Los delitos sociales y políticos

d. Los delitos sociales, pero no los políticos

136. Ante quién se presenta el recurso de amparo:

a. Ante el Tribunal Supremo

b. Ante el Tribunal Constitucional

c. Ante el CGPJ

d. Ante cualquier juzgado o tribunal

137. A qué órgano le encomienda el artículo 124 la defensa de los derechos de los ciudadanos:

a. Al Tribunal Constitucional

b. Al Tribunal Supremo

c. Al Ministerio Fiscal

d. A los poderes públicos

138. Qué tipo de ley es necesaria para regular el desarrollo del artículo 21:

a. Ley ordinaria

b. Ley de bases

c. Ley orgánica

d. Ley marco

139. La detención preventiva, en casos de terrorismo, tiene una duración máxima de:

a. 72 horas

b. Cinco días

c. Tres días

d. 48 horas

140. Los derechos recogidos en los Artículos 14 a 29 tienen como peculiaridad que podrán podrán ser protegidos mediante...

a. Recurso de Amparo

b. Jurisdicción ordinaria

c. Fuerzas de Seguridad del Estado

d. Ninguna de las tres cosas

141. Cuántos años dura el mandato del Defensor del Pueblo:

a. 3   b. 4   c. 5   d. 2

142. Cuántos adjuntos asisten al Defensor del Pueblo:

a. 3   b. 2   c. 4   d. 5

143. Cuántas salas tiene el TC:

a. 2

b. 3

c. 4

d. Ninguna

144. Según la Constitución, la ley regulará las peculiaridades del ejercicio del derecho de sindicación:

a. Para las Fuerzas Armadas

b. Para las Fuerzas o Institutos armados

c. Para las Fuerzas o Institutos armados y los demás Cuerpos sometidos a disciplina militar

d. Para los funcionarios públicos

145. Fundamenta el orden político y de la paz social:

a. la dignidad de las Instituciones

b. Los derechos consuetudinarios y la costumbre

c. el respeto a los derechos especiales

d. el libre desarrollo de la personalidad

146. Las normas relativas a los derechos fundamentales y a las libertades que la Constitución reconoce se interpretarán de conformidad con:

a. la Declaración Universal de DD HH

b. Los tratados internacionales sobre las mismas materias ratificados por España

c. Los acuerdos internacionales sobre las mismasmaterias ratificados por España

d. Los tres

147. La nacionalidad española se adquiere, se conserva y se pierde según lo establecido por:

a. la Constitución

b. la ley

c. Los Tratados Internacionales

d. Los Códigos

148. Puede un español de origen ser privado de su nacionalidad:

a. sí, cuando ha sido extraditado a otro país

b. nunca

c. sí, en los casos que determine el código penal

d. sí, pero exclusivamente cuando lo determine el presidente del gobierno

**149. El Estado podrá concertar trata-
dos de doble nacionalidad:**

a. Con los países iberoamericanos
b. Con los países que hayan tenido una parti-
cularvinculación con España
c. Con los países que tengan una particular
vinculación con España
d. Con todos ellos

150. Somos mayores de edad:

a. A los 16 años
b. A los 18 años
c. A la edad que fijen las leyes
d. A la edad que fije una ley orgánica

**151. Pueden participar los extranjeros
en procesos electorales españoles:**

a. No, nunca
b. Sí, en todos
c. Sí, sólo en elecciones autonómicas
d. Sí, sólo en elecciones municipales

152. La extradición sólo se concederá:

a. En cumplimiento de un tratado
b. En cumplimiento de un tratado o de la ley
c. En cumplimiento de un tratado o de la ley,
atendiendo al principio de reciprocidad
d. Ninguna de las anteriores

**153. Quedan excluidos de la extradi-
ción los delitos:**

a. Políticos   b. Penales
c. Civiles   d. Sentenciados

**154. A efectos de extradición, los actos
de terrorismo:**

a. Se equiparan a delitos políticos
b. Se equiparan a delitos contra la humanidad
c. No se consideran como delitos políticos
d. Tienen un tratamiento específico

**155. Los ciudadanos de otros países y
los apátridas, podrán gozar del derecho de asilo en España:**

a. No, en ningún caso
b. Solamente si son refugiados políticos
c. Sí, en los términos que establece la propia
Constitución
d. Sí, en los términos que establece la ley

156. Los españoles son iguales:

a. Ante la Constitución
b. Ante la ley
c. Ante el Gobierno
d. Ante las Cortes Generales

**157. La igualdad de los españoles sig-
nifica que no podrá prevalecer discriminación alguna por razón de:**

a. Nacimiento
b. Religión
c. Opinión
d. Las tres son correctas

158. Ni tampoco por razón de:

a. Raza
b. Sexo
c. Cualquier otra condición o circunstancia personal o social
d. Las tres son correctas

159. Todos tienen derecho a:

a. la vida
b. la integridad física
c. la integridad moral
d. A las tres

160. El derecho a entrar y salir del país:

a. puede ser limitado a los españoles por motivos políticos
b. puede ser limitada a los españoles por motivos ideológicos
c. puede ser limitado a los españoles por motivos económicos y culturales
d. no podrá ser limitado por motivos ideológicos o políticos

**161. Queda abolida la pena de muerte
en la Constitución:**

a. Sí, totalmente
b. No
c. Sí, salvo lo que puedan disponer las leyes
penales militares para tiempos de guerra
d. Sí, salvo lo que pueda disponer una ley or-
gánicapara tiempos de guerra

**162. A los individuos y las comunida-
des se les garantiza la libertad:**

a. ideológica
b. ideológica y religiosa
c. ideológica, religiosa y de culto
d. ideológica, religiosa, de culto y de rito

**163. La libertad ideológica y religiosa,
tendrá alguna limitación en sus manifestaciones:**

a. No
b. Sí, las que establezca una ley orgánica
c. No, salvo la necesaria para el mantenimiento
del orden público protegido por la ley
d. No, salvo la necesaria para el mantenimiento
del decoro y la moralidad pública

**164. Nadie podrá ser obligado a decla-
rar sobre su:**

a. ideología
b. religión
c. creencias
d. Sobre ninguna de las tres

**165. Ninguna confesión tendrá carác-
ter:**

a. Estatal
b. Religioso
c. Confesional
d. Obligatorio

**166. Los poderes públicos tendrán en
cuenta las creencias religiosas de:**

a. Los ciudadanos
b. la sociedad española
c. Los creyentes
d. Todos los residentes en el territorio nacional

**167. En materia de creencias religio-
sas, los poderes públicos mantendrán relaciones de cooperación con:**

a. la Iglesia Católica y Evangelista
b. Las confesiones inscritas en los Registros
correspondientes
c. la Iglesia Católica exclusivamente
d. la Iglesia Católica y las demás confesiones

**168. Nadie puede ser privado de su li-
bertad:**

a. Nunca
b. Salvo en los casos y forma previstos en la
ley
c. Salvo con la observancia de lo establecido
en el artículo 17
d. Son ciertas B y C

**169. La detención preventiva no podrá
durar más de:**

a. 24 h
b. 48 h
c. el tiempo estrictamente necesario para la realización de las averiguaciones tendentes al
esclarecimiento de los hechos
d. Ninguna de las contestaciones anteriores
escorrecta

**170. Un detenido deberá ser puesto en
libertad o a disposición de la autoridad judicial en el plazo máximo de:**

a. 12 h.   b. 24 h.   c. 48 h.   d. 72 h

**171. Toda persona detenida debe ser
informada de forma inmediata y de
modo que le sea comprensible:**

a. De sus derechos
b. De las razones de su detención
c. De sus derechos y de las razones de su detención
d. De sus derechos, así como de las razones
yduración de su detención

**172. Una persona detenida, puede ser
obligada a declarar:**

a. No
b. Sí
c. Sí, en presencia de su abogado
d. No, salvo si su abogado está presente

**173. Se garantiza la asistencia de abo-
gado al detenido en las diligencias:**

a. ...policiales, exclusivamente
b. ...judiciales, exclusivamente
c. ...policiales y judiciales
d. ...policiales, judiciales y administrativas

**174. Procedimiento para producir la
puesta a disposición judicial de toda
persona detenida ilegalmente:**

a. De legalidad penal
b. De 'habeas corpus'
c. De 'tenere corpus'
d. De interdicción

175. La Constitución garantiza:

a. el derecho al honor
b. el derecho a la intimidad personal y familiar
c. el derecho a la propia imagen
d. Todos los derechos anteriores

**176. Salvo resolución judicial, se ga-
rantiza el secreto de las comunicaciones y, en especial, de las:**

a. Postales
b. Postales y telegráficas
c. Postales, telegráficas y telefónicas
d. Postales, electrónicas, telegráficas y telefónicas

177. La inviolabilidad del domicilio supone que NINGUNA entrada...:

a. ...podrá hacerse en él sin consentimiento del titular o resolución judicial
b. ...o registro podrá hacerse en él sin consentimiento del titular, salvo en caso de flagrante delito
c. ...o registro podrá hacerse en élsin consentimiento del titular o resolución judicial, salvo en caso de flagrante delito
d. ...registro o inspección podrá hacerse sin consentimiento del titular o resolución judicial

178. La ley limitará el uso de la informática:

a. Para garantizar el honor de los ciudadanos
b. Para garantizar la intimidad personal y familiar de los ciudadanos
c. Para garantizar el pleno ejercicio de los derechos de los ciudadanos
d. Para materializar todas las garantías anteriores

179. Los españoles tienen derecho:

a. A elegir libremente su residencia
b. A elegir libremente su residencia y a circular porel territorio nacional
c. A circular por territorio extranjero
d. A elegir libremente su residencia y a circular por el territorio nacional y extranjero

180. El derecho de los españoles a entrar y salir libremente de España en los términos que la ley establezca, podrá ser limitado:

a. Sí, por cualquier motivo
b. No, por ningún motivo
c. No podrá serlo por motivos políticos
d. No podrá serlo por motivos políticos o ideológicos

181. Se podrán expresar y difundir libremente:

a. Los pensamientos
b. Las ideas
c. Las opiniones
d. Los tres

182. La libertad de expresión podrá realizarse:

a. Mediante la palabra
b. Mediante la palabra y el escrito
c. Mediante la palabra, el escrito o cualquier otromedio de reproducción
d. Ninguna de las contestaciones anteriores escorrecta

183. Se reconoce y protege el derecho:

a. A la producción y creación literaria
b. A la producción y creación literaria y artística
c. A la producción y creación literaria, artística y científica
d. A la producción y creación literaria, artística, científica y técnica

184. La libertad de cátedra:

a. Es un derecho
b. Es un deber
c. Es una obligación
d. No está reconocida expresamente como derechoen la Constitución

185. La regulación legal de la cláusula de conciencia y el secreto profesional se relaciona con qué derecho:

a. Con ninguno
b. Con el de comunicar libremente informaciónveraz
c. Con el de comunicar o recibir libremente información veraz por cualquier medio
d. Con el de comunicar o recibir libremente información veraz

186. El ejercicio de los derechos de expresión, puede restringirse mediante algún tipo de censura previa:

a. Sí
b. No
c. Sí, durante el estado de alarma
d. Sí, en los estados de alarma y excepción

187. La libertad de expresión tiene su límite en el derecho a...

a. el honor
b. el honor y a la intimidad
c. el honor, a la intimidad y a la propia imagen
d. el honor, a la intimidad, a la propia imagen y a la protección de la juventud y la infancia

188. Podrá acordarse el secuestro de publicaciones, grabaciones y otros medios de información:

a. No, en ningún caso
b. Solamente en virtud de resolución judicial
c. Solamente en virtud de resolución administrativa o judicial
d. Solamente durante la vigencia de los estados de alarma, excepción y sitio

189. El ejercicio del derecho de reunión pacífica y sin armas, necesitará autorización previa:

a. No
b. Sí
c. Depende del número de reunidos
d. Depende del tema de la reunión

190. Se podrán prohibir las reuniones y manifestaciones que se celebren en lugares de tránsito público:

a. No
b. Únicamente cuando existan razones fundadasde alteración del orden público
c. Únicamente cuando existan razones fundadasde alteración del orden público, con peligro para personas
d. Únicamente cuando existan razones fundadasde alteración del orden público, con peligro para personas o bienes

191. Se exige comunicación previa a la autoridad para celebrar reuniones y manifestaciones en lugares de tránsito público:

a. Sí
b. No
c. Depende del número de reunidos
d. Depende de la hora del acontecimiento

192. Reconoce la Constitución el derecho de asociación:

a. No
b. Sí
c. Sí, como obligación
d. Sí, como libertad

193. Son ilegales las asociaciones:

a. Que persigan fines tipificados como delito
b. Que utilicen medios tipificados como delito
c. Que persigan fines o utilicen medios tipificados como delito
d. Que persigan fines delictivos o utilicen medios peligrosos

194. Las asociaciones, deberán inscribirse en un registro:

a. No
b. Sí, a los solos efectos de control
c. Sí, a efectos de publicidad y control
d. Sí, a los solos efectos de publicidad

195. Las asociaciones, podrán ser disueltas o suspendidas en sus actividades:

a. No
b. Sí, en virtud de resolución administrativa motivada
c. Sí, en virtud de resolución judicial motivada
d. Sí, en virtud de resolución administrativa o judicial

196. Prohíbe la Constitución algún tipo de asociaciones:

a. No
b. Sí, las asociaciones secretas
c. Sí, las asociaciones secretas y las de carácterparamilitar
d. Sí, las asociaciones secretas y las de caráctermilitar

197. Los ciudadanos tienen el derecho a participar en los asuntos públicos:

a. Sólo directamente o mediante representantes
b. Sólo mediante representantes
c. Directamente o mediante representantes
d. Directamente o mediante representantes y delegados

198. Los ciudadanos tienen derecho a acceder en condiciones de igualdad:

a. A las funciones públicas
b. A los cargos públicos
c. A las funciones, cargos y empleos públicos
d. A las funciones y cargos públicos

199. Los representantes de los ciudadanos para participar en los asuntos públicos:

a. Serán libremente elegidos
b. Serán libremente elegidos por sufragio universal
c. Serán libremente elegidos en elecciones frecuentes por sufragio censitario
d. Serán libremente elegidos en elecciones periódicas por sufragio universal

200. En el ejercicio de sus derechos e intereses legítimos, todas las personas tienen derecho a obtener la tutela efectiva de:

a. Los jueces
b. Los tribunales
c. Los jueces y tribunales
d. Los jueces, magistrados, juzgados y tribunales

201. En materia de tutela judicial, todos tienen derecho:

a. Al Juez ordinario predeterminado por la ley
b. A la defensa
c. A la asistencia de letrado
d. Las tres son correctas

202. En materia de tutela judicial, todos tienen derecho:

a. A ser informados de la acusación formuladacontra ellos
b. A un proceso público sin dilaciones indebidas ycon todas las garantías
c. A utilizar los medios de prueba pertinentes parasu defensa
d. Las tres son correctas

203. En materia de tutela judicial, NO se reconoce el derecho:

a. A no declarar contra sí mismo
b. A no ser condenado
c. A no confesarse culpables
d. A la presunción de inocencia

204. En determinados casos establecidos por la ley, no se estará obligado a declarar sobre hechos presuntamente delictivos:

a. Por razón de parentesco
b. Por razón de secreto profesional
c. Por razón de parentesco o de secreto profesional
d. Por razón de parentesco, de secreto profesional o de obediencia debida

205. Nadie puede ser condenado o sancionado por acciones u omisiones que en el momento de producirse no constituyan:

a. Delito
b. Delito o falta
c. Delito, falta o infracción administrativa
d. Delito, falta, e infracción administrativa o judicial

206. Las penas privativas de libertad y las medidas de seguridad estarán orientadas hacia:

a. la reeducación
b. la resocialización
c. la reeducación y reinserción social
d. la reeducación, resocialización y reinserción social

207. Las penas privativas de libertad y las medidas de seguridad, podrán consistir en trabajos forzados:

a. No
b. Sí
c. Sí, si no exceden de un año
d. Sí, para casos de terrorismo

208. El condenado a pena de prisión que estuviera cumpliendo la misma gozará de los derechos constitucionales fundamentales, a excepción de los que se vean expresamente limitados por:

a. el contenido del fallo condenatorio
b. el contenido del fallo condenatorio y la duraciónde la pena
c. el contenido del fallo condenatorio, el sentido dela pena y la ley penitenciaria
d. el contenido del fallo condenatorio, la duraciónde la pena y la ley penitenciaria

209. El condenado a pena de prisión que estuviera cumpliendo la misma no tendrá derecho:

a. A un trabajo remunerado
b. A los beneficios correspondientes de la Seguridad Social
c. Al acceso a la cultura y al desarrollo integral desu personalidad
d. Tendrá todos los derechos anteriores

210. Respecto de los consumidores y usuarios, los poderes públicos:

a. Promoverán su información y su educación
b. Fomentarán sus organizaciones
c. Oirán a sus organizaciones en las cuestionesque puedan afectar a aquéllos
d. Las tres son correctas

211. Prohíbe los Tribunales de Honor:

a. No, en ningún ámbito
b. Sí, en todos los ámbitos
c. Sí, en el ámbito de la Administración civil
d. Sí, en el ámbito de la Administración civil y de las organizaciones profesionales

212. Se reconoce el derecho a la educación:

a. No
b. Sí, y también la libertad de enseñanza
c. Sí, pero no la libertad de enseñanza
d. Sí, y también el deber de enseñanza

213. La educación tendrá por objeto el pleno desarrollo de la personalidad humana en el respeto:

a. A los principios democráticos de convivencia
b. A los principios democráticos de convivencia y tolerancia
c. A los principios democráticos de convivencia,tolerancia e integración
d. A los principios democráticos de convivencia y alos derechos y libertades fundamentales

214. Los poderes públicos garantizan el derecho que asiste a los padres para que sus hijos reciban la formación:

a. Integral que esté de acuerdo con sus propiosideales
b. Religiosa que esté de acuerdo con sus propiasconvicciones
c. Religiosa y moral que esté de acuerdo con suspropias convicciones
d. Religiosa y moral que esté de acuerdo con suspropios ideales

215. La enseñanza básica es:

a. Obligatoria e integral
b. Gratuita
c. Obligatoria y gratuita
d. Obligatoria, gratuita e integral

216. Los poderes públicos garantizan el derecho de todos a la educación:

a. Mediante una programación general de la enseñanza
b. Con participación efectiva de todos los sectoresafectados
c. Con la creación de centros docentes
d. Las tres son correctas

217. Se reconoce la libertad de creación de centros docentes:

a. No
b. Sí, a las personas físicas exclusivamente
c. Sí, a las personas jurídicas exclusivamente
d. Sí, a las personas físicas y jurídicas

218. Quiénes intervendrán en el control y gestión de todos los centros sostenidos por la Administración con fondos públicos:

a. Los profesores
b. Los profesores y los padres
c. Los profesores, los padres y, en su caso, losalumnos
d. Los profesores, los padres y, en todo caso, losalumnos

219. Para garantizar el cumplimiento de las leyes, los poderes públicos:

a. Inspeccionarán el sistema educativo
b. Homologarán el sistema educativo
c. Inspeccionarán y homologarán el sistema educativo
d. Inspeccionarán, coordinarán y homologarán elsistema educativo

220. Se reconoce la autonomía de las Universidades:

a. No, solamente su autogestión
b. Sí, en los términos que la propia Constituciónestablece
c. Sí, en los términos que la ley establezca
d. Ninguna de las contestaciones anteriores es cierta

221. Tienen derecho a sindicarse libremente:

a. Todos
b. Los asalariados
c. Los trabajadores
d. Quienes presten servicios por cuenta ajena

222. La Ley podrá limitar o exceptuar el ejercicio del derecho de sindicación:

a. A las Fuerzas Armadas
b. A las Fuerzas o Institutos armados
c. A las Fuerzas o Institutos armados y los demás cuerpos sometidos a disciplina militar
d. A los funcionarios públicos

223. La libertad sindical NO comprende:

a. el derecho de fundar sindicatos
b. el de afiliarse al sindicato de su elección
c. el derecho de los sindicatos a formar confederaciones y a fundar organizaciones sindicales internacionales
d. Comprende todos los derechos anteriores

224. Podrá ser obligado alguien a afiliarse a un sindicato:

a. Sí, mediante resolución motivada de la autoridad laboral
b. Sólo por necesidades de la producción
c. Sólo por necesidades de la economía
d. Nadie podrá ser obligado

225. Se reconoce el derecho a la huelga de los trabajadores:

a. No, lo encomienda a una ley
b. Sí, para la defensa de sus salarios
c. Sí, para la defensa de sus intereses
d. Sí, para la defensa de sus contratos

226. La ley que regule el ejercicio del derecho de huelga establecerá las garantías precisas para asegurar el mantenimiento...

a. De los servicios esenciales de la comunidad
b. Del orden público
c. De los sistemas productivos
d. De la paz social

227. Todos los españoles tendrán el derecho de petición:

a. Individual
b. Individual y colectiva
c. Individual y colectiva, por escrito
d. Individual y colectiva, por escrito o verbalmente

228. Los miembros de las Fuerzas o Institutos armados o de los Cuerpos sometidos a disciplina militar, podrán ejercer el derecho de petición:

a. No
b. Sí, sin ninguna limitación
c. Sólo individualmente
d. Sólo individualmente y con arreglo a lo dispuesto en su legislación específica

229. Podrá establecerse un servicio civil:

a. No
b. No, porque el servicio será militar
c. Sí, para el cumplimiento de fines colectivos
d. Sí, para el cumplimiento de fines de interés general

230. Mediante ley podrán regularse los deberes de los ciudadanos en los casos de:

a. Grave riesgo
b. Grave riesgo o catástrofe
c. Grave riesgo, catástrofe o calamidad pública
d. Grave riesgo, siniestro o catástrofe

231. Todos contribuirán al sostenimiento de los gastos públicos mediante un sistema tributario justo inspirado en los principios de:

a. Igualdad y equidad
b. Igualdad y proporcionalidad
c. Igualdad y progresividad
d. Igualdad, progresividad y proporcionalidad

232. El sistema tributario, ¿podrá tener alcance confiscatorio?

a. No, en ningún caso
b. No, salvo para las rentas más altas y grandesfortunas
c. Sí, por razones de interés social
d. Sí, dependiendo de la evolución de la economíanacional

233. La programación y ejecución del gasto público responderá a los criterios de:

a. Eficacia y economía
b. Eficiencia y economía
c. Eficiencia y eficacia
d. Eficiencia, productividad y economía

234. Podrán establecerse por ley prestaciones personales de carácter público:

a. No, en ningún caso
b. Sí, mediante ley orgánica
c. Sí, y también patrimoniales
d. Sí, y también económicas

235. El hombre y la mujer tienen derecho a contraer matrimonio:

a. En cualquier momento
b. Con plena igualdad jurídica
c. Con plena igualdad económica
d. Con plena igualdad económica y social

236. Respecto del matrimonio, la ley regulará:

a. Las formas, edad y capacidad para contraerlo
b. Las causas de separación y disolución y sus efectos
c. Los derechos y deberes de los cónyuges
d. Todas las cuestiones anteriores

237. Reconoce la Constitución el derecho a la propiedad privada:

a. No
b. Sí, y a la comunal
c. Sí, y a la herencia
d. Sí, y a la herencia y legados

238. Nadie podrá ser privado de sus bienes y derechos sino por causa justificada de:

a. Utilidad pública
b. Interés social
c. Utilidad pública o interés social
d. Utilidad pública, necesidad o interés social

239. La privación de bienes y derechos con causa justificada se efectuará:

a. Mediante la correspondiente indemnización
b. De conformidad con lo dispuesto en las leyes
c. Mediante la correspondiente contraprestación
d. Mediante la correspondiente indemnización y de conformidad con lo dispuesto por las leyes

240. Se reconoce el derecho de fundación:

a. Para fines de interés específico
b. Para fines de interés general
c. Para fines lícitos
d. Para fines educativos y sociales

241. Todos los españoles tienen:

a. el deber de trabajar
b. el derecho al trabajo
c. el deber de trabajar y el derecho al trabajo
d. el derecho a la ocupación plena

242. Todo español tienen el derecho:

a. A la libre elección de profesión u oficio
b. A la promoción a través del trabajo
c. A una remuneración suficiente para satisfacer sus necesidades y las de su familia
d. Las tres son ciertas

243. Sobre el derecho al trabajo, en ningún caso pueda hacerse discriminación por razón de:

a. Sexo
b. Raza
c. Religión
d. Opinión

244. El Estatuto de los trabajadores se regulará:

a. Por ley
b. Por ley orgánica
c. Por DecretoLey
d. Por Real Decreto

245. La estructura interna y el funcionamiento de los Colegios profesionales deberán ser:

a. Públicos
b. Democráticos
c. Flexibles
d. Orgánicos

246. Respecto de los convenios colectivos, la ley garantizará:

a. Su publicidad
b. Su ámbito
c. Su fuerza vinculante
d. Su temporalidad

247. La ley garantizará el derecho a la negociación colectiva laboral:

a. Entre los trabajadores y empresarios directamente
b. Entre los representantes de los trabajadores yempresarios
c. Entre organizaciones sindicales y empresariales
d. Entre patrón y obrero

248. El derecho a adoptar medidas de conflicto colectivo se reconoce en favor de:

a. Los trabajadores exclusivamente
b. Los empresarios exclusivamente
c. Los trabajadores y empresarios
d. Los trabajadores, empresarios y autoridad laboral

249. La libertad sindical comprende:

a. el derecho a fundar sindicatos
b. el derecho a afiliarse al sindicato elegido
c. el de los sindicatos a formar confederaciones
d. Todas las anteriores son ciertas

250. Se reconoce la libertad de empresa en el marco de:

a. la economía de mercado
b. la economía capitalista
c. la economía occidental
d. la productividad nacional

251. Sobre la familia, los poderes públicos asegurarán su protección:

a. Social
b. Social y económica
c. Social, económica y jurídica
d. Social, económica, administrativa y jurídica

252. Los hijos son iguales ante la ley con independencia de su:

a. edad
b. filiación
c. nacimiento
d. raza

253. Los poderes públicos aseguran la protección integral de las madres, cualesquiera que sea:

a. Su estado civil
b. Su situación económica
c. Su situación social
d. Su situación económica y social

254. La ley posibilitará la investigación de la paternidad:

a. No
b. Sí
c. Sí, en caso de delito
d. Sí, mediante resolución judicial

255. Los padres deben prestar asistencia de todo orden a los hijos:

a. Habidos dentro o fuera del matrimonio
b. Durante su minoría de edad
c. En los demás casos en que legalmente proceda
d. Las tres son correctas

256. Los niños gozarán de la protección prevista en:

a. Las leyes
b. Los acuerdos internacionales que velan por sus derechos
c. Los acuerdos internacionales ratificados por España
d. la Constitución

257. Los poderes públicos promoverán las condiciones favorables para...

a. Para el progreso social y económico
b. Para una distribución de la renta regional más equitativa
c. Para una distribución de la renta personal más equitativa
d. Las tres son correctas

258. Los poderes públicos realizarán una política orientada:

a. A la disminución del desempleo
b. Al pleno empleo
c. A un incremento del PIB
d. Al libre mercado

259. En la Seguridad Social, los poderes públicos mantendrán un régimen:

a. Público
b. Privado
c. De reparto
d. Capitalizado

260. El régimen de S. Social garantizará unas prestaciones sociales suficientes ante situaciones de necesidad, especialmente en caso de:

a. Desempleo
b. Enfermedad
c. Necesidad
d. Contingencia protegible

261. La asistencia y prestaciones complementarias de la S. Social serán:

a. Obligatorias
b. Universales
c. Libres
d. Contributivas

262. La política del Estado respecto de los trabajadores españoles en el extranjero se orientará hacia su...

a. igualdad
b. progreso
c. regreso
d. prosperidad

263. Sobre los trabajadores españoles en el extranjero, el Estado velará especialmente por la salvaguardia de sus derechos:

a. Económicos
b. Sociales
c. Económicos y sociales
d. Políticos

264. De la salud se reconoce el derecho:

a. A la protección
b. A la curación
c. A la prevención
d. A la asistencia médica

265. Compete a los poderes públicos organizar y tutelar la salud pública a través de:

a. Medidas preventivas
b. Prestaciones necesarias
c. Servicios necesarios
d. Las tres son correctas

266. Los poderes públicos NO fomentarán:

a. la educación sanitaria
b. la educación física
c. el deporte
d. Fomentarán las tres

267. Sobre el ocio, los poderes públicos facilitarán su adecuado/a:

a. utilización
b. distribución
c. disfrute
d. promoción

268. Los poderes públicos promoverán la ciencia y la investigación científica y técnica en beneficio:

a. Del progreso
b. Del interés general
c. Del desarrollo nacional
d. De la innovación tecnológica

269. Del Medio Ambiente se establece:

a. el derecho a disfrutarlo
b. el deber de conservarlo
c. el deber de disfrutarlo
d. Son correctas A y B

270. Los poderes públicos velarán por la utilización racional de todos los recursos naturales para:

a. Proteger la calidad de la vida
b. Defender y restaurar el medio ambiente
c. Mejorar la calidad de la vida
d. Las tres son correctas

271. Contra la violación de la utilización racional de los recursos naturales se podrán establecer sanciones penales:

a. No, en ningún caso
b. Sí, y también sanciones administrativas
c. Sí, y también la obligación de reparar el daño causado
d. Son ciertas B y C

272. Los poderes públicos garantizarán la conservación y promoverán el enriquecimiento del patrimonio:

a. Histórico de los pueblos de España
b. Histórico y cultural de los pueblos de España
c. Histórico, cultural y artístico de los pueblos de España
d. Histórico, cultural, artístico y folclórico de los pueblos de España

273. Los atentados contra el patrimonio de los pueblos de España se sancionará mediante:

a. Multas
b. Una ley especial
c. la ley penal
d. Multas coercitivas

274. Todos los españoles tienen derecho a disfrutar de una vivienda:

a. Digna y adecuada
b. Suficiente y adecuada
c. Digna y suficiente
d. Suficiente y económica

275. Los poderes públicos regularán la utilización del suelo de acuerdo con el interés general para impedir:

a. la construcción ilegal
b. el urbanismo salvaje
c. la especulación
d. el enriquecimiento injusto

276. Sobre la acción urbanística de los entes públicos, la comunidad participará:

a. En el lucro que genere
b. En las plusvalías que genere
c. En las mejoras que genere
d. En las alternativas que genere

277. Los poderes públicos promoverán las condiciones para la participación libre y eficaz de la juventud en el desarrollo:

a. Político y social
b. Económico y cultural
c. Social y cultural
d. Todas son correctas

278. Respecto de los disminuidos físicos, sensoriales y psíquicos, los poderes públicos realizarán:

a. Una política de previsión
b. Una política de previsión y tratamiento
c. Una política de rehabilitación e integración
d. Una política de previsión, tratamiento, rehabilitación e integración

279. Los poderes públicos garantizarán la suficiencia económica a los ciudadanos durante la tercera edad mediante pensiones:

a. Adecuadas
b. Periódicamente actualizadas
c. Adecuadas y periódicamente actualizadas
d. Adecuadas, suficientes y periódicamente actualizadas

280. Los poderes públicos promoverán el bienestar de la tercera edad mediante un sistema de servicios sociales que atenderán sus problemas específicos de:

a. Salud
b. Salud y vivienda
c. Salud, vivienda y ocio
d. Salud, vivienda, cultura y ocio

281. Sobree los consumidores y usuarios, los poderes públicos protegerán mediante procedimientos eficaces:

a. la seguridad de los mismos
b. Los legítimos intereses económicos de los mismos
c. la seguridad y los legítimos intereses económicos de los mismos
d. la seguridad, la salud y los legítimos intereseseconómicos de los mismos

282. La ley regulará las organizaciones profesionales que contribuyan a la defensa de los intereses económicos:

a. Nacionales
b. Generales
c. Sociales
d. Que les sean propios

283. Según el artículo 9, NO pueden ser retroactivas:

a. Las leyes sancionadoras
b. Todas las normas
c. Determinadas normas sancionadoras
d. Las actuaciones administrativas

284. Los derechos y libertades reconocidos en el Capítulo segundo del Título I vinculan:

a. A todos los poderes públicos
b. A todos los españoles
c. A todos los ciudadanos
d. A ciudadanos y Administración

285. El ejercicio de los derechos y libertades reconocidos en el Capítulo Segundo del Título I se regulará:

a. Mediante Ley Orgánica
b. Mediante Ley
c. Mediante Decreto Ley
d. Mediante Real Decreto

286. La regulación del ejercicio de los derechos y libertades reconocidos en el Capítulo segundo del Título I:

a. Deberá contar con los afectados
b. Deberá respetar su contenido esencial
c. Deberá armonizar su contenido esencial
d. Deberá restringir su contenido esencial

287. El ejercicio de los derechos y libertades reconocidos en el Capítulo 2º (Título I) de la Constitución se tutelará mediante:

a. Recurso de amparo
b. Recurso de inconstitucionalidad
c. Recurso contenciosoadministrativo
d. Recurso de protección jurisdiccional de los derechos fundamentales

288. Cuálquier ciudadano podrá recabar la tutela de las libertades y derechos reconocidos en el artículo 14 y la Sección primera del Capítulo segundo del Título I:

a. Ante los Tribunales ordinarios
b. Ante los Tribunales penales
c. Ante el Ministerio Fiscal
d. Ante el Defensor del Pueblo

289. Cuálquier ciudadano podrá recabar en vía judicial la tutela de las libertades y derechos reconocidos en el artículo 14 y la Sección primera del Capítulo 2º (Tít. I) mediante un procedimiento basado en los principios de:

a. Precedencia y ejecutividad
b. Preferencia y sumariedad
c. Celeridad y equidad
d. Juez predeterminado e imparcial

290. Se podrá recabar la tutela de las libertades y derechos reconocidos en el artículo 14 y la Sección primera del Capítulo 2º (Título I) de la Constitución a través del recurso de amparo ante el Tribunal Constitucional:

a. Sí, en todo caso
b. Sí, en su caso
c. No, solamente a través del recurso de constitucionalidad
d. No

291. El recurso de amparo ante el TCpara recabar la tutela de las libertades y derechos reconocidos en el artículo 14 y la Sección primera del Capítulo 2º (Título I):

a. No es aplicable
b. Se aplicará también a la objeción de conciencia
c. Se aplicará también al derecho de propiedad privada
d. Se aplicará también al derecho a la vivienda

292. El reconocimiento, el respeto y la protección de los principios reconocidos en el Capítulo 3º (Título I) informará:

a. la legislación positiva
b. la práctica judicial
c. la actuación de los poderes públicos
d. Las tres son correctas

293. Los principios reconocidos en el Capítulo 3º (Título I), podrán ser alegados ante la Jurisdicción ordinaria:

a. No
b. Sí, en todo caso
c. Sí, de acuerdo con lo que dispongan las leyesque los desarrollen
d. Sí, siempre que no sean respetados por los poderes públicos

294. La institución del Defensor del Pueblo se regulará:

a. Mediante una ley orgánica
b. Mediante una ley ordinaria
c. Mediante un DecretoLey
d. Mediante un Decreto Legislativo

295. La Constitución instituye la figura del Defensor del Pueblo como:

a. Defensor de todos los derechos de los ciudadanos
b. Defensor del interés público ante la Justicia
c. Alto comisionado de las Cortes Generales
d. Alto comisionado del Congreso

296. Designa al Defensor del Pueblo:

a. el Gobierno
b. el Congreso
c. el Senado
d. Las Cortes Generales

297. En relación con las investigaciones correspondientes a la actuación de bandas armadas o elementos terroristas, no puede suspenderse para personas determinadas:

a. la duración máxima de la detención preventiva
b. la libertad de residencia
c. el secreto de las comunicaciones
d. la inviolabilidad del domicilio

298. Podrá ser suspendido cuando se acuerde la declaración del estado de excepción o de sitio:

a. Derecho a la libertad
b. Derecho a la seguridad
c. Derecho a la inviolabilidad del domicilio
d. Los tres

299. Podrá ser suspendido cuando se acuerde la declaración del estado de excepción o de sitio:

a. Derecho de huelga
b. Derecho de negociación colectiva
c. Ambos
d. Ninguno de los dos

300. La suspensión de derechos para personas determinadas en relación con las investigaciones correspondientes a la actuación de bandas armadas o elementos terroristas habrá de realizarse:

a. De forma individual
b. Con la necesaria intervención judicial
c. Con el adecuado control parlamentario
d. Con todos los requisitos anteriores

301. Qué Título está dedicado a la regulación de la Corona:

a. II
b. III
c. IV
d. V

302. Qué artículo abre ese Título:

a. 55
b. 56
c. 57
d. 54

303. Y cuál lo cierra:

a. 63   b. 64   c. 65   d. 66

304. Qué carácter tiene el Rey de España dentro de la estructura general del Estado:

a. Es Jefe de gobierno
b. Es Jefe de Estado
c. Es Jefe de Estado y de Gobierno
d. No es Jefe de Estado ni de Gobierno

305. El Rey asume la más alta representación del Estado en las relaciones internacionales, pero la Constitución matiza que dicha representación será especialmente con los países...

a. ... integrantes de la UE
b. ... Iberoamericanos
c. ... de su comunidad histórica
d. ... de su entorno cultural y geográfico

306. Real Decreto que regulaba los Títulos, Tratamientos y Honores de la Familia Real:

a. RD 1368/ 1987
b. RD 6813/ 1987
c. RD 1368/ 1989
d. RD 6813/ 1989

307. Qué tratamiento recibe el Consorte de la Reina:

a. Majestad
b. Alteza
c. Alteza Real
d. Excelentísimo

308. Ante quien se proclama al Rey:

a. Ante el Congreso de los Diputados
b. Ante el Senado
c. Ante el Gobierno
d. Ante las Cortes Generales

309. El Rey debe prestar juramento:

a. Al cumplir la mayoría de edad
b. Al ser proclamado como tal
c. Al ser proclamado heredero
d. Dentro de los veinte días siguientes a su proclamación

310. Puede el Príncipe Heredero, pasar a ejercer la Regencia:

a. No, en ningún caso
b. Sólo si es mayor de edad en el momento en que se produzca el llamamiento
c. Sí, en cualquier caso
d. la Constitución lo excluye expresamente en su artículo 62

311. Cuál de estas funciones NO es ejercida por el Rey:

a. Sancionar las leyes
b. Expedir los Decretos acordados en el Consejo de Ministros
c. Declarar la guerra y hacer la paz, previa autorización del Congreso de los Diputados
d. Nombrar al Presidente del Tribunal Constitucional

312. Y cuál de las siguientes funciones sí:

a. Sancionar los Estatutos de Autonomía
b. Proponer el nombramiento de los miembros del Gobierno
c. Nombrar al Defensor del Pueblo
d. Nombrar al Presidente de las CC AA, con el refrendo del Presidente del Senado

313. A cuál de los siguientes cargos no nombra el Rey:

a. Al Fiscal General del Estado
b. Al Presidente del Tribunal Supremo
c. A los vocales de los Tribunales Consuetudinarios
d. A los vocales del Consejo General del Poder Judicial

314. Línea preferida en la Sucesión:

a. la colateral sobre la secundaria
b. la directa sobre la colateral
c. la descendente sobre la colateral
d. la colateral sobre la indirecta

315. Quién tiene preferencia en la Sucesión en el caso de que se de un supuesto de igualdad de grado:

a. Las mujeres sobre los varones
b. Los varones sobre las mujeres
c. la persona de más edad sobre la de menos
d. la más próxima a la más lejana

316. Cuál de los siguientes principios se aplica a la Sucesión:

a. el de representación
b. el de prioridad
c. el de igualdad
d. el de asunción

317. Qué grado es preferido en el caso de que se dé un supuesto de igualdad de línea:

a. el grado más remoto al más cercano
b. el grado más próximo al más remoto
c. el grado más directo al indirecto
d. la Constitución no lo establece

318. Quién debe reconocer la imposibilidad del Rey para ejercer sus funciones:

a. el Gobierno
b. el Congreso de los Diputados
c. la Familia Real
d. Las Cortes Generales

319. Qué tipos de Regencia existen:

a. Dativa y legítima
b. Legítima y por sucesión
c. Dativa y representativa
d. Dativa exclusivamente

320. La Regencia se ejerce:

a. En nombre de la Constitución
b. En nombre del Rey
c. En nombre de España
d. En nombre del pueblo español

321. Se ejerce la Regencia por...

a. mandato constitucional
b. mandato real
c. mandato popular
d. mandato soberano

322. El Regente presta juramento:

a. Ante las Cortes Generales
b. Ante el Congreso de los Diputados
c. Ante el Gobierno
d. Ante el Senado y el Gobierno

323. Establece los supuestos de exclusión a la Sucesión el artículo:

a. 57.4   b. 57.6   c. 57.2   d. 57.3

324. Quién es llamado en primer lugar en caso de que se deba declarar la Regencia por inhabilitación del Rey:

a. el Príncipe Heredero si es mayor de edad
b. el Príncipe Heredero en cualquier caso
c. el padre o la madre del Rey
d. el pariente de más edad del Rey

325. En el caso de que no exista Tutor testamentario del Rey menor quién será Tutor del mismo:

a. Las personas nombradas por las Cortes Generales en cualquier caso
b. el padre o la madre, mientras permanezcan viudos
c. el pariente de más edad del Rey menor
d. el padre o la madre, en cualquier caso

326. Cuándo es nombrado el Tutor del Rey menor por las Cortes Generales:

a. En cualquier caso
b. En ningún caso
c. Cuando no exista Tutor testamentario ni legítimo
d. Cuando no exista Tutor testamentario

327. Pueden acumularse los cargos de Tutor y Regente en una misma persona:

a. No, en ningún caso
b. Sólo en el caso de la madre o el padre del Rey menor
c. Sólo en el caso de ascendientes indirectos del Rey menor
d. Sí, en el padre, la madre, o ascendientes directos del Rey menor

328. En cuál de los siguientes casos es imprescindible ser español de nacimiento:

a. Para ejercer la Regencia
b. Para ejercer la tutela testamentaria
c. Para ser proclamado Rey
d. Para ejercer la Regencia y la tutela testamentaria

329. Cómo deben regularse las dudas relacionadas con la abdicación:

a. Por Real Decreto
b. Por Ley orgánica
c. Por Ley ordinaria
d. Por Decreto ley

330. Según el artículo 62 corresponde al Rey:

a. Conferir los empleos civiles y militares
b. Conceder honores y distinciones
c. Ambas cosas
d. Ninguna de las dos

331. Qué tipo de indulto no puede realizar el Rey:

a. Indulto a un condenado con sentencia firme
b. Indulto a ciudadanos extranjeros penados en España
c. Indultos generales
d. Indultos políticos

332. Cuál de estas funciones no es realizada por el Rey:

a. convocatoria de elecciones generales
b. convocatoria de referéndum
c. convocatoria de las Cortes Generales
d. convocatoria de la Diputación Permanente del Congreso de los Diputados

333. Puede presidir el Rey el Consejo de Ministros:

a. No, en ningún caso
b. Sólo en casos excepcionales en el caso de declaración del estado de excepción
c. Sí, previa petición del Presidente del Gobierno
d. Sí, cuando lo estime oportuno sin más requisitos

334. Cuándo nombra el Rey al Presidente del Gobierno:

a. En todos los casos
b. En ningún caso, es nombrado por las Cortes Generales
c. En ningún caso, es nombrado por el Congreso de los Diputados
d. En ningún caso

335. Qué artículo recoge el juramento del Príncipe Heredero:

a. 61.2
b. 61.3
c. 63.1
d. 64.2

336. Cuál de los siguientes contenidos no aparece en el juramento del Rey:

a. el respeto a los derechos de los ciudadanos
b. el respeto a los derechos de las CC AA
c. el desempeño fiel de sus funciones
d. el respeto a los derechos de las colectividades históricas

337. El juramento del Príncipe es el mismo que el del Rey, pero se añade un contenido relativo a:

a. el respeto a los derechos humanos
b. el respeto a las funciones sociales
c. la fidelidad al Rey
d. No se añade ningún contenido al juramento del Príncipe Heredero

338. Qué función tiene el Rey:

a. Arbitra y modera el funcionamiento de las instituciones
b. Es garante de la paz
c. Representa los derechos históricos de los españoles
d. Es símbolo de la diversidad del Estado

339. No tiene competencia para refrendar los actos del Rey:

a. el Presidente del Gobierno
b. el Presidente del Senado
c. el Presidente del Congreso
d. Un Ministro

340. Qué efecto tiene el refrendo:

a. Confiere validez al acto refrendado
b. Implanta la responsabilidad en el Rey
c. Traslada la responsabilidad a las Cortes Generales
d. Traslada la responsabilidad del acto, al Gobierno

341. Existe algún acto del Rey que pueda realizarse sin refrendo:

a. No
b. Sí, la designación de su Sucesor
c. Sí, los relacionados con la Casa Real y la distribución del Presupuesto de la misma
d. Sí, los relacionados con nombramientos constitucionales

342. Quién refrenda al Rey en la propuesta de nombramiento de candidato a la Presidencia del Gobierno:

a. el Presidente del Gobierno saliente
b. el Presidente del Congreso de los Diputados
c. el Jefe de la Casa Real
d. Este acto se realiza sin refrendo

343. Refrenda al Rey en la convocatoria de elecciones generales:

a. el Presidente del Congreso de los Diputados en cualquier caso
b. el Presidente del Gobierno
c. el Presidente de las Cortes Generales
d. Ese acto no requiere refrendo

344. El Real Decreto que regula la Casa Real es de:

a. 1988
b. 1984
c. 1998
d. 1987

345. De quién dependen todos los Servicios de la Casa Real:

a. Del Jefe de la Casa Real
b. De la Secretaría General
c. Del Ministro del Interior
d. Del Rey

346. Quién nombra a los miembros de la Casa Real:

a. el Presidente del Gobierno
b. el Rey
c. el Jefe de la Casa Real
d. el Ministro del Interior

347. El Real Decreto que regula el Registro Civil de la Familia Real es de:

a. 1981   b. 1881   c. 1781   d. 1681

348. Qué Tratamiento se aplica a los hijos de los Infantes de España:

a. Ilustrísimo
b. Excelentísimo
c. Señoría
d. Alteza

349. Quién debe proponer al Rey el nombramiento de un Ministro:

a. el Presidente del Gobierno
b. el Presidente del Congreso
c. el Presidente del Tribunal Supremo
d. Ese nombramiento no tiene propuesta

350. Qué carácter tiene la Corona de España, a tenor del artículo 57.1:

a. Constitucional
b. Hereditaria
c. Formal
d. Prioritaria

351. Qué tipo de indulto no puede realizar el Rey:

a. A un condenado con sentencia firme
b. A ciudadanos extranjeros penados en España
c. Indultos generales
d. Indultos políticos

352. En cuál de los siguientes casos es imprescindible ser español de nacimiento:

a. Para ejercer la Regencia
b. Para ejercer la tutela testamentaria
c. Para ser proclamado Rey
d. Para ejercer la Regencia y la tutela testamentaria

353. Qué efecto tiene el refrendo:

a. Confiere validez al acto refrendado
b. Implanta la responsabilidad en el Rey
c. Traslada la responsabilidad a las Cortes Generales
d. Traslada la responsabilidad del acto, al Gobierno

354. El Rey preside las sesiones del Consejo de Ministros:

a. Ordinariamente
b. En ningún caso
c. Conjuntamente con el Presidente del Gobierno
d. En determinados supuestos

355. La Casa del Rey tiene como misión:

a. Servirle de apoyo en el ejercicio de sus funciones
b. Servirle de residencia oficial
c. Refrendar sus actos
d. Nombrar los miembros civiles y militares de la misma sin necesidad de refrendo

356. Qué artículo establece los supuestos de exclusión a la Sucesión:

a. 57.4
b. 57.6
c. 57.2
d. 57.3

357. El Rey no cesa en su cargo por:

a. Moción de censura
b. Abdicación
c. Renuncia
d. Fallecimiento

358. Los actos del Rey se refrendan:

a. Siempre
b. Siempre, salvo en el nombramiento y relevo de los miembros de su Casa
c. Siempre cuando el que refrenda es el Presidente del Gobierno
d. Siempre cuando el que refrenda es un miembro del Gobierno

359. Cuál de los siguientes cargos no tiene competencia para refrendar los actos del Rey:

a. el Presidente del Gobierno
b. el Presidente del Senado
c. el Presidente del Congreso
d. Un Ministro

360. Tutor del Rey y Regente no puede ser una misma persona:

a. Nunca
b. Salvo en determinados supuestos
c. Lo es siempre
d. Ninguna de las anteriores

361. Cuándo debe prestar juramento el Rey:

a. Al cumplir la mayoría de edad
b. Al ser proclamado como tal
c. Al ser proclamado heredero
d. Dentro de los veinte días siguientes a su proclamación

362. Si no existe persona legitimada para ser Regente, éste será nombrado por:

a. el Presidente del Gobierno
b. el Gobierno
c. Las Cortes Generales
d. el Congreso de los Diputados

363. Qué artículo abre el Título dedicado a la regulación de la Corona:

a. 55
b. 56
c. 57
d. 54

364. El Rey asume la más alta representación del Estado en las relaciones internacionales, pero la Constitución matiza que dicha representación será especialmente con:

a. Con los países integrantes de la UE
b. Con los países Iberoamericanos
c. Con los países de su comunidad histórica
d. Con los países de su entorno cultural y geográfico

365. Los Estatutos de Autonomía:

a. Son ratificadas por el Rey
b. Son sancionadas por el Rey
c. Son aprobados por Ley ordinaria
d. Son aprobados por el Rey

366. Los actos del Rey serán refrendados:

a. Por el Presidente del Gobierno, exclusivamente
b. Por el Presidente del Congreso, cuando así lo determine la ley o por los Ministros competentes
c. Por el Presidente del Gobierno
d. Son correctas b) y c)

367. Si el rey en su testamento no designara al tutor del rey menor de edad:

a. será tutor el que nombren las Cortes Generales
b. lo serán el padre o la madre, mientras permanezcan viudos
c. será designado como tutor el que designen las Cortes Generales y el rey
d. se constituirá un consejo formado por una, tres o cinco personas

368. Es una función del rey:

a. autorizar a las Cortes Generales para declarar la guerra
b. proponer al presidente del gobierno el nombramiento de los miembros de éste
c. manifestar el consentimiento del Estado para que pueda obligarse internacionalmente por medio de tratados
d. proponer el nombramiento de los miembros del Tribunal Constitucional

369. El juramento del Príncipe Heredero se recoge en el artículo:

a. 61.2
b. 61.3
c. 63.1
d. 64.2

370. Las clases de reformas constitucionales existentes son:

a. Dos, ordinaria y sumaria
b. Dos, ordinaria y extraordinaria
c. Tres, ordinaria, extraordinaria y sumaria
d. Una, extraordinaria

371. Si el padre del rey contrae matrimonio al tiempo de desempeñar el cargo de tutor del rey:

a. No hay ningun impedimento para que lo siga ejerciendo
b. Tendrá que renunciar al cargo y las cortes generales nombrarán a un nuevo tutor
c. Tendrá que renunciar al cargo y éste pasaría a ejercerse por el pariente del rey mayor de edad más próximo a suceder en la corona
d. Tendrá que renunciar al cargo y éste pasaría a ejercer por el regente

372. El procedimiento de reforma constitucional regulado en el artículo 168 se aplica cuando se pretenda reformar:

a. el Título II
b. el Título VII
c. el Título IX
d. cualquier artículo del Título III

373. El Fiscal General del Estado es nombrado por:

a. el Consejo General del Poder Judicial
b. el Gobierno, a propuesta del rey
c. el rey, a propuesta del gobierno, oído el Consejo General del Poder Judicial
d. el rey, a propuesta del gobierno, oído el presidente del Consejo General del Poder Judicial

374. Cuál de los siguientes principios se aplica a la Sucesión:

a. el principio de representación
b. el principio de prioridad
c. el principio de igualdad
d. el principio de asunción

375. Quién es llamado en primer lugar en caso de que se deba declarar la Regencia por inhabilitación del Rey:

a. el Príncipe Heredero si es mayor de edad
b. el Príncipe Heredero en cualquier caso
c. el padre o la madre del Rey
d. el pariente de más edad del Rey

376. El referéndum será convocado por el rey, mediante propuesta del presidente del gobierno previamente autorizado por:

a. el presidente del congreso
b. el consejo de ministros
c. el congreso de los diputados
d. el senado

377. Mayoría necesaria en primera votación para aprobar una reforma constitucional que afecte al art. 149:

a. simple
b. absoluta
c. de 3/5
d. de 2/5

378. El ejercicio del derecho de gracia o indulto corresponde:

a. Al Presidente del Gobierno
b. Al Ministro de Justicia
c. Al Príncipe de Asturias
d. Al Rey

379. Los Ministros son nombrados y cesados de su puesto por:

a. el Rey
b. el Presidente del Gobierno
c. el Presidente del Congreso
d. el Rey con el refrendo del Presidente del Gobierno

380. Por qué mandato se ejerce la Regencia:

a. Por mandato constitucional
b. Por mandato real
c. Por mandato popular
d. Por mandato soberano

381. Los actos del Rey que, debiendo estarlo, no estuvieran refrendados, carecen de:

a. Existencia
b. Eficacia
c. Validez
d. Son válidos y eficaces

382. El Real Decreto que regulaba los Títulos, Tratamientos y Honores de la Familia Real fue aprobado en:

a. 1987
b. 1988
c. 1989
d. 1990

383. En la sucesión al trono se elige, en la misma línea:

a. el grado descendente al ascendente
b. el grado más próximo al más remoto
c. el grado ascendente al descendente
d. el grado más remoto al más próximo

384. Plazo de que disponen los Senadores para solicitar la celebración de un referéndum de reforma constitucional:

a. 8 días hábiles
b. 7 días hábiles
c. 15 días
d. 10 días

385. El Poder constituyente en España radica en:

a. el Rey soberano
b. el Gobierno
c. el pueblo español
d. el Congreso de los Diputados

386. El Real Decreto que regula los Títulos, Tratamientos y Honores de la Familia Real fue modificado en:

a. 2014
b. 2005
c. 2007
d. 2011

387. Según el artículo 104, las Fuerzas y Cuerpos de Seguridad dependen:

a. Del Rey
b. Del presidente del Gobierno
c. Del Gobierno
d. Del Jefe de Estado y del Gobierno conjuntamente
e. De la autoridad militar

388. Línea preferida en la Sucesión:

a. la descendente sobre la colateral
b. la directa sobre la colateral
c. la colateral sobre la secundaria
d. la colateral sobre la indirecta

389. Regula la reforma constitucional:

a. el Título VIII
b. el Título X
c. el Título VII
d. el Título V

390. En el orden de sucesión a la corona, se resolverá por una ley orgánica:

a. Cualquier duda de hecho
b. Cualquier duda de Derecho
c. Algunas dudas de hecho o de Derecho
d. Cualquier duda de hecho o de Derecho

391. Corresponde al Rey:

a. Moderar el funcionamiento regular de la Instituciones
b. Arbitrar el funcionamiento regular de los miembros del Gobierno
c. Asumir la más alta representación del Gobierno español en las relaciones internacionales, especialmente con las naciones de su comunidad histórica
d. Todas son ciertas

392. Corresponde al Rey:

a. Delegar la guerra
b. Declarar la guerra y hacer la paz
c. la autorización para declarar la guerra y hacer la paz
d. Hacer la paz

393. Qué tipo de indulto no puede realizar el Rey:

a. Indultos generales
b. Indulto a un condenado con sentencia firme
c. Indultos políticos
d. Indulto a ciudadanos extranjeros penados en España

394. Cuál de estas funciones no es realizada por el Rey:

a. la convocatoria de elecciones generales
b. la convocatoria de referéndum
c. la convocatoria de las Cortes Generales
d. la convocatoria de la Diputación Permanente del Congreso de los Diputados

395. El juramento del Príncipe es el mismo que el del Rey, pero se añade un contenido relativo a:

a. No se añade ningún contenido al juramento del Príncipe Heredero
b. el respeto a las funciones sociales
c. el respeto a los derechos humanos
d. la fidelidad al Rey

396. El ejercicio de la tutela es incompatible:

a. Con el de todo cargo o representación política
b. Con el de la Regencia
c. Con el de todo cargo político
d. Con los tres

397. La inviolabilidad predicable de la Corona se aplica a/a la:

a. Familia Real
b. Institución Real
c. Persona del Rey
d. Todas las opciones son correctas

398. No es función del Rey:

a. Alto Patronazgo de las Reales Academias
b. Convocar las Cortes Generales
c. Nombrar al Presidente del Congreso y del Senado
d. Sancionar las leyes

399. Pueden acumularse los cargos de Tutor y Regente en una misma persona:

a. No, en ningún caso
b. Sólo en el caso de la madre o el padre del Rey menor
c. Sólo en el caso de ascendientes indirectos del Rey menor
d. Sí, en el padre, la madre, o ascendientes directos del Rey menor

400. Qué artículo concluye el Título dedicado a la regulación de la Corona:

a. 63
b. 64
c. 65
d. 66

401. Título dedicado a la regulación de las Cortes Generales:

a. II   b. III   c. IV   d. VI

402. NO es característico de las Cortes Generales:

a. Es un órgano permanente
b. Es un órgano legislativo
c. Es un órgano unicameral
d. Es un órgano representativo

403. Qué principio rige para la elección de los Diputados:

a. el Proporcional
b. el Mayoritario
c. el Censitario
d. el Equivalente

404. Qué principio rige para la elección de los Senadores:

a. el equivalente
b. el proporcional
c. el mayoritario
d. el Censitario

405. En caso de celebrr sesión conjunta del Congreso de los Diputados y del Senado quién debe presidirla:

a. el Jefe del Estado
b. el Presidente del Congreso de los Diputados
c. el Presidente del Gobierno
d. el Presidente del Senado

406. Recibe el tratamiento de 'Excelencia':

a. Rey de España
b. Príncipe Heredero
c. Presidente del Gobierno
d. Los tres

407. Qué Diputación Permanente asume la función de las Cámaras entre los periodos de sesiones:

a. la de las Cortes Generales
b. la de cada Cámara
c. la del Congreso
d. la del Senado

408. Número máximo de miembros del Congreso de los Diputados:

a. 300   b. 350   c. 400   d. 500

409. Cuál de estas funciones no está asignada a las Cortes Generales:

a. Reconocer la incapacidad del Rey en caso de que se produzca
b. Autorizar los acuerdos de cooperación entre Comunidades Autónomas
c. Otorgar autorización al Rey para declarar la guerra
d. Nombrar al Presidente del Gobierno

410. Qué meses abarca el primer periodo de sesiones de las Cámaras:

a. De septiembre a diciembre
b. De enero a junio
c. De septiembre a enero
d. De enero a julio

411. Qué meses abarca el segundo periodo de sesiones del Senado:

a. De febrero a junio
b. De septiembre a diciembre
c. De enero a julio
d. De enero a mayo

412. Quién elabora el reglamento interno de cada Cámara:

a. la Mesa
b. Cada una de las Cámaras
c. la Diputación Permanente
d. Los Presidentes de las Cámaras

413. El Reglamento interno del Congreso de los Diputados es de:

a. De 10 de febrero de 1982
b. De 9 de febrero de 1982
c. De 8 de febrero de 1982
d. De 7 de febrero de 1982

414. De qué fecha es el Reglamento interno del Senado:

a. De 3 de mayo de 1994
b. De 2 de mayo de 1994
c. De 1 de mayo de 1994
d. De 5 de mayo de 1994

415. NO es un órgano interno de las Cámaras:

a. el Pleno
b. Las Comisiones
c. la Comisión de Plenos
d. el Presidente de la Cámara

416. Quién ostenta la representación del Congreso de los Diputados:

a. el Pleno
b. el Presidente
c. la Diputación Permanente
d. Los Diputados

417. A quién le corresponde fijar el calendario de trabajo del Pleno:

a. Al Presidente de la Mesa
b. A la Mesa
c. A la Comisión de Plenos
d. A la Junta de Diputados

418. Qué función NO le corresponde ejercer a la Mesa del Senado:

a. la dirección de los trabajos del Senado
b. Ordenar los trabajos parlamentarios
c. Elaborar el presupuesto del Senado
d. Fijar el calendario de actividades

419. Cuál de estas es una Comisión Permanente Legislativa del Congreso de los Diputados:

a. Defensa
b. Justicia
c. Interior
d. Las tres

420. Cuál de estas es una Comisión Permanente NO Legislativa del Senado:

a. Hacienda
b. Presupuestos
c. Incompatibilidades
d. Ninguna de las tres

421. En qué caso no es necesario que se constituya una comisión mixta, en caso de que no exista acuerdo entre ambas Cámaras:

a. Para autorizar un acuerdo de cooperación entre Comunidades Autónomas
b. Para realizar la distribución del Fondo de Compensación Interterritorial
c. Para otorgar la autorización para suscribir un Tratado Internacional
d. Para nombrar al Presidente del Tribunal Supremo

422. Por qué tipo de mayoría se adoptan las decisiones en el seno de la Junta de Portavoces:

a. Por mayoría simple
b. Por mayoría absoluta
c. Por medio del voto ponderado
d. Por unanimidad

423. El sistema de elección de los Diputados del Congreso es el:

a. Mayoritario
b. Mayoritario con representación proporcional
c. Proporcional
d. De voto ponderado

424. Quién puede proponer la disolución de las Cámaras:

a. el Rey
b. el Presidente del Gobierno
c. el Presidente del Congreso
d. el Presidente del Senado

425. Cuál de estas funciones NO puede ser ejercida por los Grupos Parlamentarios:

a. Ejercer la iniciativa legislativa
b. Determinar la elección de los miembros de la Mesa de la Cámara
c. Designar los miembros que de cada Grupo Parlamentario, han de formar parte de las Comisiones
d. Ser consultados por la Mesa antes de fijar el calendario de actividades

426. Número de miembros de la Diputación Permanente del Congreso:

a. 20   b. 15   c. 21   d. 24

427. Cuál es la circunscripción electoral del Congreso de los Diputados:

a. la provincia
b. el municipio
c. la Comunidad Autónoma
d. el territorio español

428. Cuántos Senadores se eligen por cada provincia:

a. 1   b. 2   c. 3   d. 4

429. Cuántos Senadores elige Ceuta:

a. 1   b. 2   c. 3   d. 4

430. Cuántos Diputados componen el Congreso de los Diputados :

a. 300
b. 350
c. 400
d. 450

431. Y cuántos años dura su mandato:

a. 3   b. 2   c. 4   d. 6

432. Representa al pueblo español

a. el Congreso de los Diputados
b. el Senado
c. Las Cortes Generales
d. el Rey

433. Qué órgano no puede solicitar la convocatoria extraordinaria del Congreso de los Diputados:

a. el Gobierno de la nación
b. la Diputación Permanente
c. la mayoría absoluta de sus miembros
d. el Rey

434. Pueden vincular las conclusiones de una Comisión de Investigación a los Tribunales:

a. Sólo en caso de que se traten materias penales
b. Sólo en caso de que no se trate de materias penales
c. En ningún caso
d. En cualquier caso

435. Cuántos Vicepresidentes forman la Mesa del Senado:

a. 3   b. 4   c. 2   d. 1

436. Cuál de estas definiciones corresponden al concepto de inmunidad parlamentaria:

a. Consiste en que los Diputados o Senadores no pueden ser detenidos en ningún caso
b. Consiste en que los Diputados o Senadores no están obligados a declarar
c. Consiste en que los Diputados o Senadores no pueden ser detenidos salvo en los casos de flagrante delito
d. Consiste en que no se les puede exigir responsabilidad política por las opiniones vertidas en el ejercicio de su cargo

437. Cuál de los siguientes cargos es compatible con el ejercicio de la función parlamentaria:

a. Miembro de una Junta Electoral
b. Militar en activo
c. Miembro de la Junta de Portavoces
d. Defensor del Pueblo

438. Qué Tribunal es competente en una causa penal que se siga contra un Diputado:

a. la Sala II del Tribunal Supremo
b. la Sala II del Tribunal Constitucional
c. la Sala II de la Audiencia Nacional
d. la Sala I del Tribunal Supremo

439. Cuantos Senadores elige una Comunidad Autónoma por el simple hecho de serlo:

a. 2   b. 1   c. 3   d. Ninguno

440. De qué año es la Ley orgánica de regulación del Tribunal de Cuentas:

a. 1981
b. 1982
c. 1983
d. 1984

441. El mandato del Presidente del Tribunal de Cuentas dura

a. Dos años
b. Tres años
c. Cuatro años
d. Cinco años

442. Quién nombra al Presidente del Tribunal de Cuentas:

a. el Congreso de los Diputados
b. el Rey
c. el Presidente del Congreso de los Diputados
d. el Pleno del Congreso de los Diputados

443. Cuántos Consejeros de Cuentas forman el Tribunal de Cuentas:

a. 9
b. 11
c. 10
d. 12

444. Quién representa al Tribunal de Cuentas:

a. el Presidente del Tribunal
b. el Pleno del Tribunal
c. la Comisión de Gobierno del Tribunal
d. Los Consejeros de Cuentas

445. Cuántos Consejeros de Cuentas son designados por el Congreso de los Diputados:

a. 5   b. 6   c. 4   d. 8

446. A qué órgano del Tribunal de Cuentas le corresponde verificar la contabilidad de las Entidades del sector público:

a. Al Pleno
b. A la Sección de Enjuiciamiento
c. A los Consejeros de Cuentas
d. A la Sección de Fiscalización

447. Cuál es el quórum necesario para la celebración de las sesiones del Pleno del Tribunal de Cuentas:

a. 2/3
b. 1/3
c. 2/5
d. 1/5

448. Qué artículo regula el Tribunal de Cuentas:

a. 155   b. 136   c. 163   d. 27

449. De qué órgano constitucional depende el Tribunal de Cuentas:

a. Del Gobierno
b. Del Tribunal Supremo
c. Del Congreso de los Diputados
d. De las Cortes Generales

450. De qué año es la ley de funcionamiento del Tribunal de Cuentas:

a. 1987
b. 1988
c. 1989
d. 1990

451. Cuáles de los siguientes españoles pueden ser elegidos diputados o senadores:

a. los generales del ejército de tierra en activo
b. los magistrados y fiscales en activo
c. los componentes del Tribunal Constitucional
d. los abogados y procuradores de los tribunales en activo

452. Las cámaras podrán reunirse en sesiones extraordinarias:

a. a petición de la mayoría simple de los miembros de cualquiera de las cámaras
b. únicamente si así lo considera oportuno la diputación permanente
c. a petición de los miembros de ambas cámaras conjuntamente
d. a petición del gobierno, de la diputación permanente o de la mayoría absoluta de los miembros de cualquiera de las cámaras

453. Cuántas Comisiones Mixtas Permanentes hay:

a. 2
b. 3
c. 5
d. Más de 5

454. La aprobación, modificación o derogación de las leyes orgánicas, exigirá:

a. mayoría simple del Congreso
b. mayoría absoluta del Congreso
c. reunión conjunta del Congreso y Senado y mayoría absoluta del Congreso
d. mayoría simple del Senado

455. La responsabilidad política del gobierno es:

a. solidaria ante el congreso de los diputados
b. mancomunada antes las Cortes Generales
c. solidaria ante las Cortes Generales
d. demandable sólo a través de interpelaciones

456. En qué casos deben proveer las Cortes Generales a la Sucesión:

a. En cualquier caso, es una función asignada por la Constitución en su art. 72

b. En ningún caso, porque los criterios de Sucesión están establecidos constitucionalmente

c. En caso de que se agoten las líneas de Sucesión a la Corona

d. En caso de que se produzca la abdicación del Rey en el Heredero

457. Cuántos años dura el mandato de los Diputados:

a. 3   b. 2   c. 4   d. 6

458. El número de miembros de la Diputación Permanente del Congreso de los Diputados:

a. No menos de 23

b. Será de 21

c. Es inferior a 23

d. No será inferior a 21

459. Cómo consigue el candidato a Presidente la confianza para formar Gobierno:

a. Mediante la confianza del Congreso

b. Por el voto de la mayoría absoluta de los Diputados

c. Por el voto de la mayoría simple de los Diputados

d. Mediante la confianza del Senado

460. Tienen las CC AA iniciativa legislativa:

a. Sí

b. No, excepto si el Rey lo permite

c. Sólo en los casos recogidos en la Constitución

d. Nunca

461. Cuántos años dura el mandato del Defensor del Pueblo:

a. 3   b. 4   c. 5   d. 2

462. Qué órgano NO puede solicitar la convocatoria extraordinaria del Congreso de los Diputados:

a. el Gobierno de la nación

b. la Diputación Permanente

c. la mayoría absoluta de sus miembros

d. el Rey

463. Las Leyes Orgánicas se aprueban por:

a. Mayoría simple

b. Mayoría absoluta

c. Mayoría cualificada

d. Mayoría de 2/3

464. Quién nombra al Defensor del Pueblo:

a. el Rey

b. Las Cortes Generales

c. el Presidente del Gobierno

d. la Comisión Mixta Congreso- Comunidades Autónomas para las relaciones con el Defensor del Pueblo

465. Qué es lo que caracteriza tanto a Diputados como a Senadores:

a. la inmunidad

b. la inviolabilidad

c. Ser juzgados por el Tribunal Supremo

d. Las tres son correctas

466. Una vez efectuada la disolución de las Cámaras, éstas no podrán volverse a disolver hasta…

a. Que no pase 1 año desde su última disolución

b. Que no se vuelvan a convocar elecciones generales

c. el día siguiente

d. la próxima legislatura

467. Número máximo de miembros del Congreso de los Diputados:

a. 300   b. 350   c. 400   d. 500

468. El principio de representación territorial rige la elección:

a. De las Cortes Generales

b. Del Senado

c. Del Congreso de los Diputados

d. Sólo en la de los Senados por Comunidades Autónomas

e. Solo en la de los Diputados por provincias

469. Los Diputados son elegidos con arreglo a un sistema de representación:

a. Proporcional

b. Sufragio universal, libre, igual, indirecto y secreto

c. Mayoritario

d. Mayoritario y territorial

e. Territorial

470. Transcurridos 4 años desde que se celebraran las elecciones generales, es necesario:

a. Convocar nuevas elecciones

b. Disolver el gobierno

c. Desarrollar nuevas elecciones en un plazo máximo de sesenta días desde la terminación del mandato

d. Disolver las Cámaras en un plazo máximo de sesenta días desde la terminación del mandato

e. Constituir las nuevas Cortes Generales

471. Cuál es el origen de la figura del Defensor del Pueblo:

a. Los tribunales consuetudinarios

b. el Ombudsman

c. Los jurados populares

d. Los Tribunales de Honor

472. Las enmiendas se presentan ante un proyecto de ley:

a. Únicamente por los Grupos Parlamentarios

b. Por diputados y por Grupos Parlamentarios conjuntamente

c. Únicamente por los Grupos Parlamentarios y por el Senado

d. Han de llevar la firma del Portavoz del Grupo

e. Únicamente pueden ser presentados por los diputados a título individual

473. La no exigencia de responsabilidad jurídica por las opiniones manifestadas por un parlamentario en el ejercicio de su función se llama:

a. Inviolabilidad parlamentaria

b. Irresponsabilidad política

c. Inmunidad parlamentaria

d. Incompatibilidad de cargos

e. Responsabilidad política

474. En cuál de los siguientes casos no es necesario que se constituya una comisión mixta, en caso de que no exista acuerdo entre ambas Cámaras:

a. Para autorizar un acuerdo de cooperación entre Comunidades Autónomas

b. Para realizar la distribución del Fondo de Compensación Interterritorial

c. Para otorgar la autorización para suscribir un Tratado Internacional

d. Para nombrar al Presidente del Tribunal Supremo

475. Por qué tipo de mayoría se propone el nombramiento del Defensor del Pueblo:

a. Por mayoría simple

b. Por mayoría absoluta

c. Por mayoría de 1/3

d. Por mayoría de 3/5

476. Número mínimo de miembros de un partido político para constituir grupo parlamentario en el Congreso:

a. 10 Diputados

b. 15 Diputados

c. 20 Diputados

d. 30 Diputados

477. Las atribuciones de las Cortes Generales se recogen:

a. En el Título III únicamente

b. En todo el articulado de la Constitución

c. En el Título III y en el Título II únicamente

d. En el Título II y en el Título IV únicamente

e. En el Título III

478. Las Cámaras, para su funcionamiento interno, cuentan con unos reglamentos propios aprobados por:

a. Mayoría absoluta en cada caso

b. Mayoría absoluta en el Congreso y mayoría simple en el Senado

c. Mayoría simple en el Congreso y mayoría absoluta en el Senado

d. Mayoría de 2/3 en cada cámara

e. Mayoría simple en cada caso

479. Cuál es la circunscripción electoral del Congreso de los Diputados:

a. la provincia

b. el municipio

c. la Comunidad Autónoma

d. el territorio español

480. Cuántos años dura el mandato de los Senadores autonómicos:

a. 2   b. 3   c. 4   d. 5

481. La figura de la convalidación de una norma ante el Congreso se utiliza:

a. Con las leyes de bases
b. Con los Decretos-legislativos
c. Con los reglamentos
d. Con los Decretos-leyes
e. Con los reglamentos 'praetern legem'

482. Según el artículo 90 en los proyectos de ley declarados urgentes, el Senado cuenta para disponer su veto con un plazo de:

a. Dos meses naturales
b. Dos meses hábiles
c. Veinte días naturales
d. Veinte días hábiles
e. Treinta días naturales

483. Cuál de estas definiciones corresponden al concepto de inmunidad parlamentaria:

a. Consiste en que los Diputados o Senadores no pueden ser detenidos en ningún caso
b. Consiste en que los Diputados o Senadores no están obligados a declarar
c. Consiste en que los Diputados o Senadores no pueden ser detenidos salvo en los casos de flagrante delito
d. Consiste en que no se les puede exigir responsabilidad política por las opiniones vertidas en el ejercicio de su cargo

484. Qué órgano asume la función de las Cámaras entre los periodos de sesiones:

a. la Diputación Permanente de las Cortes Generales
b. la Diputación Permanente de cada Cámara
c. la Diputación Permanente del Congreso
d. la Diputación Permanente del Senado

485. Cuántos adjuntos asisten al Defensor del Pueblo:

a. 3   b. 2   c. 4   d. 5

486. El mandato de los Diputados y Senadores por norma general es de:

a. 4 años
b. 5 años
c. Indefinido
d. 8 años

487. Ante quién debe rendir cuenta el Defensor del Pueblo:

a. Ante el Gobierno y la Administración
b. Ante las Cortes Generales
c. Ante el Congreso de los Diputados
d. Ante los Tribunales y el Congreso de los Diputados

488. De quién recibe órdenes el Defensor del Pueblo:

a. De las Cortes Generales
b. Del Gobierno
c. De los Tribunales
d. No está sometido a mandato imperativo

489. Qué principio rige para la elección de los Senadores:

a. el equivalente
b. el proporcional
c. el mayoritario
d. el Censitario

490. Número mínimo de Senadores necesario para constituir Grupo Parlamentario en el Senado:

a. 15
b. 10
c. 18
d. 20

491. De qué fecha es el Reglamento interno del Congreso de los Diputados:

a. De 10 de febrero de 1982
b. De 9 de febrero de 1982
c. De 8 de febrero de 1982
d. De 7 de febrero de 1982

492. Las Comisiones Mixtas de las Cortes Generales:

a. Están formada por más Diputados que Senadores
b. Están formadas por más Senadores que Diputados
c. Están formadas por el mismo número de Diputados que de Senadores
d. Están autorizadas por la Diputación Permanente

493. La característica principal de las Cortes Generales sería:

a. Unicameralidad
b. Provisionalidad
c. Inviolabilidad
d. Judicialidad

494. No es una función asignada a los Grupos Parlamentarios del Senado:

a. Ejercer la iniciativa legislativa
b. Nombrar al Defensor del Pueblo
c. Determinar la composición de la Mesa
d. Coordinar, de hecho, todas las funciones de la Cámara

495. Cuál de los siguientes órganos de una cámara tiene carácter político:

a. el presidente
b. la mesa
c. el pleno
d. Las comisiones
e. la Junta de Portavoces

496. La Mesa es el órgano colegiado rector de cada Cámara. Se compone:

a. De un presidente, dos vicepresidentes y dos senadores, tanto en el Congreso como en el Senado
b. Del presidente de la Cámara, cuatro vicesecretarios y cuatro secretarios. En caso del Senado, sólo dos y cuatro secretarios
c. Del presidente de la Cámara, cuatro vicepresidentes, en caso del Senado sólo dos, y cuatro secretarios
d. Del presidente de la Cámara, cuatro vicepresidentes y cuatro secretarios en ambas cámaras
e. Todas son falsas

497. En qué caso es necesaria la mayoría de 3/5:

a. Cuando se tate de proyectos de ley que afecten a los derechos fundamentales de la sección primera del Capítulo 2º del Título Primero
b. Cuando se trate de proyectos de reforma de la Constitución
c. Cuando se propusiese la revisión total de la Constitución
d. Cuando se propusiese la revisión parcial de la Constitución, que afecte al Título Preliminar, al Capítulo 2º sección primera, Título I o al Título II
e. Cuando se propusiese la declaración del estado de Sitio

498. Aprobado un proyecto de ley por el Congreso y una vez remitido al Senado, éste puede oponer su veto, siendo para ello necesario:

a. Mayoría de 3/5 de la Cámara
b. Mayoría simple del número de votos emitidos
c. Mayoría absoluta del número de votos emitidos
d. Mayoría absoluta del número de miembros de la Cámara
e. Mayoría simple del número de miembros de la Cámara

499. El número mínimo de Diputados que pueden presentar una moción de censura es de:

a. Mayoría simple
b. Mayoría absoluta
c. 1/10 parte
d. 1/5 parte

500. Según el artículo 53 de la Constitución, se han de regular por ley:

a. Los derechos y libertades reconocidos en el Capítulo 2º del Título I
b. Los derechos y libertades reconocidos en el Título I
c. Los derechos y libertades reconocidos en la sección Primera del Capítulo 2º del Título I
d. Los derechos y libertades reconocidos en el Capítulo 3º del Título I
e. Los derechos y libertades reconocidos en el Capítulo 4º del Título I

501. Título que regula el Gobierno:

a. III   b. IV   c. V   d. VII

502. Qué artículo recoge las funciones del Gobierno:

a. 97   b. 98   c. 99   d. 96

503. NO es función del Gobierno:

a. Dirigir la política interior y exterior
b. Dirigir la defensa del Estado
c. Ejercer la función ejecutiva
d. Ejercer la función legislativa

504. Qué artículo establece la composición del Gobierno:

a. 105   b. 98   c. 109   d. 87

505. NO es figura imprescindible en la composición del Gobierno:

a. el Presidente
b. Los Ministros
c. Los Vicepresidentes
d. Los Vicepresidentes y los Ministros

506. La Ley del Gobierno es la 50/97, de:

a. 27 de noviembre
b. 24 de noviembre
c. 22 de noviembre
d. 21 de noviembre

507. El máximo órgano consultivo del Gobierno es el 'Consejo...

a. del Reino
b. de Estado
c. Real
d. Consultivo

508. Qué artículo regula ese máximo órgano consultivo del Gobierno:

a. 105   b. 106   c. 107   d. 108

509. Qué Ministerio no ha existido:

a. Transición Ecológica
b. Crisis Humanitarias
c. Igualdad
d. Universidades

510. Es un órgano superior de un departamento ministerial:

a. el Secretario de Estado
b. el Director General
c. el Secretario General
d. el Secretario General Técnico

511. Según la Ley de Organización y Funcionamiento de la Administración General del Estado los órganos de un Ministerio se clasifican en:

a. Órganos superiores y directivos
b. Órganos superiores y dependientes
c. Órganos directivos y ejecutivos
d. la Ley no establece esa clasificación

512. Los Delegados del Gobierno en las CC AA ostentan el rango de:

a. Subdirector General
b. Subsecretario General
c. Secretario de Estado
d. Subsecretario

513. Qué rango ostentan los Subdelegados del Gobierno:

a. Subdirector General
b. Secretario General
c. Secretario General Técnico
d. Subsecretario

514. La Ley 40/2015 derogó la anterior Ley de Organización y Funcionamiento de la Administración General del Estado que era de qué año:

a. 1997   b. 1996   c. 1998   d. 1999

515. Cuántos Vicepresidentes deben existir en la composición del Gobierno:

a. 1   b. 3   c. 2   d. 0

516. Quién nombra al Presidente del Gobierno:

a. el Congreso de los Diputados
b. el Senado
c. Las Cortes Generales
d. el Rey

517. Quién elige al Presidente del Gobierno:

a. el Rey
b. el Congreso de los Diputados
c. Las Cortes Generales
d. el Senado

518. Qué mayoría se requiere para ser nombrado Presidente del Gobierno:

a. Mayoría simple en todo caso
b. Mayoría absoluta en todo caso
c. Mayoría absoluta o mayoría simple
d. Mayoría de 2/3

519. Quién propone el candidato a la Presidencia del Gobierno:

a. el pueblo español
b. el Congreso de los Diputados
c. el Rey
d. Las Cortes Generales

520. Cuál es el plazo, pasado el cual, si ningún candidato alcanza la mayoría necesaria para ser nombrado Presidente del Gobierno, se debe proceder a la convocatoria de nuevas elecciones:

a. 1 mes desde la 1a. votación
b. 2 meses desde la 1a. votación
c. 2 meses desde la 2a. votación
d. 2 meses desde la 3a. votación

521. Quién nombra a los Ministros:

a. el Presidente del Gobierno
b. el Rey con refrendo del Presidente del Congreso
c. el Rey con refrendo del Presidente del Gobierno
d. el Rey con refrendo del Presidente de las Cortes

522. Por medio de qué documento se nombra a un ministro:

a. Por ley
b. Por Decreto
c. Por Real Decreto
d. Por Orden Ministerial

523. En cuál de los siguientes casos no cesa el Gobierno:

a. Por fallecimiento del Presidente
b. Por la celebración de elecciones generales
c. Por dimisión del Vicepresidente
d. Por pérdida de la confianza parlamentaria

524. Qué artículo menciona la institución del Gobierno en funciones:

a. 100   b. 101   c. 102   d. 103

525. Puede ser ejercida por un Presidente del Gobierno en funciones:

a. Planteamiento de una cuestión de confianza
b. Propuesta al Rey de celebración de un referéndum consultivo
c. Propuesta al Rey de disolución de las Cámaras
d. Celebración de Consejos de Ministros

526. NOo es un órgano de colaboración y apoyo al Gobierno:

a. la Comisión de Secretarios de Estado y Subsecretarios
b. Los Gabinetes
c. Los Secretarios de Estado
d. Los Secretarios Generales Técnicos

527. Ante quien es exigible la responsabilidad penal del Presidente del Gobierno:

a. Ante la Sala II del Tribunal Constitucional
b. Ante la Sala I del Tribunal Supremo
c. Ante la Sala II del Tribunal Supremo
d. Ante la Sala I del Tribunal Constitucional

528. Regula las relaciones entre Gobierno y Cortes Generales el Título:

a. IV   b. VII   c. V   d. III

529. El Gobierno responde solidariamente de su gestión política:

a. Ante el pueblo español
b. Ante las Cortes Generales
c. Ante el Congreso de los Diputados
d. Ante el Rey

530. Quién puede plantear una cuestión de confianza:

a. el Congreso de los Diputados
b. el Gobierno
c. el Rey
d. el Presidente del Gobierno

531. Cuál de los siguientes trámites es necesario realizar antes de plantear una cuestión de confianza:

a. Deliberación del Presidente del Gobierno
b. Deliberación del Consejo de Ministros
c. Comunicación al Jefe del Estado
d. No es necesario realizar ningún trámite previo

532. Mayoría necesaria para entender otorgada la confianza en un proceso de cuestión de confianza:

a. Mayoría absoluta
b. Mayoría simple
c. Mayoría de 1/3
d. Mayoría de 2/3

533. A quién debe presentar el Presidente del Gobierno su dimisión en el supuesto de que no obtenga la mayoría necesaria en una votación de cuestión de confianza:

a. Ante el Congreso de los Diputados
b. Ante el Rey
c. Ante las Cortes Generales
d. Ante el Consejo de Ministros

534. Para poder interponer una moción de censura hace falta:

a. Mayoría simple de la Cámara
b. Mayoría absoluta de la Cámara
c. Una décima parte de la Cámara
d. Dos tercios de la Cámara

535. Desde que se presente una moción de censura hasta que pueda ser votada deben transcurrir al menos:

a. 2 días   b. 3 días   c. 4 días   d. 5 días

536. Mayoría necesaria para aprobar una moción de censura:

a. Mayoría simple
b. Mayoría absoluta
c. Mayoría de 2/3
d. Mayoría de 1/3

537. Cómo son nombrados los Secretarios de Estado:

a. Por Real Decreto del Consejo de Ministros
b. Por Decreto del Presidente del Gobierno
c. Por Real Decreto refrendado por el Presidente del Gobierno
d. Por Decreto del Consejo de Ministros

538. Cómo se crean las unidades administrativas que no tengan la consideración de órganos de la Administración General del Estado:

a. A través de las relaciones de puestos de trabajo
b. Por Real Decreto del Consejo de Ministros
c. Por Decreto de la Presidencia del Gobierno
d. Por Orden Ministerial

539. A quién corresponde promover las condiciones para que la libertad y la igualdad de todos los españoles sean reales y efectivas:

a. exclusivamente al gobierno de la nación
b. a todos los poderes públicos
c. exclusivamente a los tribunales de justicia
d. exclusivamente al tribunal constitucional

540. NO es función está asignada al Consejo de Ministros:

a. Aprobar el proyecto de ley de presupuestos generales del Estado
b. Remitir al Congreso o, en su caso, al Senado proyectos de Ley
c. Aprobar los decretos leyes
d. Declarar el estado de sitio

541. Qué carácter tienen las deliberaciones del Consejo de Ministros:

a. Secretas
b. Públicas
c. Solemnes
d. Solemnes y públicas

542. Quién representa al Gobierno:

a. el Presidente
b. el Ministro de la Presidencia
c. el Ministro portavoz del Gobierno
d. Los Ministros

543. NO es función del Presidente del Gobierno:

a. Interponer el recurso de inconstitucionalidad
b. Proponer al Rey la celebración de referéndum consultivo
c. Proponer la disolución de las CC GG
d. Interponer moción de confianza

544. Qué rango ostentan los Secretarios Generales Técnicos:

a. De Director General
b. De Subdirector General
c. De Secretario General
d. De Subsecretario

545. Principio NO aplicable a la organización administrativa:

a. Jerarquía
b. Descentralización
c. Desconcentración
d. Territorialidad

546. Quién nombra a los Subdelegados del Gobierno:

a. el Delegado del Gobierno
b. el Ministro de Administraciones Públicas
c. el Consejo de Ministros
d. el Presidente del Gobierno

547. Qué artículo recoge los principios a los que debe ajustarse la Administración en su actuación:

a. el 103   b. el 102   c. el 104   d. el 106

548. NO hay Subdelegados del Gobierno en:

a. Cantabria
b. Extremadura
c. Cataluña
d. Andalucía

549. De qué año es el RR que regula las figuras de los Delegados y Subdelegados del Gobierno:

a. 1996   b. 1997   c. 1998   d. 1999

550. A quién dará cuenta de su actividad el Defensor del Pueblo:

a. Al Gobierno
b. Al Congreso
c. Al Senado
d. A las Cortes Generales

551. Las prestaciones personales y patrimoniales de carácter público podrán establecerse:

a. sólo con arreglo a la ley
b. por orden del Ministerio de Economía y Hacienda
c. sólo por decreto del Gobierno
d. por acuerdo del pleno municipal

552. El Consejo de Estado se regulará mediante:

a. Ley ordinaria
b. Delegación legislativa
c. Ley de bases
d. Ley orgánica

553. El Título IV comprende los artículos:

a. 97 a 108
b. 97 a 107
c. 96 a 108
d. 96 a 107

554. Según el artículo 98.1 el Gobierno se compone del Presidente ...

a. ...los Vicepresidentes en su caso, de los Ministros y de los demás miembros que establezca la ley
b. ...los Vicepresidentes en su caso, de los Ministros, de los Secretarios de Estado y de los demás miembros que establezca la ley
c. ...los Vicepresidentes en todo caso, de los Ministros y de los demás miembros que establezca la ley
d. ...los Ministros y de los demás miembros que establezca la ley

555. El cargo de miembro del Gobierno es compatible con la condición de:

a. Diputado
b. Senador
c. Ambos
d. Ninguno de los dos

556. El Gobierno responde solidariamente de su gestión política ante...

a. las Cortes Generales
b. el pueblo español
c. el Rey
d. el Congreso de los Diputados

557. Como regla general, el acceso de los ciudadanos a los archivos y registros administrativos:

a. Será limitado
b. Salvo determinados supuestos será libre
c. Será libre en todo caso
d. Ninguna es correcta

558. Debe garantizarse siempre la audiencia de los ciudadanos en el:

a. Procedimiento de elaboración de las disposiciones administrativas que le afecten y en el procedimiento a través del cual se produzcan los actos administrativos
b. Total actuar de la administración
c. Procedimiento de elaboración de las disposiciones administrativas que le afecten
d. Procedimiento a través del cual se produzcan los actos administrativos

559. En relación con la Administración, la ley regulará:

a. el procedimiento a través del cual deben producirse los actos administrativos, con y sin audiencia del interesado
b. el acceso de los ciudadanos a los archivos y registros administrativos, aún cuando afecten a la seguridad y defensa del Estado
c. la audiencia de los ciudadanos, siempre a través de las organizaciones y asociaciones reconocidas por la ley, en el procedimiento de elaboración de las disposiciones administrativas que les afecten
d. Todas las opciones son falsas

560. El elemento organizativo básico en las estructuras orgánicas de la Administración General del Estado es:

a. la Sección
b. el Servicio
c. el Negociado
d. la Unidad administrativa

561. Sobre los Órganos Superiores, es FALSO:

a. Se encargan de establecer los planes de actuación de la organización situada bajo su responsabilidad y desarrollo y ejecución de esos planes
b. Son los Ministros y los Secretarios de Estado
c. Se encargan de establecer los planes de actuación de la organización situada bajo su responsabilidad
d. Tienen condición de alto cargo

562. Según el artículo 100, quién será el encargado y a propuesta de quién, de nombrar y separar a los miembros del Gobierno.

a. el Rey a propuesta del Presidente del Gobierno
b. el Presidente del Gobierno a propuesta del Consejo de Estado
c. el Presidente de las Cortes Generales a propuesta del Presidente del Gobierno
d. el Presidente del Congreso de los Diputados a propuesta del Presidente del Gobierno

563. Nombra a los Subdelegados del Gobierno:

a. el Consejo de Ministros
b. el Presidente del Gobierno
c. el Ministro de Administraciones Públicas
d. el Delegado del Gobierno

564. La relación entre Gobierno y Administración:

a. Es de subordinación y dependencia del Gobierno respecto de la Administración
b. Es de subordinación y dependencia de la Administración respecto del Gobierno
c. Son organismos diferentes y no están relacionados
d. Están relacionados pero ninguno está subordinado a otro

565. El Gobierno dirige la política interior y exterior, la administración civil y militar y la defensa...

a. ...del Estado. Ejerce la función legislativa y la potestad reglamentaria de acuerdo con la Constitución y las leyes
b. ...del Estado. Ejerce la función ejecutiva y la potestad reglamentaria de acuerdo con la Constitución y las leyes
c. ...de España. Ejerce la función ejecutiva y la potestad reglamentaria de acuerdo con la Constitución y las leyes
d. ...del Estado. Ejerce la función ejecutiva y la potestad reglamentaria de acuerdo a las leyes

566. Al respecto de la Administración Pública, es FALSO:

a. la ley regulará el acceso a la función pública de acuerdo con los principios de mérito y capacidad
b. Sirve con subjetividad los intereses generales
c. la administración pública actúa con sometimiento pleno a la ley y al Derecho
d. Todas las opciones son correctas

567. Si tras la primera votación no se otorgase la confianza al candidato propuesto a la Presidencia del Gobierno, se someterá la misma propuesta a nueva votación:

a. 5 días después de la anterior
b. 3 días después de la anterior
c. 48 horas después de la anterior
d. Ninguna de las tres

568. Según el artículo 103.1, principio que rige en la actuación de las Administraciones Públicas:

a. Eficacia
b. Eficiencia
c. Ambos
d. Ninguno de los dos

569. Según el mismo artículo, principio que rige en la actuación de las Administraciones Públicas:

a. Horizontalidad
b. Democracia
c. Ambos
d. Ninguno de los dos

570. Según el mismo artículo, principio que rige en la actuación de las Administraciones Públicas:

a. Jerarquía
b. Servicio
c. Ambos
d. Ninguno de los dos

571. Según el mismo artículo, principio que rige en la actuación de las Administraciones Públicas:

a. Descentralización
b. Desconcentración
c. Ambos
d. Ninguno de los dos

572. Según el mismo artículo, principio que rige en la actuación de las Administraciones Públicas:

a. Servicio
b. Coordinación
c. Ambos
d. Ninguno de los dos

573. Ante una acusación al Presidente del Gobierno por delito contra la Seguridad del Estado en el ejercicio de sus funciones, la responsabilidad criminal sólo podrá plantearse por iniciativa de cuántos miembros del Congreso:

a. la décima parte
b. la mayoría absoluta
c. la mayoría simple
d. la cuarta parte

574. Los miembros del Gobierno podrán ejercer otras funciones representativas...

a. Sólo con la autorización del Presidente
b. No
c. Sólo si no son remuneradas
d. Sólo si son públicas

575. Para la Administración Pública, el Derecho es un:

a. Límite
b. Fin objetivo
c. Fundamento
d. Fin

576. Quién nombra a los Subdirectores Generales de la Secretaría de Estado:

a. Los Subsecretarios
b. Los Secretarios de Estado
c. El Consejo de Ministros
d. Los Ministros

577. Las funciones, principios básicos de actuación y estatutos de las Fuerzas y Cuerpos de Seguridad del Estado se determinarán por:

a. Ley de Bases
b. Ley Orgánica
c. Ley Ordinaria
d. la Ley

578. En la Administración Central del Estado las Comisiones Delegadas de Gobierno son:

a. Organos políticos no constitucionales
b. Organos políticos y administrativos
c. Organos estrictamente administrativos
d. Organos constitucionales

579. Si, estando disuelto el Congreso, se produjere alguna de las situaciones que dan lugar a la declaración de alguno de los estados de anormalidad de la vida constitucional:

a. Actuará Diputación Permanente del Congreso
b. Se convocará al Congreso y se reunirá éste en el plazo máximo de un mes
c. el Presidente del Congreso ejerce las competencias propias del Congreso
d. Quedan automáticamente convocadas las Cámaras

580. Señale la FALSA:

a. Los miembros del Gobierno no podrán ejercer actividad mercantil alguna

b. la responsabilidad criminal de los miembros del Gobierno será exigible ante la Sala de lo Penal del Tribunal Constitucional

c. la ley regulará el estatuto e incompatibilidades de los miembros del Gobierno

d. el Gobierno cesa en los casos de pérdida de la confianza parlamentaria previstos en la Constitución

581. Señale la FALSA: Los miembros del Gobierno:

a. Podrán ejercer otras funciones representativas distintas a las propias de su mandato parlamentario, cuando las mismas no sean incompatibles con el normal desempeño de su función

b. No podrán desempeñar actividad mercantil alguna

c. Podrán ejercer las funciones públicas que deriven de su cargo

d. No podrán realizar actividad profesional alguna

582. Función NO atribuida al Gobierno:

a. Dirigir la defensa del Estado

b. Ejercer la función ejecutiva

c. Ejercer la función legislativa

d. Dirigir la política interior y exterior

583. Tras la renovación del Congreso de los Diputados, el candidato propuesto a la Presidencia del Gobierno expondrá el programa político del Gobierno que pretenda formar y solicitará la confianza de:

a. el Senado

b. el Congreso y el Senado

c. el pueblo español

d. el Congreso de los Diputados

584. En qué supuesto de los siguientes podrá ser aplicable la prerrogativa real de gracia:

a. Traición del Presidente del Gobierno

b. Delito contra la seguridad del Estado en el ejercicio de sus funciones de un Ministro

c. En ninguna de las opciones

d. Delito contra la seguridad del Estado en el ejercicio de sus funciones del Presidente del Gobierno

585. Los Ministros:

a. Son órganos individuales de la Administración Central

b. Ejercen la potestad reglamentaria en las materias propias de su Departamento

c. Son nombrados por el Presidente del Gobierno

d. Son correctas A y B

586. La responsabilidad penal el Presidente de Gobierno y demás miembros del Gobierno será exigible ante:

a. el Tribunal Supremo

b. el tribunal constitucional

c. Ninguna de las opciones es cierta

d. la audiencia nacional

587. La potestad reglamentaria:

a. la ejerce el Gobierno

b. Corresponde al Gobierno

c. la ejerce la Administración

d. Se dirige por el Gobierno

588. Según el art. 105, la ley regulará:

a. el acceso de los ciudadanos a los archivos y registros administrativos, salvo en lo que afecte a la seguridad y defensa del Estado, la averiguación de los delitos y la intimidad de las personas

b. el procedimiento a través del cual deben producirse los actos administrativos, garantizando, cuando proceda, la audiencia al interesado

c. la audiencia de los ciudadanos, directamente o a través de las organizaciones y asociaciones reconocidas por la ley, en el procedimiento de elaboración de las disposiciones administrativas que les afecten

d. Todas las opciones son correctas

589. La responsabilidad criminal del Presidente será exigible:

a. Sólo por traición

b. Sólo por traición o por cualquier delito contra la seguridad del Estado

c. Por cualquier delito

d. Sólo por la Sala Segunda del Tribunal Supremo

590. Según la Constitución, el ejercicio del derecho de sindicación para los funcionarios se encuentra:

a. Limitado por las incompatibilidades de la función pública

b. Sometido a limitaciones

c. Sujeto a peculiaridades

d. Limitado por las garantías de imparcialidad de sus funciones

591. La Administración fiscalizadora:

a. Vela por la regularidad técnica y perfecto funcionamiento así jurídico como práctico de la Administración Activa

b. Gestiona los intereses públicos concretos

c. Tiene función de asesoramiento, que puede ser jurídico o técnico

d. Son correctas B y C

592. El cargo de Secretario de Estado fue creado por:

a. el Real Decreto 1674/1980 de 18 de julio

b. el Real Decreto 758/1996 de 5 de mayo

c. el Real Decreto 1558/1977 de 4 de julio

d. el Real Decreto 1173/1993 de 13 de julio

593. Cuando los particulares sufran lesión en sus bienes y derechos a consecuencia del funcionamiento de los servicios públicos:

a. Sólo tendrán derecho a indemnización cuando sea la Administración Civil del Estado la causante del perjuicio

b. No tendrán derecho a indemnización en los casos de fuerza mayor

c. Tendrán siempre derecho a indemnización

d. No tendrán nunca derecho a indemnización

594. El Gobierno dirige:

a. la política interior y exterior

b. la defensa del Estado

c. la Administración civil y militar

d. Las tres son correctas

595. Cuándo NO es aplicable la prerrogativa real de gracia respecto del Presidente y miembros del Gobierno:

a. En los casos de traición o por cualquier delito contra la seguridad del Estado en el ejercicio de sus funciones

b. Cuando así lo determine la Sala Segunda del Tribunal Supremo

c. En ningún caso

d. Cuando así lo apruebe la mayoría absoluta del Congreso

596. NO es un requisito para poder ser miembro del Gobierno:

a. Disfrutar de los derechos de sufragio activo y pasivo

b. No estar inhabilitado para ejercer empleo o cargo público por sentencia judicial firme

c. Ser español

d. Estar en posesión del titulo de Graduado Escolar o equivalente

597. Qué carácter tienen las deliberaciones del Consejo de Ministros:

a. Públicas

b. Secretas

c. Solemnes y públicas

d. Solemnes

598. Según el artículo 99.4 una vez efectuadas dos votaciones para otorgar la confianza al candidato propuesto a la Presidencia del Gobierno y, no habiéndose otorgado dicha confianza para la investidura:

a. Se tramitarán sucesivas propuestas hasta en dos ocasiones más

b. Se tramitarán sucesivas propuestas hasta en cinco ocasiones más

c. Se tramitarán sucesivas propuestas sin límite alguno

d. Ninguna de las opciones es correcta

599. Determina la organización interna de los distintos Ministerios

a. el Presidente del Gobierno a propuesta del Consejo de Ministros

b. Cada Ministro determina la de su Ministerio

c. el Consejo de Ministros

d. el Presidente del Gobierno

600. Es un órgano superior de un departamento ministerial:

a. el Director General

b. el Secretario General Técnico

c. el Secretario de Estado

d. el Secretario General

601. Qué Título está dedicado a la regulación del Poder Judicial:

a. el Título II
b. el Título III
c. el Título IV
d. el Título VI

602. Cuál es el origen que la Constitución atribuye a la Justicia:

a. el marco parlamentario
b. Popular
c. Legislativo
d. Positivista

603. De quién emana la Justicia:

a. De las Instituciones democráticas del Estado
b. De la Constitución y del Derecho
c. De la Constitución y de la Ley
d. Del pueblo

604. En nombre de quién se administra la Justicia:

a. En nombre del pueblo español
b. En nombre de la Constitución y las leyes
c. En nombre del Rey
d. En nombre de España

605. Cuál de los siguientes procedimientos es una forma de participación del pueblo en la Administración de Justicia:

a. Las peticiones dirigidas a los Tribunales
b. la institución del Jurado
c. la asistencia libre a los Juzgados
d. la presentación de querellas criminales

606. En qué artículo de la Constitución se recoge el principio de unidad jurisdiccional:

a. 117.5
b. 116
c. 117.1
d. 115

607. En qué artículo de la Constitución se reconoce el derecho de acceso a la Justicia:

a. 23
b. 24
c. 25
d. 26

608. Cuál de estas no es una jurisdicción especial:

a. Constitucional
b. Militar
c. Penal
d. Tribunales consuetudinarios

609. Qué principio no es predicable de la Justicia en España:

a. Principio de Independencia
b. Principio de Exclusividad
c. Principio de Movilidad
d. Principio de Oralidad

610. Qué norma regula la asistencia jurídica gratuita:

a. Ley 1/ 1997, de 10 de enero
b. Ley 11/ 1996, de 10 de enero
c. Ley 1/ 1996, de 10 de enero
d. Ley 10/ 1996, de 10 de enero

611. Qué tipo de Tribunales están prohibidos:

a. Los Tribunales de Honor y los Tribunales consuetudinarios
b. Los Tribunales consuetudinarios y los Tribunales de excepción
c. Los Tribunales de excepción y los Tribunales de Honor
d. Los Tribunales populares y los Tribunales consuetudinarios

612. Qué artículo recoge el principio de exclusividad del ejercicio de la potestad jurisdiccional:

a. 117. 3
b. 117.4
c. 117.5
d. 117.2

613. Qué ley, de las indicadas a continuación, aprueba la normativa referente a la institución del jurado:

a. Ley Orgánica 5/ 1995, de 22 de mayo
b. Ley Orgánica 15/ 1995, de 22 de mayo
c. Ley Orgánica 25/ 1995, de 22 de mayo
d. Ley Orgánica 5/ 1994, de 22 de mayo

614. Qué contenido tiene el artículo 118:

a. Recoge el principio de publicidad judicial
b. Recoge el principio de obligatoriedad en el cumplimiento de sentencias y resoluciones judiciales
c. Recoge el principio de gratuidad de la justicia
d. Recoge el principio de legitimidad judicial

615. Qué artículo recoge el principio de gratuidad de la justicia:

a. 118
b. 119
c. 120
<d. 121

616. Ley Orgánica del Poder Judicial:

a. la LO 6/ 1984, de 1 de julio
b. la LO 6/ 1985, de 11 de julio
c. la LO 6/ 1984, de 21 de julio
d. la LO 6/ 1985, de 1 de julio

617. En qué año se aprobó la Ley de Demarcación y Planta Judicial:

a. 1988
b. 1999
c. 1978
d. 1979

618. Quién puede modificar, el número de órganos judiciales mediante la creación de Secciones y Juzgados, sin alterar la demarcación judicial:

a. el Consejo General del Poder Judicial
b. el Gobierno
c. el Congreso de los Diputados
d. el Jefe del Estado

619. Qué artículo establece la composición del Consejo General del Poder Judicial:

a. 122.3
b. 122.2
c. 122.4
d. 122.5

620. Cuántos vocales componen el CGPJ:

a. Doce
b. Veinte
c. Quince
d. Diez

621. Cuánto tiempo dura el mandato de los vocales del CGPJ:

a. Tres años
b. Cuatro años
c. Cinco años
d. Seis años

622. Qué Ley Orgánica modificó la Ley reguladora del poder judicial:

a. LO 2/ 2001, de 28 de junio
b. LO 2/ 2001, de 18 de junio
c. LO 2/ 2001, de 8 de junio
d. LO 2/ 2001, de 21 de junio

623. Quién preside el CGPJ:

a. el Presidente del Tribunal Supremo
b. el Presidente del Tribunal Constitucional
c. el Magistrado de mayor edad
d. el Magistrado designado por el Congreso de los Diputados

624. Cuántos miembros del CGPJ son propuestos de entre Jueces y Magistrados de todas las categorías judiciales:

a. 6
b. 10
c. Todos
d. 12

625. En cuál de los siguientes casos se puede proceder a la elección de un Magistrado para que sea vocal del CGPJ:

a. Un juez que no se encuentre en activo
b. Un juez que sea vocal saliente
c. Un juez que preste servicios en los órganos técnicos del Consejo General del Poder Judicial
d. Un juez que se encuentre en servicio activo

626. Cuál es la mayoría necesaria para proponer a un juez como vocal del Consejo:

a. 2/3
b. 1/3
c. 3/5
d. Mayoría absoluta

627. Cuál es el máximo de candidatos que se pueden presentar por las asociaciones profesionales de jueces y magistrados:

a. el doble del número de puestos a cubrir
b. el número de puestos a cubrir
c. el triple del número de puestos a cubrir
d. No existe número máximo

628. Cuántos miembros del Consejo son nombrados de entre profesiones distintas a las de Juez y Magistrado:

a. Seis
b. Ninguno
c. Ocho
d. Diez

629. Qué comisión no forma parte de la composición del CGPJ:

a. la Disciplinaria
b. la Permanente
c. la de Estudios
d. la de Calificación

630. Quién nombra al Presidente del CGPJ:

a. el Jefe del Estado
b. el Jefe de Gobierno
c. el Gobierno
d. Las Cortes Generales

631. Ante quién toma posesión el Presidente del CGPJ:

a. Ante el Gobierno en pleno
b. Ante el Congreso y el Senado en reunión conjunta
c. Ante los plenos del Consejo y del Tribunal Supremo en sesión conjunta
d. Ante el Consejo de Ministros

632. Quién representa al CGPJ:

a. el Pleno
b. el Presidente
c. el Vicepresidente
d. la Comisión Permanente

633. Cómo se realiza el nombramiento del Presidente del CGPJ:

a. Por Ley ordinaria
b. Por Decreto
c. Por Orden Ministerial
d. Por Real Decreto

634. Quién debe refrendar el nombramiento del Presidente del CGPJ:

a. No es un acto Real, por tanto no conlleva refrendo
b. el Presidente del Gobierno
c. el Presidente de las Cortes Generales
d. el Presidente del Senado

635. Tras la Ley de reforma del CGPJ (art. 601 de la LO 4/2013) su Comisión Permanente estará conformada por el Presidente y cuántos vocales:

a. 7   b. 6   c. 5   d. 3

636. Cuántos vocales componen la Comisión Disciplinaria del CGPJ:

a. 8   b. 5   c. 4   d. 6

637. Cuántos vocales componen la Comisión de Calificación del CGPJ:

a. 8   b. 5   c. 4   d. 6

638. Cuántos vocales componen la Comisión Presupuestaria del CGPJ:

a. 8   b. 5   c. 4   d. 6

639. Cuántos vocales componen la Comisión de Estudios e Informes del CGPJ:

a. 8   b. 5   c. 4   d. 6

640. A quién debe remitir, el CGPJ, anualmente un informe sobre el funcionamiento de la Justicia:

a. Al Gobierno de la nación
b. Al Jefe del Estado
c. A las Cortes Generales
d. Al Defensor del Pueblo

641. Cuál de estas funciones no es realizada por el CGPJ:

a. Propone el nombramiento del Presidente del Tribunal Supremo
b. Propone el nombramiento del miembros del Tribunal Constitucional
c. Propone el nombramiento del Presidente del Tribunal Constitucional
d. Nombra al Secretario General del Consejo General del Poder Judicial

642. Quién nombra al Fiscal General del Estado:

a. el Rey, a propuesta del Tribunal Constitucional, oído el Consejo General del Poder Judicial
b. el Rey, a propuesta del Congreso, oído el Consejo General del Poder Judicial
c. el Rey, a propuesta del Tribunal de Cuentas, oído el Consejo General del Poder Judicial
d. el Rey, a propuesta del Gobierno, oído el Consejo General del Poder Judicial

643. Artículo que recoge el modo de nombramiento del Fiscal General del Estado:

a. 124.4
b. 123.4
c. 122.3
d. 123.5

644. Sede de la Audiencia Nacional:

a. Madrid
b. Barcelona
c. Sevilla
d. Valencia

645. Cuántas Salas jurisdiccionales tiene el Tribunal Supremo:

a. 4   b. 5   c. 6   d. 7

646. Cuántas Salas tiene la Audiencia Nacional:

a. 2   b. 3   c. 4   d. 5

647. Qué órgano culmina la organización judicial en el territorio de una Comunidad Autónoma:

a. el Tribunal Supremo
b. el Tribunal Superior de Justicia
c. Las Audiencias Provinciales
d. Las Audiencias Territoriales

648. Cuál de los siguientes Tribunales o Juzgados no existe:

a. Juzgado de lo Penal
b. Magistratura de Trabajo
c. Juzgado de Instrucción
d. Juzgado de Paz

649. Cuál de los siguientes jueces no es un juez profesional:

a. Juez de Primera Instancia
b. Juez de lo Social
c. Juez de Paz
d. Juez de Instrucción

650. Cuál de estas Salas no existe en un Tribunal Superior de Justicia:

a. la Sala de lo Penal
b. la Sala de Instrucción
c. la Sala de lo Civil
d. la Sala de lo Contencioso Administrativo

651. Es un principio del Poder Judicial:

a. la dependencia jerárquica
b. la Unidad de actuación
c. el autogobierno
d. Son correctas A y B

652. La responsabilidad de los miembros del Ministerio Fiscal es:

a. Sólo Civil
b. Civil y Penal
c. Sólo penal
d. Ninguna de las anteriores

653. Es función del Ministerio Fiscal:

a. la defensa del interés público
b. la defensa del Estado
c. Fiscalizar e inspeccionar a la Administración
d. Acusar

654. Los principios que informan el Poder Judicial son:

a. Principio de Movilidad
b. Principio de Dependencia
c. Principio de Participación Ciudadana
d. Principio de irresponsabilidad

655. El Consejo Fiscal funciona:

a. En pleno
b. En salas
c. En comisión permanente
d. la a) y la c)

656. Las materias que son juzgadas por la Jurisdicción Militar son:

a. Ilícitos civiles
b. Delitos y faltas
c. Delitos tipificados en el Código Penal Militar y en la situación de Estado de Sitio
d. Delitos tipificados en el Código Penal Militar

657. El Tribunal de Cuentas depende orgánica y funcionalmente de:

a. CGPJ
b. Gobierno
c. Cortes Generales
d. Ministerio de Economía

658. El derecho a la tutela judicial efectiva queda recogido en:

a. el art. 25 de la Constitución
b. el art. 24.1 de la Constitución
c. el art. 24.2 de la Constitución
d. el art. 26 de la Constitución

659. Son excepciones al principio de unidad jurisdiccional:

a. la Jurisdicción Social
b. la Jurisdicción Civil
c. la Jurisdicción Militar
d. la Jurisdicción Penal

660. El derecho a la tutela efectiva de los tribunales significa:

a. Que todos los ciudadanos tienen derecho a una sentencia favorable
b. Todos estamos en igualdad de condiciones frente a la ley
c. Todos tenemos derecho a un juicio para defender nuestros derechos
d. Ninguna de las anteriores

661. El fundamento de la acusación o acción popular se recoge en:

a. el art. 122 de la Constitución
b. el art. 125 de la Constitución
c. el art. 123 de la Constitución
d. el art. 126 de la Constitución

662. Los Jueces pueden sindicarse:

a. Sólo si no están en servicio activo
b. Siempre
c. Cuando estén en servicio activo
d. Ninguna es cierta

663. El Poder Judicial viene regulado en:

a. L.O. 5/1995
b. L.O. 5/1985
c. L.O. 6/1985
d. L.O. 6/1995

664. La participación ciudadana en la Administración de Justicia se articula mediante:

a. la acción popular
b. la institución del Jurado
c. la Justicia Gratuita
d. la a) y b) son correctas

665. La responsabilidad de los jueces es:

a. Civil
b. Penal
c. Disciplinaria
d. Todas son ciertas

666. Las Asociaciones de Jueces y Magistrados son de ámbito territorial:

a. Nacional
b. Local
c. Provincial
d. Nacional, pero constituyendo secciones territoriales cuyo ámbito territorial coincida con las demarcaciones de los Tribunales Superiores de Justicia

667. Un Magistrado del Tribunal Supremo tiene el tratamiento de:

a. Señoría Ilustrísima
b. Señoría
c. Excelencia
d. Vuecencia

668. El CGPJ está integrado por:

a. 21 miembros
b. 20 miembros
c. 20 miembros más el Presidente del Tribunal Supremo
d. 20 miembros más el Presidente del Tribunal Supremo, que lo preside

669. Dentro de las competencias decisorias del CGPJ se encuentran:

a. Nombramiento del Secretario General del CGPJ
b. Nombramiento del Presidente del Tribunal Supremo
c. Nombramiento de 2 miembros del Tribunal Constitucional
d. Régimen penitenciario

670. El mandato del Presidente del CGPJ es de:

a. 4 años
b. 5 años
c. 6 años
d. 7 años

671. Los vocales de la Comisión Permanente del CGPJ son elegidos por:

a. El turno judicial
b. El turno de juristas reconocidos
c. Ambos, a partes iguales
d. Ambos, pero en diferente número cada uno

672. El Congreso, respecto a los Vocales del CGPJ elige a:

a. 10 Vocales
b. 10 Vocales, 4 de ellos abogados o juristas
c. 10 Vocales, 6 de ellos jueces o magistrados
d. Son correctas B y C

673. La ley que regula al Ministerio Fiscal es la:

a. Ley 50/1981
b. L.O. 50/1981
c. Real Decreto Ley 50/1981
d. Real Decreto Legislativo 50/1981

674. Uno de los principios que informan la actuación del Ministerio Fiscal es el de:

a. Unidad
b. Oralidad
c. Gratuid ad
d. Publicidad

675. Son órganos del Ministerio Fiscal:

a. la Fiscalía del Tribunal Supremo
b. la Fiscalía de la Audiencia Nacional
c. la Fiscalía del Tribunal Superior de Justicia
d. Todas son ciertas

676. Qué comisión se encarga de imponer sanciones a Jueces y Magistrados:

a. la Comisión Permanente
b. la Comisión Disciplinaria
c. la Comisión de Estudios
d. la Comisión Presupuestaria

677. Cuántas Salas tiene la Audiencia Nacional:

a. 2   b. 3   c. 4   d. 5

678. Qué ocurre en la Comisión Permanente del CGPJ si se produce un empate en la votación:

a. Que deberá repetirse
b. Que si tras repetirse la votación dos veces más volviera a repetirse el empate deberá trasladarse el asunto al pleno
c. Que el voto del Presidente desempata
d. La ley no prevé un posible, ya que se trata de un número impar de vocales

679. Qué artículo de la Constitución recoge el modo de nombramiento del Fiscal General del Estado:

a. 124.4
b. 123.4
c. 122.3
d. 123.5

680. El principio básico de la organización y funcionamiento de los tribunales es:

a. el principio de unidad jurisdiccional
b. el principio de exclusividad
c. el principio de responsabilidad
d. el principio de independencia
e. el principio de inamovilidad

681. Al presidente de los Tribunales Superiores de Justicia de las CC AA los propone:

a. el Consejo General del Poder Judicial
b. la Asamblea Legislativa de la Comunidad Autónoma
c. el pleno del Tribunal Superior de Justicia que va a presidir
d. el Consejo de Gobierno de la Comunidad Autónoma
e. el Presidente del Gobierno Autonómico

682. Cuántas Salas jurisdiccionales tiene el Tribunal Supremo:

a. 4   b. 5   c. 6   d. 7

683. Cuál de estas leyes ha modificado a la Ley reguladora del poder judicial:

a. Ley Orgánica 2/ 2001, de 28 de junio
b. Ley Orgánica 2/ 2001, de 18 de junio
c. Ley Orgánica 2/ 2001, de 8 de junio
d. Ley Orgánica 2/ 2001, de 21 de junio

684. El Tribunal Superior de Justicia de la Comunidad Autónoma…

a. Forma parte de la Administración Central
b. Culmina la organización autonómica
c. Forma parte de la Administración Local
d. a. y b. son correctas

685. Quién ejerce el Poder Judicial:

a. Los Jueces
b. Los Magistrados
c. Los Tribunales
d. a. y c. son correctas

686. A través de qué mecanismos los ciudadanos pueden participar en la Administración de Justicia:

a. la voz del pueblo
b. la acción popular
c. la institución del jurado
d. Son correctas B y C

687. Las actuaciones judiciales serán públicas…

a. Siempre
b. Nunca
c. Siempre, con las excepciones que prevean las leyes procesales
d. Ninguna respuesta anterior es correcta

688. La Jurisdicción Militar es una excepción al…

a. Principio de unidad jurisdiccional
b. Principio de publicidad
c. Principio de oralidad
d. Principio de exclusividad

689. Cuál de los siguientes órganos NO está integrado en el Poder Judicial:

a. el Tribunal de Cuentas
b. el Tribunal de Defensa de la Competencia
c. la Jurisdicción Constitucional
d. Las tres son correctas

690. Uno de los principios que informa las funciones del Ministerio Fiscal es…

a. Principio de gratuidad
b. Principio de solidaridad
c. Principio de dependencia jerárquica
d. Principio de unidad de jurisdicción

691. Cuál de los siguientes órganos NO integra el Ministerio Fiscal:

a. el Consejo Fiscal
b. el Pleno
c. la Comisión Presupuestaria
d. Son correctas B y C

692. Cuál de los siguientes NO es un derecho del Ministerio Fiscal:

a. Derecho a permisos y licencias
b. Desempeñar fielmente con prontitud y eficacia el cumplimiento de sus funciones conforme a los principios inspiradores de su actuación
c. Derecho a la promoción en la Carrera Fiscal
d. Inmunidad: no pueden ser detenidos sin que lo autorice el superior jerárquico del fiscal, salvo por orden judicial o en caso de flagrante delito

693. Cuál de estos órganos NO forma parte de la composición del CGPJ:

a. la Comisión Disciplinaria
b. la Comisión Permanente
c. la Comisión de Estudios
d. la Comisión de Calificación

694. Qué responsabilidad se puede exigir a un Juez que ha cometido un delito en el ejercicio de sus funciones:

a. Civil
b. Pública
c. Disciplinaria
d. Penal

695. Qué tratamiento recibe el Presidente de la Audiencia Provincial:

a. Señoría
b. Señoría Ilustrísima
c. Excelencia
d. Ilustrísimo Señor

696. Por quién está integrado el CGPJ:

a. Por el Presidente de la Audiencia Nacional y por 20 Vocales
b. Por el Presidente del Tribunal Supremo y por 20 miembros o Vocales
c. Por el Presidente de la Audiencia Provincial y por 20 miembros
d. Ninguna de las tres es correcta

697. El Senado, en relación a los miembros del CGPJ, elige a…

a. 10 Vocales, 4 de ellos Abogados o Juristas
b. 10 Vocales, 6 de ellos Jueces o Magistrados
c. a. y b. son correctas
d. 10 Vocales, los cuales son todos Abogados

698. Indique la FALSA:

a. el nombramiento de los Vocales será realizado por el Rey mediante Real Decreto, refrendado por el Presidente del Gobierno
b. el CGPJ se renovará totalmente (y no parcialmente como el Tribunal Constitucional) cada cinco años desde que se constituyó
c. No podrán formar parte del nuevo CGPJ los miembros del Consejo saliente
d. Las tres son correctas

699. El Presidente del CGJP es nombrado…

a. Mediante Real Decreto
b. Mediante Real Decreto, firmado por el Rey
c. Mediante Real Decreto, firmado por el Rey y refrendado por el Presidente del Gobierno
d. Las tres son correctas

700. Qué son los órganos colegiados:

a. Aquellos que se crean formalmente y están integrados por tres o más personas
b. Aquellos a los que se atribuyen funciones administrativas de decisión, propuesta, asesoramiento, seguimiento o control
c. Aquellos que actúan integrados en la Administración General del Estado o alguno de sus Organismos públicos
d. Las tres son correctas

701. Cuál de estas notas características es predicable de la ley como fuente del derecho:

a. Es una fuente indirecta
b. Es una fuente secundaria
c. Es una fuente recogida en el art. 1 del Código Civil
d. Es una fuente recogida en el art. 23 de la Constitución

702. Cuándo entran en vigor las leyes:

a. A los quince días de su completa publicación en el Boletín Oficial del Estado
b. A los veinte días de su publicación íntegra en el Boletín Oficial del Estado salvo que en ellas se disponga otra cosa
c. Cuando sean sancionadas por el Rey
d. En el mismo día de su publicación íntegra en el Boletín Oficial del Estado

703. La regla general en relación con el contenido de las leyes es:

a. Que siempre tienen efecto retroactivo
b. Que nunca tienen efecto retroactivo
c. Que sólo tienen efecto irretroactivo cuando se establece en las mismas
d. Que sólo tienen efecto retroactivo cuando lo establezca su contenido

704. Qué artículo está dedicado a la irretroactividad de las disposiciones desfavorables o restrictivas de derechos individuales:

a. el 9.3
b. el 9.2
c. el 9.4
d. el 10

705. Cuál de estas materias no requiere desarrollo por medio de ley orgánica:

a. la alteración de los límites provinciales
b. la alteración del nombre de una provincia
c. la regulación de las funciones de los Cuerpos y Fuerzas de Seguridad del Estado
d. la regulación del funcionamiento del Tribunal de Cuentas

706. En cuál de estos órganos puede delegarse la elaboración de leyes orgánicas:

a. En las comisiones legislativas de las Cámaras
b. En el Gobierno
c. En la Diputación permanente de las Cámaras
d. Su elaboración es indelegable

707. Qué artículo establece las materias que deben ser desarrolladas por medio de ley orgánica:

a. 90   b. 85   c. 81   d. 83

708. Cuál de los siguientes no tiene capacidad para ejercer la iniciativa legislativa:

a. Las Asambleas legislativas de las CC AA
b. el Gobierno
c. el pueblo
d. Los Gobiernos de las CC AA

709. En cuál de las siguientes materias el gobierno ejerce el monopolio de la iniciativa legislativa:

a. En materia de desarrollo de derechos fundamentales
b. En materia de planificación económica y presupuestaria
c. En materia de desarrollo de la institución de la Corona
d. el Gobierno no tiene iniciativa legislativa

710. Número mínimo de Diputados necesario para presentar una proposición de ley:

a. Doce en cualquier caso
b. Catorce
c. Quince o un grupo parlamentario
d. Un grupo parlamentario o catorce

711. Número mínimo de Senadores necesario para presentar una proposición de ley:

a. Quince o un grupo parlamentario
b. Veinticinco o un grupo parlamentario
c. Doce o un grupo parlamentario
d. Un grupo parlamentario en todo caso

712. Cuántos componentes tiene que tener la delegación autonómica encargada de la defensa de una proposición de ley autonómica:

a. 2   b. 3   c. 4   d. 5

713. Firmas necesarias para el ejercicio de la iniciativa legislativa popular:

a. No menos de 500.000
b. 500.000
c. Más de 600.000
d. 600.000

714. En cuál de las siguientes materias procede la iniciativa legislativa popular:

a. En materias tributarias
b. En materias de carácter internacional
c. En materias relativas a la prerrogativa de gracia
d. En materias relacionadas con las comunidades de vecinos

715. Cuál de los siguientes requisitos debe cumplirse en la tramitación de proposiciones de ley:

a. Deben ser remitidas exclusivamente a la Mesa del Congreso
b. Deben remitirse al Gobierno para que de su aprobación antes de ser tramitadas en algunos casos
c. Deben remitirse siempre a la Mesa del Senado
d. No deben remitirse a ningún órgano externo al Congreso en ningún caso

716. Nayoría necesaria en el Senado para oponer un veto a una proposición de ley aprobada en el Congreso:

a. Mayoría simple
b. Mayoría absoluta
c. Mayoría de 2/3
d. el Senado no puede vetar materias aprobadas por el Congreso

717. De cuántos días dispone el Rey para sancionar las leyes:

a. 10   b. 15   c. 20   d. 30

718. Qué artículo está dedicado a la regulación de los decretos leyes:

a. 86   b. 91   c. 87   d. 82

719. Cuál de estas materias si es regulable por medio de decreto ley:

a. el régimen de las CC AA
b. el derecho electoral general
c. Los derechos y deberes de los ciudadanos regulados en el Título I de la Constitución
d. Las materias objeto de ley ordinaria

720. Quién convalida un decreto ley:

a. el Congreso de los Diputados
b. el Senado
c. Las Cortes Generales
d. el Gobierno

721. De cuántos días dispone el órgano competente para convalidar o no un decreto ley:

a. 20   b. 15   c. 25   d. 30

722. Quién convalida un decreto ley en caso de que sea aprobado durante el mes de agosto:

a. el Gobierno
b. el Senado
c. la Diputación permanente del Congreso
d. la Diputación permanente del Senado

723. 'Decretos legislativos' o también:

a. Legislación ejecutiva
b. Legislación delegada
c. Legislación delegante
d. Legislación secundaria

724. Si se dicta una ley de bases qué contenido tendrá el decreto legislativo de desarrollo:

a. Texto articulado
b. Ley ordinaria
c. Texto refundido
d. Texto delegado

725. Si la delegación se realiza por medio de ley ordinaria qué contenido tendrá el decreto legislativo de desarrollo:

a. Texto articulado
b. Ley ordinaria
c. Texto refundido
d. Texto delegado

726. Cuál de estas materias puede autorizar una ley de bases:

a. Facultar la aprobación de normas de carácter retroactivo
b. Autorizar la modificación de la propia ley de bases
c. Autorizar la aprobación de normas de carácter irretroactivo
d. Facultar y autorizar la modificación de la propia ley de bases, dictando normas de carácter retroactivo

727. Sobre la autorización contenida en la ley de delegación, es FALSO:

a. Debe otorgarse para materia concreta
b. Puede otorgarse de forma tácita
c. Debe otorgarse por tiempo determinado
d. Debe otorgarse de forma expresa

728. Puede el Gobierno subdelegar la facultad de dictar legislación delegada:

a. En ningún caso
b. Sí, siempre que lo autorice la ley de delegación
c. Sí, siempre que delegue en autoridades administrativas
d. No, salvo que delegue en órganos administrativos

729. Normas con rango de ley aprobadas por el Gobierno que contienen legislación delegada:

a. Decretos leyes
b. Reales Decretos
c. Decretos legislativos
d. Decretos

730. En qué Capítulo del Título III se regulan los Tratados Internacionales:

a. I   b. II   c. III   d. IV

731. Cuál de los siguientes tratados no requiere de autorización previa de las Cortes Generales:

a. Los tratados de carácter político
b. Los tratados de carácter militar
c. Los tratados de impliquen obligaciones financieras para la hacienda pública
d. Los tratados de colaboración social

732. Qué procedimiento debe seguirse para la denuncia de un Tratado Internacional:

a. el mismo que para su aprobación
b. Es suficiente denuncia del Gobierno
c. Denuncia del Gobierno previa autorización del Senado
d. Denuncia de las CC GG en cualquier caso

733. Cuándo pasan a formar parte del ordenamiento nacional, los tratados firmados válidamente por España:

a. el mismo día de su publicación
b. Al día siguiente de su completa publicación en el Boletín Oficial de las Cortes Generales
c. Una vez publicados íntegramente en España
d. En el momento de su firma solemne

734. Qué artículo recoge las delegaciones legislativas a favor de las CC AA:

a. 149   b. 150   c. 159   d. 167

735. Si el Estado quiere dictar una ley que contenga los principios necesarios para armonizar las disposiciones normativas de las CC AA en una materia, dictará:

a. Una ley orgánica
b. Una ley de armonización
c. Una ley de bases
d. Una ley de delegación

736. Reglamentos que se encargan de desarrollar el contenido de una ley:

a. Reglamentos independientes
b. Reglamentos normativos
c. Reglamentos ad extra
d. Reglamentos ejecutivos

737. Qué requisito debe cumplirse para dictar un reglamento general de ejecución de una ley:

a. Dictamen favorable del Consejo de Estado
b. Informe previo del Consejo de Estado
c. Dictamen favorable del TC
d. Dictamen previo del Ministerio de Presidencia

738. Si la Administración ejercita su facultad de autoorganización y dicta un reglamento para regular sus servicios, estamos ante un reglamento:

a. De necesidad
b. Organizativo
c. Independiente
d. Ejecutivo

739. Qué artículo de la ley del Gobierno establece las normas de jerarquía de los reglamentos:

a. 23   b. 43   c. 32   d. 37

740. Cuándo se aplica la costumbre como fuente del derecho:

a. En defecto de ley aplicable
b. En cualquier caso en que resulte de aplicación por la materia
c. En cualquier caso aunque exista ley aplicable
d. Cuando no existan principios generales del derecho aplicables al caso

741. Si un reglamento está dirigido a todos los ciudadanos y ha de ser cumplido por los nacionales que actúan en un Estado, estamos ante un reglamento:

a. General
b. Especial
c. Inaplicable
d. Nulo de pleno derecho

742. Cuál de estas clases de leyes NO existe:

a. Leyes marco
b. Leyes armonizadoras
c. Leyes de transferencia
d. Leyes reglamentarias

743. Las disposiciones que contradigan lo establecido en una norma de carácter superior:

a. Son nulas de pleno derecho
b. Deben ser adaptadas
c. Deben ser recurridas ante el TS
d. Son anuladas por las Cortes Generales

744. Qué mayoría se requiere en el Congreso de los Diputados para la aprobación de una ley orgánica:

a. Simple
b. Absoluta
c. De 2/3
d. De 1/3

745. Qué mayoría se requiere en el Senado para la aprobación de una ley orgánica:

a. Simple
b. Absoluta
c. De 2/3
d. De 1/3

746. Qué artículo del Código Civil establece las fuentes del Derecho:

a. Ninguno   b. 1   c. 18   d. 35

747. Dónde deben publicarse las leyes:

a. En cualquier diario oficial
b. En el BOE
c. En todos los Boletines oficiales del territorio español
d. En el Diario de la UE

748. Qué norma puede regular la institución del Defensor del Pueblo:

a. Una ley ordinaria
b. Una ley orgánica
c. Un decreto ley
d. Un decreto legislativo

749. Qué norma puede regular la institución del Tribunal de Cuentas:

a. Una ley ordinaria
b. Una ley orgánica
c. Un decreto ley
d. Un decreto legislativo

750. Qué norma puede regular la institución del Consejo de Estado:

a. Una ley ordinaria
b. Una ley orgánica
c. Un decreto ley
d. Un decreto legislativo

751. El capítulo 3º del Título 1º, de los principios rectores de la política social y económica pueden ser:

a. Exigidos con carácter individual
b. Defendidos ante el Tribunal Constitucional mediante Recurso de Amparo
c. Un mandato para el legislador, debiendo confirmarlos la legislación positiva
d. Desarrollados únicamente por ley
e. Alegados en todo caso ante la Jurisdicción ordinaria

752. Qué artículo establece las materias que deben ser desarrolladas por medio de ley orgánica:

a. 90   b. 85   c. 81   d. 83

753. El Estatuto de Autonomía, una vez aprobado por las Cortes Generales, adoptará la forma de Ley…

a. Ordinaria
b. Orgánica
c. de Transferencia
d. Marco

754. Es FALSO:

a. Las Cortes Generales, en materias de competencia estatal, podrán atribuir a todas o a alguna de las CC AA la facultad de dictar, para sí mismas, normas legislativas en el marco de los principios, bases y directrices fijados por la ley estatal
b. Las CC GG podrán transferir o delegar en las CC AA, mediante Ley Ordinaria, facultades correspondientes a materia de titularidad estatal que por su propia naturaleza sean susceptibles de transferencia o delegación
c. el Estado podrá dictar leyes que establezcan los principios necesarios para armonizar las disposiciones normativas de las CC AA, aun en el caso de materias atribuidas a la competencia de éstas, cuando así lo exija el interés general
d. Las tres son correctas

755. Cuál de estas actuaciones NO supone un control del gobierno por parte del Parlamento:

a. la moción de censura
b. Las interpelaciones
c. Aprobación de los proyectos de ley
d. Las mociones
e. la votación de investidura

756. La administración, conservación y defensa del Patrimonio del Estado se regulará por:

a. Ley
b. Ley orgánica
c. Decreto-ley
d. Decreto legislativo
e. Disposiciones reglamentarias del Gobierno

757. De qué plazo dispone el órgano competente para convalidar o no un decreto ley:

a. Veinte días   b. Quince días
c. Veinticinco días   d. Treinta días

758. El acuerdo de adhesión de España a la UE se debió aprobar:

a. Por unanimidad del Congreso y mayoría absoluta del Senado
b. Mediante ley orgánica
c. Por mayoría simple del Congreso
d. Mediante la modificación de la Constitución
e. Por el Rey

759. Cuál de estas condiciones no es necesaria que cumpla la suspensión de los derechos y libertades en caso de estado de excepción:

a. Principio de Publicidad
b. Principio de Discrecionalidad
c. Principio de Vigencia inmediata
d. Principio de Responsabilidad
e. Principio de Temporalidad

760. Artículo dedicado a la irretroactividad de las disposiciones desfavorables o restrictivas de derechos individuales.

a. 9.3   b. 9.2   c. 9.4   d. 10

761. Según la Constitución toda la riqueza del país está subordinada:

a. Al interés general
b. Al interés público
c. A los intereses del Estado
d. A los intereses particulares de los ciudadanos
e. Al control del Tribunal de Cuentas

762. Según la Constitución se pueden reservar al sector público recursos o servicios esenciales mediante:

a. la propia Constitución
b. Ley ordinaria
c. Decreto-ley
d. Ley orgánica
e. Estatutos de Autonomía, en caso de que la reserva sea a favor de las CC AA

763. Sobre el Decreto legislativo, es FALSO:

a. Se aprueba mediante ley de bases
b. Tiene rango de ley
c. Emana del Gobierno
d. Su ámbito excluye las materias reservadas a ley orgánica
e. Es una disposición delegada

764. Desde su promulgación, el plazo máximo para convalidar un Decreto-ley es de:

a. 40 días
b. 30 días
c. Un mes
d. 15 días
e. 60 días

765. Las disposiciones normativas con rango de ley pueden ser dictadas:

a. Exclusivamente por el Poder Judicial
b. Exclusivamente por el Poder Legislativo
c. Exclusivamente por el gobierno
d. Por las Cortes y el Gobierno
e. Por las Cortes y la Administración

766. Aprobado un Decreto-ley, en caso de que no estuviese convocado el Congreso se ha de:

a. Convocar en el plazo de los treinta días siguientes a la promulgación del Decreto-ley
b. Se ha de esperar hasta el siguiente periodo de sesiones
c. Convalidar por la Diputación Permanente
d. Convalidar en su caso por el Senado
e. Todas son falsas

767. Qué artículo de la ley del Gobierno establece las normas de jerarquía de los reglamentos:

a. 23   b. 43   c. 32   d. 37

768. En qué caso no se pueden disolver nunca las Cámaras:

a. Si se ha presentado una moción de censura
b. Si se han convocado elecciones generales
c. Si está en trámite una moción de censura
d. a. y c. son correctas

769. Qué tipo de norma regula la institución del Defensor del Pueblo:

a. Decreto-Ley
b. Ley Orgánica
c. Ley Ordinaria
d. Real Decreto

770. El estado de sitio es declarado por…

a. Decreto del Consejo de Ministros
b. Decreto del Gobierno previa autorización del Congreso de los Diputados
c. Mayoría absoluta del Congreso de los Diputados
d. Mayoría simple del Congreso de los Diputados

771. Cuál es la norma superior básica de las CCAA:

a. Las leyes orgánicas
b. Su Estatuto de Autonomía
c. la Constitución
d. Las Leyes autonómicas

772. La forma y casos en los que podrán suspenderse derechos para personas determinadas en relación con las investigaciones correspondientes a la actuación de bandas armadas o elementos terroristas habrá de regularse:

a. Mediante una ley orgánica
b. Mediante una ley ordinaria
c. Mediante un Decreto-Ley
d. Mediante decisión judicial

773. Según el artículo 26 los Tribunales de Honor están prohibidos:

a. En la Administración Civil
b. En la Admínistración Militar
c. En las Organizaciones Profesionales
d. En la Administración Civil y en las Organizaciones Profesionales

774. Los derechos contenidos en los artículos 15 a 29 han de ser regulados:

a. Por Ley Orgánica
b. Por Ley Ordinaria
c. Unos por Ley Orgánica y otros por Ley Ordinaria
d. Ninguna de las anteriores es correcta

775. El Título I consta de cuántos capítulos:

a. 5   b. 4   c. 3   d. 2

776. El procedimiento de Habeas Corpus se regula por una ley de:

a. 1982   b. 1984   c. 1983   d. 1981

777. Qué artículo consagra el derecho a un proceso público con todas las garantías:

a. 24   b. 26   c. 29   d. 17

778. Cómo deben ser aprobados por el Pleno los Reglamentos que dicte el CGPJ:

a. Por mayoría de 3/5 de sus miembros
b. Por mayoría simple
c. Por mayoría absoluta
d. Por mayoría de dos tercios

779. El Estatuto Orgánico del Ministerio Fiscal se regula por:

a. la Ley 50/1981, de 30 de Diciembre
b. el Real Decreto 2.548/1981, de 29 de Diciembre
c. el Real Decreto Legislativo 25/1981, de 22 de Diciembre
d. el Real Decreto-Ley 48/1981, de 31 de Diciembre

780. Los juzgados de primera instancia e instrucción radican:

a. Solamente en las capitales de provincia
b. Solamente en las capitales de provincia y en algunas poblaciones importantes tales como Cartagena, Gijón y Vigo
c. Al menos en cada partido judicial
d. En todos los municipios de más de 10.000 habitantes

781. En qué Capítulo del Título III se regulan los Tratados Internacionales:

a. I   b. II   c. III   d. IV

782. La justicia sera gratuita:

a. En todos los casos y circunstancias
b. En todos los casos respecto de quienes acrediten insuficiencia de recursos para litigar
c. Sólo cuando lo disponga la Ley
d. Sólo cuando así lo disponga el Poder Judicial

783. En qué artículos quedan recogidos los derechos que no necesitan un desarrollo legislativo para que tengan efectividad:

a. 1 a 20
b. 14 a 38
c. 15 a 25
d. 40 a 56

784. Cuál de estas garantías NO es una garantía extrajudicial:

a. el Ministerio Fiscal
b. el Defensor del Pueblo
c. Los Cuerpos y Fuerzas de Seguridad
d. el Recurso de Amparo

785. La suspensión de los derechos fundamentales queda recogida en el artículo:

a. 55
b. 48
c. 53
d. 49

786. Qué estado de excepción supone la suspensión de derechos:

a. el estado de alarma
b. el estado de sitio
c. el estado de excepción
d. Las tres son correctas

787. Cuál de los siguientes derechos no es objeto de suspensión:

a. el derecho a la libertad y a la seguridad
b. la libertad de residencia y circulación
c. el derecho a la vida y a la integridad física y moral
d. el derecho de huelga

788. El estado de alarma es declarado por…

a. Decreto del Consejo de Ministros
b. Decreto del Gobierno previa autorización del Congreso de los Diputados
c. Mayoría absoluta del Congreso de los Diputados
d. Mayoría simple del Congreso de los Diputados

789. Las graves alteraciones de orden público, como supuestos de terrorismo o delincuencia muy grave, originarían la suspensión de derechos mediante…

a. Estado de alarma
b. Estado de excepción
c. Estado de sitio
d. Declaración de guerra

790. La legitimación del recurso de inconstitucionalidad, cuando se trate de Estatutos de Autonomía y demás leyes del Estado, es…

a. el Presidente del Gobierno, 50 Diputados o 50 Senadores
b. el Defensor del Pueblo, el Ministerio Fiscal y cualquier persona física o jurídica afectada
c. Los Jueces y Magistrados
d. el Presidente del Gobierno, 50 Diputados, 50 Senadores, el Defensor del Pueblo

791. Qué artículo regula los decretos leyes:

a. 86   b. 91   c. 87   d. 82

792. La cuestión de inconstitucionalidad es presentada por:

a. el Juez
b. el Ministerio Fiscal
c. 50 Diputados
d. Son correctas B y C

793. Según el artículo 111, votada una moción por la Cámara, siendo desfavorable al Gobierno, éste debe:

a. Dimitir
b. Dimitir y elegir al nuevo candidato
c. No necesita dimitir, porque no se trata de una cuestión de confianza
d. No necesita dimitir
e. Dimitir por tratarse de una moción de confianza

794. El Consejo de Estado forma parte:

a. Del Poder Legislativo
b. De la Administración consultiva
c. De la Administración institucional
d. Del Gobierno
e. Del Poder Judicial

795. Qué artículo abre el Título VII de la Constitución:

a. 127   b. 128   c. 130   d. 132

796. Qué artículo abre el Título II:

a. 55   b. 54   c. 57   d. Otro

797. A qué materia está dedicado el Título IV de la Constitución:

a. A las Cortes Generales
b. Al Gobierno
c. Al Gobierno y a las Cortes Generales
d. Al Gobierno y a la Administración

798. A qué está dedicado el Título IV de la Constitución:

a. A las Cortes Generales
b. Al Gobierno
c. Al Gobierno y a las Cortes Generales
d. A la Corona

799. El Tribunal de Cuentas se encuentra regulado por:

a. Ley ordinaria
b. Ley orgánica
c. Decreto legislativo
d. Decreto-ley
e. Ley de bases

800. La creación, modificación y supresión de la Comisiones Delegadas del Gobierno serán acordadas por el Consejo de Ministros mediante…

a. Decreto-Ley
b. Real Decreto
c. Decreto Legislativo
d. Son correctas A y C

801. Qué Título está dedicado a la regulación de la Organización territorial del Estado:

a. VII   b. VI   c. VIII   d. IX

802. Qué artículo de la Constitución recoge el principio de autonomía:

a. 3   b. 2   c. 5   d. 1

803. A quién se reconoce autonomía en la Constitución:

a. A las nacionalidades y CC AA
b. A las CC AA y a las regiones
c. A las regiones y a las nacionalidades
d. A las regiones

804. En qué año se establecen las provincias como división territorial del Estado:

a. 1833   b. 1834   c. 1835   d. 1835

805. Cuál de los siguientes nombres está relacionado con la división del territorio en provincias:

a. Javier de Burgos
b. Rafael de Burgos
c. Vicente Burgos
d. Manuel Burgos

806. En qué año fue plesbiscitado, por primera vez, el Estatuto Gallego:

a. 1931
b. 1932
c. 1933
d. 1936

807. En qué fecha se firmaron los Acuerdos Autonómicos:

a. 31 de julio de 1981
b. 1 de julio de 1981
c. 2 de junio de 1980
d. 24 de enero de 1981

808. En qué año se firmaron los pactos Autonómicos:

a. 1991   b. 1992   c. 1993   d. 1994

809. Cuál de los siguientes principios no se recoge en el artículo 2 de la Constitución

a. Unidad
b. Solidaridad
c. Subsidiariedad
d. Autonomía

810. Cuál de los siguientes principios no es predicable del Estado autonómico:

a. Principio de progresividad
b. Principio de igualdad
c. Principio de supremacía estatal
d. Principio de dependencia financiera

811. Cuál de los siguientes territorios no podía constituirse como Comunidad Autónoma:

a. Los territorios con entidad provincial histórica
b. Los territorios limítrofes con características históricas, culturales, sociales y económicas comunes
c. Los territorios insulares
d. Los territorios no integrados en la organización provincial

812. Qué artículos de la Constitución recogen las vías de acceso a la autonomía, de los indicados a continuación:

a. Art. 143 y art. 151
b. Art. 144 y art. 143
c. Art. 153 y 151
d. Art. 146 y 157

813. Cómo se denominan a las dos principales vías de acceso a la autonomía:

a. Vía lenta y vía rápida
b. Vía común y vía lenta
c. Vía especial y vía rápida
d. Vía constitucional y vía histórica

814. Cuál es uniprovincial:

a. Baleares
b. Canarias
c. Las dos
d. Ninguna de las dos

815. Cuál es histórica:

a. Castilla y León
b. País Vasco
c. Región de Murcia
d. Castilla-La Mancha

816. Cuál pluriprovincial:

a. País Vasco
b. Extremadura
c. Las dos
d. Ninguna de las dos

817. Qué competencias del art. 151 asumen las CC AA que accedieron por la vía rápida:

a. Todas
b. Las negociadas con el gobierno central en el proceso autonómico
c. Las negociadas con el gobierno central tras el proceso autonómico
d. Ningunas

818. Qué norma aprueba un Estatuto de Autonomía:

a. Una ley ordinaria
b. Un Real Decreto
c. Una Ley orgánica
d. Un Decreto ley

819. Cuántos municipios debían formar parte de la iniciativa autonómica en el caso de las Comunidades que accedieron por la vía especial, en el caso de que no hubieran plesbiscitado estatutos en el pasado:

a. 2/3 partes
b. 1/3 parte
c. 2/4 partes
d. ¾ partes

820. Cuántos municipios debían formar parte de la iniciativa autonómica en el caso de las Comunidades que accedieron por la vía especial, en el caso de que si hubieran plesbiscitado estatutos en el pasado:

a. 2/3 partes
b. 1/3 parte
c. 2/4 partes
d. Ningún porcentaje

821. Cuántos municipios debían formar parte de la iniciativa autonómica en el caso de las Comunidades que accedieron por la vía común, en el caso de que no tuvieran régimen provisional de autonomía:

a. 2/3 partes
b. 1/3 parte
c. 2/4 partes
d. 3/4 partes

822. Cuántos municipios debían formar parte de la iniciativa autonómica en el caso de las Comunidades que accedieron por la vía común, en el caso de que tuvieran régimen provisional de autonomía:

a. 2/3 partes
b. 1/3 parte
c. 2/4 partes
d. Ningún porcentaje

823. Cuál de los siguientes extremos no debe aparecer obligatoriamente en un Estatuto de Autonomía:

a. la sede de las Instituciones
b. la delimitación del territorio
c. Las competencias asumidas
d. Las competencias por asumir

824. Qué artículo establece los contenidos mínimos que deben recoger los Estatutos de autonomía:

a. 147.2   b. 151.2   c. 156.1   d. 148.4

825. Qué artículo prevé que las CC AA puedan reclamar como propias competencias sobre materias no atribuidas expresamente al Estado por la Constitución:

a. 149.3   b. 156.2   c. 134.2   d. 151.3

**826. Además del contenido mínimo or-
dinario, cuál de los siguientes debe
incluir en su estatuto, una Comunidad Autónoma de vía especial:**

a. Un Tribunal Superior de Justicia
b. Un Tribunal Supremo
c. Un Defensor autonómico
d. Una Cámara de Cuentas

**827. Qué artículo de la Constitución re-
coge las competencias exclusivas
del Estado:**

a. 149   b. 150   c. 151   d. 151

**828. Qué artículo recoge las compe-
tencias asumibles por las CC AA:**

a. 148   b. 150   c. 151   d. 149

**829. Cómo se denomina generalmente,
al órgano de gobierno de la Comunidad Autónoma:**

a. Consejo ejecutivo
b. Consejo de Gobierno
c. Consejo colegiado
d. Consejo

**830. Cómo se denomina generalmente,
al órgano legislativo de la Comunidad Autónoma:**

a. Asamblea
b. Consejo legislativo
c. Legislador
d. Cortes autonómicas

**831. Cuántos años debieron esperar
las CC AA de vía común para acceder a mayor número de competencias que las reconocidas
inicialmente en su Estatuto:**

a. 2   b. 3   c. 4   d. 5

**832. En qué Título se regula la Admi-
nistración Local:**

a. VII   b. VI   c. VIII   d. IX

**833. Qué artículo recoge el Fondo de
Compensación Interterritorial:**

a. 158.1   b. 158.2   c. 158.3   d. 158.4

**834. De qué año es la Ley Reguladora
de las Bases del Régimen Local:**

a. 1983
b. 1984
c. 1985
d. 1986

**835. Qué artículo de la Constitución es-
tablece el derecho de autonomía de
provincias y municipios:**

a. el art.2
b. el art. 137
c. el art. 153.2
d. Ningún artículo de la Constitución establece
ese principio

**836. Cuál de los siguientes artículos no
hace referncia a la Administración
Local en la Constitución**

a. 140   b. 141   c. 142   d. 143

**837. Qué artículo establece la autono-
mía de los municipios:**

a. 140
b. 141
c. 142
d. No se establece

**838. De qué tipo de personalidad jurí-
dica gozan los municipios:**

a. Propia
b. Plena
c. Organizativa
d. Orgánica

**839. De qué tipo de personalidad jurí-
dica gozan las provincias:**

a. Propia
b. Plena
c. Organizativa
d. Orgánica

**840. A quién corresponde el Gobierno
y Administración de los Municipios:**

a. Al Alcalde
b. Al Alcalde y Concejales
c. Al Ayuntamiento
d. Al Pleno de los Ayuntamientos

841. Quién integra un Ayuntamiento

a. Los Concejales
b. el Pleno
c. el Alcalde
d. el Alcalde y los Concejales

842. Quién elige al Alcalde:

a. Los Concejales
b. Los vecinos
c. el pueblo
d. Los concejales o los vecinos

**843. Por qué tipo de sufragio se elige a
los Concejales:**

a. Por sufragio universal igual, libre, directo y secreto, en la forma establecida por el Gobierno
b. Por sufragio universal igual, libre, directo y secreto, en la forma establecida por el derecho
c. Por sufragio universal igual, libre, directo y
secreto, en la forma establecida por la Constitución
d. Por sufragio universal igual, libre, directo y
secreto, en la forma establecida por la ley

**844. Cuál de estas afirmaciones es co-
rrecta:**

a. la provincia es una entidad local, determinada por la agrupación de municipios y división territorial para el cumplimiento de las
actividades de la Comunidad Autónoma
b. la provincia es una entidad local, determinada por la agrupación de municipios y división territorial para el cumplimiento de las
actividades del Gobierno
c. la provincia es una entidad local, determinada por la agrupación de municipios y división territorial para el cumplimiento de las
actividades del Estado
d. la provincia es una entidad local, determinada por la agrupación de municipios y división territorial para el cumplimiento de las
actividades de los vecinos

**845. Cuálquier alteración de los límites
de una provincia deberá ser aprobada por:**

a. Ley orgánica de las Cortes Generales
b. Ley ordinaria de las Cortes Generales
c. Decreto ley del Gobierno
d. Acuerdo entre las Cortes Generales y la Comunidad Autónoma afectada

**846. A quién está encomendado el go-
bierno y administración de las provincias:**

a. A las Diputaciones en cualquier caso
b. A las Diputaciones en algunos casos
c. A las CC AA en cualquier caso
d. A las CC AA siempre

**847. El control económico de las CC AA
se ejerce por:**

a. el Congreso de los Diputados
b. Las Cortes Generales
c. el Tribunal de Cuentas
d. el Senado

**848. Las competencias que pueden ser
asumidas por las CC AA, se encuentran recogidas en la Constitución en
su artículo:**

a. 146
b. 147
c. 148
d. 149

**849. No se recoge en el artículo 2 de la
Constitución :**

a. el principio de Unidad
b. el principio de Solidaridad
c. el principio de Subsidiariedad
d. el principio de Autonomía

**850. El órgano legislativo de la Comu-
nidad Autónoma es:**

a. la Asamblea
b. el Consejo legislativo
c. el Congreso autonómico
d. el Senado

**851. No forman parte del contenido
obligatorio de los Estatuto de Autonomía:**

a. la sede de las Instituciones
b. la delimitación del territorio
c. Las competencias asumidas
d. Las competencias por asumir

**852. A quién corresponde el gobierno y
administración de los Municipios:**

a. Las Diputaciones Provinciales
b. el Alcalde, Presidente de la corporación Local
c. Sus respectivos Ayuntamientos
d. Un órgano Administrativo de la Administración Periférica del Estado

**853. Al Estado autonómico no se le
aplica el:**

a. Principio de progresividad
b. Principio de igualdad
c. Principio de supremacía estatal
d. Principio de dependencia financiera

854. Es histórica la Comunidad Autónoma de:

a. Extremadura
b. Cataluña
c. Valencia
d. Castilla la Mancha

855. El control de la constitucionalidad de las leyes de las CC AA se ejerce por:

a. el Congreso de los Diputados
b. Las Cortes Generales
c. el Tribunal de Cuentas
d. el Tribunal Constitucional

856. Qué competencias del artículo 151 asumen las CC AA históricas:

a. Todas
b. Las negociadas con el gobierno central en el proceso autonómico
c. Las negociadas con el gobierno central tras el proceso autonómico
d. Ningunas

857. Las vías de acceso a la autonomía son:

a. Vía lenta y vía rápida
b. Vía común y vía lenta
c. Vía especial y vía rápida
d. Vía constitucional y vía histórica

858. Los Estatutos de Autonomía deben contener:

a. la delimitación de su territorio
b. la organización de las Instituciones autónomas propias
c. Las competencias que asuman
d. Todas ellas

859. La base territorial de la Provincia está formada por la agrupación de:

a. Comarcas
b. Alcaldes
c. Municipios
d. Entidades Metropolitanas

860. Los Estatuto de Autonomía fueron aprobados por:

a. Una ley ordinaria
b. Un Real Decreto
c. Una Ley orgánica
d. Un Decreto ley

861. Cuál es la base territorial de la Administración Local:

a. Municipio
b. Comunidad Autónoma
c. Provincia
d. Son correctas A y C

862. El proyecto de Estatuto de Autonomía será elaborado por una Asamblea compuesta por:

a. Los miembros de la Diputación Provincial o Cabildo o Consejo Insular de las provincias afectadas
b. Los Senadores del Congreso elegidos en dichas provincias
c. Los Diputados del Senado elegidos por dichas provincias
d. Las tres son correctas

863. El Título de la Constitución dedicado a la regulación de las CC AA es el:

a. VI   b. VII   c. V   d. VIII

864. El Presidente de una Comunidad Autónoma es nombrado por:

a. la Asamblea Autonómica
b. el Presidente del Gobierno
c. el Jefe del Estado
d. el Senado

865. Quién representa al Gobierno estatal en una Comunidad Autónoma:

a. el Presidente de la Comunidad Autónoma
b. el Delegado del Gobierno
c. el Subdelegado del Gobierno
d. el Consejo de Gobierno

866. El Fondo de Compensación Interterritorial se recoge en la Constitución en su artículo:

a. 158.1   b. 158.2   c. 158.3   d. 158.4

867. Por qué tipo de sufragio se elige a los Diputados autonómicos:

a. Por sufragio universal igual, libre, directo y secreto, en la forma establecida por el Gobierno
b. Por sufragio universal igual, libre, directo y secreto, en la forma establecida por el derecho
c. Por sufragio universal igual, libre, directo y secreto, en la forma establecida por la Constitución
d. Por sufragio universal igual, libre, directo y secreto, en la forma establecida por la ley

868. No es pluriprovincial la Comunidad Autónoma de:

a. Extremadura
b. Galicia
c. Navarra
d. C. Valenciana

869. Cuálquier alteración de los límites de una Comunidad Autónoma deberá ser aprobada por:

a. Ley orgánica de las Cortes Generales
b. Ley ordinaria de las Cortes Generales
c. Decreto ley del Gobierno
d. Acuerdo entre las Cortes Generales y la Comunidad Autónoma afectada

870. La Constitución establece los contenidos mínimos que deben recoger los Estatutos de autonomía en su artículo:

a. 147.2
b. 151.2
c. 156.1
d. 148.4

871. La mayoría necesaria para aprobar la reforma de un Estatuto de Autonomía en el Senado es:

a. Simple
b. Absoluta
c. 2/3
d. 1/3

872. No es una competencia asumible por las CC AA:

a. Sanidad
b. Higiene
c. Promoción y ordenación del turismo
d. Sanidad exterior

873. Qué son Ceuta y Melilla:

a. Estatutos de Autonomía
b. Comunidades Autónomas
c. Ciudades autónomas
d. Provincias

874. Es uniprovincial, la Comunidad Autónoma de:

a. Murcia
b. Valencia
c. Canarias
d. Aragón

875. En qué Título de la Constitución queda recogido el Estado de las Autonomías:

a. VIII   b. IX   c. X   d. XI

876. Cuantas Comunidades Autónomas son históricas en España:

a. 2   b. 3   c. 5   d. 4

877. Ceuta aprobó su estatuto de autonomía en el año:

a. 1992   b. 1993   c. 1994   d. 1995

878. El primer Estatuto de Autonomía para Cataluña se aprobó en:

a. 1933   b. 1934   c. 1935   d. 1932

879. Qué entidad local goza de personalidad jurídica plena:

a. Provincia
b. Cabildo
c. Municipio
d. Comarca

880. Indique la correcta:

a. Existen 15 Comunidades Autónomas
b. Existen 2 ciudades autonómicas
c. las CC AA pueden aprobar leyes marco
d. las CC AA pueden aprobar leyes de transferencias

881. En qué año se aprobó el último estatuto de autonomía, tras la aprobación de la Constitución de 1978:

a. 1992
b. 1993
c. 1994
d. 1995

882. La mayoría necesaria para aprobar la reforma de un Estatuto de Autonomía en el Congreso de los Diputados es:

a. Simple
b. Absoluta
c. 2/3
d. 1/3

883. No puede ser sujeto de autonomía:

a. Los territorios con entidad provincial histórica
b. Los territorios limítrofes con características históricas, culturales, sociales y económicas comunes
c. Los territorios insulares
d. Los territorios no integrados en la organización provincial

884. Ante quien jura su cargo el Presidente de una Comunidad Autónoma:

a. Ante el Congreso de los Diputados
b. Ante el Rey
c. Ante el Senado
d. Ante las Cortes Generales

885. En qué año se aprobó el primer estatuto de autonomía, tras la aprobación de la Constitución de 1978:

a. 1978
b. 1979
c. 1980
d. 1981

886. Qué tres territorios pudieron acceder a un Estatuto Regional o Autonómico entre 1931 y 1936:

a. Cataluña, Euskadi y Galicia
b. Cataluña, Andalucía y Galicia
c. Madrid, Euskadi y Galicia
d. Cataluña, Euskadi y Aragón

887. Cuál es la unidad base que se toma en cuenta en las elecciones a Cortes Generales:

a. Municipio
b. Provincia
c. Área Metropolitana
d. Cabildo

888. Las vías de acceso a la autonomía se recogen en la Constitución en los artículos:

a. 143 y 151
b. 144 y 143
c. 153 y 151
d. 146 y 157

889. En qué momento España se organiza territorialmente mediante la fórmula del Estado de las Autonomías:

a. Durante la Segunda República
b. Con la entrada en vigor de la Constitución
c. Durante la Guerra Civil
d. Antes de la entrada en vigor de la Constitución

890. La división provincial fue realizada por:

a. Decreto de Javier de Burgos
b. Orden de Rafael de Burgos
c. Decreto de Luis Burgos
d. Orden de Manuel Burgos

891. Cuál de los siguientes principios no caracteriza a los entes de carácter territorial:

a. Solidaridad de nacionalidades y regiones
b. Igualdad social y económica en todo el territorio nacional
c. Estructura democrática de las instituciones territoriales
d. Desconcentración y traspaso de competencias

892. La división provincial data del año:

a. 1833   b. 1834   c. 1835   d. 1836

893. No es una competencia exclusiva del Estado:

a. Las bases del régimen minero
b. el comercio exterior
c. Legislación laboral
d. Ordenación del territorio

894. El principio de solidaridad interterritorial se recoge en la Constitución en su artículo:

a. 3   b. 2   c. 5   d. 1

895. Se reconoce autonomía en la Constitución a:

a. A las nacionalidades y comunidades autónomas
b. A las CC AA y a las regiones
c. A las regiones y a las nacionalidades
d. A las regiones

896. El plazo de ampliación inicial de competencias era de:

a. Dos años
b. Tres años
c. Cuatro años
d. Cinco años

897. Las competencias que pueden asumir las CC AA se contemplan en la Constitución:

a. En el mismo Titulo que regula los principios básicos de Municipios y Provincias
b. En el Titulo VIII
c. En el Titulo que lleva par rotulo de la organización territorial del Estado
d. Las tres son correctas

898. Los Delegados del Gobierno en las CCAA:

a. Son los representantes del Gobierno en las CCAA
b. Tienen autogobierno
c. Son elegidos por votaciones
d. Todas son ciertas

899. En la vía común de acceso a la autonomía, la iniciativa autonómica corresponde a:

a. la Diputación Provincial más 2/3 partes de los Municipios cuya población represente a la mayoría del censo electoral de al Provincia o Isla
b. la Diputación Provincial más 3/4 partes de los Municipios cuya población represente a la mayoría del censo electoral de al Provincia o Isla
c. la Diputación Provincial más 3/5 partes de los Municipios cuya población represente a la mayoría del censo electoral de al Provincia o Isla
d. la Diputación Provincial más 4/5 partes de los Municipios cuya población represente a la mayoría del censo electoral de al Provincia o Isla

900. En la vía especial de acceso a la autonomía, la iniciativa autonómica corresponde a todas las Diputaciones interesadas o al órgano interinsular correspondiente y a...

a. ...las 2/3 partes de los Municipios que representen, al menos, la mayoría del censo electoral de cada una de las Provincias afectadas
b. ...las 2/3 partes de los Municipios que representen, al menos, a los 2/3 del censo electoral de cada una de las Provincias afectadas
c. ...la mitad mas uno de los Municipios que representen, al menos, la mayoría del censo electoral de cada una de las Provincias afectadas
d. ...la mitad mas úno de los Municipios que representen, al menos, a los 2/3 del censo electoral de cada una de las Provincias afectadas

901. Qué instrumento normativo se utiliza para realizar el nombramiento de un Secretario de Estado:

a. Decreto
b. Orden ministerial
c. Real Decreto
d. Decreto ley

902. Quién nombra a los Subdirectores Generales:

a. el Presidente del Gobierno
b. el Consejo de Ministros
c. el Ministro competente
d. el Gobierno en pleno

903. Quién nombra a los Ministros:

a. el Jefe del Estado
b. el Jefe de Gobierno
c. el Presidente del Congreso
d. el Presidente del Senado

904. Quién establece la estructura orgánica interna de un Ministerio:

a. el Consejo de Ministros
b. el Presidente del Gobierno
c. el Ministro
d. el Gobierno en pleno

905. Qué órgano ministerial se encarga de asegurar el eficaz funcionamiento del aparato administrativo de un Departamento ministerial:

a. la Secretaría de Estado
b. la Subsecretaría
c. Las Direcciones Generales
d. Las Subdirecciones Generales

906. Propone el nombramiento del Subsecretario de un Ministerio

a. el Presidente del Gobierno
b. el Consejo de Ministros
c. el Ministro competente
d. el Gobierno en pleno

907. Quién desempeña la jefatura superior del personal de un Ministerio:

a. el Ministro
b. el Subsecretario
c. el Secretario de Estado
d. Los Directores Generales

908. Cómo se denomina el órgano que tiene atribuida directamente la responsabilidad la ejecución de la acción del Gobierno en un sector de actividad específica de un Departamento o de la Presidencia del Gobierno:

a. Secretaría de Estado
b. Secretaría General Técnica
c. Dirección General
d. Subdirección General

909. Qué categoría tiene un Secretario General:

a. Director General
b. Subsecretario
c. Secretario General Técnico
d. Subdirector General

910. Qué es un Ministro sin cartera:

a. Un ministro que no tiene asignado un departamento ministerial
b. Un ministro que no acude a las reuniones del Consejo de Ministros
c. Un ministro que sólo acude a las reuniones del Consejo de Ministros
d. Un ministro sin competencias reales

911. En qué casos se produce el cese del Gobierno:

a. Tras la celebración de elecciones generales
b. En caso de pérdida de moción de confianza
c. Por dimisión o fallecimiento del Presidente
d. Las tres son correctas

912. Cuál de estas funciones no es ejercida por un Ministro:

a. Ejercer la potestad reglamentaria
b. Refrendar actos del Rey
c. Fijar los objetivos del Ministerio
d. Apoyar a los órganos directivos del Ministerio en la planificación de la actividad del Ministerio

913. Quién puede modificar la relación de puestos de trabajo de un Ministerio:

a. el Ministro interesado previa autorización de los ministros competentes en la materia
b. el Presidente del Gobierno
c. el Consejo de Ministros
d. el Ministro de Administraciones Públicas

914. Qué instrumento normativo se utiliza para nombrar a un Director General:

a. Decreto
b. Orden ministerial
c. Real Decreto
d. Decreto ley

915. Cuál de los siguientes órganos es superior en un Ministerio:

a. Un Director General
b. Un Secretario de Estado
c. Un Subsecretario
d. Un Secretario General

916. Quién debe proponer el nombramiento de un Ministro:

a. el Presidente del Gobierno
b. el Jefe del Estado
c. el Presidente del Congreso
d. el Presidente del Senado

917. Qué instrumento normativo sirve para nombrar a un Subsecretario:

a. Decreto
b. Orden ministerial
c. Real Decreto
d. Decreto ley

918. Es obligatoria la existencia de una Subsecretaría en la estructura de un departamento ministerial:

a. No, en ningún caso
b. Sólo si lo establece la ley de creación del Ministerio
c. Sí, siempre debe existir ese órgano
d. No debe existir salvo que lo establezca la Dirección General del Ministerio

919. De quién depende la Subsecretaría de los servicios comunes de un departamento ministerial:

a. Del Ministro competente
b. Del Secretario de Estado
c. Del Director General
d. Del Secretario General

920. Cuál de los anteriores se considera antecedente de los actuales Ministerios:

a. Las Secretarías de Despacho de los monarcas absolutos
b. Los Validos Reales
c. Los Secretarios Generales
d. Los Comendadores Reales

921. Cuál de los siguientes no se considera Alto Cargo:

a. Secretario de Estado
b. Subsecretario
c. Director General
d. Subdirector General

922. Quién es el superior jerárquico directo de un Secretario de Estado:

a. el Ministro
b. el Secretario General
c. el Secretario General Técnico
d. el Director General

923. Cómo se realiza el nombramiento de un Secretario de Estado:

a. Por Real Decreto del Ministro competente
b. Por el Rey a propuesta del Presidente del Gobierno
c. Por el Consejo de Ministros
d. Por el Ministro competente a propuesta del Consejo de Ministros

924. Qué categoría tiene un Secretario General Técnico:

a. Director General
b. Subdirector General
c. Secretario General
d. Subsecretario

925. Es obligatoria la existencia de Secretarías de Estado en la estructura de un departamento ministerial:

a. No, en ningún caso
b. Sólo si lo establece la ley de creación del Ministerio
c. Sí, siempre debe existir ese órgano
d. No debe existir salvo que lo establezca la Dirección General del Ministerio

926. Cuál de los siguientes órganos es directivo de un Ministerio:

a. Director General
b. Ministro
c. Secretario de Estado
d. No existen órganos directivos en un Ministerio

927. En qué año se introdujo en España la figura de los Secretarios de Estado:

a. 1975
b. 1976
c. 1977
d. 1987

928. Cómo se denominan los órganos de gestión de una o varias áreas funcionalmente homogéneas en un departamento ministerial:

a. Direcciones Generales
b. Secretarías Generales Técnicas
c. Secretarías Generales
d. Subdirecciones Generales

929. Orgánicamente, la Delegación del Gobierno está adscrita a:

a. la Presidencia del Gobierno
b. el Consejo de Ministros
c. el Ministerio de Administraciones Públicas
d. la Subdelegación del Gobierno

930. Qué artículo de la Constitución regula la figura de los Delegados del Gobierno:

a. 154
b. 155
c. 156
d. No se regula en la Constitución

931. En el ámbito de la coordinación de la Administración General del Estado en el territorio de una Comunidad Autónoma, el Delegado del Gobierno depende de:

a. el Ministro de Administraciones Públicas
b. el Presidente del Gobierno
c. el Ministro del Interior
d. el Consejo de Ministros

932. Qué rango ostenta el Subdelegado del Gobierno:

a. Subsecretario
b. Director General
c. Subdirector General
d. Secretario General Técnico

933. Qué artículo de la Constitución está dedicado a la figura de los Delegados del Gobierno:

a. 152   b. 154   c. 153   d. 155

934. Qué cargo suple al Director Insular:

a. el Delegado del Gobierno
b. el Secretario General
c. el Subdelegado del Gobierno
d. el Director de los Servicios no integrados

935. Qué instrumento normativo se utiliza para nombrar a un Subdelegado del Gobierno:

a. Decreto
b. Orden ministerial
c. Resolución
d. Decreto ley

936. Qué instrumento normativo se utiliza para nombrar a un Director Insular:

a. Decreto
b. Orden ministerial
c. Resolución
d. Decreto ley

937. Cómo se nombra a un Subdelegado del Gobierno:

a. concurso
b. libre designación
c. Real Decreto
d. Orden Ministerial

938. La dirección de los servicios no integrados en la provincia le corresponde realizarla a:

a. el Subdelegado del Gobierno
b. el Director Insular
c. el Delegado del Gobierno
d. el Secretario General

939. En materia de seguridad ciudadana, el Delegado del Gobierno depende de:

a. el Ministro de Administraciones Públicas
b. el Presidente del Gobierno
c. el Ministro del Interior
d. el Consejo de Ministros

940. Quién representa al Gobierno en el ámbito territorial de una Comunidad Autónoma:

a. el Subdelegado del Gobierno
b. el Delegado del Gobierno
c. Los Delegados Territoriales
d. Los Delegados autonómicos

941. La estructura orgánica de las Delegaciones del Gobierno se realiza mediante:

a. Real Decreto
b. Decreto
c. Orden Ministerial
d. Reglamento

942. Cuándo surge la figura de los Delegados del Gobierno:

a. 1978   b. 1975   c. 1987   d. 1979

943. Qué instrumento normativo se utiliza para nombrar a un Subdelegado del Gobierno:

a. Decreto
b. Orden ministerial
c. Resolución
d. Decreto ley

944. Cuál es el antecedente inmediato de los Subdelegados del Gobierno:

a. Los Secretarios de departamento
b. Los Gobernadores civiles
c. Los Subsecretarios
d. Los Comendadores reales

945. Qué instrumento normativo se utiliza para nombrar a un Delegado del Gobierno:

a. Decreto
b. Orden ministerial
c. Real Decreto
d. Decreto ley

946. Los Directores Insulares tienen, como regla general, las mismas competencias que:

a. el Subdelegado del Gobierno
b. el Director Insular
c. el Delegado del Gobierno
d. el Secretario General

947. De quién dependen los Delegados del Gobierno:

a. Del Consejo de Ministros
b. Del Ministro de Administraciones Públicas
c. Del Presidente del Gobierno
d. Del Ministro de Interior

948. En cuál de las siguientes provincias si existe Subdelegación del Gobierno:

a. Murcia
b. Santander
c. Logroño
d. Badajoz

949. La dirección y coordinación de la protección civil en el ámbito de una provincia le corresponde a:

a. el Subdelegado del Gobierno
b. el Director Insular
c. el Delegado del Gobierno
d. el Ministro competente por razón de la materia

950. En cuál de las siguientes islas no existe Director Insular:

a. la Palma
b. Hierro
c. la Gomera
d. Cabrera

951. Quién debe realizar la propuesta de nombramiento de un Delegado del Gobierno:

a. el Consejo de Ministros
b. el Ministro de Administraciones Públicas
c. el Presidente del Gobierno
d. el Gobierno en Pleno

952. La figura de los Gobernadores civiles subsistió en España hasta el año:

a. 1995
b. 1996
c. 1997
d. 1998

953. De cuál de los siguientes órganos no depende un Delegado del Gobierno:

a. Del Presidente del Gobierno
b. Del Ministro de Administraciones Públicas
c. Del Ministro del Interior
d. Del Presidente de la Comunidad Autónoma

954. A qué situación pasa un funcionario que sea nombrado Subdelegado del Gobierno:

a. Servicios especiales
b. Servicio activo
c. Excedencia forzosa
d. Excedencia voluntaria

955. Los Gobernadores civiles, ya desaparecidos de la organización administrativa, aparecen por primera vez en el ordenamiento jurídico con esa denominación en el año:

a. 1830
b. 1831
c. 1833
d. 1834

956. En materia de libertades públicas, el Delegado del Gobierno depende de:

a. el Ministro de Administraciones Públicas
b. el Presidente del Gobierno
c. el Ministro del Interior
d. el Consejo de Ministros

957. Qué cargo debe elevar con carácter anual un informe al Gobierno sobre el funcionamiento de los servicios estatales en una Comunidad Autónoma:

a. el Subdelegado del Gobierno
b. el Director Insular
c. el Delegado del Gobierno
d. el Ministro de Administraciones Públicas

958. En cuál de las siguientes provincias no existe Subdelegación del Gobierno:

a. Madrid
b. Cádiz
c. Orense
d. Zaragoza

959. Cómo se establece la organización de los servicios no integrados en las Delegaciones del Gobierno:

a. Real Decreto
b. Orden ministerial
c. Resolución
d. Decreto ley

960. Salvo que el Delegado del Gobierno nombre a otro cargo para realizar su suplencia, ésta se efectuará por:

a. el Subdelegado del Gobierno más antiguo
b. el Subdelegado del Gobierno de mayor rango
c. el Subdelegado del Gobierno designado por el Consejo de Ministros
d. el Subdelegado del Gobierno de la provincia respectiva

961. Las Comisiones Provinciales de Colaboración del Estado con las corporaciones Locales se regulan en:

a. RD 3489/1999, de 29 de diciembre
b. RD 3489/2000, de 29 de diciembre
c. RD 3489/2002, de 29 de diciembre
d. RD 3489/2001, de 29 de diciembre

962. Qué cargo debe informar regular y periódicamente a los Ministerios competentes sobre la gestión de sus servicios territoriales:

a. el Subdelegado del Gobierno
b. el Director Insular
c. el Delegado del Gobierno
d. el Ministro de Administraciones Públicas

963. Las ciudades romanas podían ser:

a. Estipendiarias y libres
b. Estipendiarias e inmunes
c. Estipendiarias y federadas
d. Federadas y libres

964. Las ciudades romanas que tenían establecidos pactos con el poder central:

a. Las inmunes   b. Las federadas
c. Las estipendiarias   d. Las libres

965. Las ciudades romanas que tenían organización jurídica propia eran:

a. Las inmunes
b. Las federadas
c. Las estipendiarias
d. Las libres

966. En qué artículo de la Constitución se establece el control de la potestad reglamentaria y la legalidad de la actuación de la Administración Local:

a. 103   b. 104   c. 105   d. 106

967. La potestad reglamentaria de la Administración local es regulada, según la Constitución, por:

a. el Gobierno
b. Las Cortes Generales
c. Los Tribunales
d. Los Jueces

968. Los actos administrativos de las entidades locales se regulan por un procedimiento establecido:

a. De acuerdo con la ley
b. De acuerdo con las normas
c. De acuerdo con el derecho
d. De acuerdo con el ordenamiento jurídico

969. La Administración Local se regula en la Constitución en su Título:

a. VI   b. VIII   c. VII   d. V

970. El principio de coordinación entre la Administración Local y las demás Administraciones Públicas se recoge en la ley reguladora de las bases del régimen local en su artículo:

a. 9   b. 10   c. 11   d. 12

971. El Proyecto de Moret es del año:

a. 1902
b. 1903
c. 1904
d. 1905

972. El instrumento normativo necesario para declarar disueltos los órganos de las Corporaciones Locales en el supuesto de gestión gravemente dañosa para los intereses generales y que suponga el incumplimiento de sus obligaciones constitucionales es:

a. Ley orgánica
b. Ley ordinaria
c. Decreto ley
d. Real Decreto

973. Los principios a los que actúa sometida la Administración Local se encuentran recogidos en la Constitución en su artículo:

a. 101
b. 102
c. 103
d. 104

974. El Fondo de compensación interterritorial se distribuye por:

a. el Gobierno
b. el Congreso
c. Las Cortes Generales
d. las CC AA

975. No es un principio aplicable a la Administración Local:

a. el principio de objetividad
b. el principio de descentralización
c. el principio de desconcentración
d. el principio de parcialidad

976. Canarias fue dividida en dos provincias en el año:

a. 1927
b. 1936
c. 1923
d. 1925

977. El Estado no se organiza territo-rialmente en:

a. Municipios
b. Provincias
c. Islas
d. Comunidades Autónomas

978. El principio de desconcentración entre la Administración Local y las demás Administraciones Públicas se recoge en la ley reguladora de las bases del régimen local en su artículo:

a. 29
b. 20
c. 27
d. 22

979. No son sujetos del Fondo de Compensación Interterritorial:

a. las CC AA uniprovinciales
b. Las provincias
c. Los municipios
d. las CC AA

980. La entidad básica de la organización territorial del Estado es:

a. el municipio
b. la provincia
c. la Administración local
d. la Comunidad Autónoma

981. Las Merindades nacen:

a. En la época de dominación romana
b. En la época de dominación árabe
c. En la época de dominación visigoda
d. En la época de la reconquista

982. La personalidad jurídica de la provincia es:

a. Propia
b. Plena
c. Formal
d. Material

983. Qué órgano debe adoptar acuerdo favorable previo a la decisión de declarar disueltos los órganos de las Corporaciones Locales en el supuesto de gestión gravemente dañosa para los intereses generales y que suponga el incumplimiento de sus obligaciones constitucionales:

a. Las Cortes Generales
b. el Gobierno de la nación
c. el Gobierno de la Comunidad Autónoma
d. el Senado

984. La Administración delegante no puede ejercer sobre un Ayuntamiento que ha asumido una delegación de competencias una de las siguientes acciones:

a. Enviar comisionados para controlar el ejercicio de la actividad delegada
b. Controlar el ejercicio de los servicios delegados
c. Emanar instrucciones técnicas de carácter particular
d. Formular requerimientos

985. No es un requisito imprescindible para que pueda realizarse una delegación a favor de un municipio:

a. Que sea aceptada por la Diputación respectiva
b. Que con ello se alcance una mayor participación ciudadana
c. Que sea aceptada por el Ayuntamiento respectivo salvo que venga impuesta por ley
d. Que se mejore la eficacia de la gestión pública

986. En qué año fue publicada una ley de elecciones locales:

a. 1936
b. 1939
c. 1948
d. 1978

987. Quién garantiza la realización efectiva del principio de solidaridad territorial:

a. el Gobierno
b. el Derecho
c. la Ley
d. la Constitución

988. Puede declarar la suspensión del acuerdo local que atente gravemente contra el interés general del Estado:

a. el Presidente de la Comunidad Autónoma
b. el Senado
c. el Delegado del Gobierno
d. el Consejo de Gobierno

989. En qué artículo de la Constitución se consagra el principio de solidaridad territorial:

a. En el artículo 136
b. En el artículo 137
c. En el artículo 138
d. En el artículo 139

990. Históricamente el origen de la provincia se encuentra:

a. En la época de dominación romana
b. En la época de dominación árabe
c. En la época de dominación visigoda
d. En la época de la reconquista

991. Contra el acuerdo local que infrinja el ordenamiento jurídico puede presentarse por las CC AA:

a. Recurso de alzada
b. Recurso potestativo de reposición
c. Recurso contencioso administrativo
d. Recurso de amparo

992. La Administración Local en sus relaciones con las demás Administraciones Públicas no aplica el deber de:

a. Información mutua
b. Respeto a los ámbitos competenciales respectivos
c. Formación continua
d. Colaboración

993. Contra el acuerdo local que atente gravemente contra el interés general del Estado puede presentarse:

a. Recurso de alzada
b. Recurso potestativo de reposición
c. Recurso contencioso administrativo
d. Recurso de amparo

994. la Constitución establece el principio de autonomía de los municipios en su artículo:

a. 101
b. 137
c. 145
d. 152

995. La división actual del territorio en provincias data del año:

a. 1832
b. 1833
c. 1834
d. 1835

996. La Carta Europea de Autonomía Local fue ratificada por España:

a. el 20 de enero de 1988
b. el 21 de enero de 1984
c. el 22 de enero de 1985
d. el 23 de enero de 1982

997. La igualdad de los españoles en sus derechos y obligaciones independientemente del territorio en que residan se recoge en:

a. la Constitución
b. la ley reguladora de las bases del régimen local
c. el Texto refundido de disposiciones vigentes en materia de régimen local
d. el Reglamento de servicios de las corporaciones locales

998. En caso de que una ley establezca de manera forzosa una concreta delegación de competencias a un Ayuntamiento, será necesario:

a. Informe previo de la Diputación respectiva
b. Informe previo de la Comunidad Autónoma respectiva
c. Informe previo del Pleno del Ayuntamiento
d. Dotación o incremento de medios financieros

999. El principio que se traduce en que la actividad de la Administración Local ha de ser adecuada a los fines públicos que persigue, se denomina:

a. Principio de eficacia
b. Principio de jerarquía
c. Principio de desconcentración
d. Principio de coordinación

1000. La personalidad jurídica del Municipio es:

a. Propia
b. Plena
c. Formal
d. Material

Segunda
parte
Función
pública

REAL DECRETO LEGISLATIVO 5/2015
ESTATUTO BÁSICO DEL EMPLEADO PÚBLICO

TÍTULO I

1001. Cuál es el objeto del Estatuto Básico del Empleado Público establecido en su artículo 1:

a. Tiene por objeto establecer las bases del régimen estatutario de los funcionarios públicos incluidos en su ámbito de aplicación

b. Tiene por objeto determinar las normas aplicables al personal laboral al servicio de las Administraciones Públicas

c. Ambas son correctas

d. Ninguna lo es

1002. El objeto del EBEP con respecto a los funcionarios públicos incluidos en su ámbito:

a. Establecer las bases de su régimen estatutario

b. Determinar las normas que le son de aplicación

c. Establecer el régimen jurídico de aplicación a los empleados públicos

d. Son correctas A y B

1003. Las disposiciones de este Estatuto sólo se aplicarán directamente cuando así lo disponga su legislación específica al siguiente personal:

a. Personal funcionario de los demás Órganos Constitucionales del Estado y de los órganos estatutarios de las CC AA

b. Jueces, Magistrados, Fiscales y demás personal funcionario al servicio de la Administración de Justicia

c. Personal del Banco de España y del Fondo de Garantía de Depósitos de Entidades de Crédito

d. Las tres son correctas

1004. Según el EBEP, el personal funcionario de las Cortes Generales y de las Asambleas Legislativas de las CC AA:

a. Se regirá sólo por su normativa específica

b. Sólo se aplicará directamente el EBEP cuando así lo disponga su legislación específica

c. Se aplicará lo dispuesto en el EBEP en todo caso

d. Se regirán por sus normas específicas y supletoriamente por lo dispuesto en este Estatuto

1005. En desarrollo del EBEP, aprobarán en el ámbito de sus competencias, las leyes reguladoras de la Función Pública:

a. Las Cortes Generales

b. Las Asambleas Legislativas de las CC AA

c. Ninguna es correcta

d. Las dos lo son

1006. El personal laboral al servicio de las Administraciones Públicas se rige:

a. Además de por este Estatuto, supletoriamente por la legislación laboral que le sea de aplicación

b. Por el Estatuto de trabajadores, además de por la legislación laboral que le sea de aplicación

c. Por este Estatuto y su normativa de desarrollo

d. Además de por la legislación laboral y por las demás normas convencionalmente aplicables, por los preceptos de este Estatuto que así lo dispongan

1007. El Real Decreto Legislativo 5/2015, por el que se aprueba el texto refundido de la Ley del Estatuto Básico del Empleado Público:

a. Ha sido aprobado en las Cortes Generales

b. Contiene un texto refundido por el que se integran, entre otras, la Ley 7/2007, del Estatuto Básico del Empleado Público

c. Ha sido aprobada por el Congreso

d. Las tres son correctas

1008. Según el EBEP, en la aplicación de este Estatuto, se podrán dictar normas singulares para adecuarlo a sus peculiaridades:

a. Al personal al servicio de las Universidades Públicas

b. Al personal docente

c. Al personal investigador

d. Al personal de las Fuerzas y Cuerpos de Seguridad

1009. En desarrollo de este Estatuto, las Cortes Generales y las asambleas legislativas de las CC AA:

a. Podrán aprobar, en el ámbito de sus competencias, los reglamentos reguladores de la Función Pública de la Administración General del Estado y de las CC AA

b. Aprobarán, en el ámbito de sus competencias, los reglamentos reguladores de la Función Pública de la Administración General del Estado y de las CC AA

c. Podrán aprobar, en el ámbito de sus competencias, las leyes reguladoras de la Función Pública de la Administración General del Estado y de las CC AA

d. Aprobarán, en el ámbito de sus competencias, las leyes reguladoras de la Función Pública de la Administración General del Estado y de las CC AA

1010. Quién aprobará en desarrollo de este Estatuto y en el ámbito de sus competencias, las leyes reguladoras de la Función Pública:

a. Las Asambleas Legislativas de las CC AA

b. Las Cortes Generales y las Entidades Locales

c. Las Cortes Generales y las Asambleas Legislativas de las CC AA

d. Ninguna respuesta es correcta

1011. Según el EBEP, el sometimiento a la Ley y al Derecho es:

a. Un deber de los empleados públicos

b. Un principio ético de los empleados públicos

c. Un fundamento de actuación

d. Un principio de conducta de los empleados públicos

1012. Según el artículo 2.5 del EBEP, para quién tendrá este Estatuto carácter supletorio:

a. Las Administraciones de las CC AA y de las ciudades de Ceuta y Melilla

b. Personal retribuido por arancel

c. Ambas son correctas

d. Ninguna lo es

1013. El personal de las Fuerzas y Cuerpos de Seguridad:

a. Se rigen por este Estatuto y por la legislación de las CC AA, excepto en lo establecido para ellos en la LO 2/1986, de 13 de marzo, de Fuerzas y Cuerpos de Seguridad

b. Sólo se aplicará directamente el EBEP cuando así lo disponga su legislación específica

c. Se regirán por sus normas específicas y supletoriamente por lo dispuesto en este Estatuto

d. Se regirá exclusivamente por su normativa específica

1014. El EBEP se aplica al siguiente personal de la Administración:

a. Jueces, Magistrados y Fiscales y demás personal funcionario al servicio de la Administración de Justicia

b. Universidades Públicas

c. Personal directivo

d. Ninguna respuesta es correcta

1015. NO están en el ámbito de aplicación mencionado en el Artículo 2:

a. Personal al servicio de las Universidades Públicas

b. Personal investigador al servicio de las Administraciones Públicas

c. Jueces, Magistrados, Fiscales y demás personal funcionario al servicio de la Administración de Justicia

d. Personal al servicio de las Administraciones de las Entidades Locales

1016. El Estatuto Básico del Empleado Público tendrá carácter supletorio:

a. Personal del Banco de España y del Fondo de Garantía de Depósitos de Entidades de Crédito

b. Para el personal retribuido por arancel

c. Ambas son correctas

d. Ninguna lo es

1017. Según el EBEP, el presente Estatuto tiene carácter supletorio:

a. Para el personal de los Organismos Públicos, Agencias y demás Entidades de derecho público, vinculadas o dependientes de las Administraciones Públicas

b. Para el personal investigador al servicio de las Administraciones Públicas

c. Para el personal al servicio de las Universidades Públicas

d. Para todo el personal de las Administraciones Públicas no incluido en su ámbito de aplicación

1018. Señala la INCORRECTA. El EBEP se aplica al personal funcionario y en lo que proceda al personal laboral al servicio de las siguientes Administraciones Públicas:

a. la Administración General del Estado

b. Personal de las Fuerzas y Cuerpos de Seguridad

c. Las Universidades Públicas

d. Los organismos públicos, agencias y demás entidades de derecho público con personalidad jurídica propia, vinculadas o dependientes de cualquier Administración

1019. El personal de las Entidades Locales se rige por:

a. la legislación estatal que resulte de aplicación, de la que forma parte este Estatuto, por la legislación de las CC AA y por la normativa propia de las Entidades Locales con respeto a la autonomía local

b. la legislación estatal que resulte de aplicación, de la que forma parte este Estatuto con respeto a la autonomía local

c. Ninguna es correcta

1020. El personal de las Entidades Locales se rige por:

a. Por lo dispuesto en el presente Estatuto y su normativa de desarrollo

b. la legislación estatal que resulte de aplicación, de la que forma parte este Estatuto y por la legislación de las CC AA, con respeto a la autonomía local

c. Por lo dispuesto en la normativa propia que regula el régimen estatutario de las Entidades Locales

d. Ninguna es correcta

1021. Quiénes se regirán por la legislación específica dictada por el Estado y por las CC AA en el ámbito de sus respectivas competencias y por lo previsto en el presente Estatuto, excepto el capítulo II del título III, salvo el artículo 20, y los artículos 22.3, 24 y 84:

a. el personal investigador

b. el personal de las Fuerzas y Cuerpos de seguridad

c. el personal docente y el personal estatutario de los Servicios de Salud

d. el personal estatutario de los servicios de Salud

1022. Quién aprobará en desarrollo del EBEP y en el ámbito de sus competencias, las leyes reguladoras de la Función Pública:

a. Las Cortes Generales y las Asambleas Legislativas de las CC AA

b. Las Entidades Locales

c. Ninguna de las dos

d. Ambas

1023. Cuál es el objeto del EBEP establecido en su artículo 1:

a. Establecer las bases del régimen disciplinario de los funcionarios públicos incluidos en su ámbito de aplicación y determinar los sistemas de ascenso, promoción interna y retribución de los empleados públicos

b. Regular las clases de personal al servicio de la administración, el código de conducta de los empleados públicos, sus derechos retributivos, así como el derecho a la carrera profesional y la promoción interna

c. Establecer las bases del régimen estatutario de los funcionarios públicos incluidos en su ámbito de aplicación y determinar las normas aplicables al personal laboral al servicio de las Administraciones Públicas

1024. Según el artículo 1.3, la negociación colectiva y la participación a través de representantes es:

a. Un principio ético de los empleados públicos

b. Un fundamento de actuación

c. Un principio de conducta de los empleados públicos

d. Un deber de los empleados públicos

1025. Según el art. 2.5, para quién tendrá este Estatuto carácter supletorio:

a. Personal militar de las Fuerzas Armadas

b. Personal de las Fuerzas y Cuerpos de Seguridad

c. Tendrá carácter supletorio tanto para el personal de las Fuerzas y Cuerpos de Seguridad como para el personal militar de las Fuerzas Armadas

d. No tendrá carácter supletorio ni para el personal de las Fuerzas y Cuerpos de Seguridad ni para el personal militar de las Fuerzas Armadas

1026. Al personal retribuido por arancel, se aplicará el EBEP:

a. En ningún caso

b. Sólo se aplicará directamente cuando así lo disponga su legislación específica

c. Se aplicará en todo caso

d. Se regirán por sus normas específicas y supletoriamente por lo dispuesto en este Estatuto

1027. La igualdad, mérito y capacidad en el acceso y en la promoción profesional, es según el EBEP:

a. Un fundamento de actuación

b. Un principio de conducta de los empleados públicos

c. Un principio ético de los empleados públicos

d. Un deber de los empleados públicos

1028. Al personal docente y al personal estatutario de los Servicios de Salud, se regirán según el EBEP por:

a. la legislación estatal que resulte de aplicación, de la que forma parte este Estatuto y por la legislación de las CC AA, con respeto a la autonomía local
b. Sólo se aplicará directamente el presente Estatuto cuando así lo disponga su legislación específica
c. la legislación específica dictada por el Estado y por las CC AA en el ámbito de sus respectivas competencias y por lo previsto en el presente Estatuto
d. la Ley 55/2003, de 16 de diciembre, del Estatuto Marco del personal estatutario de los servicios de salud, exclusivamente

1029. Señala la INCORRECTA. El EBEP se aplica al personal funcionario y en lo que proceda al personal laboral al servicio de las siguientes Administraciones Públicas:

a. Las Universidades Públicas
b. Las Administraciones de las CC AA y de las ciudades de Ceuta y Melilla
c. Administración de justicia
d. Los organismos públicos, agencias y demás entidades de derecho público con personalidad jurídica propia, vinculadas o dependientes de cualquiera de las Administraciones Públicas

1030. Se regirán por la legislación específica dictada por el Estado y por las CC AA en el ámbito de sus respectivas competencias y por lo previsto en el presente Estatuto, excepto el capítulo II del título III, salvo el artículo 20, y los artículos 22.3, 24 y 84:

a. el personal docente
b. el personal estatutario de los servicios de Salud
c. Ambas son correctas
d. Ninguna lo es

1031. Los Jueces, Magistrados, Fiscales y demás personal funcionario al servicio de la Administración de Justicia:

a. Sólo se aplicará el EBEP, directamente cuando así lo disponga su legislación específica
b. Se aplicará lo dispuesto en el EBEP, en todo caso
c. No se aplicará lo recogido en el EBEP, en ningún caso
d. Se regirán por sus normas específicas y supletoriamente por lo dispuesto en este Estatuto

1032. Las disposiciones de este Estatuto sólo se aplicarán directamente cuando así lo disponga su legislación específica al siguiente personal:

a. Personal retribuido por arancel
b. Personal funcionario de la Sociedad Estatal Correos y Telégrafos
c. Personal investigador
d. Las tres son correctas

1033. Las disposiciones de este Estatuto sólo se aplicarán directamente cuando así lo disponga su legislación específica al siguiente personal:

a. Personal funcionario de los demás Órganos Constitucionales del Estado y de los órganos estatutarios de las CC AA
b. Personal de las Fuerzas y Cuerpos de Seguridad
c. Personal retribuido por arancel
d. Las tres son correctas

1034. el personal funcionario de la Sociedad Estatal de Correos y Telégrafos:

a. Se aplicará lo dispuesto en el EBEP en todo caso
b. Se regirán por sus normas específicas y supletoriamente por lo dispuesto en este Estatuto
c. Sólo se aplicará directamente el EBEP cuando así lo disponga su legislación específica
d. Se regirá exclusivamente por su normativa específica

1035. Personal del Centro Nacional de Inteligencia:

a. Se aplicará lo dispuesto en el EBEP en todo caso
b. Se regirán por sus normas específicas y supletoriamente por lo dispuesto en este Estatuto
c. Sólo se aplicará directamente el EBEP cuando lo disponga su legislación específica
d. Se regirá exclusivamente por su normativa específica

1036. Del siguiente personal al servicio de las Administraciones Públicas, cuál no está incluido dentro del ámbito de aplicación del EBEP:

a. Las Universidades Públicas
b. el personal investigador, aunque se podrán dictar normas singulares para adaptarlo a sus peculiaridades
c. el personal docente y el personal estatutario de los Servicios de Salud se regirán por la legislación específica dictada por el Estado y por las CC AA en el ámbito de sus respectivas competencias y por lo previsto en el presente Estatuto, excepto el capítulo II del título III, salvo el artículo 20, y los artículos 22.3, 24 y 84
d. Todos los anteriores están incluidos en el ámbito de aplicación del EBEP

1037. Las disposiciones de este Estatuto sólo se aplicarán directamente cuando así lo disponga su legislación específica al siguiente personal:

a. Personal militar de las Fuerzas Armadas
b. Personal de las Fuerzas y Cuerpos de Seguridad
c. Personal retribuido por arancel
d. Las tres son correctas

1038. La igualdad de trato entre hombres y mujeres es:

a. Un fundamento de actuación
b. Un principio de conducta de los empleados públicos
c. Un principio ético de los empleados públicos
d. Un deber de los empleados públicos

1039. Se podrán dictar normas singulares para adaptarlo a sus peculiaridades al personal:

a. De las Fuerzas y Cuerpos de Seguridad
b. Docente al servicio de las Universidades Públicas
c. Investigador
d. Docente

1040. Cada vez que este Estatuto haga mención al personal funcionario de carrera, se entenderá comprendido:

a. el personal estatutario de los servicios de Salud
b. el personal eventual
c. el personal docente al servicio de las Universidades Públicas
d. el personal funcionario de las Cortes Generales

1041. El presente Estatuto tiene carácter supletorio:

a. Para todo el personal de las Administraciones Públicas no incluido en su ámbito de aplicación
b. Para el personal docente y el personal estatutario de los Servicios de Salud
c. Para el personal funcionario de las Entidades Locales
d. Para todo el personal de las Administraciones Públicas incluido en su ámbito de aplicación

1042. El personal docente y el personal estatutario de los Servicios de Salud se regirán por:

a. la legislación específica dictada por el Estado y por las CC AA en el ámbito de sus respectivas competencias y por lo previsto en el presente Estatuto
b. la legislación de las CC AA y por lo previsto en el presente Estatuto
c. Por lo previsto en este estatuto y supletoriamente por la legislación específica de las CC AA
d. Por lo previsto en este estatuto y supletoriamente por la legislación específica del Estado y por lo dispuesto por las CC AA en el ámbito de sus competencias

1043. El personal docente y el personal estatutario de los Servicios de salud se regirán por la legislación específica y por lo previsto:

a. Exclusivamente por lo previsto en este Estatuto
b. En sus convenios colectivos
c. En el presente Estatuto
d. Exclusivamente por su legislación específica

1044. Señale la INCORRECTA según el EBEP, sus disposiciones sólo se aplicarán directamente cuando así lo disponga su legislación específica al siguiente personal:

a. Al personal docente y el personal estatutario de los Servicios de Salud

b. Al personal funcionario de las Cortes Generales y de las asambleas legislativas de las CC AA

c. Al personal del Banco de España y del Fondo de Garantía de Depósitos de Entidades de Crédito

d. Al personal retribuido por arancel

1045. El siguiente personal está incluido dentro del ámbito de aplicación del EBEP:

a. Los organismos públicos, agencias y demás entidades de derecho público con personalidad jurídica propia, vinculadas o dependientes de cualquier Administración

b. Personal militar de las Fuerzas Armadas

c. Personal retribuido por arancel

d. Ninguno de los citados anteriormente entra dentro del ámbito de aplicación del EBEP

1046. El servicio a los ciudadanos y a los intereses generales es:

a. Un deber de los empleados públicos

b. Un fundamento de actuación

c. Un principio ético de los empleados públicos

d. Un principio de conducta de los empleados públicos

1047. Ámbito de aplicación del EBEP:

a. Al personal funcionario de carrera y en lo que proceda al personal funcionario interino y al personal laboral

b. Al personal funcionario y en lo que proceda al personal eventual

c. Al personal funcionario y en lo que proceda al personal laboral

d. Al personal funcionario de carrera y en lo que proceda al personal funcionario interino

1048. En la aplicación de este Estatuto, se podrán dictar normas singulares para adecuarlo a sus peculiaridades:

a. Al personal estatutario de los Servicios de Salud

b. Al personal investigador

c. Al personal docente

d. Al personal al servicio de las Universidades Públicas

1049. El personal laboral al servicio de las Administraciones Públicas se rige además de por la legislación laboral:

a. Por las demás normas convencionalmente aplicables, por los preceptos de este Estatuto que así lo dispongan

b. Por el convenio colectivo que le sea de aplicación y por los preceptos de este Estatuto que así lo dispongan

c. Por los preceptos de este Estatuto que así lo dispongan

d. Por el Estatuto de los Trabajadores y por los preceptos de este Estatuto que así lo dispongan

1050. En su artículo 2.5, indica que el Estatuto Básico del Empleado Público, tendrá carácter supletorio para:

a. el personal al servicio de las Universidades Públicas

b. Para el personal investigador

c. Ambas son correctas

d. Ninguna lo es

1051. El personal militar de las FF AA:

a. Se regirá exclusivamente por su normativa específica

b. Sólo se aplicará directamente el EBEP cuando lo disponga su legislación específica

c. Se rigen por este Estatuto y por la legislación de las CC AA, excepto en lo establecido para ellos en la L.O. 2/1986, de 13 de marzo, de Fuerzas y Cuerpos de Seguridad

d. Se regirán por sus normas específicas y supletoriamente por lo dispuesto en el EBEP

1052. La regulación del sindicato se recoge en la Constitución:

a. Art. 7 y 28

b. Art. 8 y 29

c. Art. 9 y 30

d. Art. 6 y 27

1053. El Estatuto Básico del Empleado Público tendrá carácter supletorio según lo indicado en su artículo 2.5:

a. Para todo el personal de las Administraciones Públicas incluido en su ámbito de aplicación

b. Para todo el personal de las Administraciones Públicas no incluido en su ámbito de aplicación

c. Para el personal al servicio de las Administraciones de las Entidades Locales

d. Para el personal investigador al servicio de las Administraciones Públicas

1054. NO se aplica al siguiente personal de la Administración Pública:

a. Las Administraciones de las CC AA y de las ciudades de Ceuta y Melilla

b. Las Universidades Públicas

c. Jueces, Magistrados y Fiscales y demás personal funcionario al servicio de la Administración de Justicia

d. Las Administraciones de las entidades locales

1055. Cada vez que este Estatuto haga mención al personal funcionario de carrera, se entenderá comprendido:

a. el personal de las Fuerzas y Cuerpos de seguridad

b. el personal docente

c. el personal estatutario de los servicios de Salud

d. el personal investigador

1056. El personal funcionario de las Entidades Locales se rige por:

a. Por la legislación estatal

b. Por la legislación de las CC AA

c. Por la legislación de las Entidades Locales

d. Son correctas A y B

1057. Cuál es la INCORRECTA. El personal funcionario de las Entidades Locales se rige por:

a. la legislación estatal que resulte de aplicación

b. la legislación de las CC AA

c. la legislación de las Entidades Locales

d. Por el EBEP, ya que forma parte de la legislación estatal

1058. Las disposiciones de este Estatuto sólo se aplicarán directamente cuando así lo disponga su legislación específica al siguiente personal:

a. Jueces, Magistrados, Fiscales y demás personal funcionario al servicio de la Administración de Justicia

b. Los organismos públicos, agencias y demás entidades de derecho público con personalidad jurídica propia, vinculadas o dependientes de cualquiera de las Administraciones Públicas

c. Docente y el personal estatutario de los Servicios de Salud

d. Las Administraciones de las CC AA y de las ciudades de Ceuta y Melilla

1059. Según el artículo 4 las disposiciones de este Estatuto sólo se aplicarán directamente cuando así lo disponga su legislación específica:

a. Para los Jueces, Magistrados, Fiscales y demás personal funcionario al servicio de la Administración de Justicia

b. Personal funcionario de las Cortes Generales y de las asambleas legislativas de las CC AA

c. Personal retribuido por arancel

d. Para todos ellos tendrá carácter supletorio

1060. Cuál es el objeto del Estatuto Básico del Empleado Público establecido en su artículo 1:

a. Tiene por objeto establecer las bases del régimen estatutario del personal laboral incluidos en su ámbito de aplicación

b. Tiene por objeto determinar las normas aplicables al los funcionarios públicos al servicio de las Administraciones Públicas

c. Ambas son correctas

d. Ninguna lo es

1061. Señala la INCORRECTA según el EBEP. Las disposiciones de este Estatuto sólo se aplicarán directamente cuando así lo disponga su legislación específica al siguiente personal:

a. Personal funcionario de la Sociedad Estatal Correos y Telégrafos

b. Personal docente y el personal Estatutario de los Servicios de Salud

c. Personal al servicio de las Universidades Públicas

d. Ninguna respuesta es correcta

1062. Del siguiente personal al servicio de las Administraciones Públicas, cuál no está incluido dentro del ámbito de aplicación del EBEP:

a. Las Universidades Públicas

b. Los organismos públicos, agencias y demás entidades de derecho público con personalidad jurídica propia, vinculadas o dependientes de cualquiera de las Administraciones Públicas

c. Jueces, Magistrados, Fiscales y demás personal funcionario al servicio de la Administración de Justicia y se podrán dictar normas para adaptarlo a sus peculiaridades

d. Todos los anteriores están incluidos en el ámbito de aplicación del EBEP

1063. Señala la INCORRECTA según el EBEP. Las disposiciones de este Estatuto sólo se aplicarán directamente cuando así lo disponga su legislación específica al siguiente personal:

a. Personal funcionario de la Sociedad Estatal Correos y Telégrafos

b. Personal militar de las Fuerzas Armadas

c. Personal retribuido por arancel

d. Las tres son correctas

1064. El personal laboral al servicio de las Administraciones Públicas se rige según el EBEP:

a. Además de por la legislación laboral y por las demás normas convencionalmente aplicables, por los preceptos de este Estatuto que así lo dispongan

b. Por la legislación laboral y supletoriamente por lo dispuesto en el presente Estatuto

c. Por lo dispuesto en el Estatuto de los Trabajadores

d. Por lo dispuesto en este Estatuto y supletoriamente por la legislación laboral que le sea de aplicación

1065. Según el EBEP, el personal laboral de la Sociedad Estatal de Correos y Telégrafos:

a. Se regirá por la legislación laboral y demás normas convencionalmente aplicables

b. Se regirá por la legislación laboral y supletoriamente por lo dispuesto en el presente Estatuto

c. Se regirán por sus normas específicas y supletoriamente por lo dispuesto en este Estatuto

d. Se regirá por lo dispuesto en este Estatuto

1066. Cuál es el objeto del Estatuto Básico del Empleado Público establecido en su artículo 1:

a. Determinar las bases del régimen estatutario del personal laboral

b. Establecer la normativa básica en el derecho a la carrera profesional y a la promoción interna

c. Establecer los derechos, deberes y código de conducta de los empleados públicos

d. Determinar la normas aplicables al personal laboral al servicio de la Administración Pública

1067. Del siguiente personal al servicio de las Administraciones Públicas, cuál no está incluido dentro del ámbito de aplicación del EBEP:

a. el personal investigador, aunque se podrán dictar normas singulares para adaptarlo a sus peculiaridades

b. el personal docente y el personal estatutario de los Servicios de Salud se regirán por la legislación específica dictada por el Estado y por las CC AA en el ámbito de sus respectivas competencias y por lo previsto en el presente Estatuto, excepto el capítulo II del título III, salvo el artículo 20, y los artículos 22.3, 24 y 84

c. Personal funcionario de las Cortes Generales y de las asambleas legislativas de las CC AA y se podrán dictar normas para adaptarlo a sus peculiaridades

d. Todos los anteriores están incluidos en el ámbito de aplicación del EBEP

1068. La eficacia en la planificación y gestión de los recursos humanos señalado en el artículo 1.3, es según el EBEP:

a. Un principio de conducta de los empleados públicos

b. Un principio ético de los empleados públicos

c. Un fundamento de actuación

d. Un deber de los empleados públicos

1069. Se podrán dictar normas singulares para adaptarlo a sus peculiaridades al personal:

a. Directivo

b. De las Entidades Locales

c. Docente

d. Investigador

1070. Señale la INCORRECTA. El personal funcionario de las Entidades Locales se rige por:

a. la legislación estatal que resulte de aplicación

b. la legislación de las CC AA

c. la legislación de las Entidades Locales

d. Con respeto a la autonomía local

1071. El personal funcionario de la Sociedad Estatal de Correos y Telégrafos:

a. Se regirá por la legislación laboral y demás normas convencionalmente aplicables

b. Se regirá por la legislación laboral y supletoriamente por lo dispuesto en el presente Estatuto

c. Se regirán por sus normas específicas y supletoriamente por lo dispuesto en este Estatuto

d. Se regirá por lo dispuesto en este Estatuto

1072. En la aplicación de este Estatuto, se podrán dictar normas singulares para adecuarlo a sus peculiaridades:

a. Al personal de las Fuerzas y Cuerpos de Seguridad

b. Al personal directivo

c. Al personal de los Servicios de Salud

d. Al personal investigador

1073. Dentro de los derechos individuales de las empleados públicos en relación a la condición de funcionario de carrera el Estatuto dispone que se tiene derecho a la ...

a. Intangibilidad   b. Inamovilidad

c. Intimidad   d. Inmediatividad

1074. En cuanto al derecho de reunión están legitimados para ejercerlo entre otros los empleados de las Administraciones respectivas siempre que representen al menos qué porcentaje del colectivo convocado:..

a. 25%   b. 10%   c. 15%   d. 40%

1075. Por fallecimiento, accidente o enfermedad grave de un familiar dentro del primer grado de consanguinidad o afinidad cuando el suceso se produzca en la misma localidad los empleados públicos tienen derecho a cuántos días hábiles:

a. 2   b. 4   c. 3   d. 5

1076. Los empleados públicos tienen derecho a un permiso de un día...

a. Por traslado de domicilio sin cambio de residencia

b. Por traslado de domicilio con cambio de residencia

c. Para la realización de exámenes prenatales y técnicas de preparación al parto

d. Por enfermedad grave de un familiar siempre que sea en la misma localidad y siempre que dicho familiar esté dentro del segundo grado de consanguinidad o de afinidad

1077. Por nacimiento de hijos prematuros o que por cualquier otra causa deban permanecer hospitalizados a continuación del parto, la funcionaria o el funcionario tendrá derecho a ausentarse del trabajo durante un máximo de...

a. 3 h diarias

b. 2 h diarias

c. el tiempo indispensable

d. Un día

1078. Por ser preciso atender el cuidado de un familiar de primer grado, el funcionario tendrá derecho a solicitar una reducción de hasta el cincuenta por ciento de la jornada laboral, con carácter retribuido, por razones de enfermedad muy grave por el plazo máximo de ...

a. el tiempo indispensable

b. Mientras dure la hospitalización

c. Un mes

d. Un año

1079. Salvo si el tiempo de servicio fue menor, los funcionarios públicos tendrán derecho a disfrutar, durante cada año natural, de unas vacaciones retribuidas de

a. 30 días   b. 30 días hábiles

c. 22 días naturales   d. 22 días hábiles

1080. No es un derecho individual de los empleados públicos ejercido individualmente ...

a. Desempeño efectivo de las funciones o tareas propias de su condición profesional
b. Al respeto de su intimidad, orientación sexual, propia imagen y dignidad en el trabajo, especialmente frente al acoso sexual y por razón de sexo, moral y laboral
c. Ejercicio de la huelga, con la garantía del mantenimiento de los servicios esenciales de la comunidad
d. Todos lo son

1081. No es un derecho individual de los empleados públicos ejercido colectivamente...

a. Libre asociación profesional
b. Adopción de medidas que favorezcan la conciliación de la vida personal, familiar y laboral
c. Libertad de expresión dentro de los límites del ordenamiento jurídico
d. Ninguno lo es

1082. Conforme al EBEP el cupo de discapacitados en el acceso al empleo público asciende al ...

a. 7%   b. 3%   c. 2%   d. 10%

1083. Es causa de pérdida de la condición de funcionario ...

a. la pérdida de la nacionalidad de un Estado miembro de la UE por adquisición de la nacionalidad española si se accedió a la condición de funcionario vigente aquella nacionalidad
b. la sanción disciplinaria de separación del servicio impuesta por la comisión de falta grave
c. la jubilación total

1084. Las necesidades de recursos humanos, con asignación presupuestaria, que deban proveerse mediante la incorporación de personal de nuevo ingreso ...

a. Serán objeto de la Oferta de empleo público
b. Constituyen la Oferta de empleo público la cual será objeto de las correspondientes convocatorias para la incorporación de personal de nuevo ingreso
c. Pueden ser objeto de convocatoria de Empleo público si se trata de personal de nuevo ingreso o de reasignación de efectivos
d. Ninguna es correcta pues no existen previsiones al respecto ya que se trata de materia a regular específicamente por cada Comunidad Autónoma

1085. Para ingresar en el Grupo C2...

a. Título de Graduado Escolar
b. Título de Bachiller o Técnico
c. Certificado de Escolaridad siempre que se trate de puestos de trabajo clasificados en el antiguo Grupo E
d. Graduado en ESO

1086. Si a un funcionario lo activan como reservista voluntario de las Fuerzas Armadas queda en situación de ...

a. Servicio Activo
b. Servicio Activo en las Fuerzas Armadas
c. Servicios Especiales
d. Servicio en otras Administraciones Públicas

1087. No es una modalidad de excedencia

a. Voluntaria por interés particular
b. Voluntaria por agrupación familiar
c. Excedencia por cuidado de familiares
d. Todas son correctas

1088. Duración máxima de la suspensión de empleo y sueldo del personal laboral (años):

a. 3   b. 4   c. 6   d. 7

1089. El plazo de prescripción de las sanciones por faltas leves es de .

a. Seis años
b. Seis meses
c. No están sujetas a plazo alguno de prescripción tras la entrada en vigor del EBEP
d. 1 año

1090. Finalmente, y siguiendo con el régimen disciplinario...

a. el acoso laboral se tipifica como falta muy grave
b. el EBEP autoriza al Gobierno para que reglamentariamente establezca los tipos constitutivos de faltas graves
c. En el ejercicio de la potestad reglamentaria rige la irretroactividad absoluta incluso de las disposiciones sancionadoras presuntamente favorables al infractor

1091. Quien dictó el Real Decreto Legislativo 5/2015, de 30 de octubre, por el que se aprueba el texto refundido de la Ley del Estatuto Básico del Empleado Público:

a. el Congreso de los Diputados
b. Las Cortes Generales
c. el Gobierno de la Nación
d. el Ministerio de Hacienda y Administraciones Públicas

1092. Conforme a su art. 2 su ámbito de aplicación no incluye a...

a. Personal de las Universidades Públicas
b. Personal estatutario de los Servicios de Salud
c. Personal de las Administraciones de las entidades locales
d. Personal de organismos públicos, agencias y demás entidades de derecho público con personalidad jurídica propia, vinculadas o dependientes de cualquiera de las Administraciones Públicas

1093. NO es una clase de empleado público prevista en el artículo 8:

a. Funcionario interino
b. Personal eventual
c. Funcionario por tiempo indefinido
d. Funcionario de carrera

1094. Conforme el art. 14 del RDL 5/2015 no es un derecho individual de los empleados públicos ...

a. A la negociación colectiva y a la participación en la determinación de las condiciones de trabajo
b. A la jubilación según los términos y condiciones establecidas en las normas aplicables
c. A la no discriminación por razón de nacimiento, origen racial o étnico, género, sexo u orientación sexual, religión o convicciones, opinión, discapacidad, edad o cualquier otra condición o circunstancia personal o social

1095. Retribuciones que retribuyen al funcionario según la adscripción de su cuerpo o escala a un determinado Subgrupo o Grupo de clasificación profesional, en el supuesto de que éste no tenga Subgrupo, y por su antigüedad en el mismo:

a. Trienios
b. Complementarias
c. Específicas
d. Básicas

1096. La representación corresponderá a los Delegados de personal en las unidades electorales de empleados públicos cuyo número sea inferior a:

a. 6   b. 50   c. 31   d. 40

1097. Las necesidades de recursos humanos, con asignación presupuestaria, que deban proveerse mediante la incorporación de personal de nuevo ingreso serán objeto de:

a. Libre Designación
b. Movilidad Interadministrativa
c. Planificación de Recursos Humanos
d. Oferta de Empleo Público

1098. Quienes presten servicios en su condición de funcionarios públicos cualquiera que sea la Administración u organismo público o entidad en el que se encuentren destinados y no les corresponda quedar en otra situación se encuentran en...

a. Servicio activo
b. Servicios especiales
c. Excedencia forzosa
d. Situación especial en activo

1099. Cuál de los principios no se contempla en el ejercicio de la potestad disciplinaria conforme el art. 94:

a. el de proporcionalidad
b. el de individualización científica
c. el de tipicidad de las faltas y sanciones
d. el de presunción de inocencia

1100. El derecho a negociar la determinación de condiciones de trabajo de los empleados de la Administración se entiende por el EBEP como:

a. Negociación colectiva
b. Representación institucional
c. Participación institucional
d. Derecho de reunión

1101. Según el RDL 5/2015:

a. Las plazas vacantes desempeñadas por funcionarios interinos deberán incluirse en la oferta de empleo público correspondiente al ejercicio en el que se produce su nombramiento y, sino fuera posible, en la siguiente, salvo que se decida su amortización

b. Sólo podrán interinarse las plazas vacantes que se hallen incluidas en la oferta de empleo público

c. Ambas son correctas

d. Ninguna lo es

1102. Al personal eventual le será aplicable, en lo que sea adecuado a la naturaleza de su condición:

a. la legislación laboral y demás normas convencionalmente aplicables

b. Este Estatuto y supletoriamente la legislación laboral que le sea de aplicación

c. el régimen general de los funcionarios de carrera

d. Este Estatuto y se podrán dictar normas singulares para adecuarlo a sus singularidades

1103. Son funcionarios de carrera:

a. Quienes desempeñan funciones retribuidas en las Administraciones Públicas al servicio de los intereses generales

b. Quienes, en virtud de nombramiento legal, están vinculados a una Administración Pública por una relación estatutaria regulada por el Derecho Administrativo para el desempeño de servicios profesionales retribuidos de carácter permanente

c. Quienes, en virtud de nombramiento legal y contrato por escrito, desempeñan funciones retribuidas en las Administraciones Públicas al servicio de los intereses generales

d. Quienes, en virtud de nombramiento legal, están vinculados a una Administración Pública por una relación estatutaria regulada por el Derecho Administrativo para el desempeño de servicios profesionales retribuidos, ya sea con carácter permanente o temporal

1104. El Gobierno y los órganos de gobierno de las CC AA atenderán a los siguientes principios para determinar los criterios y la condición de personal directivo:

a. Es el que desarrolla funciones directivas expresamente calificadas como de confianza o asesoramiento especial

b. Su designación atenderá a principios de mérito y capacidad y a criterios de idoneidad

c. la continuidad en su puesto de trabajo obtenido por concurso quedará vinculada a la evaluación del desempeño

d. Las tres son correctas

1105. Quienes desempeñan funciones retribuidas en las Administraciones Públicas al servicio de los intereses generales son:

a. Funcionarios de carrera

b. Funcionarios interinos

c. Empleados públicos

d. Personal laboral, ya sea fijo, por tiempo indefinido o temporal

1106. Cuál de los siguientes son empleados públicos, según la clasificación realizada en el EBEP:

a. Personal directivo y personal eventual

b. Funcionarios de carrera y funcionarios interinos

c. Ambas son correctas

d. Ninguna lo es

1107. Quién podrá establecer, en desarrollo de este Estatuto, el régimen jurídico específico del personal directivo así como los criterios para determinar su condición:

a. Las Cortes Generales, las Asambleas Legislativas de las CC AA y las Entidades Locales

b. el Gobierno, los órganos de gobierno de las CC AA y así como los órganos de gobierno de las Entidades Locales

c. Las Cortes Generales y las Asambleas Legislativas de las CC AA

d. el Gobierno y los órganos de gobierno de las CC AA

1108. El ejercicio de las funciones que impliquen la participación directa o indirecta en el ejercicio de las potestades públicas o en la salvaguardia de los intereses generales del Estado y de las Administraciones Públicas corresponden:

a. A los funcionarios de carrera y funcionarios interinos

b. A cualquier empleado Público

c. A los funcionarios públicos

d. Ninguna respuesta es correcta

1109. El artículo 8 se refiere a quienes *"desempeñan funciones retribuidas en las Administraciones Públicas al servicio de los intereses generales"*, como:

a. Funcionariado

b. Personal administrativo

c. Personal funcionario

d. Empleados públicos

1110. El EBEP indica que las plazas vacantes desempeñadas por funcionarios interinos deberán incluirse en la oferta de empleo correspondiente:

a. Al ejercicio en que se produce su nombramiento

b. Y, si no fuera posible, en la siguiente

c. Salvo que se decida su amortización

d. Las tres son correctas

1111. La selección de funcionarios interinos habrá de realizarse mediante procedimientos:

a. Ágiles

b. Respetando los principios de igualdad

c. Respetando los principios de mérito

d. Las tres son correctas

1112. Señala la INCORRECTA. Las plazas vacantes desempeñadas por funcionarios interinos deberán incluirse en la oferta de empleo correspondiente:

a. En el ejercicio en el que se produce su nombramiento

b. En todo caso, deberán incluirse en el plazo improrrogable de tres años

c. Si no es posible incluirlas en el ejercicio en el que se produce su nombramiento, puede ser en el siguiente

d. Deberán incluirse, en los plazos indicados en el EBEP, salvo que se decida su amortización

1113. Señala la INCORRECTA. Son funcionarios interinos:

a. Los que, por razones expresamente justificadas de interés general

b. Son nombrados como tales para el desempeño de funciones propias de funcionarios de carrera

c. Para la ejecución de programas de carácter temporal, que no podrán tener una duración superior a tres años, ampliable hasta doce meses más por las leyes de Función Pública que se dicten en desarrollo de este Estatuto

d. Las tres son correctas

1114. El personal directivo, está sujeto a la evaluación del desempeño según el EBEP:

a. No

b. Sí

c. En determinados casos

d. Ninguna respuesta es correcta

1115. NO se trata de una característica del personal eventual,

a. el que en virtud de nombramiento legal
b. Realiza funciones expresamente calificadas como de alta dirección
c. Siendo retribuido con cargo a los Presupuestos Generales del Estado
d. Todas las respuestas son incorrectas

1116. Cuando el personal directivo reúna la condición de personal laboral, el EBEP indica que:

a. Estará sometido al régimen general de funcionarios de carrera
b. Estará sometido a la relación a las mismas condiciones que el personal eventual
c. Estará sometido a la relación laboral de carácter especial de alta dirección
d. Estará sometido a la relación laboral que se dicte para el personal directivo en desarrollo de este Estatuto

1117. Sobre las circunstancias que pueden motivar al nombramiento de funcionarios interinos, NO se encuentra:

a. Razones expresamente justificadas de necesidad y urgencia
b. La ejecución de programas de carácter temporal, que no podrán tener una duración superior a 6 años, ampliable hasta 12 meses más
c. El exceso o acumulación de tareas por plazo máximo de 9 meses, dentro de un periodo de 18 meses
d. Las tres son correctas

1118. El personal directivo, está sujeto a la evaluación del desempeño:

a. Sí, está sujeto a la evaluación del desempeño
b. No, no está sujeto a ningún tipo de evaluación
c. No está sujeto a la evaluación del desempeño, sino que estará sujeto a evaluación con arreglo a los criterios de eficacia y eficiencia, responsabilidad por su gestión y control de resultados
d. Sí, estará sujeto a evaluación del desempeño y además estará sujeto a evaluación con arreglo a los criterios de eficacia y eficiencia, responsabilidad por su gestión y control de resultados

1119. Son empleados públicos quienes:

a. Desempeñan funciones retribuidas en las Administraciones Públicas al servicio de los intereses generales
b. Están vinculados a una Administración Pública para el desempeño de servicios profesionales retribuidos de carácter permanente
c. En virtud de nombramiento legal, están vinculados a una Administración Pública por una relación estatutaria regulada por el Derecho Administrativo
d. Ejercen la participación directa o indirecta en el ejercicio de las potestades públicas o en la salvaguardia de los intereses generales del Estado y de las Administraciones

1120. Los funcionarios interinos son nombrados por:

a. Razones expresamente justificadas de necesidad y urgencia
b. Son nombrados como tales con carácter temporal para el desempeño de funciones propias de funcionarios de carrera
c. Son nombrados cuando hay un exceso o acumulación de tareas por plazo máximo de 9 meses, dentro de un periodo de 18 meses
d. Las tres son correctas

1121. Sobre el personal eventual, el EBEP indica que el número máximo se establecerá:

a. Por las Leyes de Función Pública que se dicten en desarrollo de este Estatuto
b. Por los respectivos órganos de gobierno
c. Por este Estatuto y por lo previsto en la legislación laboral
d. Por la autoridad a la que se preste la función de confianza o asesoramiento

1122. El cese de los funcionarios interinos, se producirá además de las causas indicadas en el artículo 63, por:

a. la renuncia a la condición de funcionario
b. la pena principal o accesoria de inhabilitación absoluta o especial para cargo público que tuviere carácter firme
c. Cuando cese la autoridad que lo nombró
d. Cuando finalice la causa que dio lugar a su nombramiento

1123. El nombramiento y cese del personal eventual:

a. Atenderá a criterios de mérito, capacidad e idoneidad.. el cese tendrá lugar, en todo caso, cuando se produzca el de la autoridad a la que se preste la función de confianza o asesoramiento
b. el nombramiento y cese serán libres. el órgano competente para el nombramiento podrá, además, recabar la intervención de especialistas que permitan apreciar la idoneidad de los candidatos
c. Serán libres. el cese tendrá lugar, en todo caso, cuando se produzca el de la autoridad a la que se preste la función de confianza o asesoramiento
d. el nombramiento será libre. el cese tendrá lugar, además de por las causas previstas en el artículo 63, cuando finalice la causa que dio lugar a su nombramiento

1124. Según lo indicado en el EBEP, son funcionarios de carrera:

a. Quienes, en virtud de nombramiento legal y por escrito, están vinculados a una Administración Pública por una relación estatutaria regulada por el Derecho Administrativo para el desempeño de servicios profesionales retribuidos de carácter permanente
b. Quienes, en virtud de nombramiento legal, están vinculados a una Administración Pública por una relación estatutaria regulada por el Derecho Administrativo para el desempeño de servicios profesionales retribuidos ya sea fijo, por tiempo indefinido o temporal
c. Quienes, en virtud de nombramiento legal, están vinculados a una Administración Pública por una relación estatutaria regulada por el Derecho Administrativo para el desempeño de servicios profesionales retribuidos o no de carácter permanente
d. Quienes, en virtud de nombramiento legal, están vinculados a una Administración Pública por una relación estatutaria regulada por el Derecho Administrativo para el desempeño de servicios profesionales retribuidos de carácter permanente

1125. Los criterios para la determinación de los puestos de trabajo que pueden ser desempeñados por personal laboral:

a. Se ajustarán a lo establecido en la legislación laboral que les sea de aplicación
b. Vienen establecidos en el EBEP
c. Se establecerán en las leyes de Función Pública que se dicten en desarrollo de este Estatuto
d. Se ajustarán a lo establecido en el Estatuto de los Trabajadores

1126. Sobre el personal eventual, es FALSO:

a. Las leyes de Función Pública que se dicten en desarrollo de este Estatuto determinarán los órganos de gobierno de las Administraciones Públicas que podrán disponer de este tipo de personal
b. el número máximo se establecerá por los respectivos órganos de gobierno. Este número y las condiciones retributivas serán públicas
c. Al personal eventual le será aplicable, en lo que sea adecuado a la naturaleza de su condición, el régimen general de los funcionarios de carrera
d. la condición de personal eventual podrá constituir mérito para el acceso a la Función Pública y para la promoción interna

1127. El ejercicio de las funciones que impliquen la participación directa o indirecta en el ejercicio de las potestades públicas o en la salvaguardia de los intereses generales del Estado y de las Administraciones Públicas corresponden:

a. A los empleados Públicos al servicio de las Administraciones Públicas
b. A los funcionarios interinos
c. A los funcionarios públicos exclusivamente
d. A los funcionarios de carrera exclusivamente

1128. La condición de personal eventual constituye mérito para el acceso a la Función Pública o la promoción interna:

a. No, en ningún caso
b. Sí, en todo caso
c. Constituye mérito para la promoción interna, pero no para el acceso a la Función Pública
d. Constituye mérito para el acceso a la Función Pública, pero no para la promoción interna

1129. Los funcionarios interinos, serán nombrados cuando se de alguna de las siguientes circunstancias:

a. la ejecución de programas de carácter temporal, que no podrán tener una duración superior a 3 años, ampliable hasta 12 meses más
b. el exceso o acumulación de tareas por plazo máximo de 9 meses, dentro de un periodo de 18 meses
c. Ninguna es correcta
d. Ambas lo son

1130. Indica la INCORRECTA. El personal laboral es:

a. el que en virtud de contrato de trabajo formalizado por escrito
b. En cualquiera de las modalidades de contratación de personal previstas la legislación laboral
c. Siendo retribuido con cargo a los créditos presupuestarios consignados para este fin
d. Las tres son correctas

1131. El personal laboral

a. Puede ser contratado por tiempo indefinido o temporal
b. Es el que en virtud de contrato de trabajo formalizado por escrito
c. Presta servicios retribuidos por las Administraciones Públicas
d. Las tres son correctas

1132. Los empleados públicos NO están clasificados según el artículo 8 del EBEP en:

a. Funcionarios interinos
b. Personal directivo
c. Personal laboral
d. Personal eventual

1133. El nombramiento y cese del personal eventual:

a. Serán libres
b. el nombramiento será libre. el cese tendrá lugar, además de por las causas previstas en el artículo 63, cuando finalice la causa que dio lugar a su nombramiento
c. el nombramiento será libre y el cese tendrá lugar cuando se produzca el de la autoridad a la que se preste la función de confianza o asesoramiento
d. el nombramiento atenderá a los principios de mérito capacidad y a criterios de idoneidad. el cese tendrá lugar, en todo caso, cuando se produzca el de la autoridad a la que se preste la función de confianza o asesoramiento

1134. Indica lo INCORRECTO. Los funcionarios de carrera son quienes:

a. En virtud de nombramiento legal
b. Están vinculados a una Administración Pública por una relación estatutaria regulada por el Derecho Administrativo
c. Desempeñan de servicios profesionales retribuidos, ya sean fijos, por tiempo indefinido o temporal
d. Las tres son correctas

1135. Sobre el personal eventual, es FALSO:

a. la condición de personal eventual no podrá constituir mérito para el acceso a la Función Pública o para la promoción interna
b. Al personal eventual le será aplicable, en lo que sea adecuado a la naturaleza de su condición, el régimen general de los funcionarios de carrera
c. el nombramiento y cese serán libres. el cese tendrá lugar, en todo caso, cuando se produzca el de la autoridad a la que se preste la función de confianza o asesoramiento
d. Su designación atenderá a principios de mérito y capacidad y a criterios de idoneidad, y se llevará a cabo mediante procedimientos que garanticen la publicidad y concurrencia

1136. Señala la INCORRECTA en relación al personal eventual:

a. el que en virtud de nombramiento y con carácter no permanente
b. Las leyes de función pública que se dicten en desarrollo de este Estatuto, establecerán los criterios para la determinación de los puestos de trabajo que pueden ser desempeñados por el personal eventual
c. Siendo retribuido con cargo a los créditos presupuestarios consignados para este fin
d. Las tres son correctas

1137. Son empleados públicos:

a. Quienes desempeñan funciones retribuidas en las Administración General del Estado o de las CC AA al servicio de los intereses generales
b. Quienes desempeñan determinadas funciones en las Administraciones Públicas al servicio de los intereses generales
c. Quienes desempeñan funciones no retribuidas en las Administraciones Públicas al servicio de los intereses generales
d. Quienes desempeñan funciones retribuidas en las Administraciones Públicas al servicio de los intereses generales

1138. Con cargo a qué créditos, se retribuye al personal laboral:

a. Con cargo a los créditos consignados en los Presupuestos Generales del Estado
b. Con cargo a los créditos consignados a los respectivos órganos de Gobierno
c. Con cargo a los créditos presupuestarios consignados para este fin
d. No viene determinado en el EBEP

1139. Indica lo INCORRECTO. Los funcionarios de carrera son quienes:

a. En virtud de nombramiento legal
b. Están vinculados a una Administración Pública o privada, por una relación estatutaria regulada por el Derecho Administrativo
c. Desempeñan de servicios profesionales retribuidos de carácter permanente
d. Las tres son correctas

1140. Cómo se clasifican los empleados públicos según el EBEP:

a. Funcionarios de carrera, personal laboral y personal estatutario
b. Funcionarios de carrera, funcionarios interinos y personal estatutario
c. Funcionarios de carrera, funcionarios interinos, personal laboral y personal eventual
d. Funcionarios de carrera, funcionarios interinos, personal laboral, personal eventual y personal estatutario

1141. El Gobierno y los órganos de gobierno de las CC AA atenderán a los siguientes principios para determinar los criterios y la condición de personal directivo:

a. Es el que desarrolla funciones directivas profesionales en las Administraciones Públicas
b. Su designación atenderá a principios de mérito y capacidad y a criterios de idoneidad
c. Estará sujeto a evaluación con arreglo a los criterios de eficacia y eficiencia, responsabilidad por su gestión y control de resultados
d. Las tres son correctas

1142. El RDL 5/2015, por el que se aprueba el texto refundido de la Ley del EBEP:

a. Ha sido aprobada en las Cortes Generales
b. Contiene un texto refundido por el que se integran, entre otras, la Ley 7/2007, del Estatuto Básico del Empleado Público
c. Ambas son correctas
d. Ninguna lo es

1143. Sobre los funcionarios interinos, es FALSO:

a. Que se nombran por razones expresamente justificadas de necesidad y urgencia
b. Que están vinculados a una Administración Pública por una relación estatutaria regulada por el Derecho Administrativo
c. Que son nombrados cuando hay un exceso o acumulación de tareas por plazo máximo de 9 meses, dentro de un periodo de 18 meses
d. Las tres son correctas

1144. Los funcionarios de carrera son quienes:

a. En virtud de contrato de trabajo formalizado por escrito
b. Están vinculados a una Administración Pública por una relación estatutaria regulada por el Derecho Administrativo
c. Desempeñan de servicios profesionales retribuidos o no de carácter permanente
d. Las tres son correctas

1145. Son empleados públicos:

a. Quienes desempeñan funciones retribuidas en las Administraciones Públicas al servicio de los intereses particulares
b. Quienes desempeñan funciones retribuidas en las Administraciones Públicas al servicio de los intereses generales
c. Quienes desempeñan funciones no retribuidas en las Administraciones Públicas al servicio de los intereses generales
d. Quienes desempeñan funciones retribuidas o no en las Administraciones Públicas al servicio de los intereses generales

1146. Cómo define al personal laboral:

a. el que en virtud de contrato de trabajo formalizado por escrito, en cualquiera de las modalidades de contratación de personal previstas en este estatuto, presta servicios retribuidos por las Administraciones Públicas
b. el que en virtud de contrato de trabajo formalizado por escrito, en cualquiera de las modalidades de contratación de personal previstas en las leyes, presta servicios retribuidos por las Administraciones Públicas
c. el que en virtud de contrato de trabajo formalizado por escrito, en cualquiera de las modalidades de contratación de personal previstas en la legislación laboral, presta servicios retribuidos por las Administraciones Públicas
d. el que en virtud de contrato de trabajo formalizado por escrito, en cualquiera de las modalidades de contratación de personal previstas en los convenios colectivos, presta servicios retribuidos por las Administraciones Públicas

1147. Indica la respuesta INCORRECTA. El personal laboral es:

a. el que en virtud de contrato de trabajo formalizado por escrito
b. En cualquiera de las modalidades de contratación de personal previstas en este Estatuto
c. Presta servicios retribuidos por las Administraciones Públicas
d. Las tres son correctas

1148. Es personal laboral, es según el EBEP:

a. el que en virtud de nombramiento legal, en cualquiera de las modalidades de contratación de personal previstas en la legislación laboral, presta servicios retribuidos por las Administraciones Públicas
b. el que en virtud de nombramiento legal y de contrato de trabajo formalizado por escrito, en cualquiera de las modalidades de contratación de personal previstas en la legislación laboral, presta servicios retribuidos por las Administraciones Públicas
c. el que en virtud de contrato de trabajo formalizado por escrito, en cualquiera de las modalidades de contratación de personal previstas en la legislación laboral, presta servicios retribuidos por las Administraciones Públicas
d. el que en virtud de contrato de trabajo formalizado oralmente o por escrito, en cualquiera de las modalidades de contratación de personal previstas en la legislación laboral, presta servicios retribuidos por las Administraciones Públicas

1149. El personal laboral es:

a. el que en virtud de nombramiento legal y con carácter no permanente
b. Siendo retribuido con cargo a los créditos presupuestarios consignados para este fin
c. Podrá ser por tiempo indefinido o temporal
d. Las tres son correctas

1150. Indica la respuesta INCORRECTA. El personal laboral es:

a. Por nombramiento legal
b. En virtud de contrato de trabajo formalizado por escrito
c. Presta servicios retribuidos por las Administraciones Públicas
d. Las tres son correctas

1151. Los funcionarios interinos, serán nombrados para el desempeño de funciones propias de funcionarios de carrera, cuando se de alguna de las siguientes circunstancias:

a. el exceso o acumulación de tareas por plazo máximo de 9 meses, dentro de un periodo de 12 meses ampliables a 12 meses más
b. la existencia de plazas vacantes cuando no sea posible su cobertura por funcionarios laborales
c. Ninguna de las dos es correcta
d. Ambas lo son

1152. Los que, por razones expresamente justificadas de necesidad y urgencia, son nombrados como tales para el desempeño de funciones propias de funcionarios de carrera son:

a. Funcionarios públicos
b. Funcionarios de carrera
c. Funcionarios interinos
d. Personal eventual

1153. Son funcionarios interinos:

a. Quienes el que en virtud de contrato de trabajo formalizado por escrito, en cualquiera de las modalidades de contratación de personal previstas en la legislación laboral, presta servicios retribuidos por las Administraciones Públicas
b. Quienes por razones expresamente justificadas de necesidad y urgencia, son nombrados como tales para el desempeño de funciones propias de funcionarios de carrera
c. Quienes, en virtud de nombramiento legal, están vinculados a una Administración Pública por una relación estatutaria regulada por el Derecho Administrativo para el desempeño de servicios profesionales retribuidos de carácter permanente
d. Ninguna respuesta es correcta

1154. La determinación de las condiciones de empleo del personal directivo, tendrá la consideración de materia objeto de negociación colectiva:

a. Sí, será objeto de negociación colectiva
b. No será objeto de negociación colectiva, salvo excepciones
c. No será objeto de negociación colectiva
d. Sí será objeto de negociación colectiva, salvo cuando el personal directivo reúna la condición de personal laboral

1155. Cuál de los siguientes no son empleados públicos según la clasificación realizada en el EBEP:

a. Personal directivo
b. Personal eventual
c. Personal laboral
d. Las tres son correctas

1156. La designación de personal directivo atenderá a principios de:

a. ... igualdad, mérito y capacidad y a criterios de idoneidad, y se llevará a cabo mediante procedimientos que garanticen la publicidad y concurrencia
b. ... mérito y capacidad y a criterios de aptitud, y se llevará a cabo mediante procedimientos que garanticen la publicidad y concurrencia
c. ... mérito y capacidad y a criterios de idoneidad, y se llevará a cabo mediante procedimientos que garanticen la igualdad, la publicidad y libre concurrencia
d. ... mérito y capacidad y a criterios de idoneidad, y se llevará a cabo mediante procedimientos que garanticen la publicidad y concurrencia

1157. Indica la respuesta INCORRECTA. El personal laboral es:

a. el que en virtud de contrato de trabajo formalizado por escrito u oralmente
b. En cualquiera de las modalidades de contratación de personal previstas la legislación laboral
c. Presta servicios retribuidos por las Administraciones Públicas
d. Las tres son correctas

1158. El personal laboral es:

a. el que en virtud de nombramiento legal

b. el que en virtud de contrato de trabajo formalizado por escrito

c. Presta servicios retribuidos a la Administración General del Estado

d. Las tres son correctas

1159. El EBEP clasifica a los empleados públicos en:

a. Funcionarios de carrera, funcionarios interinos, ya sea fijo, por tiempo indefinido o temporal, personal laboral y personal eventual

b. Funcionarios de carrera, funcionarios interinos, personal laboral, ya sea fijo, por tiempo indefinido o temporal y personal eventual

c. Funcionarios de carrera, funcionarios interinos, personal laboral, ya sea fijo, por tiempo indefinido o temporal y personal directivo

d. Funcionarios de carrera, funcionarios interinos, personal laboral fijo y personal eventual

1160. Los funcionarios interinos, serán nombrados para el desempeño de funciones propias de funcionarios de carrera, cuando se de alguna de las siguientes circunstancias:

a. Cuando existan razones justificadas de necesidad y urgencia, sin necesidad de que sea vacante de necesaria cobertura

b. la ejecución de programas de carácter temporal, que no podrán tener una duración superior a seis años, ampliable hasta doce meses más por las leyes de Función Pública que se dicten en desarrollo de este Estatuto

c. Ninguna de las dos es correcta

d. Ambas lo son

1161. Sobre el personal directivo:

a. Se llevará a cabo mediante procedimientos que garanticen la publicidad y libre concurrencia

b. el personal directivo estará sujeto a evaluación del desempeño

c. Es el que desarrolla funciones directivas profesionales en las Administraciones Públicas

d. Todas las respuestas son incorrectas

1162. Salvo que se decida su amortización:

a. Las plazas vacantes desempeñadas por funcionarios interinos podrán incluirse en la oferta de empleo correspondiente al siguiente ejercicio en que se produce su nombramiento y, si no fuera posible, en la siguiente

b. Las plazas vacantes desempeñadas por funcionarios interinos deberán incluirse, en todo caso, en la oferta de empleo correspondiente al ejercicio en que se produce su nombramiento

c. Las plazas vacantes desempeñadas por funcionarios interinos deberán incluirse en la oferta de empleo correspondiente al ejercicio en que se produce su nombramiento y, si no fuera posible, en la siguiente

d. Las plazas vacantes desempeñadas por funcionarios interinos podrán incluirse en la oferta de empleo correspondiente al ejercicio en que se produce su nombramiento y, si no fuera posible, en la siguiente

1163. La selección de funcionarios interinos habrá de realizarse mediante procedimientos:

a. Ágiles que respetarán en todo caso los principios de igualdad, mérito y capacidad

b. Ágiles que respetarán en todo caso los principios de igualdad, mérito, capacidad y libre concurrencia

c. Ágiles que respetarán en todo caso los principios de igualdad, mérito, capacidad y no discriminación

d. Ninguna respuesta es correcta

1164. Indica lo INCORRECTO, en relación al personal eventual:

a. la condición de personal eventual no podrá constituir mérito para el acceso a la Función Pública o para la promoción interna

b. Al personal eventual le será aplicable, en lo que sea adecuado a la naturaleza de su condición, el régimen general de los funcionarios de carrera

c. Su designación atenderá a principios de mérito y capacidad y a criterios de idoneidad, y se llevará a cabo mediante procedimientos que garanticen la publicidad y concurrencia

d. Las tres son correctas

1165. La condición de personal eventual constituye mérito para el acceso a la Función Pública o la promoción interna:

a. Constituye mérito para el acceso a la Función Pública

b. Constituye mérito para la promoción interna

c. Ambas son correctas

d. Ninguna lo es

1166. Señala cuál de las siguientes afirmaciones NO es correcta en relación al personal eventual:

a. Las leyes de Función Pública que se dicten en desarrollo de este Estatuto determinarán los órganos de gobierno de las Administraciones Públicas que podrán disponer de este tipo de personal

b. el nombramiento será libre. el cese tendrá lugar, además de por las causas previstas en el artículo 63, cuando finalice la causa que dio lugar a su nombramiento

c. Al personal eventual le será aplicable, en lo que sea adecuado a la naturaleza de su condición, el régimen general de los funcionarios de carrera

d. el número máximo se establecerá por los respectivos órganos de gobierno. Este número y las condiciones retributivas serán públicas

1167. El siguiente concepto reflejado en el artículo 8.1, con quién se corresponde: Quienes desempeñan funciones retribuidas en las Administraciones Públicas al servicio de los intereses generales son:

a. Empleados públicos

b. Funcionarios de carrera

c. Funcionarios de carrera y personal laboral

d. Funcionarios de carrera y personal eventual

1168. Sobre el personal directivo:

a. la determinación de las condiciones de empleo del personal directivo tendrá la consideración de materia objeto de negociación colectiva

b. Cuando el personal directivo reúna la condición de personal laboral estará sometido a la régimen general de los funcionarios de carrera

c. Su designación se llevará a cabo, mediante procedimientos que garanticen la publicidad y concurrencia

d. Todas las respuestas son incorrectas

1169. En su artículo 8 el EBEP prevé que el personal laboral puede ser:

a. Fijo

b. Por tiempo indefinido

c. Temporal

d. Las tres cosas

1170. Los funcionarios interinos, serán nombrados para el desempeño de funciones propias de funcionarios de carrera, cuando se de alguna de las siguientes circunstancias:

a. Cuando existan razones justificadas de necesidad y urgencia, sin necesidad de que sea vacante de necesaria cobertura

b. la ejecución de programas de carácter temporal, que no podrán tener una duración superior a tres años, ampliable hasta doce meses más por las leyes de Función Pública que se dicten en desarrollo de este Estatuto

c. Ninguna de las dos es correcta

d. Las dos lo son

1171. Señala cuál de las siguientes afirmaciones, es INCORRECTA, en lo que respecta a los funcionarios interinos, según el EBEP:

a. Los que, por razones expresamente justificadas de necesidad y urgencia

b. Son nombrados como tales para el desempeño de funciones propias de funcionarios eventuales

c. Para la sustitución transitoria de los titulares

d. Las tres son correctas

1172. Una de las siguientes afirmaciones sobre el personal funcionario interino, es INCORRECTA:

a. Los que, por razones expresamente justificadas de necesidad y urgencia

b. Son nombrados como tales para el desempeño de funciones propias de funcionarios de carrera

c. Para la ejecución de programas de carácter temporal, que no podrán tener una duración máxima de 6 meses dentro de un periodo de 12 meses

d. Las tres son correctas

1173. El personal interino cuya designación sea consecuencia del exceso o acumulación de tareas:

a. Podrán prestar servicios en otras unidades administrativas que estén afectadas por el exceso o acumulación de tareas
b. Podrán prestar servicios en otras unidades administrativas si éstas participan en el ámbito de aplicación del programa de carácter temporal
c. Podrán prestar servicios en otras unidades administrativas aunque no participen en el ámbito de aplicación del programa de carácter temporal
d. Podrán prestar servicios en otras unidades administrativas aunque no estén afectadas por el exceso o acumulación de tareas

1174. NO es correcto afirmar: Los funcionarios interinos son:

a. Los que, por razones expresamente justificadas de necesidad y urgencia
b. En virtud de nombramiento legal
c. Son nombrados como tales para el desempeño de funciones propias de funcionarios de carrera
d. Las tres son correctas

1175. El personal laboral es:

a. El que en virtud de contrato de trabajo formalizado ante la Administración Pública
b. Presta servicios retribuidos por las Administraciones Públicas
c. De cualquiera de las modalidades de contratación de personal previstas en este Estatuto
d. Las tres son correctas

1176. Los funcionarios interinos podrán ser nombrados para el desempeño de funciones propias de los funcionarios de carrera cuando se den unas determinadas circunstancias:

a. el exceso o acumulación de tareas por plazo máximo de seis meses, dentro de un periodo de un año
b. la existencia de plazas vacantes cuando no sea posible su cobertura por funcionarios de carrera
c. Ninguna de las dos es correcta
d. Ambas lo son

1177. Los funcionarios interinos, serán nombrados para el desempeño de funciones propias de funcionarios de carrera, cuando se de alguna de las siguientes circunstancias:

a. la existencia de plazas aunque no estén vacantes cuando sea necesaria su cobertura por razones justificadas de necesidad y urgencia
b. el exceso o acumulación de tareas por plazo máximo de 9 meses, dentro de un periodo de 18 meses
c. la ejecución de programas de carácter temporal, que no podrán tener una duración superior a tres años, ampliable hasta doce meses más por las leyes de Función Pública que se dicten en desarrollo de este Estatuto
d. Hay más de una respuesta correcta

1178. La selección de funcionarios interinos habrá de realizarse mediante procedimientos:

a. Que garanticen la publicidad y la libre concurrencia
b. Ágiles
c. Públicos
d. Basados en los principios de igualdad, mérito, capacidad y a criterios de idoneidad

1179. Según el EBEP, en relación al personal directivo:

a. Su designación atenderá a principios constitucionales de igualdad, mérito y capacidad, y de acuerdo con lo previsto en el presente Estatuto y en el resto del ordenamiento jurídico
b. Es el que desarrolla funciones directivas expresamente calificadas como de confianza o asesoramiento especial
c. la continuidad en su puesto de trabajo obtenido por concurso quedará vinculada a la evaluación del desempeño
d. Todas las respuestas son incorrectas

1180. Con cargo a qué créditos, se retribuye al personal eventual:

a. Con cargo a los créditos consignados en los Presupuestos Generales del Estado
b. Con cargo a los créditos consignados a los respectivos órganos de Gobierno
c. Con cargo a los créditos que dispongan las Leyes de Función Pública que se dicten en desarrollo del presente Estatuto
d. Con cargo a los créditos presupuestarios consignados para este fin

1181. Son funcionarios interinos:

a. Los que, por razones expresamente justificadas de interés general son nombrados como tales para el desempeño de funciones propias del personal laboral
b. Los que, por razones expresamente justificadas de interés general, son nombrados como tales para el desempeño de funciones propias de funcionarios de carrera
c. Los que, por razones expresamente justificadas de necesidad y urgencia, son nombrados como tales para el desempeño de funciones propias de funcionarios de carrera
d. Los que, por razones expresamente justificadas de necesidad y urgencia, en virtud de nombramiento legal y formalizado por escrito, son nombrados como tales para el desempeño de funciones propias de funcionarios de carrera

1182. Sobre el personal directivo, es FALSO:

a. la determinación de las condiciones de empleo del personal directivo, no tendrá la consideración de materia objeto de negociación colectiva a los efectos de esta Ley
b. Su designación atenderá a principios de mérito y capacidad y a criterios de idoneidad, y se llevará a cabo mediante procedimientos que garanticen la publicidad y concurrencia
c. Estará sujeto a evaluación con arreglo a los criterios de eficacia y eficiencia, responsabilidad por su gestión y control de resultados en relación con los objetivos que les hayan sido fijados
d. estará sometido a la relación laboral de carácter especial de alta dirección

1183. El personal eventual es:

a. el que en virtud de nombramiento y con carácter no permanente
b. Sólo realiza funciones que impliquen el ejercicio de potestades públicas y salvaguardia de los intereses generales
c. Prestando servicios retribuidos con carácter permanente
d. Las tres son correctas

1184. Sobre el nombramiento de funcionarios interinos, es FALSO:

a. Se nombran por razones expresamente justificadas de necesidad y urgencia
b. Se nombran para la ejecución de programas de carácter temporal, que no podrán tener una duración superior a tres años, ampliable hasta doce meses más por las leyes de Función Pública que se dicten en desarrollo de este Estatuto
c. Se nombran cuando hay un exceso o acumulación de tareas por plazo máximo de seis meses, ampliables a seis más
d. Las tres son correctas

1185. Las plazas vacantes desempeñadas por funcionarios interinos deberán incluirse en la oferta de empleo:

a. En el plazo improrrogable de tres años
b. En el mismo año en que se produce su nombramiento y si no fuera posible, se decidirá su amortización
c. Al año siguiente en que se produzca su nombramiento
d. Ninguna de las tres es correcta

1186. En qué circunstancias podrán ser nombrados funcionarios interinos para el desempeño de funciones propias de funcionarios de carrera,

a. la existencia de plazas vacantes cuando no sea posible su cobertura por personal laboral o eventual
b. la sustitución transitoria de los titulares
c. la ejecución de programas de carácter permanente, que no podrán tener una duración superior a tres años, ampliable hasta doce meses más por las leyes de Función Pública que se dicten en desarrollo de este Estatuto
d. el exceso o acumulación de tareas por plazo máximo de seis meses, dentro de un periodo de tres años

1187. El personal interino cuya designación sea consecuencia de la ejecución de programas de carácter temporal o del exceso o acumulación de tareas por plazo máximo de seis meses, dentro de un período de doce meses:

a. No podrá prestar servicios en ninguna otra unidad distinta de la que fueron destinados

b. Podrán prestar servicios en otras unidades administrativas, en todo caso

c. No podrán prestar servicios en ninguna otra unidad distinta de la que fueron destinados, salvo que se celebre otra convocatoria pública para cubrir el puesto en dicha unidad

d. Podrán prestar servicios en otras unidades administrativas si éstas participan en el ámbito de aplicación del programa de carácter temporal o estén afectadas por el exceso o acumulación de tareas

1188. El personal eventual es:

a. el que en virtud de nombramiento legal y con carácter no permanente

b. Sólo realiza funciones expresamente calificadas como de confianza o asesoramiento especial

c. Es retribuido con cargo a los Presupuestos Generales del Estado

d. Las tres son correctas

1189. Indica cuál no aparece en la clasificación que realiza el EBEP sobre los empleados públicos:

a. Personal eventual

b. Personal laboral temporal

c. Personal directivo

d. Aparecen todos

1190. Los funcionarios interinos son nombrados como tales:

a. ...por razones expresamente justificadas de necesidad y urgencia

b. ...con carácter temporal

c. Ambas son correctas

d. Ninguna lo es

1191. Según la clasificación realizada en el EBEP, son empleados públicos:

a. Personal directivo

b. Diputados y senadores

c. Ambas son correctas

d. Ninguna lo es

1192. Sobre el personal eventual, cuál de las siguientes respuestas es INCORRECTA:

a. el que en virtud de nombramiento y con carácter no permanente

b. Sólo realiza funciones expresamente calificadas como de confianza o asesoramiento especial

c. Siendo retribuido con cargo a los Presupuestos Generales del Estado

d. Las tres son correctas

1193. El personal laboral se define como quien presta servicios retribuidos a las Administraciones Públicas en virtud de un contrato de trabajo formalizado por escrito:

a. En cualquiera de las modalidades de contratación de personal previstas en la legislación laboral

b. En cualquiera de las modalidades de contratación de personal previstas en este Estatuto

c. En cualquiera de las modalidades de contratación de personal previstas en los convenios colectivos que le sean de aplicación

d. Ninguna respuesta es correcta

1194. Es INCORRECTO decir en relación al personal eventual:

a. el cese tendrá lugar, en todo caso, cuando se produzca el de la autoridad a la que se preste la función de confianza o asesoramiento

b. Al personal eventual le será aplicable, en lo que sea adecuado a la naturaleza de su condición, el régimen general de los funcionarios de carrera

c. el número máximo se establecerá por las Leyes de Función Pública que se dicte en desarrollo de este Estatuto. Este número y las condiciones retributivas serán públicas

d. la condición de personal eventual no podrá constituir mérito para el acceso a la Función Pública o para la promoción interna

1195. El personal eventual es:

a. el que en virtud de nombramiento y con carácter no permanente, sólo realiza funciones que impliquen el ejercicio de potestades públicas o la salvaguardia de los intereses generales, siendo retribuido con cargo a los créditos presupuestarios consignados para este fin

b. el que en virtud de nombramiento y con carácter permanente, sólo realiza funciones expresamente calificadas como de confianza o asesoramiento especial, siendo retribuido con cargo a los créditos presupuestarios consignados para este fin

c. el que en virtud de nombramiento y con carácter no permanente, sólo realiza funciones que impliquen el ejercicio de potestades públicas o la salvaguardia de los intereses generales, presta servicios retribuidos con carácter permanente

d. el que en virtud de nombramiento y con carácter no permanente, sólo realiza funciones expresamente calificadas como de confianza o asesoramiento especial, siendo retribuido con cargo a los créditos presupuestarios consignados para este fin

1196. El personal eventual es:

a. el que en virtud de contrato de trabajo formalizado por escrito

b. Sólo realiza funciones expresamente calificadas como de confianza o asesoramiento especial

c. Presta servicios retribuidos por las Administraciones Públicas

d. Las tres son correctas

1197. Las plazas vacantes desempeñadas por funcionarios interinos deberán incluirse en la oferta de empleo correspondiente:

a. Al ejercicio en que se produce su nombramiento

b. Y, si no fuera posible, se decidirá su amortización

c. Ambas son correctas

d. Ninguna lo es

1198. Una de las siguientes afirmaciones sobre el personal funcionario interino, es INCORRECTA:

a. Los que, por razones expresamente justificadas de necesidad y urgencia

b. En virtud de contrato de trabajo formalizado por escrito

c. Son nombrados como tales para el desempeño de funciones propias de funcionarios de carrera

d. Las tres son correctas

1199. Al personal eventual le será aplicable, en lo que sea adecuado a la naturaleza de su condición:

a. el régimen general de los funcionarios interinos

b. el régimen general del personal laboral

c. el régimen general del personal directivo

d. el régimen general de los funcionarios de carrera

1200. Señala la INCORRECTA. Los empleados públicos están clasificados en:

a. Funcionarios de carrera y funcionarios interinos

b. Personal laboral, ya sea fijo, por tiempo indefinido o temporal

c. Personal eventual y personal directivo

d. Las tres son correctas

1201. Los ascensos en el sistema de grados, categorías o escalones de los funcionarios de carrera serán:

a. Consecutivos, en todo caso
b. Consecutivos, con carácter general
c. Alternos, en todo caso
d. Alternos, con carácter general

1202. La evaluación del desempeño mide y valora lo siguiente, EXCEPTO:

a. la conducta profesional
b. el rendimiento
c. Méritos conseguidos
d. Las tres son correctas

1203. Los funcionarios interinos perciben las retribuciones complementarias:

a. No, en ningún caso
b. Sí, en todo caso
c. No, salvo excepciones
d. Sí, salvo excepciones

1204. Las leyes de Función Pública que se dicten en desarrollo de este Estatuto regularán la carrera profesional aplicable en cada ámbito que podrán consistir, entre otras, en la aplicación aislada o simultánea de qué modalidades:

a. Carrera horizontal y promoción interna horizontal
b. Carrera vertical y promoción interna vertical
c. Carrera horizontal, promoción interna horizontal, carrera vertical y promoción interna vertical
d. Promoción profesional, carrera vertical y promoción interna vertical

1205. El funcionario público tendrá un permiso de dos días hábiles cuando se produzca en la misma localidad y de cuatro días hábiles cuando sea en distinta localidad:

a. Por fallecimiento, accidente o enfermedad grave de un familiar dentro del primer grado de consanguinidad o afinidad
b. Por fallecimiento, accidente o enfermedad grave de un familiar dentro del segundo grado de consanguinidad o afinidad
c. Por fallecimiento, accidente o enfermedad grave de un familiar dentro del tercer grado de consanguinidad o afinidad
d. Ninguna respuesta es correcta

1206. Las Administraciones determinarán los efectos de la evaluación en:

a. la promoción interna horizontal, la formación, la provisión de puestos de trabajo y en la percepción de las retribuciones complementarias
b. la carrera profesional horizontal, la formación, la provisión de puestos de trabajo y en la percepción de las retribuciones complementarias
c. la carrera profesional vertical, la formación, la provisión de puestos de trabajo y en la percepción de las retribuciones complementarias
d. la promoción interna vertical, la formación, la provisión de puestos de trabajo y en la percepción de las retribuciones complementarias

1207. Qué deberá reflejarse para cada ejercicio presupuestario en la correspondiente Ley de Presupuestos:

a. el incremento de las cuantías globales de las retribuciones básicas de los funcionarios
b. la cuantía de las retribuciones complementarias
c. el incremento de la masa salarial del personal laboral
d. Las tres son correctas

1208. La duración de la representación de los miembros de las Juntas de Personal y los Delegados de Personal será de:

a. 4 años, pudiendo ser reelegidos
b. 4 años, sin posibilidad de que puedan ser reelegidos
c. 5 años, pudiendo ser reelegidos
d. 5 años, sin posibilidad de que puedan ser reelegidos

1209. No podrán acordarse incrementos retributivos, que globalmente supongan un incremento superior de los límites fijados anualmente en la Ley de Presupuestos Generales del Estado, para este personal, de:

a. la masa salarial
b. Las pagas extraordinarias
c. Las retribuciones complementarias
d. Las retribuciones básicas

1210. Señala la INCORRECTA Qué materias serán objeto de negociación:

a. Las propuestas sobre derechos sindicales y de participación
b. la regulación y determinación concreta, en cada caso, de los sistemas, criterios, órganos y procedimientos de acceso al empleo público y la promotíon profesional
c. Los planes de Previsión Social Complementaria
d. Las que afecten a las condiciones de trabajo y a las retribuciones de los funcionarios, cuya regulación exija norma con rango de ley

1211. Se abstendrán en aquellos asuntos en los que tengan un interés personal, así como de toda actividad privada o interés que pueda suponer un riesgo de plantear conflictos de intereses con su puesto público es:

a. Un principio ético de los empleados públicos
b. Un deber de los empleados públicos
c. Un fundamento de actuación
d. Un principio de conducta de los empleados públicos

1212. Al finalizar la representación de los miembros de las Juntas de Personal y los Delegados de Personal:

a. Será obligatorio convocar unas nuevas elecciones para la elección de los representantes
b. Será opcional convocar elecciones para la elección de los representantes
c. el mandato se entenderá prorrogado si a su término no se hubiesen promovido nuevas elecciones
d. el mandato se entenderá prorrogado si los representantes y delegados así lo deciden por unanimidad

1213. Puede la funcionaria participar en los cursos de formación que convoque la Administración:

a. Sí, una vez finalizadas las semanas inmediatas posteriores al parto de descanso obligatorio para la madre
b. No, durante el periodo en la que la funcionaria se encuentre disfrutando del permiso por parto, no podrá participar en los cursos de formación que convoque la Administración
c. Sí, durante todo el disfrute de este permiso se podrá participar en los cursos de formación que convoque la Administración
d. Sí, en el caso de disfrute del permiso a tiempo parcial

1214. Las Administraciones Públicas establecerán la jornada general y las especiales de trabajo de sus funcionarios públicos y la jornada laboral:

a. Será siempre a tiempo completo
b. Podrá ser a tiempo completo o parcial
c. Siempre a tiempo completo, salvo excepciones
d. Siempre a tiempo parcial, salvo excepciones

1215. Son órganos específicos de representación de los funcionarios :

a. Los Delegados de Personal y las Mesas de Personal
b. Las Juntas de Personal
c. Los delegados de Personal
d. Los Delegados de Personal y las Juntas de Personal

1216. Señala la INCORRECTA Las Administraciones Públicas, adoptarán medidas que incentiven la participación de su personal en:

a. la evaluación del desempeño
b. Los procesos selectivos de promoción interna
c. Para la progresión en la carrera profesional
d. Las tres son correctas

1217. Deberán reflejarse, en cada ejercicio presupuestario en la correspondiente Ley de Presupuestos:

a. Las cuantías de las retribuciones básicas de los funcionarios
b. el incremento de las cuantías globales de las retribuciones complementarias del personal funcionario de carrera
c. Ambas son correctas
d. Ninguna lo es

1218. Son derechos individuales, pero ejercidos colectivamente,

a. la libertad sindical
b. la negociación colectiva y a la participación en la determinación de las condiciones de trabajo
c. Ambas son correctas
d. Ninguna lo es

1219. Señala la INCORRECTA. A los efectos de la negociación colectiva de los funcionarios públicos, se constituirá una Mesa General de Negociación en el ámbito:

a. En la Administración del Estado
b. En cada una de las CC AA
c. En las ciudades de Ceuta y Melilla y las Entidades Locales
d. Las tres son correctas

1220. Sobre los trienios del personal interino. Únicamente a partir de la entrada en vigor del Estatuto:

a. Se reconocerán los trienios al personal interino
b. Tendrán efectos retributivos
c. Ambas son correctas
d. Ninguna lo es

1221. Es un derecho individual de los empleados públicos, ejercido colectivamente:

a. Al ejercicio de la huelga, con la garantía del mantenimiento de los servicios esenciales de la comunidad
b. A la libre asociación profesional
c. Ambas son correctas
d. Ninguna lo es

1222. Los órganos de gobierno de las Administraciones podrán suspender o modificar excepcionalmente los convenios colectivos o acuerdos que afecten al personal laboral:

a. Con la autorización de las Organizaciones Sindicales más representativas
b. Con la autorización de las Asambleas Legislativas de las CC AA
c. Los Convenios Colectivos y acuerdos que afecten al personal laboral, no se podrán suspender o modificar en ningún caso
d. Deberán informar a las Organizaciones Sindicales de la causa de la suspensión

1223. Sobre quién va a estar legitimado para promover la celebración de elecciones a Delegados y Juntas de Personal:

a. Los sindicatos más representativos a nivel estatal y que hayan obtenido un porcentaje de al menos un 10% en la unidad electoral en la que se pretende promover las elecciones
b. Los sindicatos más representativos a nivel de Comunidad Autónoma, cuando la unidad electoral afectada no esté representada por el sindicato más representativo a nivel estatal
c. Los funcionarios de la unidad electoral por acuerdo de dos tercios
d. Los sindicatos que, sin ser más representativos, hayan conseguido al menos el 10% de los representantes a los que se refiere este Estatuto en el conjunto de las Administraciones Públicas

1224. Para la negociación de todas aquellas materias y condiciones de trabajo comunes al personal funcionario, estatutario y laboral de cada Administración Pública, se constituirá una Mesa General de Negociación en:

a. En la Administración General del Estado
b. En la Administración General del Estado, en cada una de las CC AA, ciudades de Ceuta y Melilla, en las entidades locales y en las asociaciones de municipios
c. En la Administración General del Estado, en cada una de las CC AA, ciudades de Ceuta y Melilla y entidades locales
d. En la Administración General del Estado en cada una de las CC AA y en las ciudades de Ceuta y Melilla

1225. Tiene derecho el personal laboral a la promoción profesional:

a. No, es una prerrogativa del personal funcionario de carrera
b. Sí, comparte esa prerrogativa con el personal funcionario de carrera
c. No, los que ostentan este derecho son los funcionarios de carrera y los funcionarios interinos
d. Ninguna respuesta es correcta

1226. La continuidad de un puesto de trabajo, obtenido por concurso, quedará vinculada a los resultados obtenidos en la evaluación del desempeño:

a. Sí, si así lo determinan las Leyes de Función Pública que se dicten en desarrollo de este Estatuto
b. Sí, de acuerdo con los sistemas de evaluación que cada Administración Pública determine
c. Puede quedar vinculada, si así lo indican los sistemas de evaluación de la Administración Pública de que se trate
d. No, en ningún caso

1227. A los funcionarios interinos se les reconocerán los los trienios correspondientes a los servicios prestados...

a. ...después de la entrada en vigor del presente Estatuto que tendrán efectos retributivos a partir de la entrada en vigor del mismo
b. ...antes de la entrada en vigor del presente Estatuto que tendrán efectos retributivos a partir de la entrada en vigor del mismo
c. ...antes de la entrada en vigor del presente Estatuto que tendrán efectos retributivos antes de la entrada en vigor del mismo

1228. Para regular la carrera horizontal de los funcionarios de carrera, las Leyes de Función Pública que se dicten en desarrollo de este Estatuto...

a. Aplicarán obligatoriamente, un sistema de grados, categorías o escalones pudiendo, en su caso, añadir otras diferentes
b. Podrán aplicar, entre otras, un sistema de grados categorías o escalones de ascenso fijados en función de los conocimientos adquiridos
c. Aplicarán, entre otras, un sistema de grados categorías o escalones de ascenso
d. Podrán aplicar, entre otras, un sistema de grados categorías o escalones de ascenso fijándose la remuneración para cada uno

1229. Las retribuciones complementarias de los funcionarios se establecerán atendiendo a:

a. Dietas y gastos de desplazamiento
b. Servicios extraordinarios prestados dentro o fuera de la jornada de trabajo
c. Progresión alcanzada por el funcionario dentro del sistema de carrera administrativa
d. Las tres son correctas

1230. Los representantes legales de los funcionarios, dispondrán en el ejercicio de su función representativa de las siguientes crédito de horas mensuales dentro de la jornada de trabajo y retribuidas como de trabajo efectivo, de acuerdo con la siguiente escala. Marca la INCORRECTA:

a. De 101 a 250 funcionarios: 20
b. De 251 a 500 funcionarios: 30
c. De 501 a 750 funcionarios: 35
d. Todas son correctas

1231. Si fuera necesario el desplazamiento previo de los progenitores al país de origen del adoptado, en los casos de adopción o acogimiento internacional:

a. Se tendrá derecho, además, a solicitar una excedencia por reunificación familiar
b. Se tendrá derecho, además, a un permiso de hasta dos meses de duración
c. Se tendrá derecho, además, a un permiso de hasta dos semanas de duración
d. Se tendrá derecho, además, a solicitar una excedencia por interés particular

1232. Es posible prorrogar el mandato de un miembro de la Junta de Personal o de un Delegado de Personal sin convocar las correspondientes elecciones:

a. No, en ningún caso. Será necesario convocar nuevas elecciones
b. Sí, en el caso de que no se hayan promovido nuevas elecciones el mandato quedará prorrogado automáticamente
c. el mandato de un Delegado de Personal o un miembro de la Junta de Personal es de cuatro años sin que pueda se prorrogado bajo ninguna circunstancia
d. Ninguna respuesta es correcta

1233. Se garantiza el cumplimiento de los convenios colectivos y acuerdos que afecten al personal laboral:

a. En todo caso
b. Salvo excepciones
c. Salvo grave catástrofe o calamidad pública
d. Ninguna respuesta es correcta

1234. Tiene derecho un funcionario, a la reducción de su jornada de trabajo para el cuidado de un familiar hasta el segundo grado de consanguinidad, no pueda valerse por sí misma por razones de enfermedad:

a. Sí, siempre que no pueda valerse por sí mismo y no desempeñe actividad retribuida
b. No, este derecho está garantizado en el primer grado de consanguinidad
c. Sí, siempre no desempeñe actividad remunerada
d. Sí, siempre que no pueda valerse por sí mismo

1235. Los empleados públicos tienen derecho a la libertad de expresión, que será un derecho individual...

a. ...y podrá ejercerse dentro de los límites del ordenamiento jurídico
b. ...o colectivo y podrá ejercerse dentro de los límites del ordenamiento jurídico
c. ...y podrá ejercerse según los términos dispuestos en el presente Estatuto y las Leyes de Función Pública que lo desarrollen
d. ...y podrá ejercerse según los términos dispuestos en el presente Estatuto y las Leyes de Función Pública que lo desarrollen

1236. Cómo queda definida la promoción interna vertical:

a. Consiste en el ascenso desde un cuerpo o escala de un Subgrupo, o Grupo de clasificación profesional en el supuesto de que éste no tenga Subgrupo, a otro superior, de acuerdo con lo establecido en el artículo 18
b. Consiste en el acceso a cuerpos o escalas del mismo Subgrupo profesional, en el supuesto de que éste no tenga Subgrupo, a otro superior, de acuerdo con lo establecido en el artículo 18
c. Consiste en el ascenso desde un cuerpo o escala de un Subgrupo, o Grupo de clasificación profesional sin necesidad de cambiar de puesto de trabajo
d. Ninguna respuesta es correcta

1237. Deberán reflejarse en cada ejercicio presupuestario en la correspondiente Ley de Presupuestos:

a. Las cuantías de las retribuciones básicas de los funcionarios
b. el incremento de las cuantías globales de las retribuciones complementarias de los funcionarios
c. Ambas son correctas
d. Ninguna lo es

1238. La cuantía y estructura de las retribuciones complementarias de los funcionarios se establecerán por las correspondientes leyes de cada Administración atendiendo a:

a. la progresión alcanzada por el funcionario dentro del sistema de carrera administrativa
b. la especial dificultad técnica, responsabilidad, dedicación, incompatibilidad exigible para el desempeño de determinados puestos de trabajo o las condiciones en que se desarrolla el trabajo
c. el grado de interés, iniciativa o esfuerzo con que el funcionario desempeña su trabajo y el rendimiento o resultados obtenidos
d. Los tres

1239. los ascensos serán consecutivos con carácter general, salvo en aquellos supuestos excepcionales en los que se prevea otra posibilidad:

a. Para los funcionarios de carrera
b. Para los funcionarios públicos
c. Para los funcionarios de carrera y el personal laboral
d. Para los funcionarios de carrera y el personal laboral fijo,

1240. El cómputo del plazo del permiso por adopción, se contará , a partir de la decisión administrativa de guarda con fines de adopción o acogimiento, o a partir de la resolución judicial por la que se constituya la adopción a elección de:

a. A elección de la Administración, según las necesidades del servicio
b. A elección del funcionario
c. A elección del funcionario, cuando las necesidades del servicio lo permitan, y en los términos que reglamentariamente se determinen
d. A elección del juez o funcionario que autorice la adopción o el acogimiento

1241. En las normas de desarrollo del presente Estatuto se establecerá la composición numérica de las Mesas correspondientes a sus ámbitos, sin que ninguna de las partes pueda superar cuántos miembros:

a. 7
b. 10
c. 15
d. 17

1242. Según el RDL 5/2015, a los efectos de la negociación colectiva de los funcionarios públicos, se constituirá una Mesa General de Negociación en el ámbito:

a. En la Administración del Estado
b. En cada una de las CC AA
c. En las ciudades de Ceuta y Melilla y las Entidades Locales
d. Las tres son correctas

1243. Los funcionarios recibirán las indemnizaciones correspondientes:

a. Por traslado
b. Por razón de servicio
c. Por desplazamiento
d. Por excedencia forzosa

1244. En los casos de parto prematuro y en aquellos en que, por cualquier otra causa, el neonato deba permanecer hospitalizado tras el parto, este permiso se ampliará con un máximo de cuántas semanas adicionales:

a. 6　　b. 16　　c. 13　　d. 14

1245. Los funcionarios interinos reciben retribuciones complementarias:

a. No, los funcionarios interinos percibirán las retribuciones básicas y las pagas extraordinarias, así como los trienios por los servicios prestados antes de la entrada en vigor del presente Estatuto
b. Sí, los funcionarios interinos reciben retribuciones complementarias en los mismos términos que los funcionarios de carrera
c. No, los funcionarios interinos reciben las retribuciones básicas y las pagas extraordinarias, pero no reciben retribuciones complementarias ni se reconocen los trienios
d. Sí, los funcionarios interinos reciben retribuciones complementarias en los mismos términos que los funcionarios de carrera, salvo en la progresión alcanzada por el funcionario dentro del sistema de carrera administrativa

1246. En el EBEP de 2015 el permiso de paternidad tenía una duración de:

a. 15 días hábiles　　b. 4 semanas
c. 28 días　　d. 2 semanas

1247. Quiénes establecerán la jornada general y las especiales de trabajo, de los funcionarios públicos:

a. Las Administraciones Públicas
b. Las Cortes Generales
c. Las Cortes Generales o las Asambleas Legislativas de las CC AA
d. Por acuerdo de las Organizaciones sindicales más representativas

1248. Qué es la carrera vertical:

a. Progresión de grado, categoría, escalón u otros conceptos análogos

b. Ascenso desde un cuerpo o escala de un Subgrupo, o Grupo a un subgrupo o a otro superior

c. Ascenso en la estructura de puestos de trabajo

d. Consiste en el acceso a cuerpos o escalas del mismo Subgrupo profesional

1249. Las retribuciones del personal laboral se determinarán según:

a. la Administración Pública en la que se encuentren adscritos

b. el Subgrupo o Grupo, en el supuesto de que éste no tenga Subgrupo

c. el contrato de trabajo

d. Las tres son correctas

1250. Las funcionarias públicas tendrán permisos por lactancia de un hijo menor de 12 meses tendrá derecho a 1 h. de ausencia del trabajo:

a. No podrá fraccionarse, siendo la reducción de una hora al inicio o al final de la jornada

b. Tendrá que fraccionarse, siendo media hora al principio y media hora al final de la jornada

c. Se podrá dividir en fracciones media hora al inicio y media hora al final de la jornada, así como 1 hora al inicio o al final de la jornada

d. Se podrá dividir en fracciones media hora al inicio y media hora al final de la jornada, en fracciones de veinte minutos, así como una hora al inicio o al final de la jornada

1251. Corresponderá a los Delegados de Personal la representación en las unidades electorales donde el número de funcionarios esté entre:

a. 5 y 49   b. 6 y 49   c. 5 y 50   d. 6 y 50

1252. El funcionario tendrá un permiso por asuntos particulares de cuántos días al año:

a. 4   b. 5   c. 6   d. 3

1253. Respecto al permiso por adopción, por guarda con fines de adopción o acogimiento, es FALSO:

a. Este permiso podrá disfrutarse a jornada completa o a tiempo parcial

b. Si fuera necesario el desplazamiento de los progenitores al país de origen del adoptado, en los casos de adopción o acogimiento internacional, se tendrá derecho, además, a un permiso de hasta tres meses de duración

c. Tendrá una duración de dieciséis semanas

d. Las primeras semanas deberán disfrutarse a jornada completa de forma obligatoria e ininterrumpida

1254. Retribuciones que retribuyen las características de los puestos de trabajo, la carrera profesional o el desempeño, rendimiento o resultados alcanzados por el funcionario:

a. Retribuciones básicas

b. Retribuciones complementarias

c. Ambas son correctas

d. Ninguna lo es

1255. Las cantidades destinadas a financiar aportaciones a planes de pensiones o contratos de seguros tendrán la consideración de retribución diferida:

a. Sólo tendrán consideración de retribución diferida las cantidades destinadas a financiar contratos de seguros

b. Sólo tendrán consideración de retribución diferida las cantidades destinadas a financiar planes de pensiones

c. Sí, a todos los efectos

d. No, en ningún caso

1256. Indica la respuesta INCORRECTA respecto a lo que deberán determinar los Pactos y Acuerdos:

a. Plazo de vigencia

b. Condiciones de denuncia

c. Ámbito personal, funcional, territorial y temporal

d. Las tres son correctas

1257. Los tipos de Mesas de Negociación que se podrán constituir serán:

a. Mesa General de Negociación

b. Mesas Sectoriales

c. Mesa General de Negociación de las Administraciones Públicas

d. Todas son correctas

1258. El derecho del ejercicio de la huelga, con la garantía del mantenimiento de los servicios esenciales de la comunidad, es un derecho,

a. Individual

b. Individual, que se ejerce de forma colectiva

c. Colectivo

d. Colectivo que se ejerce individualmente

1259. Señala la INCORRECTA en relación al crédito de horas mensuales dentro de la jornada de trabajo y retribuidas como de trabajo efectivo de las que dispondrán los miembros de las Juntas de Personal y los Delegados de Personal, según la siguiente escala:

a. Hasta 100 funcionarios: 15

b. De 101 a 250 funcionarios: 25

c. De 251 a 500 funcionarios: 30

d. De 501 a 750 funcionarios: 35

1260. Qué antigüedad se exige los funcionarios de carrera, en servicio activo en el inferior Subgrupo o Grupo para tener acceso a la promoción interna:

a. 2 años   b. 3   c. 5   d. 1

1261. Tienen derecho a promoción profesional:

a. Funcionarios de carrera y funcionarios interinos

b. Funcionarios de carrera y personal laboral

c. Funcionarios interinos y personal laboral

d. Funcionarios de carrera y personal directivo

1262. Sobre el número de representantes de los que se compone cada Junta de Personal, en función del número de funcionarios de la Unidad electoral, es FALSO:

a. De 251 a 500 funcionarios: 13

b. De 501 a 750 funcionarios: 17

c. De 751 a 1.000 funcionarios: 21

d. De 1.001 en adelante, tres por cada 1.000 o fracción, con el máximo de 75

1263. En el caso de un puesto de trabajo obtenido por concurso, puede la Administración, vincular la continuidad, a los resultados obtenidos en la evaluación del desempeño:

a. Sí, de acuerdo con los sistemas de evaluación que cada Administración Pública determine, dándose audiencia al interesado, y por la correspondiente resolución motivada

b. Sí, de acuerdo con los sistemas de evaluación que cada Administración Pública determine y previo apercibimiento

c. No, un puesto obtenido por concurso, no podrá vincularse su continuidad a la evaluación del desempeño

d. No, salvo que Ley de las Cortes Generales lo autorice para situaciones excepcionales

1264. Señala la INCORRECTA. La negociación colectiva de condiciones de trabajo de los funcionarios públicos que estará sujeta a los principios de:

a. Legalidad, cobertura presupuestaria

b. Imparcialidad y profesionalidad

c. Publicidad y transparencia

d. Las tres son correctas

1265. Las Administraciones Públicas podrán destinar cantidades a financiar aportaciones a planes de pensiones de empleo o contratos de seguro colectivos que incluyan la cobertura de la contingencia de jubilación:

a. Éstas tendrán en todo caso la consideración de indemnizaciones correspondientes por razón de servicio

b. Éstas tendrán a todos los efectos la consideración de retribución diferida

c. Éstas no podrán tener en ningún caso la consideración de retribución en diferido

d. Éstas serán consideradas como retribuciones en especie

1266. Es un derecho individual de los empleados públicos:

a. A la movilidad en la condición de funcionario de carrera

b. A la progresión en la carrera profesional y promoción interna según principios constitucionales de igualdad, mérito y publicidad

c. A la formación continua y a la actualización permanente de sus conocimientos y capacidades profesionales, preferentemente en horario laboral

d. A la defensa jurídica y protección de la Administración Pública en los procedimientos que se sigan ante cualquier orden jurisdiccional como consecuencia del ejercicio de sus funciones

1267. El crédito de horas mensuales de los miembros de las Juntas de Personal y los Delegados de Personal, dentro de la jornada de trabajo y retribuidas como trabajo efectivo:

a. De 101 a 250 funcionarios: 15
b. De 251 a 500 funcionarios: 20
c. De 501 a 750 funcionarios: 35
d. De 751 en adelante: 45

1268. Si fuera necesario el desplazamiento previo de los progenitores al país de origen del adoptado, en caso de adopción o acogimiento internacional se tendrá derecho, además:

a. A un permiso de hasta dos semanas de duración, percibiendo durante este periodo las retribuciones íntegras
b. A un permiso de hasta dos semanas de duración, percibiendo durante este periodo exclusivamente las retribuciones básicas
c. A un permiso de hasta dos meses de duración, percibiendo durante este periodo exclusivamente las retribuciones básicas

1269. '*Obedecerán las instrucciones y órdenes profesionales de los superiores, salvo que constituyan una infracción manifiesta del ordenamiento jurídico, en cuyo caso las pondrán inmediatamente en conocimiento de los órganos de inspección procedentes*':

a. Es un deber de los empleados públicos
b. Es un principio ético del empleado público
c. Es un principio de conducta de los empleados públicos
d. Es un fundamento de actuación de los empleados públicos

1270. Los Delegados de Personal que se podrán elegir en unidades electorales de hasta 30 funcionarios, serán:

a. 1   b. 2   c. 3   d. 4

1271. Por nacimiento de hijos prematuros o que por cualquier otra causa deban permanecer hospitalizados a continuación del parto, la funcionaria o el funcionario tendrá derecho a:

a. Ausentarse del trabajo dos horas con la disminución proporcional de las retribuciones y reducir jornada otras dos horas percibiendo retribuciones íntegras
b. Ausentarse del trabajo una hora con la disminución proporcional de las retribuciones y reducir jornada otra hora percibiendo retribuciones íntegras
c. Ausentarse del trabajo dos horas percibiendo retribuciones íntegras y reducir jornada otras dos horas con la disminución proporcional de las retribuciones

1272. Las Administraciones Públicas determinarán los efectos de la evaluación del desempeño en lo siguiente, EXCEPTO:

a. la promoción interna horizontal
b. la provisión de puestos de trabajo
c. la formación
d. Las tres

1273. Qué materia queda excluida de la obligatoriedad de negociación:

a. Las que afecten a las condiciones de trabajo y a las retribuciones de los funcionarios, cuya regulación exija norma con rango de ley
b. la regulación del ejercicio de los derechos de los ciudadanos y de los usuarios de los servicios públicos, así como el procedimiento de formación de los actos y disposiciones administrativas
c. Las normas que fijen los criterios y mecanismos generales en materia de evaluación del desempeño
d. Todas las respuestas anteriormente indicadas pueden ser objeto de negociación según el EBEP

1274. Qué es lo que deberán reflejarse para cada ejercicio presupuestario en la correspondiente Ley de Presupuestos:

a. Las cuantías de las retribuciones básicas de los funcionarios
b. el incremento de las cuantías globales de las retribuciones complementarias de los funcionarios
c. el incremento de la masa salarial del personal laboral
d. Las tres son correctas

1275. Las retribuciones complementarias de los funcionarios, se establecerán atendiendo a los siguientes factores:

a. Objetivos alcanzados
b. Productividad
c. Iniciativa o esfuerzo
d. Las tres son correctas

1276. El procedimiento de elección de las Juntas de Personal, será:

a. Listas cerradas
b. Sistema mayoritario
c. Listas abiertas
d. Son correctas A y B

1277. En las elecciones de las Juntas de Personal y la elección de los Delegados de Personal serán electores y elegibles los funcionarios que...:

a. se encuentren en la situación de servicio activo
b. se encuentren en la situación de servicio activo o excedencia voluntaria
c. se formen parte de los sindicatos más representativos en la unidad electoral en donde se vayan a realizar las elecciones
d. tengan plenos derechos civiles

1278. Según el artículo 103 de la Constitución, el Estatuto de los funcionarios públicos ha de recoger:

a. el acceso a la función pública según los principios de mérito y capacidad
b. Las peculiaridades del ejercicio del derecho a la sindicación de los funcionarios públicos
c. el sistema de incompatibilidad
d. Las garantías de imparcialidad en el ejercicio de sus funciones
e. Todas son correctas

1279. En el permiso por razón de violencia de género sobre la mujer funcionaria las faltas de asistencia totales o parciales de las funcionarias víctimas de violencia de género tendrán la consideración de justificadas por el tiempo y en las condiciones en que así se determinen por:

a. el juez
b. Los delegados sindicales
c. Los servicios sociales
d. el convenio colectivo aplicable

1280. Marca la respuesta INCORRECTA. Están legitimados para convocar una reunión, además de las organizaciones sindicales, directamente o a través de los Delegados Sindicales:

a. Los Delegados de Personal
b. Las Juntas de Personal
c. Ambas son correctas
d. Ninguna lo es

1281. Dispondrán en el ejercicio de su función representativa de 20 horas mensuales de trabajo dentro de la jornada de trabajo y retribuidas como de trabajo efectivo, los representantes legales de los funcionarios en unidades donde representen:

a. ... a menos 100 funcionarios
b. ... de 501 a 750 funcionarios
c. ... de 251 a 500 funcionarios
d. ...de 101 a 250 funcionarios

1282. Cómo serán los ascensos en el sistema de grados, categorías o escalones:

a. Alternos con carácter general, salvo en aquellos supuestos excepcionales en los que se prevea otra posibilidad
b. Simultáneos con carácter general, salvo en aquellos supuestos excepcionales en los que se prevea otra posibilidad
c. Consecutivos con carácter general, salvo en aquellos supuestos excepcionales en los que se prevea otra posibilidad
d. Paralelos con carácter general, salvo en aquellos supuestos excepcionales en los que se prevea otra posibilidad

1283. Se entiende por representación:

a. el derecho a negociar la determinación de condiciones de trabajo de los empleados de la Administración Pública
b. la facultad de elegir representantes y constituir órganos unitarios a través de los cuales se instrumente la interlocución entre las Administraciones Públicas y sus empleados
c. el derecho a participar, a través de las organizaciones sindicales, en los órganos de control y seguimiento de las entidades u organismos que legalmente se determine
d. Ninguna respuesta es correcta

1284. La retribución de los funcionarios en prácticas

a. Como máximo, se corresponderán a las del sueldo del Subgrupo o Grupo, en el supuesto de que éste no tenga Subgrupo, en que aspiren a ingresar

b. Como mínimo, se corresponderán a las del sueldo del Subgrupo o Grupo, en el supuesto de que éste no tenga Subgrupo, en que aspiren a ingresar

c. Como mínimo, se corresponderán a las del sueldo del Subgrupo o Grupo, en el supuesto de que éste no tenga Subgrupo, en que aspiren a ingresar más las retribuciones complementarias propias del puesto

1285. Las Juntas de Personal se elegirán mediante:

a. Listas abiertas, a través de un sistema proporcional corregido

b. Listas cerradas, a través de un sistema proporcional corregido

c. Un sistema proporcional mayoritario

d. Listas abiertas, a través de un sistema proporcional mayoritario

1286. Señala la INCORRECTA en relación al crédito de horas mensuales dentro de la jornada de trabajo y retribuidas como de trabajo efectivo de las que dispondrán los miembros de las Juntas de Personal y los Delegados de Personal, según la siguiente escala:

a. De 101 a 250 funcionarios: 20

b. De 251 a 500 funcionarios: 30

c. De 501 a 750 funcionarios: 35

d. De 1000 en adelante: 40

1287. el ascenso desde un cuerpo o escala de un Subgrupo o Grupo de clasificación provisional, en el supuesto de que éste no tenga Subgrupo, a otro superior, constituye la:

a. Promoción profesional vertical

b. Carrera profesional vertical

c. Promoción interna vertical

d. Carrera profesional interna

1288. Cada Junta de Personal se compone de un número de representantes, en función del número de funcionarios de la Unidad electoral correspondiente, de acuerdo con la siguiente escala, es INCORRECTA:

a. De 50 a 100 funcionarios: 5

b. De 101 a 250 funcionarios: 9

c. De 251 a 500 funcionarios: 13

d. Todas son correctas

1289. Sobre las pagas extraordinarias:

a. Serán dos al año, cada una por el importe de una mensualidad de retribuciones básicas y de la totalidad de las retribuciones complementarias

b. Las retribuciones de los funcionarios de carrera se clasifican en básicas, complementarias y las pagas extraordinarias

c. Ambas son correctas

d. Ninguna lo es

1290. Las retribuciones del personal laboral se determinarán de acuerdo con:

a. la legislación laboral

b. el convenio colectivo que sea aplicable

c. el contrato de trabajo

d. Las tres son correctas

1291. En el supuesto de discapacidad del hijo y, por cada hijo a partir del segundo, en los supuestos de parto múltiple, el permiso por parto, se ampliará a cuántas semanas:

a. 6

b. 4

c. 3

d. 2

1292. Sobre el permiso por cuidado de hijo menor afectado por cáncer u otra enfermedad grave, el EBEP, indica que el funcionario tendrá derecho a:

a. A una reducción de hasta el cincuenta por ciento de la jornada laboral. Percibiendo retribuciones básicas

b. A una reducción de hasta el cincuenta por ciento de la jornada laboral. Percibiendo retribuciones íntegras

c. A una reducción de la jornada de trabajo de al menos la mitad de la duración de aquélla. Percibiendo retribuciones íntegras

d. A una reducción de la jornada de trabajo de al menos la mitad de la duración de aquélla. Percibiendo retribuciones básicas

1293. Los órganos de gobierno de las Administraciones Públicas podrán suspender o modificar excepcionalmente los convenios colectivos o acuerdos que afecten al personal laboral:

a. Debiendo negociar con las Organizaciones Sindicales las condiciones de dicha modificación o suspensión

b. Deberán informar a las Organizaciones Sindicales las causas de la suspensión o modificación

c. Pudiendo informar a las Organizaciones Sindicales las causas de la suspensión o modificación

d. Debiendo acordar las condiciones de la modificación de forma conjunta con las Organizaciones Sindicales más representativas

1294. Se entiende por participación:

a. el derecho a participar, a través de las organizaciones sindicales, en los órganos de control y seguimiento de las entidades u organismos que legalmente se determine

b. el derecho a negociar la determinación de condiciones de trabajo de los empleados de la Administración Pública

c. la facultad de elegir representantes y constituir órganos unitarios a través de los cuales se instrumente la interlocución entre las Administraciones Públicas y sus empleados

d. Ninguna respuesta es correcta

1295. Por fallecimiento o enfermedad grave de un familiar dentro del segundo grado de consanguinidad o afinidad, el funcionario público según el EBEP, tendrá un permiso de:

a. Un día en la misma localidad y tres días si es en distinta localidad

b. Dos días si es en la misma localidad y cuatro días si es en distinta localidad

c. Tres días si es en la misma localidad y cinco días si es en distinta localidad

d. Cuatro días si es en la misma localidad y cinco días si es en distinta localidad

1296. Podrán progresar simultáneamente en las modalidades...

a. ... promoción interna vertical u horizontal, cuando la Administración correspondiente las haya implantado en un mismo ámbito

b. ... carrera horizontal y vertical cuando la Administración correspondiente las haya implantado en un mismo ámbito

c. ... carrera horizontal y vertical cuando la Administración correspondiente las haya implantado y siempre y cuando pertenezcan a disitinto ámbito

1297. Indica la INCORRECTA. Podrán promover la celebración de lecciones a Delegados y Juntas de Personal:

a. Los sindicatos más representativos a nivel estatal

b. Los sindicatos que, sin ser más representativos, hayan conseguido al menos el 10 por 100 de los representantes a los que se refiere este Estatuto en el conjunto de las Administraciones Públicas

c. Los sindicatos más representativos de cualquier comunidad autónoma

d. Los sindicatos que hayan obtenido al menos un porcentaje del 10 por 100 en la unidad electoral en la que se pretende promover las elecciones

1298. Según el artículo 28 los funcionarios percibirán las indemnizaciones correspondientes por razón de:

a. ... la progresión alcanzada por el funcionario dentro del sistema de carrera administrativa

b. ...la especial dificultad técnica, responsabilidad o dedicación

c. Por razón de servicio

d. Las tres son correctas

1299. El crédito de horas mensuales de los miembros de las Juntas de Personal y los Delegados de Personal, dentro de la jornada de trabajo y retribuidas como trabajo efectivo:

a. De 751 en adelante: 50

b. De 501 a 750 funcionarios: 45

c. De 251 a 500 funcionarios: 30

d. De 101 a 250 funcionarios: 25

1300. El procedimiento de elección de los Delegados de Personal será:

a. Listas abiertas

b. Sistema proporcional corregido

c. Sistema mayoritario

d. Son correctas A y C

1301. Señala la INCORRECTA. La jubilación de los funcionarios podrá ser:

a. Voluntaria
b. Forzosa
c. Por declaración de incapacidad permanente
d. Todas son correctas

1302. La jubilación forzosa se declarará:

a. ...de oficio
b. ...de oficio o a solicitud del interesado
c. ...al cumplir los 67 años de edad
d. ...l cumplir los 70 años de edad

1303. Puede un funcionario afiliado a un sindicato formar parte de un órgano de selección:

a. En ningún caso. Se encuentra expresamente prohibido
b. Sí, siempre que sea un funcionario de carrera
c. Sí, siempre que sea un funcionario de carrera o interino y no ostente la representación de dicho sindicato
d. Sí, siempre que sea un funcionario de carrera y actúe a título individual

1304. Los órganos de selección, serán colegiados y su composición deberá ajustarse a estos principios. Cuál NO:

a. Idoneidad
b. Profesionalidad
c. Tenderán a la paridad entre mujer y hombre
d. Todas son correctas

1305. Es necesaria una ley, para establecer un sistema selectivo basado en el sistema de concurso, valorando únicamente los méritos:

a. Sí, siempre es necesaria una ley. Tanto para el personal funcionario de carrera, como para el personal laboral fijo
b. Sólo será posible en virtud de ley para el personal funcionario de carrera
c. Sólo será posible en virtud de ley para el personal laboral fijo
d. En ningún caso será necesaria una ley para realizar este tipo de proceso selectivo

1306. La renuncia a la condición de funcionario:

a. Inhabilita para ingresar de nuevo en la Administración Pública a través del procedimiento de selección establecido
b. No inhabilita para ingresar de nuevo en la Administración Pública sin pasar a través del procedimiento de selección establecido
c. No inhabilita para ingresar de nuevo en la Administración Pública a través del procedimiento de selección establecido
d. Inhabilita para ingresar de nuevo en la Administración Pública sin pasar a través del procedimiento de selección establecido

1307. Señala la INCORRECTA. La jubilación de los funcionarios podrá ser:

a. Voluntaria, a solicitud de la Administración
b. Forzosa, al cumplir la edad legalmente establecida
c. Por la declaración de incapacidad permanente para el ejercicio de las funciones propias de su cuerpo o escala, o por el reconocimiento de una pensión de incapacidad permanente absoluta o, incapacidad permanente total en relación con el ejercicio de las funciones de su cuerpo o escala
d. Todas son correctas

1308. Según el EBEP, la pena principal o accesoria de inhabilitación especial:

a. Produce la pérdida de la condición de funcionario respecto a los cargos fijados en la sentencia, cuando hubiere adquirido firmeza
b. Produce la pérdida de la condición de funcionario respecto a los cargos fijados en la sentencia, cuando no quepa recurso contra ella
c. Produce la pérdida de la condición de funcionario respecto a todos los empleos o cargos que tuviere, cuando hubiere adquirido firmeza
d. Produce la pérdida de la condición de funcionario respecto a todos los empleos o cargos que tuviere, cuando no quepa recurso contra ella

1309. Todos los ciudadanos tienen derecho al acceso al empleo público de acuerdo con los principios constitucionales, según el EBEP:

a. Mérito
b. Publicidad
c. Idoneidad
d. Todas son correctas

1310. Un funcionario condenado a la pena principal o accesoria de inhabilitación, podrá ser rehabilitado:

a. A petición del interesado
b. Sólo en el caso de inhabilitación especial
c. Con carácter ordinario
d. Concede el juez que dictó la sentencia

1311. Indica según el EBEP, cuál NO es un principio que deban garantizar las Administraciones Públicas para seleccionar a su personal funcionario y laboral, además de los principios constitucionales (igualdad, mérito y capacidad):

a. Transparencia
b. Agilidad
c. Independencia
d. Todas son correctas

1312. Los nacionales de los Estados miembros de la UE podrán acceder, como personal funcionario, en igualdad de condiciones que los españoles a los empleos públicos:

a. Sí, en todo caso
b. Sí, salvo excepciones
c. No, salvo que sea cónyuge de español y no estén separados de derecho y a sus descendientes, siempre que sean menores de veintiún años
d. No, en ningún caso

1313. Sobre la jubilación, es FALSO:

a. la jubilación de los funcionarios podrá ser voluntaria, forzosa o por incapacidad permanente
b. la jubilación forzosa se declarará al cumplir los 67 años de edad
c. Se podrá solicitar la prolongación de la permanencia en el servicio activo como máximo hasta que se cumplan 70 años
d. Todas son correctas

1314. El Título IV del EBEP, se rotula:

a. Clases de personal al servicio de las Administraciones Públicas
b. Adquisición y pérdida de la relación de servicio
c. Derechos y deberes. Código de conducta de los empleados públicos
d. Ordenación de la actividad profesional

1315. En las ofertas de empleo público se reservará un cupo no inferior al siete por ciento de las vacantes para ser cubiertas entre personas con discapacidad. Para la obtención de la plaza, deberán:

a. Superar los procesos selectivos
b. Acreditar su discapacidad
c. Acreditar la compatibilidad con el desempeño de las tareas
d. Todas son correctas

1316. Produce la pérdida de la condición de funcionario respecto de aquellos empleos o cargos especificados en la sentencia, cuando ésta hubiere adquirido firmeza:

a. la pena principal o accesoria de inhabilitación absoluta
b. la pena principal o accesoria de inhabilitación especial
c. la pena principal o accesoria de inhabilitación parcial
d. la pena principal o accesoria de inhabilitación total

1317. Podrá eximirse del requisito de nacionalidad, por razones de interés general, para el acceso a la condición de personal funcionario:

a. Por Real Decreto del Consejo de Ministros
b. Reglamentariamente
c. Por Ley
d. Por Ley Orgánica

1318. Sobre los sistemas selectivos las pruebas podrán completarse con:

a. la superación de cursos
b. Periodos de prácticas
c. Pruebas psicotécnicas
d. Las tres cosas

1319. NO es causa de pérdida de la condición de funcionario de carrera:

a. la pena principal o accesoria de inhabilitación absoluta o especial para cargo público que tuviere carácter firme
b. la jubilación total o parcial del funcionario
c. la sanción disciplinaria de separación del servicio que tuviere carácter firme
d. la pérdida de la nacionalidad

1320. Sobre la renuncia voluntaria de la condición de funcionario:

a. Habrá de ser manifestada por escrito u oralmente
b. Será aceptada expresamente por la Administración, salvo excepciones
c. Ambas son correctas
d. Ninguna lo es

1321. La pérdida de la nacionalidad española o la de cualquier otro Estado miembro de la UE o la de aquellos Estados a los que, en virtud de tratados internacionales celebrados por la UE y ratificados por España, les sea de aplicación la libre circulación de trabajadores, que haya sido tenida en cuenta para el nombramiento, determinará la pérdida de la condición de funcionario:

a. En todo caso
b. Salvo lo dispuesto para el personal que desempeñe puestos en Organismos Internacionales
c. Salvo que simultáneamente se adquiera la nacionalidad de alguno de dichos Estados
d. Salvo que simultáneamente se adquiera la nacionalidad de alguno de dichos Estados en cuyo caso, podría ingresar de nuevo en la Administración Pública al través del procedimiento de selección establecido

1322. Los órganos de selección, serán colegiados y su composición deberá ajustarse a los siguientes principios. Cuál NO:

a. Objetividad
b. Profesionalidad
c. Tenderán a la paridad entre mujer y hombre
d. Todas son correctas

1323. Porcentaje mínimo de las plazas ofertadas que se reservará para personas con discapacidad intelectual:

a. 2%   b. 3%   c. 5%   d. 7%

1324. Para que el funcionario de carrera pueda acogerse a la jubilación voluntaria se estipula que deberá:

a. Tener cumplidos 60 años y 30 de servicio
b. Reunir los requisitos y condiciones establecidos en el Régimen de la Seguridad Social que le sea aplicable
c. Tener cumplidos 65 años y 25 de servicio
d. Tener cumplidos 65 años y 30 de servicio

1325. Cuando hubiere adquirido firmeza la sentencia que la imponga produce la pérdida de la condición de funcionario respecto de aquellos empleos o cargos especificados en la sentencia:

a. la pena principal de inhabilitación especial
b. la pena accesoria de inhabilitación especial
c. Ambas son correctas
d. Ninguna lo es

1326. NO está entre los requisitos generales que recoge el EBEP, para poder participar en los procesos selectivos:

a. Poseer la titulación exigida durante el proceso de selección o, en su caso, estar en posesión de ella en el momento de la toma de posesión del puesto de funcionario
b. Poseer la capacidad funcional para el desempeño de las tareas
c. No haber sido separado mediante expediente disciplinario del servicio de cualquiera de las Administraciones Públicas
d. Tener la nacionalidad española, sin perjuicio de lo dispuesto en el artículo siguiente

1327. Señala la INCORRECTA. La condición de funcionario de carrera se adquiere por el cumplimiento de los siguientes requisitos:

a. Toma de posesión dentro del plazo que se establezca
b. Nombramiento por el órgano o autoridad competente, que será publicado en el Diario Oficial correspondiente
c. Superación del examen psicotécnico
d. Todas son correctas

1328. La 'Pérdida de la relación de servicio' se encuentra regulada en el Estatuto Básico del Empleado Público:

a. Título V, Capítulo I
b. Título IV, Capítulo I
c. Título V, Capítulo II
d. Título IV, Capítulo II

1329. La renuncia de la condición de funcionario no podrá ser aceptada si:

a. Se ha dictado en su contra auto de procesamiento
b. Ha sido condenado a la pena principal o accesoria de inhabilitación absoluta y hubiere adquirido la condición de firme
c. Ambas son correctas
d. Ninguna lo es

1330. NO es un requisito general para poder participar en los procesos selectivos:

a. Tener la nacionalidad española
b. Poseer la capacidad funcional para el desempeño de las tareas
c. Tener cumplidos 16 años y no superar 67
d. Todas son correctas

1331. Sobre la renuncia voluntaria de la condición de funcionario:

a. Habrá de ser manifestada por escrito
b. Será aceptada expresamente por la Administración, en todo caso
c. Ambas son correctas
d. Ninguna lo es

1332. En cuál de estos casos un funcionario de carrera sería declarado en situación de servicios especiales:

a. Funcionario, al que por razones de reestructuración interna, no se le puede asignar, transitoriamente, un puesto de trabajo
b. Funcionario que es adscrito a los servicios del Tribunal Constitucional
c. Funcionario que obtiene destino en una Administración Pública distinta
d. Funcionario que incumple la obligación de solicitar el reingreso al servicio activo en el plazo previsto

1333. Sobre los órganos de selección:

a. la pertenencia a los órganos de selección será siempre a título colectivo, pudiendo ostentarse ésta en representación o por cuenta de una tercera persona o entidad
b. la pertenencia a los órganos de selección será siempre a título individual, pudiendo ostentarse ésta en representación o por cuenta de de una tercera persona o entidad
c. la pertenencia a los órganos de selección será siempre a título individual, no pudiendo ostentarse ésta en representación o por cuenta de nadie, salvo las excepciones determinadas por la Ley
d. la pertenencia a los órganos de selección será siempre a título individual, no pudiendo ostentarse ésta en representación o por cuenta de nadie

1334. Los funcionarios de nacionalidad española de Organismos Internacionales podrán quedar exentos de:

a. la acreditación de la titulación requerida, siempre que acrediten los conocimientos ya exigidos para el desempeño de su puesto en el organismo internacional correspondiente
b. la realización de procesos selectivos, siempre que acrediten los conocimientos ya exigidos para el desempeño de su puesto en el organismo internacional correspondiente
c. la realización de aquellas pruebas que tengan por objeto acreditar conocimientos ya exigidos para el desempeño de su puesto en el organismo internacional correspondiente
d. la acreditación del certificado de segunda lengua, siempre que acrediten los conocimientos ya exigidos para el desempeño de su puesto en el organismo internacional correspondiente

1335. Procederá jubilación voluntaria:

a. A solicitud del interesado, desde que cumplan los 60 años de edad, siempre que tengan reconocidos 30 años de servicios al Estado

b. A solicitud del interesado o por propuesta de la Administración, desde que cumplan los 60 años de edad, siempre que tengan reconocidos 30 años de servicios al Estado

c. A solicitud del interesado o por propuesta de la Administración , siempre que el funcionario reúna los requisitos y condiciones establecidos en el Régimen de Seguridad Social que le sea aplicable

d. A solicitud del interesado, siempre que el funcionario reúna los requisitos y condiciones establecidos en el Régimen de Seguridad Social que le sea aplicable

1336. Señala la INCORRECTA. No podrán formar parte de los órganos de selección:

a. Personal directivo o de designación política

b. Funcionarios interinos

c. Personal eventual

d. Todas son correctas

1337. Señala la INCORRECTA. No podrán formar parte de los órganos de selección:

a. Funcionarios de carrera y personal eventual

b. Funcionarios interinos

c. Personal directivo o de designación política

d. Ninguna respuesta es correcta

1338. Indica la INCORRECTA, en relación a la rehabilitación de un funcionario condenado a la pena principal o accesoria de inhabilitación:

a. Tiene carácter excepcional

b. Podrá ser concedida ya sea inhabilitación especial o absoluta

c. Concede el juez que dictó la sentencia

d. A petición del interesado

1339. Sobre los sistemas selectivos, las pruebas podrán consistir en:

a. Periodos de prácticas

b. Superación de pruebas físicas

c. Superación de cursos

d. Realización de entrevistas

1340. En caso de extinción de la relación de servicios como consecuencia de pérdida de la nacionalidad o jubilación por incapacidad permanente para el servicio, el interesado, una vez desaparecida la causa objetiva que la motivó, podrá solicitar la rehabilitación de su condición de funcionario:

a. Que será valorada por el órgano que dictó la extinción de la relación de servicios y responderá en un plazo no superior a tres meses

b. el interesado será informado de la aceptación o rechazo de la petición en un plazo no superior a seis meses

c. Que le será concedida

d. Ninguna respuesta es correcta

1341. Entre los requisitos generales que recoge el EBEP, para poder participar en los procesos selectivos se encuentra:

a. Tener cumplidos los 16 años

b. Tener cumplidos los 18 años

c. No tener cumplidos los 65 años

d. No tener cumplidos los 67 años

1342. En las ofertas de empleo público, se reservará, un cupo para discapacidad, según el RDL 5/2015:

a. 3 %

b. 6%

c. 7%

d. 10%

1343. En cuanto a la selección de personal para aquellas CC AA que tengan dos lenguas oficiales:

a. Se remite a las Leyes de Función Publica que desarrollen este Estatuto para que indiquen la obligatoriedad o no de acreditar el conocimiento de ambas lenguas

b. Indica que para cualquier tipo de Administración Pública cuya sede radique en una Comunidad Autónoma con dos lenguas oficiales, será requisito indispensable para participar en los procesos selectivos

c. Que deberán prever la selección de empleados públicos debidamente capacitados para cubrir estos puestos de trabajo

d. el EBEP no hace referencia a las CC AA con dos lenguas oficiales en relación a la selección de personal

1344. Indica la INCORRECTA, en relación a la rehabilitación de un funcionario condenado a la pena principal o accesoria de inhabilitación:

a. Tiene carácter excepcional

b. Sólo es posible cuando la inhabilitación es especial

c. Lo podrán conceder los órganos de gobierno de las Administraciones Públicas

d. Es a solicitud del interesado

1345. Sobre los sistemas selectivos según el EBEP. Las pruebas podrán consistir en:

a. la comprobación de conocimientos y la capacidad analítica de los aspirantes

b. Superación de pruebas físicas

c. Comprobación del dominio de lenguas extranjeras

d. Todas son correctas

1346. Señala la INCORRECTA. La jubilación de los funcionarios podrá ser:

a. Voluntaria, a solicitud del funcionario

b. Forzosa, al cumplir los 67 años de edad

c. Por la declaración de incapacidad permanente para el ejercicio de las funciones propias de su cuerpo o escala, o por el reconocimiento de una pensión de incapacidad permanente absoluta o, incapacidad permanente total en relación con el ejercicio de las funciones de su cuerpo o escala

d. Todas son correctas

1347. La renuncia voluntaria a la condición de funcionario:

a. Habrá de ser manifestada por escrito u oralmente y será aceptada expresamente por la Administración, salvo excepciones

b. Habrá de ser manifestada por escrito u oralmente y será aceptada expresamente por la Administración, en todo caso

c. Habrá de ser manifestada por escrito y será aceptada expresamente por la Administración, salvo excepciones

d. Habrá de ser manifestada por escrito y será aceptada expresamente por la Administración, en todo caso

1348. Sobre los sistemas selectivos según el EBEP. Las pruebas podrán consistir en (indique cuál NO):

a. Comprobación de la capacidad analítica de los aspirantes

b. Reconocimientos médicos

c. Superación de pruebas físicas

d. Comprobación del dominio de lenguas extranjeras

1349. La renuncia de la condición de funcionario NO podrá aceptarse si:

a. No se encuentre dentro de ninguna causa prevista para la pérdida de la condición de funcionario

b. Se haya dictado en su contra apertura de juicio oral por la comisión de algún delito

c. Ambas son correctas

d. Ninguna lo es

1350. Sobre la jubilación forzosa, es FALSO:

a. Se declarará de oficio al cumplir los 65 años de edad

b. Se podrá solicitar la prolongación de la permanencia en el servicio activo como máximo hasta que se cumplan 70 años

c. la Administración Pública competente deberá resolver de forma favorable la solicitud de la prolongación

d. Todas son correctas

1351. En un órgano de selección, puede ostentarse la representación por cuenta de otro: según el EBEP:

a. Sí, en todo caso

b. No, en ningún caso

c. Sí, siempre que sea funcionario de carrera

d. Sí, siempre que lo haga en representación de una organización sindical

1352. Según el Real Decreto 5/2015 del 30 de octubre. Todos los ciudadanos tienen derecho al acceso al empleo público de acuerdo con los principios constitucionales de igualdad, mérito y capacidad, y de acuerdo con lo previsto en:

a. la Constitución y el resto del ordenamiento jurídico

b. el presente Estatuto y el resto del ordenamiento jurídico

c. Los reglamentos y convenios que les sean de aplicación

d. Las leyes de Función Pública que se dicten en desarrollo del presente Estatuto

1353. Sería INCORRECTO afirmar en relación a la jubilación que:

a. Se podrá solicitar la prolongación de la permanencia en el servicio activo como máximo hasta que se cumplan 70 años
b. la jubilación de los funcionarios podrá ser voluntaria, forzosa o por incapacidad temporal
c. la jubilación forzosa se declarará al cumplir los 65 años de edad
d. Todas son correctas

1354. Sobre los requisitos que deben cumplir las personas con discapacidad para la obtención de su plaza:

a. Superar proceso selectivo, acreditar capacidad y acreditar compatibilidad con el desempeño de las tareas
b. Superar proceso selectivo, acreditar discapacidad y acreditar compatibilidad con el desempeño de las tareas
c. Superar proceso selectivo, acreditar compatibilidad con el desempeño de las tareas
d. Acreditar discapacidad y acreditar compatibilidad con el desempeño de las tareas

1355. Una vez realizada la toma de posesión, si el funcionario pierde la nacionalidad que fuera tenida en cuenta para el nombramiento, pierde la condición de funcionario:

a. No, una vez superada la fase de toma de posesión, el funcionario mantendría esa condición incluso tras la pérdida de la nacionalidad
b. En todo caso, el funcionario que pierda la nacionalidad, pierde la condición de funcionario
c. el funcionario que pierda la nacionalidad, pierde la condición de funcionario, salvo excepciones
d. Ninguna respuesta es correcta

1356. Un funcionario condenado a la pena principal o accesoria de inhabilitación, podrá ser rehabilitado:

a. Con carácter ordinario, atendiendo a las circunstancias y entidad del delito cometido, por el juez que dictó la sentencia
b. Con carácter extraordinario, a petición del interesado y por los órganos de gobierno de las Administraciones Públicas
c. Con carácter ordinario, a petición de la Adminsitración, por razones de interés general y que podrá ser concedido por los órganos de gobierno de las Administraciones Públicas
d. Con carácter extraordinario, a petición de la Administración y será concedido por el juez que dictó la sentencia

1357. Produce la pérdida de la condición de funcionario respecto a todos los empleos o cargos que tuviere, cuando la sentencia hubiere adquirido firmeza la pena principal o accesoria de inhabilitación...:

a. absoluta
b. especial
c. parcial

1358. Edad mínima y máxima para participar en un proceso selectivo:

a. mín.16 y máximo 67
b. mín.18 y máximo 67
c. mín.16 y máximo la de jubilación forzosa
d. mín.18 y máximo la de jubilación forzosa

1359. Se pueden establecer adaptaciones y ajustes de tiempos y medios en el proceso selectivo, para personas con discapacidad:

a. No, en ningún caso. Los medios y los tiempos con los que contarán las personas con discapacidad, serán los mismos que para cualquier otro aspirante
b. Cada Administración adoptará medidas las precisas y que sean razonables para el ajuste de tiempos y medios
c. Cada Administración adoptará medidas las precisas y que sean razonables para el ajuste de tiempos. Los medios con los que contarán las personas con discapacidad, serán los mismos que para cualquier otro aspirante
d. Ninguna de las tres es correcta

1360. Para el personal funcionario de carrera ¿podrá haber sistemas selectivos basados en el sistema de concurso, valorando únicamente los méritos?

a. No, es necesario que superen el proceso selectivo correspondiente que podrá consistir en la comprobación de conocimientos y en la capacidad analítica de los aspirantes
b. No, los sistemas selectivos de los funcionarios de carrera serán los de oposición y concurso-oposición que deberán incluir, en todo caso, una o varias pruebas para determinar la capacidad de los aspirantes y establecer el orden de prelación
c. Sí, sólo en virtud de Ley y con carácter excepcional
d. Sí, por razones de interés general y si la convocatoria, así específicamente lo indica

1361. Podrán formar parte de los órganos de selección:

a. Personal laboral
b. Personal directivo o de designación política
c. Personal eventual
d. Todas son correctas

1362. Sobre el personal funcionario de carrera, para establecer un sistema selectivo basado sólo en concurso, valorando únicamente los méritos, será necesario hacerlo en virtud de ley:

a. Sí, en todo caso y tiene carácter excepcional
b. No, en ningún caso
c. No, salvo excepciones
d. Sí, siempre que haya más de un aspirante para el mismo puesto

1363. ¿Es posible eximir del requisito de nacionalidad para el acceso al empleo público?

a. Sólo por RD del Consejo de Ministros
b. Por razones expresamente justificadas de necesidad y urgencia
c. Ambas son correctas
d. Ninguna lo es

1364. Señala la INCORRECTA. La jubilación de los funcionarios podrá ser:

a. Voluntaria, a solicitud del funcionario
b. Forzosa, al cumplir la edad legalmente establecida
c. Por la declaración de incapacidad temporal para el ejercicio de las funciones propias de su cuerpo o escala, o por el reconocimiento de una pensión de incapacidad permanente absoluta o, incapacidad permanente total en relación con el ejercicio de las funciones de su cuerpo o escala
d. Todas son correctas

1365. En aquellos procesos selectivos que incluyan la valoración de méritos, la puntuación que se otorgue en este sentido:

a. Podrá determinar por sí sola el resultado del proceso selectivo
b. No determinará, en ningún caso, por sí misma el resultado del proceso selectivo
c. No determinará, en ningún caso, por sí misma el resultado del proceso selectivo, salvo las excepciones establecidas en esta u otras Leyes
d. Podrá determinar por sí sola el resultado del proceso selectivo, salvo que en la convocatoria se indique lo contrario

1366. Un funcionario condenado a la pena principal o accesoria de inhabilitación, podrá ser rehabilitado:

a. Por el juez que dictó la sentencia, a petición de la Administración Pública
b. Por los órganos de gobierno de las Administraciones Públicas, a petición del interesado
c. Por el juez que dictó la sentencia, a petición del interesado
d. Por los órganos de gobierno de las Administraciones Públicas, a de la Administración

1367. En un órgano de selección, puede ser la representación en nombre de una organización sindical:

a. Sí, siempre que el representante designado sea funcionario de carrera y tenga la formación requerida para formar parte de dicho órgano
b. Sí, siempre que se ajuste a los principios de imparcialidad y profesionalidad de sus miembros
c. No, en ningún caso
d. No, salvo excepciones

1368. La reserva del mínimo del siete por ciento se realizará de manera que, al menos, el dos por ciento de las plazas ofertadas lo sea para ser cubiertas por personas que acrediten discapacidad intelectual y el resto de las plazas ofertadas:

a. Lo sea para personas que acrediten cualquier otro tipo de discapacidad o a la oferta de turno libre según el caso
b. Lo sea para personas que acrediten cualquier otro tipo de discapacidad
c. Serán añadidas a la oferta de turno libre
d. Lo sea para personas que acrediten cualquier otro tipo de discapacidad o se destinarán a promoción interna

1369. Pueden los nacionales de los Estados miembros de la UE acceder, como personal funcionario a los empleos públicos:

a. Sí, en igualdad de condiciones que los españoles

b. Sí, en igualdad de condiciones que los españoles, con excepción de aquellos que directa o indirectamente impliquen una participación en el ejercicio del poder público

c. No, sólo aquéllos que se encuentren nacionalizados españoles

d. No, salvo que sea cónyuge de español

1370. NO es causa de pérdida de la condición de funcionario de carrera:

a. la pena principal o accesoria de inhabilitación parcial o especial para cargo público que tuviere carácter firme

b. la renuncia a la condición de funcionario

c. la jubilación total del funcionario

d. Todas son correctas

1371. Procederá la jubilación voluntaria a partir de qué edad:

a. 60 años   b. 65 años

c. 67 años   d. Otra

1372. La jubilación forzosa se declara:

a. ...al cumplir los 60 años de edad y se podrá solicitar la prolongación hasta los 67

b. ...al cumplir los 67 años de edad y se podrá solicitar la prolongación hasta los 70

c. ...al cumplir los 65 años de edad y se podrá solicitar la prolongación hasta los 70

d. ...al cumplir los 66 años de edad y se podrá solicitar la prolongación hasta los 70

1373. Cuando hubiere adquirido firmeza la sentencia que lo imponga la pena principal o accesoria de inhabilitación absoluta, produce la pérdida según el EBEP de:

a. Todos los cargos que tuviere

b. Todos los cargos que se especifiquen en la sentencia

c. Los cargos que se especifiquen en la sentencia e imposiblita el acceso de nuevo a la condición de funcionario

d. Todos los cargos que tuviere e imposibilita el acceso de nuevo a la condición de funcionario

1374. Tras la superación del proceso selectivo, requisitos para adquirir la condición de funcionario de carrera:

a. Acto de acatamiento de la Constitución y, en su caso, del Estatuto de Autonomía correspondiente y del resto del Ordenamiento Jurídico. Nombramiento por el órgano o autoridad competente, que será publicado en el Diario Oficial correspondiente.Toma de posesión dentro del plazo que se establezca

b. Nombramiento por el órgano o autoridad competente, que será publicado en el Diario Oficial correspondiente. Acto de acatamiento de la Constitución y, en su caso, del Estatuto de Autonomía correspondiente y del resto del Ordenamiento Jurídico. Toma de posesión dentro del plazo que se establezca

c. Nombramiento por el órgano o autoridad competente, que será publicado en el Diario Oficial correspondiente. Toma de posesión dentro del plazo que se establezca. Acto de acatamiento de la Constitución y, en su caso, del Estatuto de Autonomía correspondiente y del resto del Ordenamiento Jurídico

1375. Para establecer un sistema selectivo basado sólo en concurso, valorando únicamente los méritos, será necesario hacerlo en virtud de ley:

a. Sí, en todo caso

b. En ningún caso será necesaria una ley para realizar este tipo de proceso selectivo

c. Sólo para el personal funcionario de carrera

d. Sólo para el personal laboral fijo

1376. Los órganos de selección serán colegiados y su composición deberá ajustarse a los principios de:

a. Idoneidad   b. Imparcialidad

c. Serán paritarios   d. Ninguna es correcta

1377. El Título IV del EBEP, se llama:

a. Clases de personal al servicio de las Administraciones Públicas

b. Adquisición y pérdida de la relación de servicio

c. Derechos y deberes. Código de conducta de los empleados públicos

d. Ordenación de la actividad profesional

1378. El cónyuge de un nacional de otro Estado UE podrá acceder como personal funcionario en igualdad de condiciones que un español:

a. Sólo como personal laboral

b. Sí, cualquiera que sea su nacionalidad y cualquiera que sea el tipo de puesto al que se acceda

c. Sí, cualquiera que sea su nacionalidad, salvo para aquellos puestos de trabajo que impliquen una participación en el ejercicio del poder público o en las funciones que tienen por objeto la salvaguardia de los intereses del Estado

d. No, en ningún caso

1379. Sobre las plazas reservadas para personas con discapacidad,

a. la reserva del mínimo del 2% se realizará de manera que, al menos, el siete por ciento de las plazas ofertadas lo sea para ser cubiertas por personas que acrediten discapacidad intelectual y el resto de las plazas ofertadas lo sea para personas que acrediten cualquier otro tipo de discapacidad

b. la reserva del mínimo del 7% se realizará de manera que, al menos, el dos por ciento de las plazas ofertadas lo sea para ser cubiertas por personas que acrediten discapacidad intelectual y el resto de las plazas ofertadas lo sea para turno libre

c. la reserva del mínimo del 10% se realizará de manera que, al menos, el tres por ciento de las plazas ofertadas lo sea para ser cubiertas por personas que acrediten discapacidad intelectual y el resto de las plazas ofertadas lo sea para personas que acrediten cualquier otro tipo de discapacidad

d. la reserva del mínimo del 7% se realizará de manera que, al menos, el dos por ciento de las plazas ofertadas lo sea para ser cubiertas por personas que acrediten discapacidad intelectual y el resto de las plazas ofertadas lo sea para personas que acrediten cualquier otro tipo de discapacidad

1380. Según el EBEP todos los ciudadanos tienen derecho al acceso al empleo público de acuerdo con los principios constitucionales de:

a. Igualdad, mérito, capacidad y publicidad

b. Igualdad, mérito y capacidad

c. Igualdad, mérito y publicidad

d. Igualdad, mérito, capacidad e idoneidad

1381. Puede eximirse del requisito de nacionalidad para el acceso al empleo público:

a. En ningún caso, se podrá eximir del requisito de nacionalidad, para el acceso al empleo público

b. En cualquier caso se podrá eximir del requisito de nacionalidad, por razones de interés general, para el acceso a la condición de personal funcionario

c. Sólo por Ley de las Cortes Generales o de las Asambleas Legislativas de las CC AA y por razones de interés general, podrá eximirse del requisito de nacionalidad, para el acceso a la condición de personal funcionario

1382. Los órganos de selección serán colegiados y su composición se ajustará a estos principios, EXCEPTO:

a. Imparcialidad

b. Igualdad

c. Tenderán a la paridad entre mujer y hombre

d. Todas son correctas

1383. La Administración tiene la obligación de aceptar la renuncia voluntaria de la condición de funcionario:

a. Sí, siempre que se realice por escrito

b. Sí, se podrá realizar por escrito u oralmente

c. No, si el funcionario está sujeto a expediente disciplinario

d. No, salvo que reúna en ese momento las causas previstas para la pérdida de la condición de funcionario de carrera

1384. Los siguientes tienen expresamente prohibido formar parte de los órganos de selección, EXCEPTO:

a. Personal laboral

b. Funcionarios interinos

c. Personal eventual

d. Personal de elección o designación política

1385. Las Administraciones seleccionarán a su personal funcionario y laboral mediante procedimientos en los que se garanticen los principios constitucionales antes expresados (igualdad, mérito y capacidad), así como éstos (Cuál NO):

a. Publicidad

b. Transparencia

c. Idoneidad

d. Agilidad

1386. En caso de extinción de la relación de servicios como consecuencia de pérdida de la nacionalidad o jubilación por incapacidad permanente para el servicio, podrá el interesado solicitar la rehabilitación de su condición de funcionario:

a. Una vez desaparecida la causa objetiva que motivó la extinción, la podrá solicitar la rehabilitación de su condición de funcionario, la Administración Pública competente deberá de resolver de forma motivada la aceptación o denegación de la

b. Una vez desaparecida la causa objetiva que motivó la extinción, la podrá solicitar la rehabilitación de su condición de funcionario, que le será concedida

c. No, en caso de extinción como consecuencia de lo anteriormente indicado, no es posible la rehabilitación de la condición de funcionario

d. En el caso de pérdida de la nacionalidad, una vez recuperada, el funcionario, podrá solicitar la rehabilitación de la condición de funcionario. En el caso de incapacidad permanente no

1387. Señala la INCORRECTA. La jubilación de los funcionarios podrá ser:

a. Voluntaria, a solicitud del funcionario

b. Forzosa, al cumplir la edad legalmente establecida

c. Por la declaración de incapacidad permanente para el ejercicio de las funciones propias de su cuerpo o escala, o por el reconocimiento de una pensión de incapacidad permanente absoluta o, incapacidad permanente total en relación con el ejercicio de las funciones de su cuerpo o escala

d. Todas son correctas

1388. Sobre el personal laboral fijo, para establecer un sistema selectivo basado sólo en concurso, valorando únicamente los méritos, será necesario hacerlo en virtud de ley:

a. Sí, en todo caso y tiene carácter excepcional

b. No, no es necesario

c. No es necesario, salvo que concurran más de un aspirante al mismo puesto

d. Ninguna respuesta es correcta

1389. Sobre las plazas reservadas para personas con discapacidad,

a. la reserva del mínimo del dos por ciento se realizará de manera que, al menos, el siete por ciento de las plazas ofertadas lo sea para ser cubiertas por personas que acrediten discapacidad intelectual y el resto de las plazas ofertadas lo sea para personas que acrediten cualquier otro tipo de discapacidad

b. la reserva del mínimo del siete por ciento se realizará de manera que, al menos, el dos por ciento de las plazas ofertadas lo sea para ser cubiertas por personas que acrediten discapacidad intelectual y el resto de las plazas ofertadas lo sea para personas que acrediten cualquier otro tipo de discapacidad

c. la reserva del mínimo del dos por ciento se realizará de manera que, al menos, el cinco por ciento de las plazas ofertadas lo sea para ser cubiertas por personas que acrediten discapacidad intelectual y el resto de las plazas ofertadas lo sea para personas que acrediten cualquier otro tipo de discapacidad

1390. Señala la INCORRECTA. Los órganos de selección, serán colegiados y su composición deberá ajustarse a los principios de:

a. Imparcialidad

b. Profesionalidad

c. Tenderán a la paridad entre mujer y hombre

d. Todas son correctas

1391. Indica la respuesta correcta en relación a los sistemas selectivos. Las pruebas podrán consistir en:

a. Superación de pruebas físicas

b. Comprobación del dominio de lenguas extranjeras

c. Superación de un periodo de prueba

d. Son correctas A y B

1392. Un funcionario condenado a la pena principal o accesoria de inhabilitación, podrá ser rehabilitado:

a. Por el juez que dictó la sentencia

b. A petición de la Administración Pública

c. Ya sea por inhabilitación absoluta o especial

d. Con carácter ordinario

1393. La negociación colectiva de condiciones de trabajo de los funcionarios públicos que estará sujeta a los principios de ...

a. Discrecionalidad, cobertura presupuestaria, voluntariedad, buena fe negocial, publicidad y transparencia

b. Arbitrariedad, cobertura presupuestaria, voluntariedad, buena fe negocial, publicidad y transparencia

c. Legalidad, cobertura presupuestaria, obligatoriedad, buena fe negocial, publicidad y transparencia

d. Legalidad, cobertura presupuestaria, voluntariedad, buena fe negocial, publicidad y transparencia

1394. Quién podrá acceder como personal laboral en igualdad de condiciones que los españoles:

a. Los nacionales de los Estados miembros de la UE y los cónyuges de españoles cualquiera que sea su nacionalidad

b. Los nacionales de los Estados miembros de la UE, los cónyuges de españoles u otro Estado miembro de la UE, cualquiera que sea su nacionalidad

c. Los nacionales de los Estados miembros de la UE y los cónyuges de españoles u otro Estado miembro de la UE, cualquiera que sea su nacionalidad, así como sus descendientes

d. Los nacionales de los Estados miembros de la UE y los cónyuges de españoles u otro Estado miembro de la UE, cualquiera que sea su nacionalidad, así como sus descendientes y además, los extranjeros con residencia legal en España

1395. Es posible prolongar la permanencia en el servicio activo una vez superada la edad de jubilación forzosa:

a. Sí en todo caso, se podrá ampliar hasta los 70 años

b. Se podrá solicitar la prolongación de la permanencia en el servicio activo como máximo hasta que se cumplan 70 años, en los términos de las Leyes de Función Pública que se dicten en desarrollo de este Estatuto

c. No, una vez superada la edad de jubilación forzosa se declara de oficio por la Administración sin que ésta se pueda ampliar

d. No, salvo en determinados ámbitos definidos en el presente Estatuto en los que se podrá solicitar la ampliación hasta los 70 años

1396. produce la pérdida de la condición de funcionario respecto a todos los empleos o cargos que tuviere, cuando la sentencia hubiere adquirido firmeza:

a. la pena principal de inhabilitación absoluta

b. la pena accesoria de inhabilitación absoluta

c. Ambas son correctas

d. Ninguna lo es

1397. Los sistemas selectivos de funcionarios de carrera serán:

a. Concurso-oposición

b. Concurso

c. Ambas son correctas

d. Ninguna lo es

1398. Es posible eximir del requisito de nacionalidad para el acceso al empleo público:

a. Sólo por Ley de las Cortes Generales o de las Asambleas Legislativas de las CC AA

b. Por razones expresamente justificadas de necesidad y urgencia

c. Ambas son correctas

d. Ninguna lo es

1399. Indica la respuesta INCORRECTA en relación a los sistemas selectivos. Las pruebas podrán consistir en:

a. Comprobación de conocimientos

b. Superación de pruebas físicas

c. Superación de un examen psicotécnico

d. Comprobación de la capacidad analítica

1400. Los procesos selectivos tendrán carácter abierto y garantizarán la libre concurrencia:

a. En todo caso

b. Salvo excepciones

c. En ningún caso

d. Ninguna es correcta

1401. La planificación de los recursos humanos en las Administraciones Públicas tendrá como objetivo contribuir a la consecución de:

a. Medidas de movilidad, entre las cuales podrá figurar la suspensión de incorporaciones de personal externo a un determinado ámbito o la convocatoria de concursos de provisión de puestos limitados a personal de ámbitos que se determinen

b. Medidas de promoción interna y de formación del personal y de movilidad forzosa de conformidad con lo dispuesto en el capítulo III del presente título de este Estatuto

c. la eficiencia en la utilización de los recursos económicos

d. Las tres son correctas

1402. pueden las Administraciones Públicas asignar a su personal funciones, tareas o responsabilidades distintas a las correspondientes al puesto de trabajo que desempeñen:

a. No, en ningún caso

b. Sí, en todo caso

c. Cuando las necesidades del servicio lo justifiquen

d. Sí, de acuerdo a las normas de estructuración de recursos humanos

1403. Las necesidades de recursos humanos, con asignación presupuestaria, que deban proveerse mediante la incorporación de personal de nuevo ingreso serán objeto de la Oferta de empleo público, o a través de otro instrumento similar de gestión de la provisión de las necesidades de personal, lo que comportará la obligación de convocar los correspondientes procesos selectivos para las plazas comprometidas y hasta qué porcentaje adicional:

a. 50%   b. 30%   c. 20%   d. 10%

1404. La Oferta de empleo público, que se aprobará por los órganos de Gobierno de las Administraciones, deberá ser publicada en el Diario oficial correspondiente cada:

a. año   b. 2 años   c. 3   d. 5

1405. Sobre la clasificación de los cuerpos y escalas:

a. Los cuerpos y escalas se clasifican, por Ley de Cortes Generales o de las Asambleas Legislativas de las CC AA

b. Los cuerpos y escalas se clasifican, de acuerdo con la titulación exigida

c. Los cuerpos y escalas se clasifican, de acuerdo las competencias, capacidades y conocimientos comunes

d. Los cuerpos y escalas se clasifican, de acuerdo a las relaciones de puestos de trabajo

1406. Titulación exigida para el Subgrupo A2:

a. Título universitario de Grado

b. Título universitario de Técnico Superior

c. Título de Ingeniero Técnico

d. Título de Bachiller o Técnico

1407. La Oferta de empleo público o instrumento similar, que se aprobará anualmente por los órganos de Gobierno de las Administraciones Públicas, deberá ser publicada:

a. En el BOE en todo caso y en el Diario Oficial correspondiente

b. En el Diario Oficial de la Comunidad Autónoma en todo caso y en el Diario Oficial correspondiente

c. En el BOE en todo caso

d. En el Diario oficial correspondiente

1408. Señala la INCORRECTA. Los funcionarios se agrupan en cuerpos, escalas, especialidades u otros sistemas que incorporen:

a. Titulación

b. Capacidades

c. Conocimientos comunes

d. Las tres son correctas

1409. La Oferta de empleo público o instrumento similar, que se aprobará por los órganos de Gobierno de las Administraciones Públicas, deberá ser publicada en el Diario oficial:

a. En el plazo improrrogable de tres años

b. En el plazo improrrogable de cinco años

c. Bianualmente

d. Anualmente

1410. Señala la INCORRECTA. Los funcionarios se agrupan en cuerpos, escalas, especialidades u otros sistemas que incorporen:

a. Competencias

b. Capacidades

c. Conocimientos transversales

d. Las tres son correctas

1411. En qué Grupo o Subgrupo, se encuadra a un funcionario que para el acceso a su puesto, se le haya exigido el título de Bachiller o Técnico:

a. C1 y C2   b. C1   c. C2

1412. Plazo mínimo de ocupación de los puestos obtenidos por concurso para poder participar en otros concursos de provisión de puestos:

a. 6 meses

b. 2 años

c. 5 años

d. el que establezcan las leyes de Función Pública que se dicten en desarrollo del presente Estatuto

1413. Señala la INCORRECTA. Los funcionarios se agrupan en cuerpos, escalas, especialidades u otros sistemas que incorporen:

a. Competencias

b. Méritos

c. Conocimientos comunes

d. Las tres son correctas

1414. Según el artículo 70 del EBEP, la ejecución de la oferta de empleo público o instrumento similar:

a. Deberá desarrollarse dentro del plazo improrrogable de tres años

b. Deberá desarrollarse dentro del plazo improrrogable de tres años, excepto causa de interés público

c. Deberá desarrollarse dentro del plazo improrrogable de cinco años

d. Deberá desarrollarse dentro del plazo improrrogable de cinco años, excepto causa de interés público

1415. En la libre designación con convocatoria pública, el órgano competente:

a. Podrá recabar la intervención de especialistas que permitan apreciar la idoneidad de los candidatos

b. Deberá recabar la intervención de especialistas que permitan apreciar la idoneidad de los candidatos

c. Recabará la intervención de especialistas que autorizarán la idoneidad de los candidatos

d. No será necesaria, la intervención de especialistas que aprecien la idoneidad de los candidatos

1416. En los supuestos de remoción o supresión del puesto de trabajo obtenido por concurso, en relación a la movilidad voluntaria de los funcionarios entre Administraciones Públicas:

a. el funcionario deberá solicitar el reingreso al servicio activo en su Administración de origen

b. el funcionario permanecerá en la Administración de destino, que deberá asignarles un puesto de trabajo conforme a los sistemas de carrera y provisión de puestos vigentes en dicha Administración

c. la Administración de destino, podrá acordar la adscripción del funcionario a otro puesto de la misma o le comunicará que no va a hacer efectiva dicha adscripción

d. el funcionario permanecerá en la Administración de origen, que deberá asignarle un nuevo puesto conforme a los sistemas de carrera de dicha Administración

1417. La situación administrativa de servicio en otras Administraciones Públicas es para:

a. Funcionarias víctimas de violencia de género, que hayan solicitado el traslado a otra Administración para hacer efectiva su protección

b. Funcionarios de carrera que obtengan destino en otra Administración Pública a través de los procedimientos de movilidad voluntaria entre Administraciones Públicas

c. Los funcionarios de carrera cuando sean adscritos a los servicios del Tribunal Constitucional o del Defensor del Pueblo o destinados al Tribunal de Cuentas

d. Los funcionarios que presten servicios en su condición de funcionarios públicos cualquiera que sea la Administración u organismo público o entidad en el que se encuentren destinados

1418. En el supuesto de cese del puesto obtenido por libre designación, en relación a la movilidad voluntaria de los funcionarios entre Administraciones Públicas:

a. Permanecerán en la Administración de destino, que deberá asignarles un puesto de trabajo conforme a los sistemas de carrera y provisión de puestos vigentes en dicha Administración

b. la Administración de destino en el plazo máximo de un mes a contar desde el día siguiente al del cese, podrá acordar la adscripción del funcionario a otro puesto de la misma o le comunicará que no va a hacer efectiva dicha adscripción

c. la Administración de origen en el plazo máximo de un mes, deberá asignarle un puesto de trabajo conforme a los sistemas de carrera y provisión de puestos vigentes en dicha Administración

d. el funcionario deberá solicitar en el plazo máximo de un mes el reingreso al servicio activo en su Administración de origen

1419. Señala la INCORRECTA. La planificación de los recursos humanos en las Administraciones Públicas tendrá como objetivo contribuir a la consecución de la eficacia y la eficiencia, mediante:

a. Mediante la dimensión adecuada de sus efectivos y su mejor distribución

b. Mediante la mejor formación de sus efectivos

c. Mediante la definición del plan de carrera de sus efectivos

d. Las tres son correctas

1420. Un funcionario del Grupo C, qué titulación ha necesitado para el acceso a ese cuerpo o escala:

a. Título de Bachiller o Técnico Superior o el Graduado en Educación Secundaria Obligatoria, dependiendo del Subgrupo

b. Título de Bachiller o Técnico o el Graduado en Educación Secundaria Obligatoria, dependiendo del Subgrupo

c. Título de Bachiller o Técnico

d. Título de Educación Secundaria Obligatoria

1421. Señala la INCORRECTA. Pueden las Administraciones Públicas trasladar a sus funcionarios, a unidades, departamentos u organismos públicos o entidades distintos a los de su destino:

a. De manera motivada, por necesidades de servicio o funcionales

b. Respetando sus retribuciones y sus condiciones esenciales de trabajo

c. Sin que pueda implicar cambio de residencia

d. Las tres son correctas

1422. Señala la INCORRECTA. Los cuerpos y escalas se clasifican, de acuerdo con la titulación exigida para el acceso a los mismos, en los siguientes grupos:

a. Grupo A, dividido en dos Subgrupos A1 y A2

b. Grupo B

c. Grupo C, dividido en dos Subgrupos C1 y C2

d. Las tres son correctas

1423. La provisión de puestos de trabajo en cada Administración Pública se llevará a cabo por los procedimientos de:

a. Oposición y concurso-oposición

b. Concurso-oposición y de libre designación

c. Libre designación

d. Concurso y de libre designación con convocatoria pública

1424. La Oferta de empleo público o instrumento similar:

a. No podrá contener medidas derivadas de la planificación de recursos humanos

b. Podrá contener medidas derivadas de la planificación de recursos humanos

c. Contendrá medidas derivadas de la planificación de recursos humanos

d. Ninguna respuesta es correcta

1425. Se puede crear, modificar o suprimir un cuerpo o escala de funcionario por Ley de las Asambleas Legislativas de las CC AA:

a. No, es necesario hacerlo a nivel estatal, por lo que será necesario aprobarlo por Ley de las Cortes Generales o Decreto Ley

b. No, es necesario hacerlo a nivel estatal, por lo que será necesario aprobarlo por Ley de las Cortes Generales

c. Sí, en todo caso

d. Sí, o por Ley de las Cortes Generales, según corresponda

1426. Los cuerpos y escalas de funcionarios se crean, modifican y suprimen por:

a. Ley de las Cortes Generales

b. Ley de las Asambleas Legislativas de las CC AA

c. Ninguna de las dos

d. Ambas son correctas

1427. Sobre la movilidad voluntaria de los funcionarios entre Administraciones Públicas, en el supuesto de cese del puesto obtenido por libre designación, es INCORRECTO que:

a. la Administración de destino, en el plazo máximo de un mes a contar desde el día siguiente al del cese, podrá acordar la adscripción del funcionario a otro puesto de la misma o le comunicará que no va a hacer efectiva dicha adscripción

b. En todo caso, durante este periodo se entenderá que continúa a todos los efectos en servicio activo en dicha Administración

c. Transcurrido el plazo citado sin que se hubiera acordado su adscripción a otro puesto, o recibida la comunicación de que la misma no va a hacerse efectiva, el funcionario deberá solicitar en el plazo máximo de un mes el reingreso al servicio activo en su Administración de origen

d. Las tres son correctas

1428. Las necesidades de recursos humanos, con asignación presupuestaria, que deban proveerse mediante la incorporación de personal de nuevo ingreso serán objeto de la Oferta de empleo público, o a través de otro instrumento similar de gestión de la provisión de las necesidades de personal, lo que comportará la obligación de convocar los correspondientes procesos selectivos para las plazas comprometidas y hasta un:

a. 20% adicional fijando el plazo máximo de la convocatoria de los mismos

b. 10% adicional fijando el plazo máximo de la convocatoria de los mismos

c. 20% adicional fijando el plazo mínimo de la convocatoria de los mismos

d. 10% adicional fijando el plazo mínimo de la convocatoria de los mismos

1429. Quién podrá aprobar los criterios generales a tener en cuenta para llevar a cabo las homologaciones necesarias para hacer posible la movilidad voluntaria entre Administraciones Públicas:

a. la Administración General del Estado

b. Las Cortes Generales

c. el Consejo de Ministros

d. la Conferencia Sectorial de Administración Pública

1430. Podrá aprobar los criterios generales a tener en cuenta para llevar a cabo las homologaciones necesarias para hacer posible la movilidad voluntaria entre Administraciones Públicas:

a. la Administración General del Estado

b. la Administración Pública de destino

c. la Conferencia Sectorial de Administración Pública

d. el Consejo de Ministros

1431. En el supuesto de cese del puesto obtenido por libre designación, en relación a la movilidad voluntaria de los funcionarios entre Administraciones Públicas de qué plazo dispone la Administración de destino para acordar la adscripción del funcionario a otro puesto de la misma o comunicarle que no se va a hacer efectiva dicha adscripción:

a. Un mes a contra desde el día del cese

b. Un mes a contar desde el día siguiente al cese

c. 10 días a contar desde el día del cese

d. 10 días a contar desde el siguiente al cese

1432. Señala la INCORRECTA. Pueden las Administraciones Públicas asignar a su personal funciones, tareas o responsabilidades distintas a las correspondientes al puesto de trabajo que desempeñen:

a. Siempre que resulten adecuadas a su clasificación, grado o categoría

b. Cuando las necesidades del servicio lo exijan, sin necesidad de justificación

c. Sin merma en las retribuciones

d. Las tres son correctas

1433. Cuál será la titulación exigida para el Subgrupo A2:

a. Ingeniero Técnico

b. Técnico Superior

c. Formación Profesional

d. Ninguna respuesta es correcta

1434. El concurso, como procedimiento normal de provisión de puestos de trabajo, consistirá en la valoración de los méritos y capacidades y, en su caso, aptitudes de los candidatos por órganos colegiados de carácter técnico. La composición de estos órganos:

a. Será paritaria

b. Tendrá igual número de hombres que de mujeres

c. Se adecuará al criterio de paridad entre hombres y mujeres

d. Ninguna respuesta es correcta

1435. las Administraciones Públicas pueden trasladar a los funcionarios por necesidades de servicio o funcionales a unidades, departamentos u organismos públicos distintos a los de su destino:

a. No, en ningún caso. Podrán trasladar a los funcionarios por necesidades del servicio, pero no a una unidad departamento u organismo público distinto a los de su destino

b. Sí, en cualquier caso, siempre que se respeten sus condiciones esenciales de su trabajo y con el incremento proporcional de retribuciones

c. No, salvo que implique una promoción interna vertical, con el correspondiente incremento en las retribuciones

d. Sí, de manera motivada, respetando sus retribuciones y sus condiciones esenciales de trabajo

1436. Las Administraciones Públicas, podrán trasladar a sus funcionarios, por necesidades de servicio o funcionales, a unidades, departamentos u organismos públicos o entidades distintos a los de su destino, modificando, en su caso, la adscripción de los puestos de trabajo de los que sean titulares y según el EBEP, podrán hacerlo:

a. En cualquier caso y con un aumento en sus retribuciones

b. De manera motivada y con un aumento en sus retribuciones

c. En cualquier caso y respetando sus retribuciones y sus condiciones esenciales de trabajo

d. De manera motivada y respetando sus retribuciones y sus condiciones esenciales de trabajo

1437. Los titulares, funcionarios de carrera, de los puestos de trabajo provistos por el procedimiento de libre designación con convocatoria pública podrán ser cesados discrecionalmente. En caso de cese:

a. Quedarán en situación de servicios especiales

b. Se les deberá asignar un puesto de trabajo conforme al sistema de carrera profesional propio de cada Administración Pública y con las garantías inherentes de dicho sistema

c. Quedarán en situación de excedencia forzosa a la espera de destino y recibirán las retribuciones íntegras

d. Se les deberá asignar un puesto de trabajo en el mismo centro y en la misma ciudad donde veían desempeñando habitualmente sus funciones

1438. En el supuesto de cese del puesto obtenido por libre designación, en relación a la movilidad voluntaria de los funcionarios entre Administraciones Públicas, el EBEP indica que:

a. el funcionario permanecerá en la Administración de destino, que deberá asignarles un puesto de trabajo conforme a los sistemas de carrera y provisión de puestos vigentes en dicha Administración

b. el funcionario permanecerá en la Administración de origen, que deberá asignarles un puesto de trabajo conforme a los sistemas de carrera y provisión de puestos vigentes en dicha Administración

c. la Administración de destino, en el plazo máximo de un mes a contar desde el día siguiente al del cese, podrá acordar la adscripción del funcionario a otro puesto de la misma o le comunicará que no va a hacer efectiva dicha adscripción

d. el funcionario deberá solicitar en el plazo máximo de un mes el reingreso al servicio activo en su Administración de destino

1439. Un funcionario de carrera, que desempeñe un puesto de libre designación, podrá ser cesado:

a. No, al tratarse de un funcionario de carrera, no podrá ser cesado sino por las causas previstas en el artículo 63 o cuando finalice la causa que dio lugar a su nombramiento

b. Sí, discrecionalmente

c. No, al tratarse de un funcionario de carrera, sólo podrá ser cesado cuando se produzca el de la autoridad a la que se preste la función de confianza o asesoramiento

d. No, salvo que se decida la amortización del puesto que veía desempeñando

1440. Con el fin de lograr un mejor aprovechamiento de los recursos humanos, que garantice la eficacia del servicio que se preste a los ciudadanos, establecerán medidas de movilidad interadministrativa, preferentemente mediante convenio de Conferencia Sectorial u otros instrumentos de colaboración entre:

a. la Administración General del Estado

b. Las CC AA

c. Las Entidades Locales

d. Las tres son correctas

1441. la planificación de los recursos humanos en las Administraciones Públicas tendrá como objetivo contribuir a la consecución de:

a. la eficiencia en la prestación de los servicios

b. la eficacia en la utilización de los recursos económicos

c. Ambas son correctas

d. Ninguna lo es

1442. La libre designación con convocatoria pública:

a. Consiste en la apreciación discrecional por el órgano técnico colegiado de la idoneidad de los candidatos en relación con los requisitos exigidos para el desempeño del puesto

b. Consiste en la apreciación discrecional por el órgano competente de la idoneidad de los candidatos en relación con los requisitos exigidos para el desempeño del puesto

c. Consiste en la apreciación técnica y objetiva por el órgano competente de la idoneidad de los candidatos en relación con los requisitos exigidos para el desempeño del puesto

d. Consiste en la apreciación objetiva por el órgano colegiado de carácter técnico, de la idoneidad de los candidatos en relación con los requisitos exigidos para el desempeño del puesto

1443. Sobre la movilidad de los funcionarios de carrera, qué indica el EBEP respecto al traslado: señala la respuesta INCORRECTA:

a. el traslado siempre será voluntario

b. Se podrá trasladar por necesidades del servicio o funcionales

c. Se respetarán las retribuciones

d. Será de manera motivada

1444. Los cuerpos y escalas se clasifican, de acuerdo con la titulación exigida para el acceso a los mismos, en los siguientes grupos:

a. Grupo A, dividido en dos Subgrupos B1 y B2, Grupo C, dividido en dos Subgrupos C1 y C2 y Grupo D

b. Grupo A dividido en dos Subgrupos A1 y A2, Grupo B dividido en dos Subgrupos B1 y B2, Grupo C dividido en dos Subgrupos C1 y C2 y Grupo D
c. Grupo A dividido en dos Subgrupos A1 y A2, Grupo B y Grupo C dividido en dos Subgrupos C1 y C2
d. Grupo A dividido en dos Subgrupos A1 y A2, Grupo B, Grupo C dividido en dos Subgrupos C1 y C2 y Grupo D

1445. La provisión de puestos de trabajo en cada Administración Pública se llevará a cabo por los procedimientos de:

a. Libre designación con convocatoria pública
b. Concurso
c. Ninguna de las dos es correcta
d. Ambas lo son

1446. Señala la INCORRECTA. Las Administraciones Públicas podrán aprobar Planes para la ordenación de sus recursos humanos, que incluyan:

a. Análisis de las disponibilidades y necesidades de personal, tanto desde el punto de vista del número de efectivos, como del de los perfiles profesionales o niveles de cualificación de los mismos
b. Medidas de movilidad, entre las cuales no podrá figurar la suspensión de incorporaciones de personal externo a un determinado ámbito
c. Medidas de promoción interna y de formación del personal y de movilidad forzosa de conformidad con lo dispuesto en el capítulo III del presente título de este Estatuto
d. Las tres son correctas

1447. La Oferta de empleo público o instrumento similar, deberá ser publicada en el Diario oficial correspondiente, se aprobará anualmente por:

a. el presidente de los Órganos Colegiados de las Administraciones Públicas
b. Los órganos de Gobierno de las Administraciones Públicas
c. el presidente de los órganos de Gobierno de las Administraciones Públicas
d. Los órganos de Colegiados de las Administraciones Públicas

1448. Los cuerpos y escalas se clasifican de acuerdo con:

a. Las capacidades, competencias y conocimientos comunes
b. la titulación exigida
c. Las Relaciones de puestos de trabajo
d. la Ley

1449. Señala la INCORRECTA. La planificación de los recursos humanos en las Administraciones Públicas tendrá como objetivo contribuir a la consecución de la eficacia y la eficiencia, mediante:

a. la dimensión adecuada de sus efectivos y su mejor distribución

b. Disminución, en su caso, de los riesgos laborales
c. Promoción profesional y movilidad de sus efectivos
d. Las tres son correctas

1450. La Oferta de empleo público o instrumento similar, que se aprobará anualmente por los órganos de Gobierno de las Administraciones Públicas, deberá ser publicada:

a. En el BOE
b. En el BOE y en el Diario Oficial de la Comunidad Autónoma correspondiente
c. En el Diario oficial correspondiente
d. En el Diario Oficial de la Comunidad Autónoma correspondiente

1451. Señala la INCORRECTA en relación a la libre designación con convocatoria pública del personal funcionario de carrera:

a. el órgano competente para el nombramiento podrá recabar la intervención de especialistas que permitan apreciar la idoneidad de los candidatos
b. Una Ley de Cortes Generales o de las Asambleas Legislativas de las CC AA, establecerán los criterios para determinar los puestos que por su especial responsabilidad y confianza puedan cubrirse por el procedimiento de libre designación con convocatoria pública
c. Podrán ser cesados discrecionalmente
d. Las tres son correctas

1452. Las leyes de Función Pública que se dicten en desarrollo del presente Estatuto establecerán los criterios para determinar los puestos que puedan cubrirse por el procedimiento de libre designación con convocatoria pública:

a. Por su confianza o asesoramiento especial
b. Por su formación y experiencia
c. Por su especial responsabilidad y confianza
d. Por su mérito y capacidad

1453. Respecto al concurso no es correcto indicar, según lo dispuesto en el EBEP que:

a. Consistirá en la valoración de los méritos y capacidades y, en su caso, aptitudes de los candidatos por órganos colegiados de carácter técnico
b. Las leyes de Función Pública que se dicten en desarrollo del presente Estatuto establecerán el plazo máximo de ocupación de los puestos obtenidos por concurso para poder participar en otros concursos de provisión de puestos de trabajo
c. En el caso de supresión o remoción de los puestos obtenidos por concurso se deberá asignar un puesto de trabajo conforme al sistema de carrera profesional propio de cada Administración Pública y con las garantías inherentes de dicho sistema
d. la composición de los órganos que valoren los méritos y capacidades de los candidatos, responderá al principio de profesionalidad y especialización de sus miembros

1454. Señala la INCORRECTA en relación a la movilidad voluntaria de los funcionarios entre Administraciones, en el supuesto de cese del puesto obtenido por libre designación:

a. la Administración de origen, en el plazo máximo de un mes a contar desde el día siguiente al del cese, podrá acordar la adscripción del funcionario a otro puesto de la misma o le comunicará que no va a hacer efectiva dicha adscripción
b. En todo caso, durante este periodo se entenderá que continúa a todos los efectos en servicio activo en dicha Administración
c. Transcurrido el plazo citado sin que se hubiera acordado su adscripción a otro puesto, o recibida la comunicación de que la misma no va a hacerse efectiva, el funcionario deberá solicitar en el plazo máximo de un mes el reingreso al servicio activo en su Administración de origen
d. Las tres son correctas

1455. En el supuesto de cese del puesto obtenido por libre designación, en relación a la movilidad voluntaria de los funcionarios entre Administraciones:

a. el funcionario deberá solicitar el reingreso al servicio activo en su Administración de origen
b. el funcionario permanecerá en la Administración de destino
c. la Administración de destino, podrá acordar la adscripción del funcionario a otro puesto de la misma o le comunicará que no va a hacer efectiva dicha adscripción
d. el funcionario permanecerá en la Administración de origen, que deberá asignarle un nuevo puesto conforme a los sistemas de carrera de dicha Administración

1456. Indica la respuesta INCORRECTA Para la ordenación de los recursos humanos, las Administraciones Públicas podrán aprobar Planes que incluyan las siguientes medidas:

a. Medidas de formación profesional
b. la previsión de la incorporación de recursos humanos
c. Promover la promoción interna vertical
d. Suspensión de incorporaciones de personal externo a un determinado ámbito

1457. Señala la INCORRECTA en relación a los objetivos e instrumentos de la planificación de los recursos humanos en las Administraciones:

a. Un instrumento de la planificación de los recursos humanos es asegurar la eficiencia en la utilización de los recursos económicos
b. Es un objetivo de la planificación de los recursos humanos contribuir a la consecución de la eficacia en la prestación de los servicios
c. Para la ordenación de los recursos humanos, las Administraciones Públicas podrán aprobar un plan que incluya medidas de movilidad forzosa
d. Las tres son correctas

1458. Las Administraciones Públicas estructurarán su organización a través de:

a. Cuerpos, escalas, especialidades u otros sistemas
b. Relaciones de puestos de trabajo
c. a) y b) son incorrectas
d. a) y b) son correctas

1459. Para la ordenación de los recursos humanos, las Administraciones Públicas podrán aprobar Planes que incluyan las siguientes medidas:

a. Movilidad forzosa y promoción interna
b. Análisis de las disponibilidades de personal, teniendo en cuenta el número de efectivos y no su nivel de cualificación
c. Medidas para promover la carrera tanto horizontal como vertical
d. Las tres son correctas

1460. Los cuerpos y escalas se clasifican, de acuerdo con la titulación exigida para el acceso a los mismos, en diferentes grupos. para el acceso al Grupo C, cuál sería la titulación exigida:

a. Técnico Superior
b. Si se trata del Subgrupo C1, Bachiller o Técnico
c. Si se trata del Subgrupo C2, Graduado en Educación Secundaria Obligatoria
d. b) y c) son correctas

1461. En qué situación administrativa quedará un funcionario de carrera que obtenga destino en otra Administración Pública a través de los procedimientos de movilidad voluntaria entre Administraciones Públicas, respecto de su Administración de origen:

a. Excedencia voluntaria
b. Servicio en otras Administraciones Públicas
c. Servicio activo
d. Servicios especiales

1462. Con el fin de lograr un mejor aprovechamiento de los recursos humanos, que garantice la eficacia del servicio que se preste a los ciudadanos, la Administración General del Estado y las CC AA y las entidades locales:

a. Establecerán medidas de movilidad interadministrativa, preferentemente mediante convenio de Conferencia Sectorial u otros instrumentos de colaboración
b. Podrán establecer medidas de movilidad interadministrativa, preferentemente mediante convenio de Conferencia Sectorial u otros instrumentos de colaboración
c. Establecerán medidas de movilidad interadministrativa, mediante convenio de colaboración
d. Podrán establecer medidas de movilidad interadministrativa, mediante convenio de colaboración

1463. En qué Grupo o Subgrupo, se encuadra a un funcionario que para el acceso a su puesto, se le haya exigido el título de Técnico Superior:

a. A1   b. A2   c. B   d. B2

1464. Señala la INCORRECTA. Las Administraciones Públicas estructurarán su organización a través de relaciones de puestos de trabajo u otros instrumentos organizativos similares que comprenderán, al menos:

a. la denominación de los puestos
b. Los grupos de clasificación profesional, los cuerpos o escalas, en su caso, a que estén adscritos
c. Los sistemas de provisión y las retribuciones extraordinarias
d. Las tres son correctas

1465. El EBEP establece un plazo improrrogable de tres años para:

a. la ejecución de la oferta de empleo público
b. la convocatoria de la oferta de empleo público
c. la aprobación de Planes de ordenación de recursos humanos
d. la aprobación de medidas de promoción interna

1466. Señala la INCORRECTA. La libre designación con convocatoria pública:

a. Es el procedimiento un procedimiento de provisión de puestos de trabajo junto al concurso
b. Consiste en la apreciación discrecional por el órgano competente de la idoneidad de los candidatos en relación con los requisitos exigidos para el desempeño del puesto
c. Se valorarán los méritos y capacidades y, en su caso, aptitudes de los candidatos por órganos colegiados de carácter técnico
d. Las tres son correctas

1467. La Oferta de empleo público o instrumento similar, deberá ser publicada en el Diario oficial correspondiente, se aprobará anualmente por:

a. el Consejo de Ministros
b. el presidente de los Órganos Colegiados de las Administraciones Públicas
c. Los órganos de Gobierno de las Administraciones Públicas
d. el presidente de las Asambleas Legislativas de las CC AA

1468. Respecto a la movilidad voluntaria entre Administraciones Públicas, en el supuesto de cese del puesto obtenido por libre designación, de no solicitarse el reingreso al servicio activo en el plazo indicado será declarado de oficio en:

a. Servicio activo en la Administración Pública de origen
b. Suspensión de funciones
c. Excedencia voluntaria por interés particular
d. Servicios especiales a la espera de destino

1469. Las Administraciones Públicas, podrán trasladar a sus funcionarios, a unidades, departamentos u organismos públicos o entidades distintos a los de su destino, modificando, en su caso, la adscripción de los puestos de trabajo de los que sean titulares y según el EBEP, podrán hacerlo:

a. En caso de amortización del puesto, sin necesidad de justificación y respetando sus retribuciones
b. Por necesidades de servicio o funcionales, de manera motivada y respetando sus retribuciones
c. Por necesidades de servicio o funcionales, sin necesidad de justificación y con el incremento proporcional en sus retribuciones
d. Por cuestiones operativas, de manera motivada y con el incremento proporcional en sus retribuciones por traslado forzoso

1470. Qué titulación ha sido exigida para un funcionario del Grupo A:

a. Para el Subgrupo A2, se exigirá el título de Técnico Superior
b. Para el Subgrupo A1, se exigirá el título universitario de Grado
c. Tanto para el Subgrupo A1 como para el Subgrupo A2, se exige el título universitario de Grado
d. Ninguna respuesta es correcta

1471. Los cuerpos y escalas de funcionarios se crean, modifican y suprimen por:

a. Ley de las Cortes Generales o Real Decreto del Consejo de Ministros
b. Real Decreto del Consejo de Ministros u Orden Ministerial del Ministerio correspondiente
c. Ley de las Cortes Generales o Ley de las Asambleas Legislativas de las CC AA
d. Ley de las Cortes Generales o Decreto Ley

1472. Los funcionarios de carrera, titulares de los puestos de trabajo provistos por el procedimiento de libre designación con convocatoria pública podrán ser cesados:

a. Cuando cese el órgano competente que motivó su nombramiento
b. Discrecionalmente
c. Libremente, tendrá lugar, en todo caso, cuando se produzca el de la autoridad a la que se preste la función de confianza o asesoramiento
d. Se producirá, además de por las causas previstas en el artículo 63, cuando finalice la causa que dio lugar a su nombramiento

1473. En qué Grupo o Subgrupo, se encuadra a un funcionario que para el acceso a su puesto, se le haya exigido el título graduado en Educación Secundaria Obligatoria:

a. C1 y C2
b. C1
c. C2
d. D

1474. Pueden las Administraciones Públicas trasladar a sus funcionarios, a unidades, departamentos u organismos públicos o entidades distintos a los de su destino, implicando un cambio de residencia:

a. Podrán trasladar a sus funcionarios, por necesidades de servicio o funcionales, pero en ningún caso, podrá implicar un cambio de residencia

b. Sí, en todo caso, por necesidades de servicio o funcionales, respetando sus retribuciones y sus condiciones esenciales de trabajo

c. Sí, por motivos excepcionales y se dará prioridad a la voluntariedad. Los funcionarios tendrán derecho a las indemnizaciones establecidas reglamentariamente para los traslados forzosos

d. No, salvo para la ejecución de programas de carácter temporal, que no podrán tener una duración superior a tres años, tendrá consideración de traslado forzoso y se respetarán sus retribuciones

1475. Señala la INCORRECTA. La planificación de los recursos humanos en las Administraciones Públicas tendrá como objetivo contribuir a la consecución de la eficacia y la eficiencia, mediante:

a. Mejor distribución de sus efectivos

b. Formación

c. Promoción profesional

d. Las tres son correctas

1476. El personal laboral se clasifica:

a. En cuerpos y escalas

b. En personal laboral, fijo y temporal

c. De conformidad con la legislación laboral

d. De conformidad con lo dispuesto en el presente Estatuto

1477. El Título V del Estatuto Básico del Empleado Público se denomina:

a. Ordenación de la actividad profesional

b. Planificación de los recursos humanos

c. Derechos y deberes. Código de conducta de los empleados públicos

d. Adquisición y pérdida de la relación de servicio

1478. Cuál será el procedimiento normal de provisión de puestos de trabajo, que consistirá en la valoración de méritos capacidades y, en su caso, aptitudes de los candidatos por órganos colegiados de carácter técnico:

a. el concurso- oposición

b. la libre designación

c. el concurso

d. la oposición

1479. Por Ley de Cortes Generales o de las Asambleas Legislativas de las CC AA, los cuerpos y escalas de funcionarios:

a. Se agrupan

b. Se crean, modifican y suprimen

c. Se clasifican

d. Se estructuran

1480. Señala la INCORRECTA en relación a la libre designación con convocatoria pública del personal funcionario de carrera:

a. Consiste en la apreciación discrecional por el órgano competente de la idoneidad de los candidatos en relación con los requisitos exigidos para el desempeño del puesto

b. el órgano técnico colegiado competente para el nombramiento podrá recabar la intervención de especialistas que permitan apreciar la idoneidad de los candidatos

c. Los titulares de los puestos de trabajo provistos por el procedimiento de libre designación con convocatoria pública podrán ser cesados discrecionalmente

d. Las tres son correctas

1481. Las Administraciones Públicas proveerán los puestos de trabajo mediante procedimientos basados en:

a. Los principios de mérito y capacidad y a criterios de idoneidad

b. Los principios de igualdad, mérito y capacidad

c. Los principios de igualdad, mérito, capacidad y publicidad

d. Los principios constitucionales de igualdad, mérito y capacidad

1482. Cuál sería la titulación exigida para el Grupo B, teniendo en cuenta que los cuerpos y escalas se clasifican de acuerdo con la titulación exigida para los mismos:

a. Para el Subgrupo B1, se exigirá el título de Técnico Superior

b. Para el Subgrupo B2, se exigirá el título de Bachiller o Técnico

c. Ambas son correctas

d. Ninguna lo es

1483. Los cuerpos y escalas se clasifican, de acuerdo con la titulación exigida para el acceso a los mismos, en los siguientes grupos. Señala la INCORRECTA,

a. A1 y A2. Titulación universitaria de Grado

b. B1. Técnico superior

c. C1 y C2. Título de graduado en educación secundaria obligatoria

d. Las tres son correctas

1484. Sobre la movilidad de los funcionarios de carrera, según el EBEP:

a. En caso de urgente e inaplazable necesidad, los puestos de trabajo podrán proveerse con carácter permanente debiendo procederse a su convocatoria pública dentro del plazo que señalen las normas que sean de aplicación

b. En caso de urgente e inaplazable necesidad, los puestos de trabajo podrán proveerse con carácter provisional debiendo procederse a su convocatoria pública dentro del plazo que señalen las normas que sean de aplicación

c. En caso de urgente e inaplazable necesidad, los puestos de trabajo podrán proveerse con carácter provisional debiendo procederse a la libre designación del puesto, según que

señalen las normas que sean de aplicación

d. En caso de urgente e inaplazable necesidad, los puestos de trabajo no podrán proveerse con carácter provisional debiendo procederse a su convocatoria pública dentro del plazo que señalen las normas que sean de aplicación

1485. Señala la INCORRECTA, en relación a la titulación exigida para los diferentes grupos o escalas:

a. Grupo A: Dividido en dos Subgrupos, A1 y A2, se exige título universitario de Grado

b. Grupo B: Dividido en dos Subgrupos, B1 y B2, se exige título de Técnico Superior

c. Grupo C: Dividido en dos Subgrupos, C1 se exige Título de Bachiller o Técnico y C2 que se exige título de Graduado en Educación Secundaria Obligatoria

d. Las tres son correctas

1486. Establecerá/n los criterios para determinar los puestos que por su especial responsabilidad y confianza puedan cubrirse por el procedimiento de libre designación con convocatoria pública:

a. Las leyes de Función Pública que se dicten en desarrollo del presente Estatuto

b. el Consejo de Ministros

c. el presente Estatuto

d. Los reglamentos

1487. Las Administraciones Públicas estructuran sus recursos humanos de acuerdo con las normas que regulan:

a. la selección, la evaluación del desempeño, la movilidad y la distribución de funciones y conforme a lo previsto en a Ley de Función Pública de cada Comunidad Autónoma

b. la selección, la evaluación del desempeño, los permisos y licencias y la distribución de funciones y conforme a lo previsto en este capítulo

c. la selección, la promoción profesional, la movilidad y la distribución de funciones y conforme a lo previsto en este capítulo

d. la selección, la promoción profesional, la movilidad y la distribución de funciones y conforme a lo previsto en la Ley de Función Pública de cada Comunidad Autónoma

1488. El concurso, como procedimiento normal de provisión de puestos de trabajo, consistirá en:

a. la valoración de los cursos, de periodos de prácticas, con la exposición curricular por los candidatos, con pruebas psicotécnicas o con la realización de entrevistas. Igualmente podrán exigirse reconocimientos médicos

b. la valoración de los méritos y capacidades y, en su caso, aptitudes de los candidatos por órganos colegiados de carácter técnico

c. la apreciación discrecional por el órgano competente de la idoneidad de los candidatos en relación con los requisitos exigidos para el desempeño del puesto

1489. El concurso, como procedimiento normal de provisión de puestos de trabajo, consistirá en la valoración de los méritos y capacidades y, en su caso, aptitudes de los candidatos por órganos colegiados de carácter técnico. La composición de estos órganos responderá al principio de:

a. ...profesionalidad y especialización de sus miembros y se adecuará al criterio de paridad entre mujer y hombre. Su funcionamiento se ajustará a las reglas de publicidad y funcionamiento democrático
b. ...profesionalidad y especialización de sus miembros y se adecuará al criterio de paridad entre mujer y hombre. Su funcionamiento se ajustará a las reglas de imparcialidad y objetividad
c. ...objetividad y especialización de sus miembros y será paritario. Su funcionamiento se ajustará a las reglas de imparcialidad y publicidad
d. ...objetividad y especialización de sus miembros y se adecuará al criterio de igualdad entre mujer y hombre. Su funcionamiento se ajustará a las reglas de democracia interna y representación a título individual

1490. La Oferta de empleo público o instrumento similar, deberá ser publicada en el Diario oficial correspondiente se aprobará anualmente por:

a. Las Asambleas Legislativas de las CC AA
b. Los órganos de Gobierno de las Administraciones Públicas
c. Las Cortes Generales
d. el director de planificación de recursos humanos de cada Administración Pública

1491. Los funcionarios de carrera que obtengan destino en otra Administración Pública a través de los procedimientos de movilidad quedarán respecto de su Administración de origen en situación administrativa de:

a. Excedencia voluntaria por servicio en otras Administraciones Públicas
b. Suspensión de funciones por servicio en otras Administraciones Públicas
c. Situación administrativa de servicio en otras Administraciones Públicas
d. Situación administrativa de excedencia forzosa por servicio en otras Administraciones Públicas

1492. Sobre la libre designación con convocatoria pública del personal funcionario de carrera, es FALSO:

a. Consiste en la apreciación discrecional por el órgano competente de la idoneidad de los candidatos en relación con los requisitos exigidos para el desempeño del puesto
b. el órgano competente para el nombramiento podrá recabar la intervención de especialistas que permitan apreciar la idoneidad de los candidatos
c. Los titulares de los puestos de trabajo provistos por el procedimiento de libre designación con convocatoria pública, no podrán ser cesados, sino por las causas previstas en el artículo 63, cuando finalice la causa que dio lugar a su nombramiento
d. Las tres son correctas

1493. El personal laboral se clasificará de conformidad:

a. Con lo dispuesto en el presente Estatuto
b. Con las leyes de Función Pública que se dicten en desarrollo del presente Estatuto
c. Con la legislación laboral
d. Son correctas A y B

1494. En el supuesto de cese del puesto obtenido por libre designación, en relación a la movilidad voluntaria de los funcionarios entre Administraciones Públicas, es INCORRECTO afirmar, que:

a. la Administración de origen, en el plazo máximo de un mes a contar desde el día siguiente al del cese, podrá acordar la adscripción del funcionario a otro puesto de la misma o le comunicará que no va a hacer efectiva dicha adscripción
b. Transcurrido el plazo citado sin que se hubiera acordado su adscripción a otro puesto, o recibida la comunicación de que la misma no va a hacerse efectiva, el funcionario deberá solicitar en el plazo máximo de diez días, el reingreso al servicio activo en su Administración de origen
c. De no solicitarse el reingreso al servicio activo en el plazo indicado será declarado de oficio en situación de excedencia voluntaria por interés particular
d. Ninguna lo es

1495. Los criterios para determinar los puestos que por su especial responsabilidad y confianza puedan cubrirse por el procedimiento de libre designación con convocatoria pública, se establecerán:

a. En las bases de la convocatoria
b. En las leyes de Función Pública que se dicten en desarrollo del presente Estatuto
c. En la Ley de incompatibilidades del personal funcionario
d. Las tres son correctas

1496. Señala la INCORRECTA en relación a la movilidad por razón de violencia de género, si se ven obligadas a abandonar el puesto de trabajo en la localidad donde venían prestando sus servicios:

a. Tendrán derecho al traslado a otro puesto de trabajo propio de su cuerpo, escala o categoría profesional, de análogas características, siempre que sea vacante de necesaria cobertura
b. la Administración Pública competente, estará obligada a comunicarle las vacantes ubicadas en la misma localidad o en las localidades que la interesada expresamente solicite
c. Tendrá consideración de traslado forzoso
d. Las tres son correctas

1497. Según el EBEP, un funcionario de carrera que, a través de la movilidad voluntaria entre Administraciones Públicas, obtenga destino en otra Administración Pública, en los casos de remoción o supresión del puesto de trabajo obtenido por concurso:

a. Permanecerá en la Administración de destino
b. Permanecerá en la Administración de origen
c. el funcionario, podrá elegir si permanecer en la Administración de origen o de destino
d. la Administración de destino en el plazo máximo de un mes a contar desde el día siguiente al del cese, podrá acordar la adscripción del funcionario a otro puesto de la misma o le comunicará que no va a hacer efectiva dicha adscripción

1498. Señala la INCORRECTA, según lo dispuesto en el EBEP. Los cuerpos y escalas se clasifican, de acuerdo con la titulación exigida para el acceso a los mismos, en los siguientes grupos:

a. Grupo A: se exigirá título universitario de Grado o Técnico Superior
b. Grupo C1: se exigirá título de bachiller o técnico
c. Grupo C2: se exigirá titulación de graduado en educación secundaria obligatoria
d. Las tres son correctas

1499. En el supuesto de cese del puesto obtenido por libre designación, en relación a la movilidad voluntaria de los funcionarios entre Administraciones Públicas de qué plazo dispone la Administración de destino para acordar la adscripción del funcionario a otro puesto de la misma o comunicarle que no se va a hacer efectiva dicha adscripción:

a. 10 días
b. 30 días
c. 1 mes
d. 2 meses

1500. Según el EBEP, serán objeto de la Oferta de Empleo Público las necesidades de recursos humanos...

a. sin asignación presupuestaria, que deban proveerse mediante la incorporación de personal de nuevo ingreso
b. con asignación presupuestaria, que deban proveerse mediante la incorporación de personal de nuevo ingreso
c. con o sin asignación presupuestaria, que deban proveerse mediante la incorporación de personal de nuevo ingreso
d. con asignación presupuestaria, que deban proveerse mediante la incorporación de personal de promoción interna

1501. Señala la INCORRECTA en relación a la excedencia por razón de violencia de género:

a. Durante los dos primeros meses de esta excedencia la funcionaria tendrá derecho a percibir las retribuciones íntegras y, en su caso, las prestaciones familiares por hijo a cargo

b. Durante los seis primeros meses, tiene derecho a la reserva del puesto de trabajo. Dicho periodo es prorrogable cuando las actuaciones judiciales lo exigieran

c. Durante los seis primeros meses, le es computable dicho período a efectos de antigüedad, carrera y derechos del régimen de Seguridad Social que sea de aplicación. Dicho periodo es prorrogable cuando las actuaciones judiciales lo exigieran

d. Cuando las actuaciones judiciales lo exigieran se podrá prorrogar este periodo por seis meses, con un máximo de dieciocho

1502. Sobre la excedencia por el cuidado de familiares, es FALSO:

a. el tiempo de permanencia en esta situación no será computable a efectos de trienios

b. el puesto de trabajo desempeñado se reservará, al menos, durante dos años

c. Ambas son correctas

d. Ninguna lo es

1503. Tiene derecho a la reserva de plaza un funcionario que se encuentre en situación de servicios especiales:

a. ...al menos, a reingresar al servicio activo en la misma provincia

b. ...al menos, a reingresar al servicio activo en la misma Administración Pública

c. ...al menos, a reingresar al servicio activo en la misma localidad

d. ...al menos, a reingresar al servicio activo en la misma Comunidad Autónoma

1504. Sobre los funcionarios transferidos a las CC AA, es FALSO:

a. Mantienen todos sus derechos en la Administración Pública de origen

b. Como si se hallaran en servicio activo

c. De acuerdo con lo establecido el presente Estatuto, la Constitución y las leyes

d. Las tres son correctas

1505. la suspensión firme de funciones, no podrá exceder de los seis años cuando sea:

a. En virtud de sentencia dictada en causa criminal

b. En virtud de sanción disciplinaria

c. Ambas son correctas

d. Ninguna lo es

1506. Los funcionarios que hayan sufrido daños físicos o psíquicos como consecuencia de la actividad terrorista, tendrán derecho a la excedencia por violencia terrorista:

a. Previo reconocimiento del Ministerio del Interior

b. Previo reconocimiento de sentencia judicial firme

c. Ambas son correctas

d. Ninguna lo es

1507. El tiempo que permanezcan en situación de excedencia voluntaria por interés particular, les será computable a efectos de ascensos, trienios o derechos en el régimen de la Seguridad Social:

a. No, salvo a efectos de ascensos

b. Sí, en todo caso

c. No, en ningún caso

d. Sí, salvo a efectos de derechos en el régimen de la Seguridad Social

1508. Sobre la excedencia voluntaria por interés particular, es correcto indicar según el EBEP, que las leyes de Función Pública que se dicten en desarrollo del presente Estatuto:

a. Establecerán una duración menor del periodo de prestación de servicios exigido

b. Determinarán los periodos mínimos de permanencia en la misma

c. Ambas son correctas

d. Ninguna lo es

1509. Cuando un funcionario de carrera, sea adscrito a los servicios del Tribunal Constitucional, qué situación administrativa le corresponde:

a. Será declarado en situación administrativa de servicios especiales

b. Será declarado en situación de en otras Administraciones Públicas

c. Se encontrará en servicio activo

d. Se encontrará en excedencia voluntaria por servicio en otras Administraciones Públicas

1510. Un funcionario que se encuentre en situación de servicios especiales tiene derecho, al menos a reingresar al servicio activo en...

a. ...la misma Comunidad Autónoma, en las condiciones y con las retribuciones correspondientes a la categoría consolidada

b. ... la misma Administración Pública, en las condiciones y con las retribuciones correspondientes a la categoría consolidada

c. ... la misma provincia, en las condiciones y con las retribuciones correspondientes a la categoría consolidada

d. ... la misma localidad, en las condiciones y con las retribuciones correspondientes a la categoría consolidada

1511. Serán declarados en servicios especiales los funcionarios de carrera:

a. Cuando sean nombrados para desempeñar puestos o cargos en organismos públicos o entidades, dependientes o vinculados a las Administraciones Públicas que, de conformidad con lo que establezca la respectiva Administración Pública, estén asimilados en su rango administrativo a altos cargos

b. Cuando accedan a la condición de Diputado o Senador de las Cortes Generales o miembros de las asambleas legislativas de las CC AA siempre que no reciban retribuciones periódicas por la realización de la función

c. Cuando adquieran la condición de funcionarios al servicio de organizaciones internacionales

d. Son correctas A y C

1512. Sobre las situaciones administrativas de los funcionarios de carrera. Los funcionarios de carrera se hallarán en alguna de las siguientes situaciones:

a. a) Servicio activo. b) Servicios especiales. c) Expectativa de destino. d) Servicio en Organismos Internacionales. e) Servicio en otras Administraciones Públicas. f) Excedencia. g) Suspensión de funciones

b. a) Servicio activo. b) Servicios especiales. c) Servicio en otras Administraciones Públicas. d) Excedencia. e) Suspensión de funciones

c. a) Servicio activo. b) Servicios especiales. c) Servicio en otras Administraciones Públicas. d) Excedencia forzosa. e) Excedencia voluntaria. f) Suspensión de funciones

d. a) Servicio activo. b) Servicios especiales. c) Servicio en Organismos Internacionales. d) Excedencia. e) Suspensión de funciones

1513. NO se prevé como situación administrativa del funcionario de carrera:

a. Excedencia voluntaria incentivada y suspensión de funciones

b. Servicio activo y servicios especiales

c. Servicio en otras Administraciones Públicas

d. Todas son situaciones administrativas de los funcionarios de carrera

1514. Se podrá prorrogar el tiempo que se reserva el puesto de una funcionaria en excedencia por razón de violencia de género:

a. Sí, en todo caso

b. Sí, para hacer efectivo su derecho a la protección y su derecho a la asistencia social integral

c. Sí, cuando las actuaciones judiciales lo exigieran

d. No, en ningún caso

1515. El funcionario que esté declarado en servicios especiales, computa el tiempo que permanezcan en esa situación a efectos de ascensos, reconocimiento de trienios, promoción interna y derechos en el régimen de la Seguridad Social:

a. Sí, el tiempo permanecido en servicios especiales, computa para lo anteriormente especificado

b. el tiempo permanecido en servicios especiales, computa a efectos de ascensos y reconocimiento de trienios, pero no para promoción interna y derechos en el régimen de la Seguridad Social

c. el tiempo permanecido en servicios especiales, computa para todo lo anteriormente indicado, salvo para lo que respecta a la promoción interna

d. el tiempo permanecido en servicios especiales, computa para todo lo anteriormente indicado, salvo a efectos de trienios

1516. Según el EBEP, las situaciones administrativas de a) Servicio activo. b) Servicios especiales. c) Servicio en otras Administraciones Públicas. d) Excedencia. e) Suspensión de funciones son para:

a. Funcionarios de carrera

b. Funcionarios interinos

c. Son ambas incorrectas

d. Ambas son correctas

1517. Señala la INCORRECTA respecto de los funcionarios transferidos a las CC AA:

a. Mantienen todos sus derechos en la Administración Pública de destino

b. Como si se hallaran en servicio activo

c. De acuerdo con lo establecido en los respectivos Estatutos de Autonomía

d. Las tres son correctas

1518. Los funcionarios de carrera podrán obtener la excedencia voluntaria por interés particular cuando hayan prestado servicios efectivos:

a. En cualquiera de las Administraciones Públicas

b. Durante un periodo máximo de dos años

c. Este periodo mínimo no tiene porqué ser inmediatamente anterior a la solicitud

d. Todas las respuestas son incorrectas

1519. Sobre la excedencia por razón de violencia de género, el EBEP, indica que cuando las actuaciones judiciales lo exigieran, se podrá prorrogar por tres meses con un máximo de dieciocho:

a. el periodo en el que la funcionaria tendrá derecho a la reserva del puesto

b. el periodo durante el cual, le será computable a la funcionaria el tiempo de permanencia, a efectos de antigüedad, carrera y derechos en el régimen de Seguridad Social que le sea de aplicación

c. a) y b) son incorrectas

d. a) y b) son correctas

1520. Tendrán derecho a solicitar la situación de excedencia sin tener que haber prestado un tiempo mínimo de servicios previos:

a. la excedencia a las funcionarias víctimas de violencia de género

b. la excedencia para los funcionarios que hayan sufrido daños físicos o psíquicos como consecuencia de la actividad terrorista

c. Ambas son correctas

d. Ninguna lo es

1521. En la excedencia para atender al cuidado de cada hijo, los funcionarios tendrán derecho a la reserva del puesto de trabajo:

a. No se reserva el puesto de trabajo

b. Se reservará el puesto de trabajo, al menos, dos años

c. Se reservará el puesto de trabajo, un máximo, de dos años

d. Se reservará el puesto de trabajo, un mínimo, de dos años

1522. Señala la INCORRECTA Los funcionarios de carrera, en la situación de servicio en otras Administraciones Públicas, que se encuentren en dicha situación por haber obtenido un puesto de trabajo, mediante los sistemas de provisión previstos en este Estatuto:

a. Se rigen por la legislación de destino

b. Conservan la condición de funcionario en la Administración de origen

c. Tienen derecho a participar en las convocatorias para la provisión de puestos de trabajo que se efectúen en la Administración de destino

d. el tiempo de servicio en la Administración Pública en la que estén destinados se les computará como de servicio activo en su cuerpo o escala de origen

1523. Señala la INCORRECTA. Las funcionarias víctimas de violencia de género:

a. Tienen derecho a la reserva del puesto de trabajo que desempeñaran los seis primeros meses

b. Tendrán derecho a percibir las retribuciones íntegras, y en su caso, las prestaciones por hijo a cargo, durante los seis primeros meses

c. Tendrán derecho a solicitar la situación de excedencia sin tener que haber prestado un tiempo mínimo de servicios previos

d. Cuando las actuaciones judiciales lo exigieran se podrá prorrogar este periodo por tres meses, con un máximo de dieciocho

1524. Señala cuál NO es una situación administrativa de los funcionarios de carrera, según el Estatuto Básico del Empleado Público:

a. Servicio en otras Administraciones Públicas

b. Servicio activo y servicios especiales

c. Excedencia forzosa y suspensión de funciones

d. Todas son situaciones administrativas de los funcionarios de carrera

1525. Sobre el reingreso al servicio activo. Los plazos, procedimientos y condiciones, según las situaciones administrativas de procedencia, para solicitar el reingreso al servicio activo de los funcionarios de carrera, con respeto al derecho a la reserva del puesto de trabajo en los casos en que proceda conforme al presente Estatuto, se regularán:

a. Por Ley

b. Por las Leyes de Función Pública que se dicten de el presente Estatuto

c. Reglamentariamente

d. Mediante convenios

1526. Sobre el periodo de excedencia por cuidado de familiares, es INCORRECTO según el EBEP:

a. Será único por cada sujeto causante

b. Cuando un nuevo sujeto causante diera origen a una nueva excedencia, el inicio del período de la misma pondrá fin al que se viniera disfrutando

c. En el caso de que dos funcionarios generasen el derecho a disfrutarla por el mismo sujeto causante, la Administración no podrá limitar su ejercicio simultáneo para ambos funcionarios

d. Las tres son correctas

1527. La suspensión firme de funciones por sanción disciplinaria no podrá exceder de:

a. 6 meses   b. 6 años

c. 3 años   d. 2 años

1528. El personal laboral se regirá:

a. por las mismas condiciones que el personal funcionario de carrera

b. por lo establecido en los Convenios Colectivos que le sean de aplicación y en su defecto, por lo dispuesto en el presente Estatuto

c. por el Estatuto de los Trabajadores y los Convenios Colectivos

d. por lo dispuesto en el presente Estatuto Básico y en su defecto, por los Convenios Colectivos que le sean de aplicación

1529. Los funcionarios que hayan sufrido daños físicos o psíquicos como consecuencia de la actividad terrorista, tendrán derecho a disfrutar de la excedencia por violencia terrorista:

a. En las mismas condiciones que la excedencia para atender al cuidado de un familiar

b. En las mismas condiciones que la excedencia por agrupación familiar

c. En las mismas condiciones que la excedencia por razón de violencia de género

d. Con las condiciones que determine el Ministerio del Interior o por sentencia judicial firme

1530. Cuando un funcionario de carrera sea elegido o designado para formar parte de los Órganos Constitucionales:

a. Se encontrará en situación administrativa de servicio en otras Administraciones Públicas
b. Tendrá derecho a la reserva del mismo puesto de trabajo durante los dos primeros años
c. Tendrá derecho a reingresar al servicio activo en la misma localidad
d. Ninguna de las tres

1531. en el caso de que un funcionario de carrera, sea transferido a una Comunidad Autónoma, las Comunidad Autónoma al proceder a esta integración del funcionario transferido como funcionario propio:

a. Le asignará un puesto equivalente al Grupo o Subgrupo del cuerpo o escala de procedencia, conforme a los sistemas de provisión en la Administración Pública de destino, respetando en todo momento derechos económicos y antigüedad
b. Respetará el Grupo o Subgrupo del cuerpo o escala de procedencia, así como los derechos económicos inherentes a la posición en la carrera que tuviesen reconocido
c. Lo adscribirá a un puesto de su cuerpo o escala de un determinado Subgrupo o Grupo de clasificación profesional que sea equivalente, y en el supuesto de que éste no tenga Subgrupo, a otro superior
d. Ninguna de las respuestas anteriores es correcta

1532. El funcionario que esté declarado en servicios especiales percibirá las retribuciones del puesto o cargo que desempeñe y...

a. no las que les correspondan como funcionarios de carrera, sin derecho a percibir los trienios, hasta el reingreso en el servicio activo
b. las que les correspondan como funcionarios de carrera, sin derecho a percibir los trienios, hasta el reingreso en el servicio activo
c. no las que les correspondan como funcionarios de carrera, sin perjuicio del derecho a percibir los trienios que tengan reconocidos en cada momento
d. las que les correspondan como funcionarios de carrera, sin perjuicio del derecho a percibir los trienios que tengan reconocidos en cada momento

1533. Los funcionarios transferidos a las CC AA, que reingresen al servicio activo en la Administración de origen, procedentes de la situación administrativa de servicio en otras Administraciones Públicas; obtendrán el reconocimiento profesional de los progresos alcanzados en el sistema de carrera profesional: ,

a. Los funcionarios transferidos mantienen todos sus derechos en la Administración Pública de origen como si se hallaran en servicio activo
b. Los funcionarios transferidos mantienen todos sus derechos en la Administración Pública de origen como si se hallaran en servicio activo, salvo en lo dispuesto para la promoción interna y el reconocimiento de trienios
c. Los funcionarios transferidos, únicamente se les computará el tiempo de servicio en la Administración Pública en la que estuviesen destinados a efectos de trienios
d. Los funcionarios transferidos, obtienen todos los reconocimientos, salvo las excepciones recogidas en el EBEP

1534. Las situaciones administrativas del personal laboral se regirán por:

a. Estatuto de los Trabajadores y por los Convenios Colectivos que les sean de aplicación
b. Los Convenios colectivos
c. Por el presente Estatuto
d. Por las Leyes de Función Pública que se dicten en desarrollo del presente Estatuto

1535. Señala la INCORRECTA. Serán declarados en servicios especiales los funcionarios de carrera:

a. Cuando sean designados como personal eventual por ocupar puestos de trabajo con funciones expresamente calificadas como de confianza o asesoramiento político y no opten por permanecer en la situación de servicio activo
b. Cuando se desempeñen cargos electivos retribuidos y de dedicación exclusiva en las Asambleas de las ciudades de Ceuta y Melilla y en las entidades locales
c. Cuando sean autorizados para realizar una misión por periodo determinado superior a doce meses en organismos internacionales, gobiernos o entidades públicas extranjeras o en programas de cooperación internacional
d. En todos los casos anteriormente señalados, serían declarados en servicios especiales

1536. Cuál de los siguientes, NO es un supuesto para pasar a situación administrativa de servicios especiales:

a. Cuando accedan a la condición de diputados de las Cortes Generales
b. Cuando sean autorizados para realizar una misión por periodo determinado superior a seis meses en organismos internacionales
c. Cuando se suprima su puesto de trabajo y queden a la expectativa de destino
d. Cuando adquieran la condición de funcionarios al servicio de organizaciones internacionales

1537. El tiempo que la funcionaria permanezca en excedencia por violencia de género, computa a efectos de antigüedad, carrera y derechos del régimen de la Seguridad Social:

a. Sí, durante los 2 primeros meses
b. Sí, sólo durante los 6 primeros meses
c. Sí, sólo los 2 primeros meses, prorrogable a 6 más cuando las actuaciones judiciales lo exigieran
d. Sí, durante los 6 primeros meses, prorrogable a 3 más, con un máximo de 18 cuando las actuaciones judiciales lo exigieran

1538. El personal laboral, se regirá por lo dispuesto en el Estatuto de los Trabajadores o en los Convenios Colectivos:

a. Para regular las situaciones administrativas
b. Para los procedimientos previstos para hacer efectiva la carrera profesional y la promoción del personal laboral
c. Ambas son correctas
d. Ninguna lo es

1539. Sobre el reingreso al servicio activo, los plazos, procedimientos y condiciones, según las situaciones administrativas de procedencia, para solicitar el reingreso al servicio activo de los funcionarios de carrera, se regularán:

a. Reglamentariamente, con respeto al derecho a la reserva del puesto de trabajo en los casos en que proceda conforme al presente Estatuto
b. Reglamentariamente, con respeto a lo establecido en la Constitución y en el resto del ordenamiento jurídico
c. Por las Leyes de Función Pública que se dicten de el presente Estatuto, con respeto al derecho a la reserva del puesto de trabajo en los casos en que proceda
d. Por las Leyes de Función Pública que se dicten de el presente Estatuto, con respeto a lo establecido en la Constitución y en el resto del ordenamiento jurídico

1540. Indica cuál de las siguientes no es una excedencia prevista para los funcionarios de carrera:

a. Excedencia voluntaria por prestación de servicios en el sector público
b. Excedencia forzosa
c. Excedencia voluntaria por agrupación familiar
d. Son correctas A y B

1541. Tienen derecho a la reserva de plaza un funcionario que se encuentre en situación de servicios especiales:

a. Tienen derecho a la reserva de puesto, pero no de la plaza
b. Tienen derecho a la reserva de plaza, pero no del puesto
c. Tienen derecho, al menos, a reingresar al servicio activo en la misma localidad, en las condiciones y con las retribuciones correspondientes a la categoría consolidada
d. Tienen derecho, al menos, a reingresar al servicio activo aunque no sea en la misma localidad, pero en las condiciones y con las retribuciones correspondientes a la categoría consolidada

1542. Señala la INCORRECTA. La excedencia por cuidado de familiares, podrá ser según el EBEP:

a. Para atender al cuidado de un familiar que se encuentre a su cargo
b. Por agrupación familiar
c. Para atender al cuidado de cada hijo
d. Las tres son correctas

1543. Se podrá conceder una excedencia voluntaria por agrupación familiar a los funcionarios cuyo cónyuge resida en otra localidad por haber obtenido y estar desempeñando:

a. Un puesto de trabajo de carácter definitivo
b. Como funcionario de carrera o como laboral fijo
c. En cualquiera de las Administraciones Públicas
d. Las tres son correctas

1544. Sobre la suspensión de funciones:

a. la suspensión firme por sanción disciplinaria no podrá exceder de 6 años
b. la suspensión determinará la pérdida del puesto de trabajo si excede de 6 meses
c. Ninguna de las dos es correcta
d. Ambas lo son

1545. señala cuál será la situación administrativa de quienes, conforme a la normativa de función pública dictada en desarrollo del presente Estatuto, presten servicios en su condición de funcionarios públicos cualquiera que sea la Administración u organismo público o entidad en el que se encuentren destinados y no les corresponda quedar en otra situación:

a. Servicios especiales
b. Servicio activo
c. Excedencia
d. Suspensión de funciones

1546. Sobre la excedencia voluntaria por interés particular no les será computable el tiempo que permanezcan en tal situación a efectos de:

a. Ascensos
b. Trienios
c. Derechos en el régimen de Seg. Social
d. Todasson correctas

1547. Sobre la excedencia por cuidado de familiares, es FALSO:

a. el tiempo de permanencia en esta situación será computable a efectos de trienios, carrera y derechos en el régimen de Seguridad Social que sea de aplicación
b. el puesto de trabajo desempeñado se reservará, al menos, durante dos años
c. Su duración no será superior a tres años
d. Está destinada a atender al cuidado de un familiar que se encuentre a su cargo, hasta el segundo grado inclusive de consanguinidad y el primero de afinidad

1548. Sobre la excedencia por el cuidado de cada hijo,

a. el puesto de trabajo desempeñado se reservará, al menos, durante dos años
b. el puesto de trabajo desempeñado se reservará, al menos, durante tres años
c. a) es correcta y transcurrido este periodo, dicha reserva lo será a un puesto en la misma localidad y de igual retribución
d. b) es correcta y transcurrido este periodo, dicha reserva lo será a un puesto en la misma localidad y de igual retribución

1549. Los funcionarios de carrera en la situación de servicio en otras Administraciones Públicas que se encuentren en dicha situación por haber obtenido un puesto de trabajo mediante los sistemas de provisión previstos en este Estatuto:

a. Conservan su derecho a participar en las convocatorias para la provisión de puestos de trabajo que se efectúen en la Administración de origen
b. Tienen derecho a participar en las convocatorias para la provisión de puestos de trabajo que se efectúen tanto en la Administración de origen como en la Administración de destino
c. No conservan el derecho a participar en las convocatorias para la provisión de puestos de trabajo que se efectúen en la Administración de origen
d. No tienen derecho a participar en las convocatorias para la provisión de puestos de trabajo que se efectúen en la Administración de destino

1550. Los funcionarios de carrera en la situación de servicio en otras Administraciones Públicas que estén en dicha situación por haber obtenido un puesto de trabajo mediante los sistemas de provisión previstos en este Estatuto se rigen por la legislación de la administración...

a. ...de origen y conservan su condición de funcionario de la Administración de destino
b. ...en la que estén destinados de forma efectiva y conservan su condición de funcionario de la Administración de origen
c. ...en la que estén destinados de forma efectiva y conservan, así mismo, su condición de funcionario de la Administración de destino
d. ...de origen, conservando, asímismo, su condición de funcionario de la Administración de proveniencia

1551. Procederá declarar de oficio la excedencia voluntaria por interés particular, cuando:

a. Finalizada la causa que determinó el pase a una situación distinta a la de servicio activo, se incumpla la obligación de solicitar el reingreso al servicio activo en el plazo en que se determine reglamentariamente
b. Finalizada la causa que determinó el pase a una situación distinta a la de servicios en otras Administraciones públicas, se incumpla la obligación de solicitar el reingreso al servicio activo en el plazo en que se determine legalmente
c. Finalizada la causa que determinó el pase a una situación distinta a la de movilidad voluntaria entre Administraciones Públicas, se incumpla la obligación de solicitar el reingreso al servicio activo en el plazo de un mes
d. Finalizada la causa que determinó el pase a una situación distinta a la de servicio activo, se incumpla la obligación de solicitar el reingreso al servicios en otras Administraciones Públicas en el plazo de un mes

1552. Sobre el periodo de excedencia por cuidado de familiares, es FALSO:

a. Será único por cada sujeto causante
b. No se iniciará una nueva excedencia por el nuevo sujeto causante, hasta que no finalice la anterior
c. En el caso de que dos funcionarios generasen el derecho a disfrutarla por el mismo sujeto causante, la Administración podrá limitar su ejercicio simultáneo por razones justificadas relacionadas con el funcionamiento de los servicios
d. Las tres son correctas

1553. Las leyes de Función Pública que se dicten en desarrollo de este Estatuto podrán regular otras situaciones administrativas de los funcionarios de carrera, cuando concurra:

a. Cuando por razones organizativas, de reestructuración interna o exceso de personal, resulte una imposibilidad transitoria de asignar un puesto de trabajo o la conveniencia de incentivar la cesación en el servicio activo
b. Cuando los funcionarios accedan, bien por promoción interna o por otros sistemas de acceso, a otros cuerpos o escalas y no les corresponda quedar en alguna de las situaciones previstas en este Estatuto, y cuando pasen a prestar servicios en organismos o entidades del sector público en régimen distinto al de funcionario de carrera
c. Ambas son correctas
d. Ninguna lo es

1554. A los funcionarios cuyo cónyuge resida en otra localidad por haber obtenido y estar desempeñando un puesto de trabajo de carácter definitivo como funcionario de carrera o como laboral fijo en cualquiera de las Administraciones, podrá concederse:

a. Una excedencia voluntaria por interés particular
b. Una excedencia voluntaria por agrupación familiar
c. Un permiso especial por reagrupación familiar
d. Las tres son correctas

1555. Un funcionario de carrera que sea nombrado para desempeñar un puesto en Puertos del Estado se declararía en servicios especiales:

a. No en ningún caso
b. Sí en todo caso
c. En el caso de que sea nombrado como alto cargo de Puertos del Estado
d. Sí, salvo que prefiera permanecer en servicio activo

1556. Sobre la excedencia por el cuidado de familiares:

a. Su duración máxima será de tres años
b. Será único por cada sujeto causante
c. Si dos funcionarios de carrera generasen el derecho a disfrutarla por el mismo sujeto la administración puede limitar el ejercicio simultáneo por razones justificadas
d. Las tres son correctas

1557. Y en relación a la excedencia por violencia de género, indica que durante los 6 primeros meses tendrán derecho a la reserva del puesto de trabajo que desempeñaran cuando:

a. ... las actuaciones judiciales lo exigieran se podrá prorrogar este periodo por dos meses, con un máximo de dieciocho

b. ...las actuaciones judiciales lo exigieran se podrá prorrogar este periodo por tres meses, con un máximo de dieciocho

c. ...las actuaciones judiciales lo exigieran se podrá prorrogar este periodo por seis meses, con un máximo de dieciocho

d. ...las actuaciones judiciales lo exigieran se podrá prorrogar este periodo por cuatro meses, con un máximo de dieciocho

1558. La excedencia por cuidado de familiares, podrá tener una duración:

a. ... no inferior a 2 años y se reservará el puesto de trabajo máximo, por 3 años

b. ...no superior a 2 años y se reservará el puesto de trabajo, al menos, por 3 años

c. ...no inferior a 3 años y se reservará el puesto de trabajo máximo, por 2 años

d. ...no superior a 3 años y se reservará el puesto de trabajo, al menos, por 2 años

1559. Los funcionarios de carrera en la situación de servicio en otras Administraciones Públicas que se encuentren en dicha situación por haber obtenido un puesto de trabajo mediante los sistemas de provisión previstos en este Estatuto:

a. Conservan su condición de funcionario de la Administración de origen y de destino

b. Conservan su condición de funcionario de la Administración de origen

c. Conservan su condición de funcionario en la Administración de destino

d. No conservan su condición de funcionario ni en la Administración de origen ni en la de destino

1560. Los funcionarios que hayan sufrido daños físicos o psíquicos como consecuencia de la actividad terrorista, tendrán derecho a disfrutar de la excedencia por violencia terrorista:

a. Previo reconocimiento del Ministerio del Interior y de sentencia judicial firme

b. Previo reconocimiento del Ministerio del Interior o de sentencia judicial firme

c. Previo reconocimiento del Ministerio, exclusivamente

d. Previo reconocimiento de sentencia judicial firme, exclusivamente

1561. Es posible la suspensión de funciones con carácter provisional:

a. Sólo en caso de tramitación de un procedimiento judicial

b. Sólo en caso de tramitación de un expediente disciplinario

c. Tanto por la tramitación de un procedimiento judicial como por la tramitación de un expediente disciplinario, en los términos establecidos en este Estatuto

d. No es posible la suspensión de funciones con carácter provisional, en el EBEP, únicamente está prevista la situación de suspensión de funciones con carácter firme

1562. Es INCORRECTO afirmar que se podrá conceder una excedencia voluntaria por agrupación familiar, a los funcionarios cuyo cónyuge resida en otra localidad por haber obtenido y estar desempeñando:

a. Un puesto de trabajo de carácter definitivo

b. Como funcionario de carrera o como laboral fijo

c. Siempre que ambos, desempeñen su puesto en la misma Administración Pública

d. Las tres son correctas

1563. Qué funcionarios percibirán retribuciones del puesto o cargo que desempeñen y no las que le correspondan como funcionarios de carrera:

a. Excedencia forzosa

b. Libre designación

c. Servicios especiales

d. Servicios en otras Administraciones Públicas

1564. Las situaciones administrativas de a) Servicio activo. b) Servicios especiales. c) Servicio en otras Administraciones Públicas. d) Excedencia. e) Suspensión de funciones son propias de:

a. Personal laboral

b. Personal funcionario de carrera

c. Personal interino

d. Las tres son correctas

1565. Sobre la suspensión de funciones:

a. la suspensión firme por sanción disciplinaria no podrá exceder de seis meses

b. la suspensión firme por sentencia judicial firme no podrá exceder de seis meses

c. la suspensión firme por sanción disciplinaria no podrá exceder de seis años

d. la suspensión firme por sentencia judicial firme no podrá exceder de seis años

1566. Los funcionarios de carrera no podrán optar por las siguientes excedencias, según lo previsto en el EBEP:

a. Excedencia voluntaria incentivada

b. Excedencia voluntaria por interés particular

c. Excedencia voluntaria por agrupación familiar

d. b) y c) son correctas

1567. Tendrán derecho a un período de excedencia, para atender al cuidado de un familiar.

a. De duración no superior a tres años

b. Hasta el tercer grado de consanguinidad

c. Que por razones de edad, accidente, enfermedad o discapacidad no pueda valerse por sí mismo y con independencia de que éste desempeñe actividad retribuida o no

d. Las tres son correctas

1568. Serán declarados en servicios especiales los funcionarios de carrera, cuando se desempeñen cargos Asambleas de las ciudades de Ceuta y Melilla y en las entidades locales:

a. Cargos electivos no retribuidos y de dedicación exclusiva

b. Si perciben retribuciones periódicas por la realización de la función

c. Cargos electivos retribuidos y de dedicación exclusiva

d. Si no se perciben retribuciones periódicas por la realización de la función

1569. Sobre la excedencia por el cuidado de familiares:

a. Su duración no será superior a tres años

b. Para atender al cuidado de un familiar que se encuentre a su cargo, hasta el segundo grado inclusive de consanguinidad o afinidad

c. Ambas son correctas

d. Ninguna lo es

1570. Los funcionarios de carrera en la situación de servicio en otras Administraciones Públicas que se encuentren en dicha situación por haber obtenido un puesto de trabajo mediante los sistemas de provisión previstos en este Estatuto:

a. Se rigen por la legislación de la Administración en la que estén destinados de forma efectiva

b. Conservan su condición de funcionario de la Administración de destino

c. Conservan su derecho a participar en las convocatorias para la provisión de puestos de trabajo que se efectúen en la Administración de destino

d. Todas las respuestas son incorrectas

1571. La suspensión determinará la pérdida del puesto de trabajo...

a. Cuando sea por sentencia judicial firme

b. Cuando exceda de seis meses

c. Cuando sea por falta grave o muy grave

d. Cuando sea por falta muy grave

1572. Los funcionarios de carrera que sean autorizados para realizar una misión en organismos internacionales, gobiernos o entidades públicas extranjeras o en programas de cooperación internacional, será declarados:

a. En situación administrativa de excedencia por servicio en otras Administraciones Públicas si es una misión por un periodo determinado superior a seis meses

b. En situación administrativa de servicio en otras Administraciones Públicas

c. En situación administrativa de servicios especiales si es una misión por un periodo determinado superior a seis meses

d. En situación administrativa de servicio activo, en todo caso

1573. Los funcionarios de carrera en la situación de servicio en otras Administraciones Públicas que se encuentren en dicha situación por haber obtenido un puesto de trabajo mediante los sistemas de provisión previstos en este Estatuto:

a. Se rigen por la legislación de origen

b. Se rigen por la legislación de destino

c. Se rigen por la legislación tanto de origen, como de destino

1574. Aparte de las situaciones administrativas previstas en el EBEP, se podrán regular otras situaciones administrativas diferentes para los funcionarios de carrera:

a. Sí, reglamentariamente

b. Sí, por ley de Cortes Generales o de las Asambleas Legislativas de las CC AA

c. Sí, las Leyes de Función Pública que se dicten en desarrollo de este Estatuto

d. No, las situaciones administrativas, vienen tasadas y especificadas en el EBEP, sin posibilidad de desarrollo

1575. Podrá concederse la excedencia voluntaria por agrupación familiar:

a. Con el requisito de haber prestado servicios efectivos en cualquiera de las Administraciones Públicas durante un periodo de cinco años

b. Sin el requisito de haber prestado servicios efectivos en cualquiera de las Administraciones Públicas durante el periodo de tiempo establecido

c. Con el requisito de haber prestado servicios efectivos en cualquier Administración durante un periodo de dos años

d. Con el requisito de haber prestado servicios efectivos en cualquier Administración durante un periodo de tres años

1576. Se regirán por las normas de este Estatuto y por la normativa de función pública de la Administración Pública en que presten servicios,

a. Los funcionarios de carrera que se encuentren en situación administrativa de servicio activo, servicios especiales y servicio en otras Administraciones Públicas

b. Los funcionarios de carrera

c. Los funcionarios de carrera que no se encuentren en situación administrativa de excedencia o suspensión de funciones

d. Los funcionarios de carrera en situación de servicio activo

1577. Sobre la excedencia por el cuidado de cada hijo,

a. No tendrán derecho a la reserva de puesto. Los funcionarios tendrán derecho a reingresar al servicio activo en la misma localidad, en las condiciones y con las retribuciones correspondientes a la categoría, nivel o escalón de la carrera consolidados

b. Tendrán derecho a la reserva de puesto, al menos 3 años y transcurrido ese periodo, los funcionarios tendrán derecho a reingresar al servicio activo en la misma localidad, en las condiciones y con las retribuciones co-

rrespondientes a la categoría, nivel o escalón de la carrera consolidados

c. No tendrán derecho a la reserva de puesto. Tendrán derecho a la reserva de un puesto en la misma localidad y de igual retribución

d. Tendrán derecho a la reserva de puesto, al menos 2 años y transcurrido ese periodo, periodo, dicha reserva lo será a un puesto en la misma localidad y de igual retribución

1578. A los funcionarios cuyo cónyuge resida en otra localidad por haber obtenido y estar desempeñando un puesto de trabajo de carácter definitivo como funcionario de carrera o como laboral fijo en cualquiera de las Administraciones Públicas, podrá concederse:

a. Suspensión de funciones temporal sin el requisito de haber prestado servicios efectivos en cualquiera de las Administraciones Públicas durante el periodo de tiempo establecido

b. Una excedencia voluntaria por interés particular si cumple con el tiempo mínimo de cinco años de servicios efectivos en cualquiera de las Administraciones Públicas

c. Una excedencia voluntaria por agrupación familiar sin el requisito de haber prestado servicios efectivos en cualquiera de las Administraciones Públicas durante el periodo de tiempo establecido

1579. A los funcionarios cuyo cónyuge resida en otra localidad por haber obtenido y estar desempeñando un puesto de trabajo de carácter definitivo como funcionario de carrera o como laboral fijo en cualquiera de las Administraciones podrá concederse:

a. Una excedencia voluntaria por interés particular

b. Una suspensión temporal de funciones

c. Una excedencia voluntaria por agrupación familiar

d. Un permiso temporal por reagrupación familiar

1580. Las leyes de Función Pública que se dicten en desarrollo de este Estatuto, podrán regular otras situaciones administrativas de los funcionarios de carrera, cuando concurra, entre otras, alguna de las circunstancias siguientes:

a. Cuando por razones expresamente justificadas de necesidad y urgencia resulte una imposibilidad transitoria de asignar un puesto de trabajo o la conveniencia de incentivar la cesación en el servicio activo

b. Cuando los funcionarios accedan, bien por promoción interna o por otros sistemas de acceso, a otros cuerpos o escalas y no les corresponda quedar en alguna de las situaciones previstas en este Estatuto, y cuando pasen a prestar servicios en organismos o entidades del sector público en régimen distinto al de funcionario de carrera

c. Ambas son correctas

d. Ninguna lo es

1581. Situación administrativa de quienes, conforme a la normativa de función pública dictada en desarrollo del presente Estatuto, presten servicios en su condición de funcionarios públicos cualquiera que sea la Administración u organismo público o entidad en el que se encuentren destinados y no les corresponda quedar en otra situación:

a. Servicios especiales

b. Servicios especiales y servicio activo

c. Servicio activo

d. Servicio activo y servicio en otras Administraciones Públicas

1582. Es INCORRECTO afirmar que los funcionarios de carrera, en la situación de servicio en otras Administraciones Públicas, que se encuentren en dicha situación por haber obtenido un puesto de trabajo mediante los sistemas de provisión previstos en este Estatuto:

a. Se rigen por la legislación de la Administración de destino

b. Conservan la condición de funcionario en la Administración de origen

c. Tienen derecho a participar en las convocatorias para la provisión de puestos de trabajo que se efectúen tanto en la Administración de origen como en la de destino

d. el tiempo de servicio en la Administración Pública en la que estén destinados se les computará como de servicio activo en su cuerpo o escala de origen

1583. Señala la INCORRECTA. Cuando un funcionario de carrera, sea nombrado para desempeñar puestos o cargos en organismos públicos o entidades, dependientes o vinculados a las Administraciones Públicas que, de conformidad con lo que establezca la respectiva Administración Pública, estén asimilados en su rango administrativo a alto cargo:

a. Se encontrará en situación administrativa de servicio en otras Administraciones Públicas

b. Tendrá derecho a reingresar al servicio activo en la misma localidad

c. el tiempo que permanezca en tal situación, se le computará a efectos de ascensos, reconocimiento de trienios, promoción interna y derechos en el régimen de S. Social

d. Las tres son correctas

1584. Un funcionario de carrera que se encuentre en situación administrativa de servicios especiales, tiene derecho a la reserva del puesto de trabajo:

a. Tendrá derecho, al menos, a reingresar al servicio activo en la misma localidad, en las condiciones y con las retribuciones correspondientes a la categoría, nivel o escalón de la carrera consolidados, de acuerdo con el sistema de carrera administrativa vigente en la Administración a la que pertenezcan

b. Tendrá derecho a la reserva del mismo puesto de trabajo durante los 2 primeros años

1585. Es una modalidad de excedencia prevista para los funcionarios de carrera en el EBEP:

a. Excedencia voluntaria por agrupación familiar
b. Excedencia voluntaria por interés particular
c. Ambas
d. Ninguna de las dos

1586. El funcionario quedará privado durante el tiempo de permanencia en la misma del ejercicio de sus funciones y de todos los derechos inherentes a la condición

a. Suspensión de funciones
b. Excedencia voluntaria por interés particular
c. Expectativa de destino
d. Excedencia forzosa

1587. Un funcionario de carrera NO será declarado en servicios especiales:

a. Cuando sea designado como personal eventual por ocupar puestos de trabajo con funciones expresamente calificadas como de confianza o asesoramiento político y no opte por permanecer en la situación de servicio activo
b. Cuando adquiera la condición de funcionario al servicio de organizaciones internacionales
c. Cuando acceda a la condición de Diputado o Senador de las Cortes Generales o miembro de las asambleas legislativas de las CC AA si no percibe retribuciones periódicas por la realización de la función
d. En los tres casos serían declarados en servicios especiales

1588. Cuando un funcionario de carrera, sean designados como personal eventual por ocupar puestos de trabajo con funciones expresamente calificadas como de confianza o asesoramiento político, percibirá las retribuciones del puesto o cargo que desempeñe...

a. Y no las que les correspondan como funcionarios de carrera
b. Salvo que opten por permanecer en servicio activo
c. Es correcta A, sin perjuicio del derecho a percibir trienios que tuviera reconocidos
d. Es correcta B, sin perjuicio del derecho a percibir trienios que tenga reconocidos

1589. Señala la INCORRECTA. Cuando un funcionario de carrera, sea designado como personal eventual por ocupar puestos de trabajo con funciones expresamente calificadas como de confianza o asesoramiento político:

a. Será declarado en situación administrativa de servicios especiales, salvo que opte por permanecer en servicio activo
b. Percibirá las retribuciones del puesto o cargo que desempeñe y no las que le correspondan como funcionario de carrera, en todo caso
c. Tendrá derecho a reingresar al servicio activo en la misma localidad
d. Todas las respuestas son incorrectas

1590. Señala la INCORRECTA en relación a la suspensión de funciones:

a. la suspensión firme por sanción disciplinaria no podrá exceder de seis años
b. el funcionario declarado en la situación de suspensión de funciones no podrá prestar servicios en ninguna Administración
c. la suspensión determinará la pérdida de la condición de funcionario cuando exceda de seis meses
d. Las tres son correctas

1591. Podría la suspensión firme de funciones, exceder de seis años:

a. No, en ningún caso
b. Sólo en el caso de sanción disciplinaria
c. No, en el caso de sanción disciplinaria
d. Sí, en todo caso

1592. Un funcionario de carrera nombrado para desempeñar un puesto en el Consejo Superior de Investigaciones Científicas (CSIC) se declararía en servicios especiales, teniendo en cuenta de que se trata de una Agencia Estatal adscrita al Ministerio de Economía y Competititvidad:

a. No, en ningún caso
b. Sí, en todo caso
c. Sí, en el caso que de conformidad con lo que establezca la respectiva Administración Pública, estén asimilados en su rango administrativo a altos cargos
d. Sí, salvo que prefiera permanecer en servicio activo

1593. Sobre el periodo de excedencia por cuidado de familiares, es INCORRECTO según el EBEP:

a. Será único por cada sujeto causante
b. Cuando un nuevo sujeto causante diera origen a una nueva excedencia, el inicio del período de la misma pondrá fin al que se viniera disfrutando
c. En el caso de que dos funcionarios generasen el derecho a disfrutarla por el mismo sujeto causante, la Administración podrá limitar su ejercicio simultáneo por razones justificadas relacionadas con el funcionamiento de los servicios
d. Las tres son correctas

1594. Señala la INCORRECTA. Los funcionarios de carrera se hallarán en alguna de las siguientes situaciones:

a. Servicios especiales
b. Permiso de paternidad
c. Excedencia
d. Servicio en otras Administraciones Públicas

1595. Modalidad de excedencia prevista para funcionarios de carrera:

a. Por razón violencia terrorista
b. Por razón de violencia de género
c. Por razón de violencia en el ámbito familiar
d. Son correctas A y B

1596. Las funcionarios víctimas de violencia terrorista, tendrán derecho a solicitar una excedencia:

a. Sin tener que haber prestado un tiempo mínimo de servicios previos
b. Sin que sea exigible un plazo de permanencia en la misma
c. Ninguna de las dos es correcta
d. Ambas lo son

1597. Sobre la excedencia voluntaria por interés particular. Las leyes de Función Pública que se dicten en desarrollo del presente Estatuto podrán establecer una duración del periodo de prestación de servicios exigido:

a. Menor
b. Menor o mayor
c. Mayor
d. Viene establecida en el EBEP por 5 años y no podrá ser modificada por las leyes que desarrollen el Estatuto

1598. Respecto a la excedencia voluntaria por interés particular:

a. la podrán obtener cuando hayan prestado servicios efectivos en cualquiera de las Administraciones Públicas durante un periodo mínimo de dos años inmediatamente anteriores
b. En determinados casos, procederá declarar de oficio la excedencia voluntaria por interés particular
c. la concesión de excedencia voluntaria por interés particular es de obligada concesión, si el funcionario cumple con los requisitos establecidos en el presente Estatuto para su obtención
d. Son correctas A y C

1599. Es computable el tiempo que la funcionaria permanezca en situación de excedencia por violencia de género a efectos de antigüedad, carrera y derechos del régimen de la Seguridad Social:

a. Sí, durante los dos primeros meses, prorrogables a seis más con un máximo de dieciocho
b. Sí, durante todo el tiempo que permanezca en esta situación
c. Sí, durante los seis primeros meses, periodo que no es prorrogable
d. Sí, durante los seis primeros meses, prorrogables a tres meses más con un máximo de dieciocho

1600. No es una modalidad de excedencia prevista para los funcionarios de carrera en el EBEP:

a. 'Voluntaria por agrupación familiar'
b. 'Por razón de violencia en el ámbito familiar'
c. 'Voluntaria por interés particular'
d. Las tres son correctas

1601. La potestad disciplinaria se ejercerá de acuerdo con los siguientes principios:

a. Retroactividad de las disposiciones sancionadoras no favorables

b. Irretroactividad de disposiciones favorables

c. Ambas son correctas

d. Ninguna lo es

1602. Si una suspensión provisional de funciones, durante la tramotación de un procedimiento judicial, excede de los seis meses,

a. la suspensión determinará la pérdida del puesto de trabajo cuando exceda de seis meses, en todo caso

b. En este caso, si la suspensión provisional excediera de seis meses no supondrá pérdida del puesto de trabajo

c. En este caso, si la suspensión provisional excediera de seis meses supondrá pérdida del puesto de trabajo

d. En este caso, si la suspensión provisional excediera de seis meses supondrá pérdida de la condición de funcionario

1603. La suspensión firme de funciones, o de empleo y sueldo en el caso del personal laboral:

a. Tendrá una duración mínima de 3 años

b. Tendrá una duración por el periodo que en cada caso se establezca

c. Tendrá una duración máxima de 3 años

d. Tendrá una duración máxima de 6 años

1604. No podrá imponerse sanción por la comisión, de faltas muy graves o graves:

a. Sino mediante el procedimiento previamente establecido

b. Sino mediante un procedimiento sumario con audiencia del interesado

c. Sino mediante un procedimiento oral con audiencia del interesado

d. Sino mediante el procedimiento que reglamentariamente se establezca

1605. En qué Título del EBEP se desarrolla el régimen disciplinario de los empleados públicos:

a. VII   b. VI   c. V   d. VIII

1606. Sobre los procedimientos sancionadores, se podrán adoptar medidas de carácter provisional:

a. Cuando así esté previsto por ley, se podrá adoptar medidas de carácter provisional que aseguren la eficacia de la resolución final que pudiera recaer

b. No, en ningún caso, ya que el procedimiento disciplinario está sujeto al principio de presunción de inocencia

c. Cuando así esté previsto reglamentariamente, se podrá adoptar mediante resolución motivada medidas de carácter provisional que aseguren la reparación del daño causado a la Administración o al interés general

d. Cuando así esté previsto en las normas que regulen los procedimientos sancionadores, se podrá adoptar mediante resolución motivada medidas de carácter provisional que aseguren la eficacia de la resolución final que pudiera recaer

1607. La desobediencia abierta a las órdenes o instrucciones de un superior, podrá ser sancionada con despido disciplinario:

a. i Sí, i en i el i caso i del i personal i laboral, i en i todo i caso

b. Sí, en el caso del personal laboral, salvo que constituyan infracción manifiesta del Ordenamiento jurídico, en cuyo caso no está tipificado como falta muy grave

c. No, en ningún caso

d. Sí, en el caso del personal funcionario de carrera, ya que constituye una falta considerada muy grave, salvo que dichas órdenes o instrucciones, constituyan una infracción manifiesta del Ordenamiento jurídico

1608. Sobre la prescripción de las sanciones, es FALSO:

a. Las muy graves prescribirán a los tres años

b. Las graves prescribirán a los dos años

c. Las leves prescribirán a los seis meses

d. Las tres son correctas

1609. Artículos del EBEP del Título VII 'Régimen disciplinario':

a. 93 a 98   b. 93 a 99

c. 92 a 98   d. 92 a 99

1610. Es una falta muy grave:

a. el incumplimiento de las normas sobre incompatibilidades aunque ello no de lugar a una situación de incompatibilidad

b. Las que queden tipificadas como tales en Ley de las Cortes Generales o de la Asamblea Legislativa de la correspondiente Comunidad Autónoma o por los Convenios Colectivos en el caso de personal laboral

c. la incomparecencia justificada en las Comisiones de Investigación de las Cortes Generales y de las asambleas legislativas de las CC AA

d. Ninguna de las respuestas es correcta

1611. Al régimen disciplinario establecido en el Título VII del EBEP, quedan sujetos:

a. el personal laboral fijo

b. el personal funcionario de carrera

c. Los funcionarios públicos y el personal laboral

d. Son correctas A y B

1612. Cuando sea declarado improcedente el despido acordado como consecuencia de la incoación de un expediente disciplinario por la comisión de una falta muy grave,

a. Procederá la readmisión del personal laboral, ya sea por tiempo indefinido o temporal

b. Procederá una indemnización en el caso del personal laboral, ya sea por tiempo indefinido o temporal

c. Procederá la readmisión del personal laboral fijo

d. Procederá una indemnización en el caso del personal laboral fijo

1613. El funcionario suspenso provisional, tendrá derecho a percibir durante la suspensión algún tipo de retribución: ,

a. No, en ningún caso

b. Sí, el 75% de las retribuciones básicas y, en su caso, la totalidad de las prestaciones familiares por hijo a cargo

c. Sí, las retribuciones básicas y la totalidad de las retribuciones complementarias

d. Sí, las retribuciones básicas y, en su caso, las prestaciones familiares por hijo a cargo

1614. Las faltas graves serán establecidas por Ley de las Cortes Generales o de la asamblea legislativa de la comunidad autónoma correspondiente o por los convenios colectivos en el caso de personal laboral, atendiendo a:

a. el grado de participación en la comisión de los hechos constitutivos de falta disciplinaria

b. la reiteración y la reincidencia de los hechos constitutivos de falta disciplinaria

c. el descrédito para la imagen pública de la Administración

d. Ninguna de las tres

1615. Señala la INCORRECTA, en relación a la prescripción de las infracciones:

a. Las muy graves prescribirán a los tres años

b. Las graves prescribirán a los dos años

c. Las leves prescribirán a los seis meses

d. Las tres son correctas

1616. La suspensión firme de funciones, o de empleo y sueldo en el caso del personal laboral tendrá una duración:

a. Máxima de seis años

b. Mínima de seis años

c. Máxima de dos años

d. Mínima de dos años

1617. La infracción leve prescribe:

a. Al año. el plazo de prescripción, comenzará a contarse desde que la falta se hubiera cometido, en todo caso

b. A los seis meses. el plazo de prescripción, comenzará a contarse desde el cese de su comisión, en todo caso

c. Al año. el plazo de prescripción, comenzará a contarse desde que la falta se hubiera cometido y desde el cese de su comisión cuando se trate de faltas continuadas

d. A los seis meses. el plazo de prescripción, comenzará a contarse desde que la falta se hubiera cometido y desde el cese de su comisión cuando se trate de faltas continuadas

1618. Y la grave al cabo de:

a. 2 años   b. 3   c. 1   d. 5

1619. Sobre la prescripción de las faltas y sanciones:

a. Las infracciones leves prescriben a los 6 meses y las sanciones leves, al año

b. Las infracciones graves prescriben a los 2 años y las sanciones graves, al año

c. Las infracciones muy graves, a los 3 años y las sanciones muy graves también

d. A y C son correctas

1620. La suspensión provisional como medida cautelar en la tramitación de un expediente disciplinario no podrá exceder:

a. De 6 meses, salvo que un juez que determine la imposibilidad de desempeñar el puesto de trabajo durante el tiempo que dura la prisión provisional u otras medidas decretadas por el mismo

b. De 6 meses, salvo en en caso de paralización del procedimiento imputable al interesado

c. Ambas son correctas

d. En ningún caso

1621. El a) grado de vulneración de la legalidad, b) la gravedad de los daños causados al interés público, patrimonio o bienes de la Administración o de los ciudadanos y c) el descrédito para la imagen pública de la Administración:

a. el alcance de cada sanción se establecerá teniendo en cuenta las citadas circunstancias

b. Las faltas graves y leves se establecerán atendiendo a dichas circunstancias

c. Ninguna de las dos

d. Ambas son correctas

1622. Los funcionarios públicos o personal laboral que encubrieren las faltas cuando:

a. Incurrirán en responsabilidad si las faltas consumadas son muy graves o graves, cuando de dichos actos se derive daño grave para la Administración o los ciudadanos

b. Incurrirán en la misma responsabilidad que aquellos que realizaron el acto o falta constitutivo de falta disciplinaria

c. Ninguna de las dos es correcta

d. Ambas lo son

1623. Respecto a la prescripción de faltas:

a. Las faltas muy leves prescribirán a los nueve meses

b. el plazo de prescripción de las faltas comenzará a contarse a partir del 1 de enero siguiente a su comisión

c. Las faltas muy graves prescribirán a los dos años

d. Las faltas graves prescribirán a los dos años

1624. El régimen de las faltas disciplinarias leves, se determinará:

a. Por las Leyes de Función Pública que se dicten en desarrollo del presente Estatuto y atendiendo a las mismas circunstancias que para las faltas graves

b. Por las Leyes de Función Pública que se dicten en desarrollo del presente Estatuto y atendiendo a las mismas circunstancias que para las faltas muy graves

c. Por Ley de Cortes Generales exclusivamente y atendiendo a las mismas circunstancias que para las faltas graves

d. Por Ley de Cortes Generales exclusivamente y atendiendo a las mismas circunstancias que para las faltas muy graves

1625. Señala la INCORRECTA según lo dispuesto en el EBEP. El procedimiento disciplinario que se establezca en el desarrollo de este Estatuto se estructurará atendiendo a los principios:

a. Eficacia

b. Celeridad

c. Economía procesal

d. Presunción de inocencia

1626. Señala la INCORRECTA, según lo dispuesto en el EBEP para las faltas disciplinarias leves:

a. el régimen aplicable a las mismas, será establecido por las leyes de Función Pública que se dicten en desarrollo del presente Estatuto

b. Se atenderá para su establecimiento a las mismas circunstancias que para las faltas graves

c. Dichas circunstancias son a) grado de vulneración de la legalidad, b) la gravedad de los daños causados al interés público, patrimonio o bienes de la Administración o de los ciudadanos y c) el descrédito para la imagen pública de la Administración

d. Las tres son correctas

1627. La potestad disciplinaria, se ejercerá, de acuerdo con los siguientes principios. Señala la INCORRECTA,

a. Principio de legalidad y tipicidad de las faltas y sanciones

b. Principio de retroactividad de las disposiciones sancionadoras no favorables y de retroactividad de las favorables al presunto infractor

c. Principio de proporcionalidad, aplicable tanto a la clasificación de las infracciones y sanciones como a su aplicación

d. Principio de culpabilidad

1628. El plazo de prescripción de la falta grave comienza a computar...

a. desde que la falta se hubiera cometido, en todo caso

b. desde que se tuviera conocimiento

c. desde que la falta se hubiera cometido y desde el cese de su comisión cuando se trate de faltas continuadas

d. Ninguna es correcta

1629. La suspensión firme de funciones durante un periodo superior a seis meses, determina

a. la pérdida de la condición de funcionario

b. la pérdida del puesto de trabajo

c. No es posible la suspensión firme por un periodo superior a seis meses

d. Ninguna respuesta es correcta

1630. El funcionario suspenso provisional, tendrá derecho a percibir durante el tiempo que dure dicha suspensión:

a. Las retribuciones básicas y complementarias y, en su caso, las prestaciones familiares por hijo a cargo

b. el setenta y cinco por ciento de su sueldo, trienios y pagas extraordinarias, así como, en su caso, las prestaciones por hijo a cargo

c. el cincuenta por ciento de su sueldo, trienios y pagas extraordinarias, así como en su caso, las prestaciones por hijo a cargo

d. Las retribuciones básicas y, en su caso, las prestaciones por hijo a cargo

1631. Cuando de la instrucción de un procedimiento disciplinario resulte la existencia de indicios fundados de criminalidad, se suspenderá su tramitación poniéndolo en conocimiento de:

a. el superior jerárquico   b. la Administración

c. el Ministerio Fiscal   d. Los Tribunales

1632. Es INCORRECTO afirmar que el procedimiento disciplinario que se establezca en el desarrollo de este Estatuto se estructurará atendiendo a los principios:

a. Eficiencia   b. Celeridad

c. Impulso   d. Son incorrectas A y C

1633. Según lo dispuesto en el Título VII, del régimen disciplinario, el alcance de cada sanción se establecerá teniendo en cuenta:

a. el grado de arrepentimiento

b. el grado de culpabilidad

c. el grado de participación

d. el escalafón jerárquico

1634. Señala la INCORRECTA. Cuando la suspensión no sea declarada firme:

a. el tiempo de duración de la misma se computará como de servicio inactivo

b. Deberá acordarse la inmediata reincorporación del funcionario a su puesto de trabajo

c. Con reconocimiento de todos los derechos económicos y demás que procedan desde la fecha de suspensión

d. Las tres son correctas

1635. Respecto del anterior Régimen Disciplinario el RD 5/2015...

a. Incluye la sanción de demérito, que consistirá en la penalización a efectos de carrera

b. Excluye el apercibimiento antes vigente que viene a sustituir por la deducción proporcional de retribuciones

c. Limita los efectos de la separación del servicio al plazo de 8 años

d. Todas son correctas

1636. Cuál de los siguientes NO es un principio sobre el cual se estructurará, el procedimiento disciplinario que se establezca en el desarrollo de este Estatuto:

a. Eficacia, celeridad y economía procesal

b. Pleno respeto a los derechos y garantías de defensa del presunto responsable

c. Principio de culpabilidad y presunción de inocencia

d. Las tres son correctas

1637. El funcionario en suspensión firme de funciones, tendrá derecho a percibir durante la suspensión algún tipo de retribución: ,

a. No, en ningún caso

b. Sí, el 75% de las retribuciones básicas y, en su caso, la totalidad de las prestaciones familiares por hijo a cargo

c. Sí, las retribuciones básicas y la totalidad de las retribuciones complementarias

d. Sí, las retribuciones básicas y, en su caso, las prestaciones familiares por hijo a cargo

1638. El incumplimiento de las normas sobre incompatibilidades, será considerado una falta disciplinaria:

a. Sí, una falta grave en todo caso

b. Sí, una falta grave, cuando ello de lugar a incompatibilidad

c. Sí, una falta muy grave, cuando ello de lugar a incompatibilidad

d. Sí, una falta muy grave en todo caso

1639. La suspensión firme de funciones, o de empleo y sueldo en el caso del personal laboral:

a. Tendrá una duración mínima de 3 años

b. Tendrá una duración máxima de 6 años

c. a) y b) son incorrectas

d. a) y b) son correctas

1640. El a) grado de vulneración de la legalidad, b) la gravedad de los daños causados al interés público, patrimonio o bienes de la Administración o de los ciudadanos y c) el descrédito para la imagen pública de la Administración,

a. Las faltas graves se establecerán atendiendo a dichas circunstancias

b. Las faltas leves se establecerán atendiendo a dichas circunstancias

c. el alcance de cada sanción se establecerá teniendo en cuenta las citadas circunstancias

d. a) y b) son correctas

1641. Cuál es el periodo que establece el EBEP, para el traslado forzoso:

a. el que en cada caso se establezca

b. Un periodo máximo de 6 años

c. Un periodo máximo de 6 años sin cambio de residencia y 3 años con cambio de residencia

d. Un periodo mínimo de 6 años

1642. Los funcionarios públicos o el personal laboral que indujeren a otros a la realización de actos o conductas constitutivos de falta disciplinaria:

a. Incurrirán en menor responsabilidad que aquellos que realizaron el acto o falta constitutivo de falta disciplinaria

b. Incurrirán en mayor responsabilidad que aquellos que realizaron el acto o falta constitutivo de falta disciplinaria

c. Incurrirán en la misma responsabilidad que aquellos que realizaron el acto o falta constitutivo de falta disciplinaria

d. No incurrirán en responsabilidad

1643. No es una sanción por razón de falta disciplinaria, prevista en el EBEP:

a. Pérdida de dos grados en el sistema de carrera horizontal

b. Traslado forzoso, con o sin cambio de localidad de residencia, por el período que en cada caso se establezca

c. Apercibimiento

d. Suspensión firme de funciones, o de empleo y sueldo en el caso del personal laboral

1644. La desobediencia abierta a las órdenes o instrucciones de un superior, será considerada falta disciplinaria muy grave, grave o leve:

a. Falta disciplinaria grave, salvo que dichas órdenes o instrucciones contravengan lo dispuesto en el Ordenamiento jurídico, en cuyo caso, será leve

b. Falta disciplinaria muy grave, en cualquier caso

c. Falta disciplinaria muy grave, salvo que dichas órdenes o instrucciones constituyan una infracción manifiesta del Ordenamiento jurídico

d. Falta disciplinaria grave

1645. Indica cuál de las siguientes será considerada una falta grave según lo dispuesto en el Título VII del EBEP:

a. el abandono del servicio, así como no hacerse cargo voluntariamente de las tareas o funciones que tienen encomendadas

b. la publicación o utilización indebida de la documentación o información a que tengan o hayan tenido acceso por razón de su cargo o función

c. la violación de la imparcialidad, utilizando las facultades atribuidas para influir en procesos electorales de cualquier naturaleza y ámbito

d. Ninguna de las respuestas es correcta

1646. NO es correcto afirmar en relación a la prescripción de faltas y sanciones, que:

a. Las sanciones leves prescriben al año

b. Las infracciones leves prescriben a los seis meses

c. Las sanciones y las infracciones muy graves, prescriben a los tres años

d. Las tres son correctas

1647. Cuando de la instrucción de un procedimiento disciplinario resulte la existencia de indicios fundados de criminalidad, el EBEP indica que:

a. Se proseguirá su tramitación poniéndolo en conocimiento de la junta de Gobierno con potestades disciplinarias

b. Se proseguirá su tramitación poniéndolo en conocimiento de la Consejo General de la Potestad Disciplinaria

c. Se suspenderá su tramitación poniéndolo en conocimiento del Ministerio Fiscal

d. Se suspenderá su tramitación poniéndolo en conocimiento de Consejo de Ministros

1648. Para la imposición de sanciones por faltas leves:

a. Se llevará a cabo por un procedimiento abreviado con audiencia al interesado

b. Se llevará a cabo por un procedimiento ordinario con audiencia al interesado

c. Se llevará a cabo por un procedimiento sumario con audiencia al interesado

d. Se llevará a cabo por un procedimiento oral con audiencia al interesado

1649. Respecto a la prescripción de faltas y sanciones, NO es correcto afirmar que:

a. el plazo de prescripción de las faltas comenzará a contarse desde que se hubieran cometido

b. Las infracciones muy graves prescribirán a los tres años

c. Las sanciones impuestas por faltas leves a los seis meses

d. Las tres son correctas

1650. Sobre el procedimiento disciplinario:

a. la imposición de sanciones por faltas leves o muy leves se llevará a cabo por procedimiento sumario con audiencia al interesado

b. No podrá imponerse sanción por la comisión de faltas muy graves o graves sino mediante el procedimiento previamente establecido

c. Ambas son correctas

d. Ninguna lo es

1651. Desde cuándo comienza a contarse el plazo de prescripción de las sanciones: ,

a. Desde que la falta se hubiera cometido

b. Desde la firmeza de la resolución sancionadora o desde que la falta se hubiera cometido

c. Desde el día siguiente de la firmeza de la resolución sancionadora

d. Desde la firmeza de la resolución sancionadora

1652. Respecto a la suspensión provisional:

a. En la tramitación de un expediente disciplinario se mantendrá por el tiempo que determine el juez
b. Durante la tramitación de un procedimiento judicial, no podrá exceder de 6 meses, salvo en caso de paralización del procedimiento imputable al interesado
c. Ninguna de las dos es correcta
d. Ambas lo son

1653. Señala la INCORRECTA. Serán faltas consideradas graves las establecidas:

a. Por Ley de Cortes Generales y por Ley de las Asambleas Legislativas de las CC AA
b. Por los Convenios Colectivos
c. Ambas son correctas
d. Ninguna lo es

1654. Señala la INCORRECTA. Las faltas graves, serán establecidas atendiendo a:

a. la gravedad de los daños causados al interés público, patrimonio o bienes de la Administración o de los ciudadanos
b. el grado en que se haya vulnerado la legalidad
c. el descrédito para la imagen pública de la Administración
d. Las tres son correctas

1655. Respecto a la suspensión provisional como medida cautelar:

a. En la tramitación de un expediente disciplinario no podrá exceder de 6 meses, salvo en caso de paralización del procedimiento imputable al interesado
b. Durante la tramitación de un procedimiento judicial, y se mantendrá por el tiempo a que se extienda la prisión provisional u otras medidas decretadas por el juez que determinen la imposibilidad de desempeñar el puesto de trabajo
c. a) y b) son incorrectas
d. a) y b) son correctas

1656. No podrá imponerse sanción por la comisión, sino mediante el procedimiento previamente establecido, según lo establecido en el EBEP:

a. De faltas leves
b. De faltas muy graves
c. De faltas muy graves o graves
d. De faltas muy graves, graves o leves

1657. Según el EBEP, en relación a las sanciones disciplinarias:

a. Para faltas muy graves pueden ser separados del servicio, lo que conlleva la pérdida de la condición de funcionario cuando tengan carácter firme
b. Pueden declararse en suspensión firme de funciones, con una duración máxima de seis meses
c. la suspensión de funciones por un periodo superior a seis meses, determina la pérdida de la condición de funcionario
d. Las tres son correctas

1658. Sobre el procedimiento disciplinario, se indica que la fase instructora y sancionadora:

a. Serán encomendadas al mismo órgano
b. Se establecerá la debida separación entre ellas
c. Ninguna de las dos es correcta
d. Ambas lo son

1659. NO es correcto afirmar, respecto de la prescripción de las sanciones:

a. el plazo de prescripción de las sanciones, comenzará a contarse desde la firmeza de la resolución
b. Las sanciones graves prescriben a los dos años
c. Las sanciones leves prescriben a los seis meses
d. Las sanciones graves prescriben a los dos años

1660. NO es correcto afirmar, respecto de la prescripción de las infracciones:

a. el plazo de prescripción de las faltas comenzará a contarse desde la firmeza de la resolución
b. Las infracciones graves prescriben a los dos años
c. Las infracciones leves prescriben a los seis meses
d. Las infracciones graves prescriben a los dos años

1661. En el EBEP se establece un listado de faltas consideradas como muy graves y además, también serán faltas muy graves las que queden tipificadas como tales en:

a. Ley de Cortes Generales, exclusivamente
b. Ley de Cortes Generales y de Asambleas Legislativas de las CC AA o por los Convenios Colectivos en el caso del personal laboral
c. Ley de Cortes Generales y de Asambleas Legislativas, exclusivamente
d. Sólo serán faltas muy graves, las que vengan tipificadas en el EBEP. Por Ley de Cortes Generales y de Asambleas Legislativas, se establecerán las faltas que sean graves o leves

1662. NO son faltas consideradas como muy graves:

a. la violación de la imparcialidad, utilizando las facultades atribuidas para influir en procesos electorales de cualquier naturaleza y ámbito
b. la desobediencia abierta a las órdenes o instrucciones de un superior, salvo que constituyan infracción manifiesta del presente Estatuto
c. la prevalencia de la condición de empleado público para obtener un beneficio indebido para sí o para otro
d. el acoso laboral

1663. Sobre el procedimiento disciplinario:

a. la imposición de sanciones por faltas leves se llevará a cabo por procedimiento sumario con audiencia al interesado
b. No podrá imponerse sanción por la comisión de faltas muy graves o graves sino mediante el procedimiento previamente establecido
c. Ambas son correctas
d. Ninguna lo es

1664. Sobre el régimen disciplinario, indica que en lo no previsto en el presente Título (TVII 'Régimen disciplinario'), qué personal se regirá por lo previsto en la legislación laboral:

a. el personal laboral y el personal funcionario interino
b. el personal laboral
c. el personal laboral fijo
d. el personal laboral, personal funcionario interino y personal eventual

1665. No es una sanción por razón de falta disciplinaria, prevista en el EBEP:

a. Cualquier otra que establezca la Ley
b. Suspensión provisional de funciones para el personal funcionario de carrera
c. Apercibimiento
d. Las tres son correctas

1666. Serán faltas consideradas muy graves:

a. Las tipificadas en el propio EBEP, así como las tipificadas como tales por Ley de Cortes Generales y de Asambleas Legislativas de las CC AA o por los Convenios Colectivos
b. Las tipificadas como tales por Ley de Cortes Generales y de Asambleas Legislativas de las CC AA o por los Convenios Colectivos
c. Las tipificadas en el propio EBEP, así como las tipificadas como tales por Ley de Cortes Generales y de Asambleas Legislativas de las CC AA
d. Las tipificadas en el propio EBEP, así como las tipificadas como tales por Ley de Cortes Generales, exclusivamente

1667. Señala la INCORRECTA. Serán faltas consideradas muy graves las establecidas:

a. Por el propio TREBP
b. Por los Convenios Colectivos
c. Por Ley de Cortes Generales y por Ley de las Asambleas Legislativas de las CC AA
d. Las tres son correctas

1668. Señala la INCORRECTA. Una de las sanciones previstas en el EBEP, es el demérito, que consistirá en la penalización a efectos:

a. Sueldo o trienios
b. Movilidad voluntaria
c. Carrera
d. Promoción

1669. Serán faltas consideradas muy graves:

a. el abandono del servicio, así como no hacerse cargo involuntariamente de las tareas o funciones que tienen encomendadas
b. la adopción de acuerdos manifiestamente legales que causen perjuicio grave a la Administración o a los ciudadanos
c. el incumplimiento de la obligación de atender los servicios esenciales en caso de huelga
d. Ninguna de las respuestas anteriores es considerada como falta muy grave

1670. Supone la pérdida del puesto de trabajo,

a. la suspensión provisional de funciones por un periodo superior a seis meses
b. la suspensión firme de funciones durante un periodo superior a seis meses
c. la suspensión firme o provisional de funciones durante un periodo superior a seis meses
d. la suspensión firme por un periodo superior a seis años

1671. cuál de las siguientes, son faltas consideradas como muy graves:

a. la desobediencia abierta a las órdenes o instrucciones de un superior, salvo que constituyan infracción manifiesta del Ordenamiento jurídico
b. No actuar de acuerdo con los principios de eficacia, economía y eficiencia, y velar por la consecución del interés general y el cumplimiento de los objetivos de la organización
c. Influir en la agilización o resolución de trámite o procedimiento administrativo sin justa causa, cuando ello comporte un privilegio en beneficio de los titulares
d. a) y b) son faltas muy graves, mientras que c) es una falta grave

1672. Es correcto afirmar, que la imposición de sanciones, se llevará a cabo por procedimiento sumario con audiencia al interesado:

a. Cuando se trate de faltas leves o muy leves
b. En todo caso
c. Cuando se trate de faltas graves o muy graves
d. Cuando se trate de faltas leves

1673. la potestad disciplinaria se ejercerá de acuerdo con los siguientes principios:

a. Legalidad, tipicidad, irretroactividad de disposiciones desfavorables, proporcionalidad y presunción de inocencia
b. Legalidad, tipicidad, retroactividad, proporcionalidad, culpabilidad y presunción de inocencia
c. Legalidad, tipicidad, irretroactividad de disposiciones desfavorables y retroactividad de las favorables, proporcionalidad, culpabilidad y presunción de inocencia
d. Legalidad, tipicidad, retroactividad de disposiciones favorables, proporcionalidad y presunción de inocencia

1674. Señala la INCORRECTA. Serán faltas consideradas muy graves:

a. Las tipificadas así por Ley de Cortes Generales
b. Las tipificadas así por Ley de las Asambleas Legislativas de las CC AA
c. Las tipificadas así por los Convenios Colectivos
d. Las tres son correctas

1675. Una de las sanciones previstas en el EBEP es el demérito, que consistirá en la penalización a efectos:

a. Carrera, promoción o movilidad voluntaria o forzosa
b. Carrera, promoción o movilidad voluntaria
c. Carrera, sueldo y trienios, promoción o movilidad voluntaria
d. Carrera, pagas complementarias o movilidad voluntaria

1676. La suspensión provisional como medida cautelar en la tramitación de un expediente disciplinario no podrá exceder, según lo previsto en el EBEP:

a. De 6 meses, salvo que el juez decida lo contrario
b. De 6 meses, en ningún caso
c. De 6 meses, salvo en caso de paralización de procedimiento imputable al interesado
d. De 6 meses, salvo en caso de paralización del procedimiento imputable a la Administración

1677. La imposición de sanciones, se llevará a cabo por procedimiento sumario con audiencia al interesado:

a. Por faltas leves
b. Por faltas graves o leves
c. Por faltas muy graves
d. Por faltas muy graves o graves

1678. La suspensión provisional, durante la tramitación de un procedimiento judicial,

a. Se mantendrá por el tiempo máximo de seis meses o por el tiempo que se extienda la prisión provisional u otras medidas decretadas por el juez que determinen la imposibilidad de desempeñar el puesto de trabajo
b. Se mantendrá por el tiempo a que se extienda la prisión provisional u otras medidas decretadas por el juez que determinen la imposibilidad de desempeñar el puesto de trabajo
c. Se mantendrá por el tiempo máximo de seis años
d. No podrá ser superior a seis meses

1679. Cuál de los siguientes NO es un principio de la potestad disciplinaria:

a. Principio de irretroactividad y de proporcionalidad
b. Principio de igualdad y presunción de inocencia
c. Principio de tipicidad y de culpabilidad
d. Todas son correctas

1680. Sobre la prescripción de las sanciones:

a. Las muy graves prescribirán a los dos años
b. Las graves prescribirán al año
c. Las leves prescribirán a los seis meses
d. Ninguna respuesta es correcta

1681. Señala la INCORRECTA. Las faltas graves, serán establecidas atendiendo a las siguientes circunstancias:

a. el tiempo durante el cual, se haya vulnerado la legalidad
b. el descrédito para la imagen pública de la Administración
c. la reiteración de los hechos constitutivos de falta disciplinaria
d. a) y c) son incorrectas

1682. Es INCORRECTO afirmar en relación al procedimiento disciplinario, que:

a. la imposición de sanciones por faltas leves y muy leves, se llevará a cabo por procedimiento sumario con audiencia al interesado
b. No podrá imponerse sanción por la comisión de faltas muy graves o graves sino mediante el procedimiento previamente establecido
c. Ambas son correctas
d. Ninguna lo es

1683. El régimen disciplinario del personal laboral se regirá, en lo no previsto en el presente Título (TVII 'Régimen disciplinario'),

a. Por los Convenios Colectivos que le sean de aplicación
b. Por lo dispuesto en el Estatuto de los Trabajadores
c. Por la legislación laboral
d. Por los Convenios Colectivos que le sean de aplicación y por lo dispuesto en el Estatuto de los Trabajadores

1684. Respecto a la prescripción de faltas y sanciones, NO es correcto afirmar, según lo dispuesto en el EBEP que:

a. Las infracciones graves prescriben a los dos años
b. el plazo de prescripción de las faltas comenzará a contarse desde la firmeza de la resolución
c. Las infracciones leves prescriben a los seis meses y las sanciones leves, prescriben al año
d. Todas las respuestas son incorrectas

1685. La potestad disciplinaria, se ejercerá, de acuerdo con los siguientes principios. Señala la INCORRECTA,

a. Culpabilidad
b. Retroactividad de disposiciones desfavorables
c. Presunción de inocencia
d. Todas son correctas

1686. Incurrirán en responsabilidad los funcionarios públicos o personal laboral, que encubrieren:

a. Las faltas consumadas graves, cuando de dichos actos se derive daño grave para la Administración o los ciudadanos

b. Las faltas consumadas muy graves, cuando de dichos actos se derive daño grave para la Administración o los ciudadanos

c. Las faltas consumadas graves o muy graves, cuando de dichos actos se derive daño grave para la Administración o los ciudadanos

d. Las faltas consumadas graves o muy graves, cuando de dichos actos se derive daño muy grave para la Administración o los ciudadanos

1687. NO es correcto afirmar en relación al procedimiento disciplinario, que:

a. la imposición de sanciones por faltas leves se llevará a cabo por procedimiento con audiencia al interesado

b. la imposición de sanciones por faltas leves se llevará a cabo por procedimiento sumario

c. No podrá imponerse sanción por la comisión de faltas muy graves o graves sino mediante el procedimiento previamente establecido

d. Las tres son correctas

1688. El funcionario suspenso provisional tendrá derecho a percibir durante la suspensión,

a. Las retribuciones básicas, las complementarias y, en su caso, las prestaciones familiares por hijo a cargo

b. el 75% de las retribuciones básicas y, en su caso, las prestaciones familiares por hijo a cargo

c. Las retribuciones básicas y, en su caso, las prestaciones familiares por hijo a cargo

d. No tiene derecho a recibir ningún tipo de retribución

1689. Los funcionarios públicos y el personal laboral quedarán sujetos al régimen disciplinario:

a. Establecido en el presente título, en las normas que las leyes de Función Pública dicten en desarrollo de este Estatuto y por lo dispuesto en el Estatuto de los Trabajadores

b. Establecido en el presente título y en las normas que las leyes de Función Pública dicten en desarrollo de este Estatuto

c. Establecido en el presente título, por los Convenios Colectivos que les sean de aplicación y por las normas que las leyes de Función Pública dicten en desarrollo de este Estatuto

d. Establecido en el presente título, en las normas que las leyes de Función Pública dicten en desarrollo de este Estatuto así como la Constitución y el resto del ordenamiento jurídico

1690. Sobre el procedimiento disciplinario:

a. No podrá imponerse sanción por la comisión de faltas muy graves sino mediante el procedimiento previamente establecido

b. la imposición de sanciones por faltas leves se llevará a cabo por procedimiento sumario con audiencia al interesado

c. Ambas son correctas

d. Ninguna lo es

1691. Señala la INCORRECTA. Una de las sanciones previstas en el EBEP es el demérito, que consistirá en la penalización a efectos:

a. Carrera

b. Promoción

c. Movilidad voluntaria o forzosa

d. Las tres son correctas

1692. Señala la INCORRECTA. Los funcionarios públicos o personal laboral que encubrieren las faltas incurrirán en responsabilidad:

a. Cuando derive en daño grave para la Administración o los ciudadanos

b. Cuando las faltas consumadas sean graves o muy graves

c. Ambas son correctas

d. Ninguna lo es

1693. Los funcionarios públicos o personal laboral que encubrieren las faltas consumadas muy graves o graves:

a. Incurrirán en responsabilidad, cuando de dichos actos se derive daño muy grave para la Administración

b. Incurrirán en responsabilidad, cuando de dichos actos se derive daño muy grave para la Administración o los ciudadanos

c. Incurrirán en responsabilidad, cuando de dichos actos se derive daño grave para la Administración

d. Incurrirán en responsabilidad, cuando de dichos actos se derive daño grave para la Administración o los ciudadanos

1694. Señala la INCORRECTA, en relación a la prescripción de las faltas y sanciones:

a. Las sanciones leves prescriben al año

b. Las infracciones graves prescriben a los dos años

c. Las infracciones muy leves prescriben a los seis meses

d. Las sanciones muy graves prescriben a los tres años

1695. No es materia objeto de negociación conforme al art. 37 del EBEP ...

a. la determinación y aplicación de las retribuciones complementarias de los funcionarios

b. Los planes de Previsión Social Complementaria

c. la determinación de condiciones de trabajo del personal directivo

d. Los criterios generales sobre ofertas de empleo público

1696. NO son faltas consideradas como muy graves:

a. el notorio incumplimiento de las funciones esenciales inherentes al puesto de trabajo o funciones encomendadas

b. la realización de actos encaminados a coartar el libre ejercicio del derecho de huelga

c. Contraer obligaciones económicas ni intervendrán en operaciones financieras, obligaciones patrimoniales o negocios jurídicos con personas o entidades cuando pueda suponer un conflicto de intereses con las obligaciones de su puesto público

d. la incomparecencia injustificada en las Comisiones de Investigación de las Cortes Generales y de las asambleas legislativas de las CC AA

1697. Es INCORRECTO afirmar que el procedimiento disciplinario que se establezca en el desarrollo de este Estatuto se estructurará atendiendo a los principios:

a. Eficiencia

b. Celeridad

c. Economía procesal

d. Las tres son correctas

1698. Aquel funcionario que se encuentre en situación de suspensión provisional, y mientras permanezca en esta situación, tendrá derecho a:

a. A percibir durante la suspensión las retribuciones básicas y, en su caso, las prestaciones familiares por hijo a cargo

b. Percibir la totalidad de sus retribuciones básicas y el complemento de destino del puesto que viniera desempeñando

c. Dependerá de las características de la suspensión provisional que se adopte, bien sea de funciones o de empleo y sueldo

d. Percibir la totalidad de sus retribuciones, siempre que la suspensión no devenga en una suspensión firme

1699. Señala la INCORRECTA. Las faltas leves, serán establecidas atendiendo a las siguientes circunstancias:

a. la gravedad de los daños causados al interés público, patrimonio o bienes de la Administración o de los ciudadanos

b. el grado en que se haya vulnerado la legalidad

c. el descrédito para la imagen pública de la Administración

d. Las tres son correctas

1700. La suspensión provisional de funciones, determina la pérdida de la condición de funcionario:

a. Sí, si excediera de seis meses

b. Sí, si excediera de seis años

c. Sí, automáticamente

d. No

1701. Una de las novedades de la Ley 39/2015 fue que amplió su ámbito subjetivo a...

a. la Administración de Justicia
b. el sector público institucional
c. Las Entidades que integran la Admón. Local
d. la Administración General del Estado

1702. La Ley 39/2015 requiere que la Ley declare expresamente la capacidad de obrar cuando se trate de

a. Grupos de afectados
b. Menores de edad
c. Menores de edad incapacitados, cuando la extensión de la incapacitación afecte al ejercicio y defensa de los derechos o intereses de que se trate
d. Personas jurídicas

1703. No se consideraría interesado en el procedimiento administrativo...

a. Quienes lo promueven como titulares de derechos legítimos colectivos
b. Quien no habiendo iniciado el procedimiento tenga intereses que puedan resultar afectados por la resolución que en el mismo se adopte
c. Un sindicato en los términos que la ley le reconozca
d. el derecho-habiente del interesado cuando la condición de interesado derivase de una relación jurídica transmisible

1704. No necesariamente deberá acreditarse la representación conforme el art. 5 de la Ley 39/2015

a. Cuando se presente una declaración responsable
b. Cuando se interponga un recurso
c. Cuando se solicite información sobre un trámite ineludible en el procedimiento
d. Cuando se formule cualquier solicitud iniciadora de un procedimiento

1705. La falta o insuficiente acreditación de la representación no impedirá que se tenga por realizado el acto de que se trate, siempre que se aporte aquélla o se subsane el defecto dentro del plazo de ...

a. 5 días
b. 15 días
c. 72 horas
d. 10 días

1706. El art. 5, al tratar de la representación dispone que...

a. Para que un interesado pueda actuar por medio de representante se requiere que tenga capacidad de obrar
b. Sólo pueden actuar en representación de otras personas las personas físicas
c. Las personas jurídicas siempre actuarán ante la Administración por medio de un representante que será persona física
d. Las tres son correctas

1707. Dispondrán de un registro electrónico general de apoderamientos...

a. la Administración General del Estado
b. las CC AA
c. Las Entidades Locales
d. Todas son correctas

1708. Cuando en una solicitud, escrito o comunicación figuren varios interesados, las actuaciones a que den lugar se efectuarán primeramente con ...

a. el interesado que expresamente hayan señalado
b. el que figure en último lugar
c. el que acredite mayor solvencia o conocimiento administrativo
d. Ninguna es correcta

1709. No es en particular un sistema admitido para identificarse electrónicamente ante las Administraciones:

a. Grupo Whatsapp
b. Certificado electrónico
c. Certificado de firma electrónica
d. Todos lo son

1710. No es un sistema de identificación de los interesados en el procedimiento admitido por la Administración el de:

a. firma electrónica
b. clave concertada
c. sello electrónico
d. Los tres sí lo son

1711. Conforme el artículo 13 de la actual Ley 39/2015 las personas tienen derecho a comunicarse con las Administraciones Públicas a través de los denominados ...

a. Nodos de Acceso General electrónico de la Administración
b. Puntos de Acceso General electrónico de la Administración
c. Nodos de Acceso General electrónico de las Administraciones Públicas
d. Nodos de Acceso General de Nuevas Tecnologías e Innovación de las Administraciones Públicas

1712. No es un derecho conferido a un vasco en el ámbito territorial de la Comunidad Autónoma Valenciana el de:

a. Dirigirse a los órganos de la Generalitat Valenciana en euskera
b. Dirigirse a los órganos de la Generalitat Valenciana en valenciano
c. Dirigirse a los órganos de la Generalitat Valenciana en castellano
d. Todos lo son conforme se dispone en el art. 13 de la Ley 39/2015

1713. Lo previsto en la Ley 19/2013, de 9 de diciembre, de transparencia, acceso a la información pública y buen gobierno y el resto del Ordenamiento Jurídico tiene que ver con el derecho a:

a. Comunicarse con las Administraciones Públicas
b. Ser tratados con deferencia y respeto
c. el acceso a la información pública, archivos y registros
d. la obtención y utilización de los medios de identificación y firma electrónica contemplados en la Ley 39/2015

1714. Conforme el art. 14 de la Ley 39/2015 no estaría obligado en todo caso a relacionarse electrónicamente con las Administraciones Públicas

a. el Colegio de Abogados de Alicante
b. Vicente Martínez Pérez
c. Porcelano S.A
d. No estaría obligado ninguno pues no ha de confundirse el ejercicio de un derecho con el cumplimiento de una obligación

1715. Conforme el art. 16, en cada Administración se dispondrá de...

a. Registro Electrónico de Entrada
b. Registro Electrónico de Salida
c. Registro Electrónico General
d. A y B son correctas

1716. En los casos en que proceda la comparecencia, la correspondiente citación hará constar expresamente:

a. el lugar
b. la fecha
c. Los efectos de no atenderla
d. Las tres cosas

1717. Los titulares de las unidades administrativas y el personal al servicio de las Administraciones Públicas son responsables de...

a. Nada
b. Las resoluciones administrativas
c. la tramitación de los asuntos
d. Exclusivamente de los temas de su incumbencia

1718. La Administración está obligada a dictar resolución expresa y a notificarla en todos los procedimientos...

a. Si
b. Si, siempre que el procedimiento se inicie a solicitud de persona interesada
c. Si, siempre que el procedimiento se inicie a solicitud de persona interesada y a notificarla a dicha persona y en su caso a sus causahabientes
d. Pues no y precisamente por eso existe el llamado silencio administrativo

1719. Cuál de estas circunstancias NO trae consigo una alteración de la obligación de resolver:

a. el pacto
b. la prescripción
c. la caducidad
d. la prescripción

1720. Salvo que una norma con rango de Ley establezca uno mayor o así venga previsto en el Derecho de la UE el plazo para resolver no excederá de cuántos meses:

a. 1   b. 2   c. 3   d. 6

1721. Conforme el art. 22, el transcurso del plazo máximo legal para resolver un procedimiento se suspenderá (NO se podrá suspender, se suspenderá)

a. Cuando un interesado promueva la recusación del órgano competente para resolver
b. Cuando deba requerirse a cualquier interesado para la subsanación de deficiencias o la aportación de documentos y otros elementos de juicio necesarios
c. Cuando deban realizarse pruebas técnicas o análisis contradictorios o dirimentes propuestos por los interesados
d. Cuando deba obtenerse un pronunciamiento previo y preceptivo de un órgano de la UE

1722. La ampliación del plazo máximo para resolver y notificar según previene el art. 23 de la Ley 39/2015 ...

a. Deberá ser notificada al interesado quien podrá presentar el correspondiente recurso
b. Tendrá carácter excepcional
c. Deberá ser adoptada por el órgano instructor a propuesta del órgano competente para resolver o bien de su superior jerárquico
d. Todas son correctas

1723. El vencimiento del plazo máximo sin haberse notificado resolución expresa legitima al interesado para entender estimada su pretensión ...

a. En todo caso
b. Siempre que el procedimiento se haya iniciado de oficio
c. Siempre que el procedimiento se haya iniciado a solicitud del interesado
d. Nunca

1724. Tiene a todos los efectos la consideración de acto administrativo finalizador del procedimiento ...

a. Ningún silencio
b. el silencio estimatorio
c. el silencio desestimatorio
d. Ambos tienen la consideración de acto administrativo finalizador del procedimiento

1725. El sentido del silencio es estimatorio en...

a. Los procedimientos de impugnación de actos y disposiciones
b. En los procedimientos relativos al derecho de petición del art. 29 de la Constitución siempre que la estimación tuviera como consecuencia que se transfirieran al solicitante o a terceros facultades relativas al dominio público o al servicio público

c. el recurso de alzada interpuesto contra la desestimación por silencio administrativo de una solicitud por el transcurso del plazo
d. En los procedimientos relativos al derecho de petición del art. 29 de la Constitución siempre que la estimación implique el ejercicio de actividades potencialmente dañosas para el medio ambiente

1726. En el silencio administrativo la resolución expresa posterior al vencimiento del plazo se adoptará por la Administración sin vinculación alguna al sentido del silencio ...

a. En todo caso
b. Siempre que hubiera sido interpuesto el correspondiente recurso y no estemos ante un acto meramente consentido
c. Nunca
d. En los casos de desestimación

1727. El plazo de un procedimiento concluye al cabo de tres meses y tiene efectos estimatorios De cuantos días dispone el interesado para solicitar el certificado acreditativo del silencio producido:

a. De quince
b. De diez
c. De un mes y medio (la mitad de duración del plazo del procedimiento)
d. Ninguna es correcta

1728. Conforme el art. 26 de la Ley 39/2015 las Administraciones Públicas emitirán los documentos administrativos ...

a. Verbalmente o por escrito
b. Por escrito, a través de medios mecánicos
c. Por escrito, a través de medios electrónicos
d. Por escrito e independientemente de que su naturaleza exija otra forma mas adecuada de expresión y constancia

1729. Requisitos de la validez de los documentos administrativos según el art. 26 de la Ley 39/2015

a. Incorporar una referencia temporal del momento en que han sido emitidos
b. Incorporar los metadatos mínimos exigidos
c. Disponer de los datos de identificación que permitan su individualización, sin perjuicio de su posible incorporación a un expediente electrónico
d. Todas son correctas

1730. Los documentos electrónicos emitidos por las Administraciones Públicas que se publiquen con carácter meramente informativo ...

a. No requerirán firma electrónica
b. Ni requerirán firma electrónica ni será necesario identificar el origen de estos documentos
c. Requerirán firma electrónica y será necesario identificar el origen de estos documentos aun cuando no formen parte de un expediente administrativo
d. Ninguna es correcta

1731. NO necesitaría ser motivado conforme al art. 35:

a. Un acto que limitase derechos subjetivos sin apartarse del criterio seguido en ocasiones precedentes
b. el acuerdo de ampliación de plazos sin ser limitativo de intereses legítimos
c. el acto que mantuviera el criterio seguido en actuaciones anteriores
d. el acuerdo por el que se adoptan medidas provisionales de las previstas en el art. 56 de la Ley 39/2015

1732. En la motivación del acto cómo debe ser la referencia de los hechos de que trae causa la resolución:

a. Fehaciente
b. Resolutoria
c. Urgente
d. Sucinta

1733. En los casos en que los órganos administrativos ejerzan su competencia de forma verbal, la constancia escrita del acto se efectuará y firmará siempre por ...

a. el titular del órgano inferior
b. el funcionario responsable de la tramitación
c. la autoridad de la que procede
d. Ninguna es correcta porque no siempre procede que quede constancia escrita del acto

1734. 'Las resoluciones administrativas de carácter particular no podrán vulnerar lo establecido en una disposición de carácter general, aunque aquéllas procedan de un órgano de igual o superior jerarquía al que dictó la disposición general'

a. Principio de Jerarquía normativa
b. Principio de Inderogabilidad singular
c. Principio de Legalidad
d. Ninguno de los tres

1735. Las resoluciones administrativas que vulneren lo establecido en una disposición reglamentaria son...

a. Válidas y eficaces si la autoridad de la que proceden es de rango superior a la autoridad de la que procede la disposición reglamentaria
b. Nulas en todo caso
c. Nulas salvo que dispongan otra cosa
d. Nulas salvo si incurren en alguna de las causas recogidas en el art. 47 de la Ley 39/2015

1736. Los actos de las Administraciones Públicas sujetos al Derecho Administrativo serán ejecutivos con arreglo a lo dispuesto en esta Ley. Es el principio de...

a. Ejecutividad
b. Efectividad
c. Eficiencia
d. Inderogabilidad singular

1737. Los actos de las Administraciones Públicas sujetos al Derecho Administrativo se presumirán válidos y producirán efectos desde ...

a. la fecha en que adquieran firmeza
b. la fecha en que se dicten
c. la fecha en que transcurra el plazo para recurrir sin haberse interpuesto el correspondiente recurso
d. Todas son correctas

1738. Las notificaciones deberán ser cursadas en el plazo de...

a. Diez días desde que el acto haya sido dictado
b. Diez días desde que el acto haya sido dictado o conforme el plazo previsto en el procedimiento de que se trate
c. Diez días desde que el acto haya sido dictado salvo que en el procedimiento de que se trate esté previsto un plazo igual o superior
d. Diez días desde que el acto haya sido dictado salvo que en el procedimiento de que se trate esté previsto un plazo igual o inferior

1739. Las notificaciones se practicarán preferentemente por...

a. Correo certificado
b. Correo ordinario
c. Medios electrónicos
d. Correo certificado con acuse de recibo

1740. Si una notificación contiene medio de pago a favor del obligado...

a. Se deberá practicar por medios electrónicos
b. Podrá practicarse por medios electrónicos
c. No se practicará por medios electrónicos
d. Podrá practicarse por medios electrónicos siempre que resulte salto favorable a la Administración acreedora

1741. Para que la nulidad de pleno derecho, recogida en el art. 47 de la Ley 39/2015, recaiga sobre un acto que lesione derechos y libertades se requiere que tales derechos y libertades sean....

a. Derechos subjetivos y libertades públicas
b. Susceptibles de amparo constitucional
c. Derechos subjetivos, intereses legítimos y libertades democráticas
d. Derechos y libertades reconocidos y protegidos por las leyes

1742. No es causa de nulidad la incompetencia...

a. Por razón de materia   b. Territorial
c. Jerárquica   d. Ninguna de las tres

1743. Para que por razón de su contenido un acto sea considerado nulo se requiere que dicho contenido...

a. Sea imposible
b. Sea ilícito, indeterminado e imposible
c. Sea total y absolutamente contrario al ordenamiento legalmente establecido
d. el contenido de un acto nunca será determinante de su nulidad salvo que así se establezca expresamente por norma con rango de ley

1744. El principio de inderogabilidad singular tiene que ver con...

a. la nulidad de pleno derecho de los actos de las Administraciones Públicas
b. la anulabilidad de los actos de la Administración
c. Nada en absoluto
d. la nulidad de las disposiciones administrativas

1745. El defecto de forma en su caso determina...

a. Nada en absoluto
b. la nulidad de pleno derecho
c. la nulidad de pleno derecho de las disposiciones administrativas
d. la anulabilidad del acto de la Administración

1746. Para que un acto sea nulo por inaplicación del procedimiento legalmente establecido se requiere...

a. Que estemos ante la ejecución material del acto sin que se haya dictado previa resolución
b. Que el órgano sea manifiestamente incompetente en todo caso
c. Que se haya prescindido total y absolutamente del procedimiento legalmente establecido
d. la inaplicación del procedimiento legalmente establecido sólo es causa de irregularidad en la tramitación por si misma no invalidante

1747. El nombramiento de un funcionario que carece de la titulación requerida para ocupar el puesto sería...

a. Acto irregular   b. Acto nulo
c. Acto anulable   d. Acto inexistente

1748. La disposiciones que establecen la retroactividad de las disposiciones restrictivas de derechos generales...

a. No son ni nulas ni anulables
b. Son en todo caso nulas
c. Son en todo caso anulables
d. Según su alcance pueden constituir un supuesto de nulidad o un supuesto de anulabilidad

1749. Pueden existir supuestos de nulidad o de anulabilidad distintos a los previstos en los arts. 47 y 48:

a. No
b. Si
c. Pueden existir supuestos de nulidad
d. Pueden existir supuestos de anulabilidad pero no de nulidad pues sólo son nulos los supuestos enunciados en las letras 'a' a 'g' del citado artículo 47

1750. Un acto inexistente...

a. Sería aquel cuyo contenido es imposible
b. Sería el constitutivo de vía de hecho
c. Sería el acto nulo de hecho en contraposición a la nulidad de derecho
d. la ley 39/15 no se refiere al acto inexistente

1751. Un acto administrativo es anulable si...

a. Incurre en cualquier desviación del ordenamiento jurídico
b. Incurre en cualquier infracción del ordenamiento jurídico
c. Incurre en cualquier infracción del ordenamiento jurídico que no esté prevista en el art. 47 de la Ley 39/2015
d. No incurre en los supuestos de nulidad absoluta del art. 47 de la Ley 39/2015

1752. Sobre la desviación de poder, es FALSO:

a. la desviación de poder forma parte de los móviles
b. Un acto afectado de desviación de poder aparece como un acto ajustado a derecho
c. Los procedimientos iniciados a instancia de persona interesada están exentos de incurrir en desviación de poder
d. Todas las afirmaciones que se hacen son correctas

1753. Los defectos de forma en el acto administrativo determinan...

a. la anulabilidad del acto si causan indefensión al interesado incluso aunque no se trate de requisitos de forma indispensables
b. la anulabilidad del acto si causan indefensión al interesado siempre que se trate de requisitos de forma indispensables
c. Nunca determinan la anulabilidad del acto salvo si causan indefensión al interesado
d. Gozan de idéntico tratamiento que los defectos de fondo

1754. Si el titular del órgano se llama Vicente Pérez pero en la firma de la resolución aparece el nombre de Vicente Gómez el acto presenta un vicio...

a. Determinante de nulidad
b. Determinante de anulabilidad
c. Determinante de una irregularidad
d. No presenta vicio alguno, simplemente se trata de un error del funcionario que en su caso dará lugar a la amonestación por el órgano competente

1755. El acto fuera de plazo

a. Es nulo
b. Puede ser anulable
c. Es anulable
d. Puede ser nulo o puede ser anulable

1756. La convalidación, la conservación y la conversión...

a. Afecta a los actos nulos
b. Afecta a los actos anulables
c. Afecta a los actos nulos, salvo la conversión
d. Afecta a los actos nulos, salvo la conservación

1757. Si el vicio consiste en que falta una autorización pero la misma se otorga por el órgano competente, el acto se...

a. anula
b. convierte
c. conserva
d. convalida

1758. Por el art. 51 se conservan los...

a. Actos   b. Trámites
c. Ninguno   d. Ambos

1759. Excepcionalmente se otorgará eficacia retroactiva a los actos...

a. Nulos   b. Anulados
c. Anulables   d. Válidos

1760. Es falso que...

a. la nulidad de un acto implicará la de los sucesivos que sean independientes del primero
b. la anulabilidad de un acto no implicará la de los sucesivos que sean independientes del primero
c. Los actos administrativos pueden ser nulos y pueden ser anulables
d. la nulidad de pleno derecho sólo procede en los supuestos contemplados en el art. 47

1761. Quién sería competente para revisar de oficio un acto dictado por el consejero del órgano de gobierno de una Comunidad Autónoma:

a. el propio consejero
b. el Gobierno de dicha Comunidad Autónoma
c. Los interesados en el procedimiento siempre que se personen en el mismo antes de que recaiga resolución definitiva
d. la jurisdicción contencioso administrativa

1762. Art. 106: quién emitiría informe en el supuesto de revisión de oficio del acto dictado anteriormente:

a. el Consejo de Estado
b. el Gobierno de dicha Comunidad Autónoma
c. el Consejo Consultivo u órgano equivalente al Consejo de Estado de dicha autonomía
d. el o los interesados en el procedimiento

1763. No se puede revisar de oficio un acto nulo que...

a. no haya sido recurrido en plazo
b. haya puesto fin a la vía administrativa
c. haya sido recurrido y haya sido desestimado el recurso
d. Se puede plantear la revisión de oficio en todos los casos que se indica siempre que sea por nulidad

1764. Se puede plantear la revisión de oficio de las disposiciones administrativas:

a. Por supuesto
b. No, en ningún caso
c. No, salvo que se trate de supuestos de inderogabilidad singular
d. Si, siempre que lo solicite la persona interesada

1765. Qué pasa si una solicitud de revisión de oficio de un acto nulo carece de fundamento a juicio del órgano que debe estimarla:

a. Que la estima en todo caso
b. Que no hay ninguna razón legal para desestimarla
c. Que no la estima
d. Que la sobresee provisionalmente

1766. Qué pasa si una solicitud de revisión de oficio de un acto nulo plantea un supuesto que se hubiera desestimado en cuanto al fondo en situaciones similares:

a. Que la estima en todo caso
b. Que no hay ninguna razón legal para desestimarla
c. Que no la estima
d. Que la sobresee provisionalmente

1767. Al hablar del sobreseimiento de las solicitudes de revisión de oficio la Ley 39/2015 ...

a. Sólo la admite para actos nulos
b. la admite para actos nulos y anulables
c. Sólo la admite con carácter provisional para actos nulos
d. la Ley 39/2015 no contempla el sobreseimiento al tratar de la revisión de oficio

1768. Al declarar la nulidad de un acto se pueden establecer las indemnizaciones que procedan:

a. Si siempre que dicho daño sea efectivo, evaluable económicamente e individualizado con relación a una persona o grupo de personas
b. la anterior es cierta siempre que se tenga el deber jurídico de soportar dicho daño
c. Las dos anteriores son correctas y además se requiere que el acto sea aplicativo de una disposición asimismo nula
d. Todas son correctas

1769. Si el procedimiento de revisión de oficio se inicia de oficio puede suceder que no se dicte resolución sobre si se revisa o no se revisa en que plazo se entendería caducado dicho procedimiento revisor:

a. Un mes
b. Tres meses
c. Seis meses
d. Un año

1770. Se puede recurrir contra una resolución por la que se revisa de oficio:

a. No porque no hay interesados
b. No porque dicha resolución es firme
c. No salvo en el supuesto excepcional en que dicha resolución cierre la vía administrativa
d. Por supuesto que si

1771. La tramitación simplificada del procedimiento administrativo común se contempla en el art. 96 de la Ley 39/2015, ubicado en el:

a. TITULO II. De la actividad de las Administraciones Públicas
b. TÍTULO IV. De las disposiciones sobre el procedimiento administrativo común
c. TÍTULO V. De las disposiciones sobre la tramitación simplificada del procedimiento administrativo común
d. TÍTULO III. De los actos administrativos

1772. Cuál de las siguientos no es una causa que justifique la tramitación simplificada del procedimiento administrativo común:

a. Razones de interés público
b. Falta de complejidad del procedimiento
c. Escasa cuantía del asunto
d. Todas son causas justificativas del acuerdo de iniciación

1773. Es cierto que...

a. la tramitación simplificada del procedimiento la acuerdan las distintas Administraciones Públicas
b. el acuerdo sólo se puede adoptar de oficio
c. el acuerdo de tramitación sólo se puede acordar a solicitud del interesado
d. el acuerdo de tramitación sólo se puede acordar a solicitud del interesado, nunca de oficio, previo examen de la concurrencia de los requisitos legalmente establecidos para el asunto de que se trate

1774. En un procedimiento simplificado iniciado por varios interesados...

a. Siempre se tramitará de oficio
b. Siempre se tramitará a solicitud de los interesados
c. No se puede iniciar un procedimiento simplificado si lo solicitan varios interesados
d. Sólo se tramitará si ninguno de los interesados que lo promueven solicita que deba seguirse la tramitación ordinaria

1775. Si el órgano competente para la tramitación aprecia que no concurre alguna de las razones previstas, podrá desestimar dicha solicitud de tramitación de procedimiento simplificado, en el plazo de (días)...

a. 5
b. 10
c. 15
d. 2

1776. Contra la decisión anterior cabe...

a. Recurso de alzada
b. Recurso de reposición
c. el nuevo recurso de tramitación
d. No cabe recurso alguno

1777. Salvo que reste menos para su tramitación ordinaria, los procedimientos administrativos tramitados de manera simplificada deberán ser resueltos en cuántos días...

a. 15
b. 20
c. 30
d. Tres meses

1778. No aparecerá entre los trámites del procedimiento administrativo simplificado...

a. Inicio del procedimiento
b. Informe del servicio jurídico, cuando sea preceptivo
c. Dictamen del Consejo de Estado u órgano consultivo equivalente de la Comunidad Autónoma en los casos en que sea preceptivo
d. Todos aparecerían

1779. En el procedimiento administrativo simplificado ...

a. Se pueden formular alegaciones al inicio del procedimiento durante el plazo de cinco días
b. Se pueden formular alegaciones al inicio del procedimiento durante el plazo de diez días
c. No se pueden formular alegaciones
d. Hay un plazo de entre cinco y diez días para formular alegaciones instruído el procedimiento y antes de emitir propuesta de resolución

1780. En el procedimiento administrativo simplificado...

a. No hay trámite de audiencia
b. el trámite de audiencia tiene una duración más breve que en el procedimiento ordinario
c. Sólo se contempla el trámite de audiencia si la resolución va a ser desfavorable para el interesado
d. Ninguna es correcta

1781. Una de las novedades de la Ley 39/2015 es la inclusión de un título dedicado a la iniciativa legislativa y de la potestad para dictar reglamentos y otras disposiciones. Es el:

a. IV   b. V   c. VI   d. VII

1782. Dentro del citado título y conforme el art. 127 es FALSO:..

a. el Gobierno de la Nación ejercerá la iniciativa legislativa prevista en la Constitución
b. el Gobierno de la Nación ejercerá la iniciativa legislativa prevista en la Constitución mediante la elaboración y aprobación de los proyectos de ley
c. el Gobierno remitirá los proyectos de ley a las Cortes Generales
d. Las tres son correctas

1783. La iniciativa legislativa en el ámbito de las CC AA...

a. Se ejercerá por sus órganos de gobierno
b. No queda contemplada en la Ley 39/2015 por tratarse de una norma estatal
c. Queda circunscrita a lo que dispongan los respectivos Estatutos de Autonomía
d. Las tres son correctas

1784. El Gobierno de la Nación NO podrá aprobar...

a. Reales decretos legislativos
b. Leyes de bases
c. Reales decretos-leyes
d. Podrá aprobar todos los anteriores

1785. El ejercicio de la potestad reglamentaria no corresponde ...

a. Al Gobierno de la Nación
b. A los órganos de gobierno de las CC AA
c. A los órganos de gobierno locales
d. Corresponde a todos los que se cita

1786. Los reglamentos y disposiciones administrativas no podrán regular aquellas materias que la Constitución o los Estatutos de Autonomía reconocen de la competencia de las Cortes o de las Asambleas Legislativas de las CC AA. Es el 'Principio de...

a. Jerarquía normativa
b. Inderogabilidad singular
c. Eficacia vinculante de los actos propios
d. Reserva de ley

1787. Límites del desarrollo legislativo del Gobierno. No se podrán...

a. Reconocer derechos
b. Establecer la cuantía de prestaciones públicas
c. Tipificar delitos
d. Desarrollar tributos

1788. La iniciativa normativa debe estar justificada por una razón de interés general, basarse en una identificación clara de los fines perseguidos y ser el instrumento más adecuado para garantizar su consecución en virtud del principio de...

a. Necesidad y eficacia   b. Proporcionalidad
c. Seguridad jurídica   d. Transparencia

1789. Las Administraciones Públicas posibilitarán el acceso sencillo, universal y actualizado a la normativa en vigor y los documentos propios de su proceso de elaboración en virtud del principio de...

a. Necesidad y eficacia   b. Proporcionalidad
c. Seguridad jurídica   d. Transparencia

1790. La iniciativa normativa se ejercerá de manera coherente con el resto del ordenamiento jurídico, nacional y de la UE por el principio de...

a. Necesidad y eficacia   b. Proporcionalidad
c. Seguridad jurídica   d. Transparencia

1791. En el caso de que en un procedimiento se establezca un modelo normalizado de solicitud:

a. Los interesados podrán acompañar al modelo normalizado los elementos que estimen convenientes para precisar o completar los datos del modelo
b. No es posible añadir ni completar ningún dato adicional a los contemplados en el modelo normalizado, en ningún caso
c. Unicamente se podrán añadir elementos adicionales al modelo normalizado de solicitud si así lo autoriza expresamente la Administración Pública correspondiente t
d. Ninguna es correcta

1792. Corresponde la competencia de expedición de copias auténticas de documentos administrativos a:

a. Organos administrativos superiores de aquellos que hubieran emitido el original
b. Organos directivos superiores de aquellos que hubieran emitido el original
c. Organos administrativos que hubieran emitido el original
d. Organos directivos de aquellos que hubieran emitido el original

1793. En cuanto a las notificaciones no es preciso que quede constancia de:

a. la recepción por el interesado o su representante
b. la fecha de la notificación
c. el contenido del acto notificado
d. la hora de la notificación

1794. Cuando un escrito presentado en el Registro del Ayuntamiento vaya acompañado de una copia, sobre esta se estampara:

a. Sello y fecha de recepción
b. Sello y fecha del documento,
c. Sello y fecha de la recepción, y la hora en cualquier caso
d. Sello y fecha de la recepción y en caso de requerimiento expreso también la hora

1795. Los actos administrativos serán objeto de publicación:

a. Cuando así lo establezcan las normas reguladoras de cada procedimiento
b. Cuando lo aconsejen razones de interés público, apreciadas por el interesado
c. Las opciones A y B son correctas
d. Ninguna es correcta

1796. Cuando el interesado o su representante rechace la notificación de una actuación administrativa :

a. Se hará constar en el expediente
b. Se tendrá por efectuado el trámite
c. Se seguirá el procedimiento
d. Todas son correcta

1797. La publicación adicional a la notificación se efectuará:

a. Cuando el acto tenga por destinatario una pluralidad indeterminada de personas
b. En los actos integrantes de un procedimiento selectivo o de concurrencia competitiva
c. Cuando la Administración estime que la notificación efectuada a un solo interesado es insuficiente para garantizar la notificación a todos
d. Ninguna es correcta

1798. El intento de notificación se repetirá:

a. En ningún caso
b. Por una sola vez, en una hora distinta dentro de los dos días siguientes
c. Por una sola vez, en una hora distinta, dentro de los cuatro días siguientes
d. Por una sola vez, en una hora distinta, dentro de los tres días siguientes

1799. La ausencia de resolución en plazo produce efectos estimatorios en los siguientes supuestos:

a. Procedimiento de concesión de subvenciones
b. Procedimientos iniciados de oficio por la administración de los que puedan derivarse derechos para el interesado
c. Falta de resolución expresa de recurso de alzada interpuesto contra la desestimación por silencio administrativo
d. Procedimiento para ejercer el Derecho de Petición

1800. En relación con el recurso potestativo de reposición:

a. Tiene un plazo máximo para dictar y notificar la resolución de tres meses
b. Cabe interponerlo contra la resolución de un recurso de alzada
c. Se interpone ante el órgano superior jerárquico del que los dictó
d. Interpuesto éste, no cabe interponer recurso contencioso administrativo hasta que se resuelva expresamente o transcurra el plazo máximo para resolver o notificar

1801. Los plazos se reducirán cuando se declare de oficio o a petición del interesado la tramitación de urgencia pero, Conoce algún supuesto que excepcione esta previsión:

a. No existe excepción alguna
b. Sí, los casos de presentación de solicitudes y recursos
c. Sólo en el ejercicio del derecho de petición
d. Sí, los casos de reclamaciones y recursos

1802. La desviación de poder supone una infracción del ordenamiento jurídico que puede ser declarada:

a. Anulable
b. Irregular
c. Nula de pleno derecho
d. Ninguna respuesta es correcta

1803. Los plazos del procedimiento se contarán a partir:

a. Del mismo día en que se notifique o publique
b. Del día siguiente en que se notifique o publique
c. Del mismo día en que se resuelva
d. Del día siguiente en que se resuelva

1804. La notificación defectuosa que contenga el texto íntegro del acto:

a. Será recurrida en alzada y reposición
b. Carece de efectos mientras no se subsane
c. Causa plenos efectos si el interesado interpone el recurso pertinente
d. Es nula de pleno derecho

1805. El recurso de alzada se presenta ante:

a. Presidencia del Gobierno
b. el mismo órgano que dictó el acto recurrido
c. el superior jerárquico
d. el superior jerárquico o el mismo órgano que dictó el acto recurrido

1806. En qué casos debe establecer la Administración modelos y sistemas normalizados de solicitudes:

a. En cualquier caso
b. Cuando se presuma la acudida masiva de ciudadanos
c. Cuando se trate de procedimientos que impliquen la resolución numerosa de una serie de procedimientos
d. Cuando la Administración lo estime oportuno

1807. En ningún caso podrá terminar el procedimiento por:

a. Renuncia
b. Desistimiento
c. Allanamiento
d. Imposibilidad material de continuarlo por causas sobrevenidas

1808. El plazo de interposición del recurso de alzada es:

a. 1 mes
b. 3 meses, en todo caso
c. 15 días hábiles
d. 15 días naturales

1809. Qué es un acto constitutivo:

a. el que no decide sobre el fondo del asunto ni da lugar a la terminación del expediente, sino que prepara la decisión final
b. el que agota la vía administrativa en vía de recurso
c. el que causa estado
d. el que crea una relación jurídica

1810. Cuando puede solicitarse la revisión de errores materiales de un acto administrativo

a. En cualquier momento
b. En el plazo de diez días desde que fuera dictado
c. En el plazo de un mes desde que fuera dictado
d. En el plazo de un año desde que fuera dictado

1811. Según a ley de Procedimiento Administrativo Común, la Administración, salvo precepto en contrario, podrá conceder de oficio o a petición de los interesados, una ampliación de los plazos establecidos, que no exceda de:

a. Un mes
b. Del doble del plazo que haya sido concedido
c. Tres meses
d. la mitad de los mismos

1812. El plazo para interponer un recurso extraordinario de revisión cuando se fundamente en la aparición de documentos de valor esencial para la resolución del asunto que, aunque sean posteriores, evidencien el error de la resolución recurrida, será de:

a. 3 meses
b. 4 años
c. 1 mes
d. 2 años

1813. Según la ley de Procedimiento Administrativo Común, la Administración, cabrá la convalidación de los actos administrativos subsanándose los vicios de que estos adolezcan cuando sean:

a. Nulos
b. Anulables
c. Tanto para los nulos como para los anulables
d. Ninguna de las tres es correcta

1814. De conformidad con lo dispuesto la ley de Procedimiento Administrativo Común, la Administración, señala que cuando la Administración convalide un acto anulable subsanando el vicio de que este adolezca, el acto de convalidación producirá efecto:

a. Desde que se publique en el BOP
b. Desde su fecha
c. Desde que se dé cuenta al Pleno
d. Desde que se publique en el BOE

1815. De conformidad con lo dispuesto la ley de Procedimiento Administrativo Común, la Administración y salvo disposición expresa en contrario los informes serán:

a. Preceptivos y no vinculantes
b. Facultativos y vinculantes
c. Preceptivos y vinculantes
d. Facultativos y no vinculantes

1816. Señale la respuesta Incorrecta. Contra los actos firmes en vía administrativa podrá interponerse el recurso extraordinario de revisión ante el órgano administrativo que los dictó, que también será el competente para su resolución, cuando concurra alguna de las circunstancias siguientes:

a. Que al dictarlos se hubiera incurrido en error de hecho, que resulte de los propios documentos incorporados al expediente
b. Que en la resolución hayan influido hechos constitutivos de infracción penal o que se haya dictado como consecuencia de ésta
c. Que aparezcan documentos de valor esencial para la resolución del asunto que, aunque sean posteriores, evidencien el error de la resolución recurrida
d. Que en la resolución hayan influido esencialmente documentos o testimonios declarados falsos por sentencia judicial firme, anterior o posterior a aquella resolución

1817. En relación con la práctica de la prueba en la legislación sobre procedimiento administrativo

a. En los casos en que, a petición del interesado, deban efectuarse pruebas cuya realización implique gastos que no deba soportar el Ayuntamiento, éste podrá exigir el anticipo de los mismos

b. En los casos en que, a petición del interesado, deban efectuarse pruebas cuya realización implique gastos que no deba soportar el Ayuntamiento, éste no podrá exigir el anticipo de los mismos

c. la apertura de un período de prueba deberá tener un plazo no superior a veinte días ni inferior a diez

d. la apertura de un período de prueba deberá tener un plazo no superior a treinta días ni inferior a veinte

1818. El Pleno del Ayuntamiento de Cunit en sesión de fecha 5 de septiembre de 2008 ha aprobado definitivamente una Ordenanza para regular la circulación de bicicletas en el municipio, cuál es el plazo para la interposición del recurso de reposición, si el citado reglamento ha sido publicado en el Boletín Oficial de la Provincia el día 15 de septiembre de 2008 y en el Diario Oficial de la Generalitat el día 23 de septiembre:

a. Un mes desde la última publicación

b. Tres meses desde la última publicación

c. Seis meses desde la última publicación

d. Ninguna de las anteriores es correcta

1819. Cuál es el término para poder declarar la lesividad de un acto administrativo:

a. 6 meses

b. 4 años

c. tres meses

d. Ninguna de las anteriores es correcta

1820. Los medios de ejecución forzosa de las administraciones públicas son:

a. Apremio sobre el patrimonio y multa coercitiva

b. Apremio sobre el patrimonio, ejecución subsidiaria y compulsión sobre las personas

c. Apremio sobre el patrimonio, ejecución subsidiaria y multa coercitiva

d. Ninguna de las anteriores

1821. 1. El Presidente del Gobierno:

a. Aprueba el Proyecto de Ley de Presupuestos Generales del Estado

b. Aprueba los reglamentos para el desarrollo y ejecución de las leyes

c. Nombra los órganos directivos de la Administración

d. Interpone recurso de inconstitucionalidad

1822. Según la Ley 40/2015, los Secretarios Generales:

a. Tienen categoría de Subsecretario

b. Son órganos superiores del Departamento

c. Están bajo la inmediata dependencia del Subsecretario

d. Desempeñan la jefatura de todo el personal del Departamento

1823. Según la Ley 40/2015, los Ministerios contarán, en todo caso, con:

a. Una Subsecretaría y una Secretaría General Técnica

b. Una Secretaría de Estado, al menos, y una Subsecretaría

c. Una Secretaría General

d. Una Dirección General de Servicios

1824. En relación con los Delegados del Gobierno:

a. Dependen orgánicamente del Ministerio del Interior

b. Ejercen la representación ordinaria del Estado en el territorio

c. Hay uno en cada Comunidad Autónoma, salvo en las islas que tienen uno cada una

d. Son nombrados por Real Decreto de Consejo de Ministros, a propuesta del Presidente del Gobierno

1825. Según la Constitución, el Estado tiene competencia exclusiva sobre:

a. Ordenación del territorio, urbanismo y vivienda

b. Montes y aprovechamientos forestales

c. Régimen aduanero y arancelario

d. Gestión en materia de protección del medio ambiente

1826. Según la Ley de Bases de Régimen Local corresponde al Alcalde:

a. Control y fiscalización de órganos de gobierno

b. Dictar bandos

c. la aprobación del reglamento orgánico y de las ordenanzas

d. el planteamiento de conflictos de competencias a otras entidades locales

1827. El Presidente de la Comisión Europea se nombrará por:

a. el Consejo, por mayoría cualificada, una vez obtenida la aprobación del Parlamento Europeo

b. el Parlamento Europeo, por mayoría cualificada, a propuesta del Consejo

c. Por y entre sus miembros, por mayoría cualificada

d. el Parlamento Europeo, a iniciativa del Estado Miembro que ostente la Presidencia de la Unión

1828. Institución compuesta por un representante de cada Estado miembro de rango ministerial, facultado para comprometer al Gobierno de dicho Estado miembro:

a. Consejo de la UE

b. Consejo de Europa

c. COREPER

d. Comisión

1829. Según la Ley del Procedimiento Administrativo Común , la falta de resolución expresa en los procedimientos iniciados de oficio en los que la administración ejercite potestades sancionadoras:

a. Legitima a los interesados para entender estimada la solicitud

b. Legitima a los interesados para entender desestimada su solicitud

c. Produce la caducidad del procedimiento

d. Necesita de motivación

1830. De acuerdo con la Ley 39/2015, serán anulables los actos que:

a. Tengan contenido imposible

b. Sean dictados careciendo total y absolutamente del procedimiento legalmente establecido

c. Los que incurran en desviación de poder

d. Otorguen derechos cuando se carezca de los requisitos esenciales para su adquisición

1831. Las previsiones de la Ley 39/2015 de 1 de octubre relativas al punto de acceso general electrónico producirán efectos

a. Desde la entrada en vigor de la Ley

b. A partir del 2 de octubre de 2018

c. Al año de la entrada en vigor de la Ley

d. Cuando lo disponga la legislación electrónica

1832. La inactividad del interesado en la cumplimentación de trámites de un procedimiento administrativo

a. Dará siempre lugar a la caducidad del mismo

b. En ningún caso dará lugar a la caducidad del mismo

c. Podrá dar lugar a la caducidad del mismo aunque aquéllos no sean indispensables para dictar resolución

d. No podrá dar lugar a la caducidad del mismo siempre que no sean indispensables para dictar resolución

1833. Respecto a la caducidad en el procedimiento administrativo

a. No producirá por si sola la prescripción de acciones del particular o de la Administración, pero los procedimientos caducados no interrumpirán el plazo de prescripción

b. Producirá por si sola la prescripción de acciones del particular o de la Administración, pero los procedimientos caducados no interrumpirán el plazo de prescripción

c. Producirá por si sola la prescripción de acciones del particular o de la Administración, así como los procedimientos caducados interrumpirán el plazo de prescripción

d. No producirá por si sola la prescripción de acciones del particular o de la Administración, pero los procedimientos caducados interrumpirán el plazo de prescripción

1834. Cuál de estos actos administrativos no es nulo de pleno derecho

a. el acto administrativo que incurra en la vulneración del derecho de huelga
b. el acto administrativo que incurra en la vulneración del derecho de reunión
c. el acto administrativo que incurra en la vulneración del derecho a la protección de la salud
d. el acto administrativo que incurra en la vulneración del derecho de petición individual y colectiva

1835. Señala, conforme el art. 69 de la Ley 39/2015, de 1 de octubre, cuál de las siguientes afirmaciones referidas a la declaración responsable y comunicación es incorrecta

a. Se entenderá por comunicación aquel documento mediante el que los interesados ponen en conocimiento de la Administración Pública competente sus datos identificativos o cualquier dato relevante para el inicio de una actividad o el ejercicio de un derecho
b. Unicamente será exigible, bien una declaración responsable, bien una comunicación para iniciar una misma actividad u obtener el reconocimiento de un mismo derecho o facultad para su ejercicio sin que sea posible la exigencia de ambas acumulativamente
c. Las Administraciones Públicas tendrán permanentemente publicados y actualizados modelos de declaración responsable y de comunicación, fácilmente accesible a los interesados
d. la comunicación podrá presentarse dentro de un plazo posterior al inicio de la actividad cuando la legislación lo prevea expresamente

1836. En los procedimientos administrativos tramitados por la Administración General del Estado, en el territorio de una comunidad autónoma con lengua cooficial, si concurren varios interesados y existiera discrepancia en cuanto a la lengua de tramitación

a. el procedimiento se tramitará en castellano, si bien los documentos o testimonios que requieran los interesados se expedirán en la lengua elegida por los mismos
b. el procedimiento se tramitará en castellano y en la otra lengua oficial de la comunidad autónoma, si bien los documentos o testimonios que requieran los interesados se expedirán en castellano
c. el procedimiento se tramitará en la lengua que elijan la mayoría de los interesados si bien los documentos o testimonios que requieran los interesados se expedirán en la lengua elegida por los mismos
d. el procedimiento se tramitará en la lengua cooficial propia de la comunidad autónoma, si bien los documentos o testimonios que requieran los interesados se expedirán en castellano

1837. Conforme el artículo 6 de la Ley 39/2015, de 1 de octubre, los poderes inscritos en el registro electrónico de apoderamientos tendrán una validez determinada máxima

a. De 4 años a contar desde la inscripción
b. De 5 años a contar desde la inscripción
c. De 5 años a contar desde la primera consulta de la inscripción
d. De 4 años a contar desde su otorgamiento

1838. De conformidad con el artículo 31 de la Ley 39/2015, de 1 de octubre, señala cuál de las siguientes afirmaciones, referidas a los registros electrónicos de las administraciones públicas, es correcta

a. Los registros electrónicos permitirán la presentación de documentos todos los días del año durante el horario de funcionamiento de las oficinas públicas
b. Los registros electrónicos permitirán la presentación de documentos todos los días laborales del año durante las 24 horas del día
c. Los registros electrónicos permitirán la presentación de documentos todos los días del año durante las 24 horas del día
d. Los registros electrónicos permitirán la presentación de documentos en los días y el horario que autorice la Administración titular del registro electrónico

1839. Conforme el artículo 30 de la Ley 39/2015, de 1 de octubre, señala, respecto del cómputo de plazos administrativos, cuál de los siguientes enunciados es correcto

a. Siempre que por ley o en el derecho de la UE no se exprese otro cómputo cuando los plazos se señalen por días, se entiende que estos son hábiles excluyendo del cómputo los domingos y los declarados festivos
b. Cuando los plazos se hayan señalado por días naturales por así declararlo una ley o reglamento no se hará constar esta circunstancia en las correspondientes notificaciones
c. Los plazos contados por horas se contarán de hora en hora desde la hora en que tenga lugar la notificación o publicación del acto de que se trate y podrá tener una duración superior a 24 horas
d. Salvo que por ley o en el Derecho de la UE se disponga otro cómputo, cuando los plazos se señalen por horas se entiende que estas son hábiles Son hábiles todas las horas del día que formen un día hábil

1840. De conformidad con lo dispuesto en la ley 39/2015, de 1 de octubre, una de las siguientes afirmaciones es correcta sobre las circunstancias que deben concurrir para interponer el recurso extraordinario de revisión

a. Que al dictarse el acto se hubiera incurrido en error de hecho o de derecho, que resulte de los propios documentos incorporados al expediente
b. Que al dictarse el acto se hubiera incurrido en error de hecho que resulte de cualquier tipo de documento relacionado con el expediente
c. Que al dictarse el acto se hubiera incurrido en error de hecho que resulte de los propios documentos incorporados al expediente
d. Que al dictarse el acto se hubiera incurrido en error de hecho, que resulte de los documentos de valor esencial para la resolución del expediente

1841. Señale a partir de cuándo se computan los plazos fijados en meses o en años:

a. el mismo día de notificación o publicación del acto del que se trate
b. el día siguiente a aquél en que tiene lugar la notificación o publicación del acto del que se trate
c. el día que el interesado realice una acción que denote que tenía conocimiento del acto de que se trate
d. Tres meses después a aquél en que se produzca la estimación o desestimación por silencio administrativo

1842. De acuerdo con la Ley 29/1998, de 13 de julio, señale sobre qué tipo de cuestiones puede conocer el orden jurisdiccional contencioso-administrativo:

a. la protección jurisdiccional de los derechos fundamentales
b. Los conflictos de jurisdicción entre Tribunales y la Administración Pública
c. Los conflictos de atribuciones entre órganos de una misma Administración
d. Resoluciones administrativas relativas a la regulación de empleo

1843. Señale cómo se clasifican los empleados públicos de acuerdo con el Estatuto Básico del Empleado Público:

a. Funcionarios de carrera, personal laboral y personal estatutario
b. Funcionarios de carrera, funcionarios interinos y personal estatutario
c. Funcionarios de carrera, funcionarios interinos, personal laboral y personal eventual
d. Funcionarios de carrera, funcionarios interinos, personal laboral, personal eventual y personal estatutario

1844. Serán objeto de anotación en el Registro Central de Personal los siguientes actos y resoluciones administrativas del personal funcionario:

a. Las bajas temporales

b. Los cambios de categoría profesional

c. Las reducciones de jornada

d. Las prórrogas de los contratos

1845. En qué situación es declarado en la Administración General del Estado, de acuerdo con el Estatuto Básico del Empleado Público, un funcionario de carrera de la Administración General del Estado que es nombrado alto cargo de la Administración de una Comunidad Autónoma:

a. Servicio activo

b. Servicios especiales

c. Servicios en otras Administraciones Públicas

d. Excedencia voluntaria por prestación de servicios en el sector público

1846. De conformidad con el Régimen Especial de la Seguridad Social de los Funcionarios Civiles del Estado, señale qué funcionarios quedan obligatoriamente incluidos en el campo de aplicación del mutualismo administrativo:

a. Los funcionarios en prácticas

b. Los funcionarios de Organismos autónomos

c. Los funcionarios de la Administración de la Seguridad Social

d. Los funcionarios de la Administración de la Justicia

1847. Señale la respuesta FALSA. De acuerdo con la Constitución, los Presupuestos Generales del Estado:

a. Son elaborados por el Gobierno

b. Son examinados y aprobados por las Cortes Generales

c. Tienen carácter bianual

d. Incluyen la totalidad de gastos e ingresos del sector público estatal

1848. De acuerdo con la Ley General Presupuestaria, señale qué principio rige en la programación presupuestaria:

a. Estabilidad presupuestaria

b. Anualidad

c. Racionalidad

d. Unidad de caja

1849. De acuerdo con el artículo 12 de la Ley de Medidas de Protección Integral contra la Violencia de Género, señale cómo se denomina la publicidad que utiliza la imagen de la mujer con carácter vejatorio o discriminatorio:

a. ilícita

b. engañosa

c. subliminal

d. desleal

1850. Señale quién aprueba el Plan de Igualdad en la Administración General del Estado, previsto en la Ley para la Igualdad efectiva de mujeres y hombres:

a. el Gobierno, anualmente

b. el Gobierno, anualmente, a propuesta del Ministerio de Administraciones Públicas

c. el Gobierno al inicio de cada legislatura

d. el Presidente de Gobierno, al inicio de cada legislatura

1851. Si una conducta infractora hubiere causado daños y perjuicios a una administración

a. la cuantía destinada a indemnizar esos daños deberá fijarse en el procedimiento sancionador que se tramite y la aceptación por el infractor de la resolución del procedimiento sancionador que pudiera recaer implicará el reconocimiento voluntario de su responsabilidad y pondrá fin a la vía administrativa

b. la cuantía destinada a indemnizar esos daños deberá fijarse mediante un procedimiento complementario, cuya resolución será inmediatamente ejecutiva y pondrá fin a la vía administrativa

c. Si la cuantía destinada a indemnizar estos daños no hubiera quedado determinada en el procedimiento sancionador, se fijará mediante un procedimiento complementario, cuya resolución será inmediatamente ejecutiva. Este procedimiento será susceptible de terminación convencional, pero ni ésta ni la aceptación por el infractor de la resolución que pudiera recaer implicarán el reconocimiento voluntario de su responsabilidad

d. la cuantía destinada a indemnizar esos daños se añadirá a la cuantía por la sanción impuesta por la conducta infractora y pondrá fin a la vía administrativa

1852. De conformidad con el artículo 37 de la Ley 39/2015, las resoluciones administrativas de carácter particular no podrán vulnerar lo establecido en una disposición general

a. Salvo que procedan de un órgano de igual o superior jerarquía al que dictó la disposición general

b. Salvo que así lo prevea expresamente una disposición con rango de ley

c. Aunque aquellas procedan de un órgano de igual o superior jerarquía al que dictó la disposición general

d. Salvo que así lo prevea expresamente la propia disposición general

1853. Según el art. 43.2 de la Ley del procedimiento administrativo común de las administraciones públicas, cuando la notificación por medios electrónicos sea de carácter obligatorio o haya sido expresamente elegida por el interesado se entenderá rechazada cuando

a. Hayan transcurrido diez días naturales desde la puesta a disposición de la notificación sin que se acceda a su contenido

b. Hayan transcurrido veinte días naturales desde la puesta a disposición de la notificación sin que se acceda a su contenido

c. Hayan transcurrido dos días naturales desde la puesta a disposición de la notificación sin que se acceda a su contenido

d. Hayan transcurrido quince días naturales desde la puesta a disposición de la notificación sin que se acceda a su contenido

1854. Cuál de estas afirmaciones es válida según el art. 39.2 de la Ley 39/2015:

a. la eficacia del acto quedará demorada cuando así lo exija el contenido del acto o esté supeditada a su notificación, publicación o aprobación superior

b. la eficacia del acto quedará demorada cuando así lo exija una disposición con rango de ley

c. la eficacia del acto quedará demorada cuando lo solicite el interesado y de la misma no resultaren perjuicios para terceros

d. la eficacia del acto quedará demorada cuando lo solicite el interesado y de la misma no resultaren perjuicios para terceros, previa autorización juidical

1855. Cuál de los siguientes no es un medio de ejecución forzosa según el art. 100 de la Ley 39/2015:

a. Apremio sobre el patrimonio

b. Ejecución hipotecaria

c. Multa coercitiva

d. Compulsión sobre las personas

1856. Las relaciones electrónicas con la Administración es un derecho

a. De las personas jurídicas

b. De los empleados públicos en su relación con la Administración por razones de su condición de empleados

c. De las personas físicas

d. De quienes ejerzan una actividad profesional para la que se requiera colegiación obligatoria

1857. La Ley 39/2015, de 1 de octubre establece y regula:

a. Las bases del régimen jurídico de las administraciones públicas

b. el procedimiento administrativo común de las administraciones públicas

c. el sistema de responsabilidad de las administraciones públicas

d. Son correctas las respuestas B y C

1858. La entrada en vigor de la la Ley 39/2015, de 1 de octubre del procedimiento administrativo común de las administraciones públicas, se produjo

a. Al día siguiente de publicarse en el BOE
b. A los dos años de su publicación
c. el día 2 de octubre de 2016
d. En el plazo de veinte días desde su promulgación

1859. Cuál es el plazo máximo en el que debe notificarse la resolución expresa de un procedimiento administrativo:

a. el fijado por la norma reguladora del mismo
b. No podrá exceder de seis meses, salvo que una norma con rango de ley establezca lo contrario
c. No podrá exceder de seis meses, salvo que venga prevista en la normativa europea una duración mayor
d. Las tres son correctas

1860. En cuál de los siguientes casos puede suspenderse el transcurso del plazo máximo legal para resolver un procedimiento administrativo:

a. Cuando una Administración pública requiera a otra que anule o revise un acto que entiende es ilegal
b. Cuando deba requerirse a cualquier interesado para la subsanación de deficiencias y la aportación de documentos y otros elementos de juicio necesarios
c. Cuando el órgano instructor competente para resolver decida la realización de alguna de las actuaciones complementarias de las previstas en el art. 87 de la Ley 39/2015
d. Las tres son correctas

1861. Cuando se utilicen sistemas de firma tales como, firma electrónica o sello electrónico, cuándo se entenderá acreditada su identidad:

a. En el momento en que se acceda al Registro
b. En el momento que se acceda al portal habilitado a tal efecto y quede constancia fidedigna
c. la única forma de acreditar la identidad es presencialmente a través de las oficinas de asistencia en materia de registros
d. Mediante el propio acto de la firma

1862. Para presentar declaraciones responsables o comunicaciones, es necesario el uso obligatorio de firma: Según la Ley 39/15:

a. No es necesario, salvo excepciones
b. Sí es necesario, salvo excepciones
c. No es necesario en ningún caso
d. Sí, es necesario, en todo caso

1863. La Administración Pública instructora deberá traducir al castellano los documentos, según la Ley 39/15:

a. En todo caso
b. En todo caso cuando existieran varios interesados y existiera discrepancia en cuanto a la lengua elegida
c. Cuando deban surtir efecto fuera del territorio de la Comunidad Autónoma
d. Cuando deban surtir efecto dentro del territorio de CC AA con lengua cooficial

1864. Tanto el Registro Electrónico General de cada Administración, como los registros electrónicos de cada Organismo...:

a. Cumplirán con las garantías y medidas de seguridad previstas en la legislación en materia de protección de datos de carácter personal
b. Cumplirán con las garantías y medidas de seguridad previstas en el Esquema Nacional de Seguridad
c. Cumplirán con las garantías y medidas de seguridad previstas en el Esquema Nacional de Interoperabilidad
d. Cumplirán con las garantías y medidas de seguridad previstas en el Esquema Nacional de Seguridad y en lo previsto en legislación en materia de protección de datos de carácter personal

1865. El plazo máximo en el que debe notificarse la resolución expresa fijado por la norma reguladora del procedimiento:

a. No podrá exceder de 6 meses
b. a. es correcta salvo que una norma con rango de Ley establezca uno menor o así venga previsto en el Derecho de la UE
c. No podrá exceder de 3 meses
d. Es correcta C salvo que una norma con rango de Ley establezca uno menor o así venga previsto en el Derecho de la UE

1866. Cuando el número de las solicitudes formuladas o las personas afectadas pudieran suponer un incumplimiento del plazo máximo de resolución, quién podrá habilitar los medios personales y materiales para cumplir con el despacho adecuado y en plazo:

a. el órgano competente para resolver, a propuesta razonada del órgano instructor
b. O el superior jerárquico del órgano competente para resolver
c. Las dos son correctas
d. Ninguna lo es

1867. El transcurso del plazo máximo legal para resolver un procedimiento y notificar la resolución podrá suspenderse en caso de que se soliciten informes preceptivos a un órgano de la misma o distinta Administración:

a. Por el tiempo que medie entre la petición, que deberá comunicarse a los interesados, y la recepción del informe, que igualmente deberá ser comunicada a los mismos
b. Por el tiempo que medie entre la petición y la recepción del informe. Se le comunicará a los interesados sólo en el momento en el que se reciba el informe
c. la suspensión no podrá exceder en ningún caso los 3 meses
d. a. y c) son correctas

1868. En el caso de que se soliciten informes preceptivos a un órgano de la misma o distinta Administración, el transcurso del plazo máximo legal para resolver el procedimiento y notificar la resolución podrá suspenderse y según la Ley 39/2015:

a. Este plazo de suspensión no podrá exceder en ningún caso de tres meses. En caso de no recibirse el informe en el plazo indicado, proseguirá el procedimiento
b. Este plazo de suspensión no podrá exceder en ningún caso de seis meses. En caso de no recibirse el informe en el plazo indicado, proseguirá el procedimiento
c. Este plazo de suspensión no podrá exceder en ningún caso de tres meses. En caso de no recibirse el informe en el plazo indicado, se tendrá por decaído el procedimiento
d. Este plazo de suspensión no podrá exceder en ningún caso de seis meses. En caso de no recibirse el informe en el plazo indicado, se tendrá por decaído el procedimiento

1869. Sobre el cómputo de plazos, establecido en la Ley 39/15:

a. Los plazos expresados en días se contarán a partir del siguiente a aquel en que tenga lugar la notificación o acto que se trate
b. En los plazos expresados en meses o años, éstos se computarán a partir de día en que tenga lugar la notificación o acto que se trate
c. En los plazos expresados en meses o años, éstos se computarán a partir de día en que se produzca la estimación o desestimación por silencio administrativo
d. Ninguna respuesta es correcta

1870. Señala la INCORRECTA, según la Ley 39/15, podría un acto tener eficacia retroactiva:

a. No, en ningún caso
b. No si lesiona derechos o intereses legítimos de otras personas
c. Sí, cuando produzcan efectos favorables al interesado
d. Sí, cuando se dicten en sustitución de un acto anulado

1871. Puede establecer la Administración, la obligación de practicar electrónicamente las notificaciones:

a. Sí, reglamentariamente, para determinados procedimientos y para ciertos colectivos de personas físicas

b. Sí, por Ley, para determinados procedimientos y para ciertos colectivos de personas físicas

c. Sí, reglamentariamente, para determinados procedimientos y para ciertos colectivos de personas físicas o jurídicas

d. Sí, por Ley, para determinados procedimientos y para ciertos colectivos de personas jurídicas

1872. Bajo qué supuesto puede la Administración establecer reglamentariamente, la obligación de practicar electrónicamente las notificaciones:

a. la Administración no tiene esa prerrogativa

b. la Administración tiene esa prerrogativa, pero sólo podrá obligar por Ley y para determinados procedimientos y colectivos de personas físicas siempre que quede acreditado que tienen acceso y disponibilidad de los medios electrónicos necesarios

c. la Administración podrá obligar a determinados colectivos de personas físicas y para determinados procedimientos siempre que quede acreditado que tienen acceso y disponibilidad de los medios electrónicos necesarios

d. la Administración podrá obligar a determinados colectivos de personas jurídicas y para determinados procedimientos siempre que quede acreditado que tienen acceso y disponibilidad de los medios electrónicos necesarios

1873. Qué debe individualizar una petición, para iniciar un procedimiento de responsabilidad patrimonial cuando es a petición razonada de otros órganos:

a. la lesión producida

b. la evaluación económica exactamente determinada

c. la Administración presuntamente responsable

d. Hay más de una respuesta correcta

1874. Señala la INCORRECTA: Los pactos, acuerdos, convenios y contratos, deberán establecer como contenido mínimo:

a. Las partes intervinientes

b. Las personas a las que estuvieran destinados

c. el ámbito personal, funcional y territorial

d. la justificación de la idoneidad del acuerdo, pacto, convenio o contrato

1875. Plazo en actuaciones complementarias:

a. 15 días para alegaciones, que se deberán practicar en no más de 30 días

b. 7 días para alegaciones y éstas se deberán practicar enen no más de 20 días

c. 7 días para alegaciones y éstas se deberán practicar en en no más de 15 días

d. 15 días para alegaciones y éstas se deberán practicar en en no más de 7 días

1876. Según la Ley 39/15, NO es CORRECTO afirmar respecto a la resolución de un recurso que:

a. la resolución del recurso estimará en todo o en parte o desestimará las pretensiones formuladas en el mismo o declarará su inadmisión

b. Cuando existiendo vicio de forma no se estime procedente resolver sobre el fondo se se declarará la inadmisión

c. el órgano que resuelva el recurso decidirá cuantas cuestiones, tanto de forma como de fondo, plantee el procedimiento, hayan sido o no alegadas por los interesados

d. la resolución será congruente con las peticiones formuladas por el recurrente, sin que en ningún caso pueda agravarse su situación inicial

1877. Podrán ser recurridos potestativamente en reposición:

a. Los actos administrativos que pongan fin a la vía administrativa ante el mismo órgano que los hubiera dictado

b. Las resoluciones y actos cuando pongan fin a la vía administrativa ante el mismo órgano que dictó la resolución

c. Actos firmes en vía administrativa ante el órgano administrativo que los dictó

d. Las resoluciones y actos, cuando no pongan fin a la vía administrativa

1878. Cuando en la resolución hayan influido esencialmente documentos o testimonios declarados falsos por sentencia judicial firme, anterior o posterior a aquella resolución, se podrá interponer, según la Ley 39/15:

a. el recurso potestativo de reposición, si el acto es firme en vía administrativa

b. el recurso extraordinario de revisión, si el acto es firme en vía administrativa

c. el recurso potestativo de reposición, si el acto no es firme en vía administrativa

d. el recurso extraordinario de revisión, si el acto no es firme en vía administrativa

1879. Los informes según la Ley 39/15:

a. Serán emitidos en el plazo de 10 días, en todo caso

b. Serán emitidos en el plazo de 10 días, salvo excepciones

c. Serán emitidos en el plazo de 20 días, en todo caso

d. Serán emitidos en el plazo de 20 días, salvo excepciones

1880. Salvo que una disposición legal o el cumplimiento del resto de plazos permita o exija otro plazo mayor o menor de cuántos días se dispone para emitir los informes:

a. 10   b. 20   c. 15   d. Un mes

1881. Plazo para la interposición del recurso de reposición:

a. En cualquier momento si el acto no fuera expreso

b. En cualquier momento

c. Un mes

d. Un mes si el acto no fuera expreso

1882. Concepto de interesado. Indicar la afirmación INCORRECTA:

a. Es uno de los sujetos de la relación jurídico administrativa

b. Constituye el elemento subjetivo integrado por una Administración Pública

c. Es el destinatario de la actividad administrativa o aquel sobre quien recae el ejercicio de sus potestades

d. Todas son incorrectas

1883. Las medidas provisionales, cuándo quedan sin efecto:

a. En todo caso, cuando surta efectos la resolución administrativa que ponga fin al procedimiento, salvo que contenga un pronunciamiento expreso acerca de las mismas

b. Por la desaparición de las causas que motivaron la adopción de dichas medidas

c. En todo caso, cuando surta efectos la resolución administrativa que ponga fin al procedimiento correspondiente

d. Si no se inicia el procedimiento en el plazo de quince días

1884. Sobre los informes, se puede suspender el plazo máximo para resolver un procedimiento:

a. No, si no se emite el informe en plazo, se proseguirá con el procedimiento

b. Sí por un periodo máximo de 6 meses

c. Sólo en el caso de informes preceptivos

d. Sí, en todo caso

1885. El plazo para subsanar defectos de una solicitud administrativa se podrá ampliar hasta (días):

a. 20   b. 4   c. 15   d. 5

1886. Cuando se utilicen sistemas de firma tales como, firma electrónica o sello electrónico, cuándo se entenderá acreditada su identidad:

a. En el momento en que se acceda al Registro

b. En el momento que se acceda al portal habilitado a tal efecto y quede constancia fidedigna

c. la única forma de acreditar la identidad es presencialmente a través de las oficinas de asistencia en materia de registros

d. Mediante el propio acto de la firma

1887. Señala cuál de los siguientes, está establecido como plazo máximo en el que debe notificarse la resolución expresa, según se dispone en la Ley 39/15:

a. No podrá exceder de 6 meses

b. Será fijado por la norma reguladora del correspondiente procedimiento

c. Lo que venga previsto en el Derecho de la UE

d. Ninguna respuesta es correcta

1888. Cuando el número de las solicitudes formuladas o las personas afectadas pudieran suponer un incumplimiento del plazo máximo de resolución, señala, según lo dispuesto en la Ley 39/15, cuál será el órgano competente que podrá habilitar los medios personales y materiales para cumplir con el despacho adecuado y en plazo:

a. el órgano competente para resolver, a propuesta razonada del órgano instructor, o el superior jerárquico del órgano competente para resolver, a propuesta de éste

b. el órgano competente para iniciar, a propuesta razonada del órgano instructor, o el superior jerárquico del órgano competente para resolver, a propuesta de éste

c. el órgano competente para iniciar, a propuesta razonada del órgano instructor, o el superior jerárquico del órgano competente para iniciar, a propuesta de éste

d. el órgano competente para resolver, a propuesta razonada del el inferior jerárquico del órgano competente para resolver

1889. El transcurso del plazo máximo legal para resolver un procedimiento y notificar la resolución podrá suspenderse, en caso de que se soliciten informes preceptivos a un órgano de la misma o distinta Administración:

a. Si no se recibe el informe en el plazo de 3 meses, caduca el procedimiento

b. Si no se recibe el informe en el plazo de 3 meses, prescribe el procedimiento

c. Si no se recibe el informe en el plazo de 3 meses, decae el procedimiento

d. Si no se recibe el informe en el plazo de 3 meses, proseguirá el procedimiento

1890. Sobre el cómputo de plazos, que se establece en la Ley 39/15:

a. Cuando el último día del plazo sea hábil, se entenderá prorrogado al último día hábil del mes

b. Cuando el último día del plazo sea inhábil, se entenderá prorrogado al primer día inhábil siguiente

c. Cuando el último día del plazo sea hábil, se entenderá prorrogado al último día del mes

d. Cuando el último día del plazo sea inhábil, se entenderá prorrogado al primer día hábil siguiente

1891. Señala la INCORRECTA, según la Ley 39/15. Pueden los actos, tener eficacia retroactiva:

a. Sí, cuando se dicten en sustitución de un acto anulado

b. No si lesiona derechos o intereses legítimos de otras personas

c. Sí, cuando produzcan efectos favorables al interesado

d. No, ya que se presumen válidos y producen efectos desde la fecha que se dicten

1892. Las medidas provisionales quedan sin efecto...

a. Si no se inicia el procedimiento en el plazo de diez días

b. En todo caso, cuando surta efectos la resolución administrativa que ponga fin al procedimiento, salvo que contenga un pronunciamiento expreso acerca de las mismas

c. Por la desaparición de las causas que motivaron la adopción de dichas medidas

d. Cuando el acuerdo de iniciación no contenga un pronunciamiento expreso acerca de las mismas

1893. Según la Ley 39/15 indica lo correcto, si un denunciante ha participado en la comisión de una infracción y existen otros infractores:

a. Deberá eximir al denunciante del pago de la multa

b. a. es correcta, pero cuando éste sea el primero en aportar elementos de prueba que permitan iniciar el procedimiento

c. b. es correcta, pero además el denunciante tiene que reparar el perjuicio causado

d. Ninguna de las anteriores es correcta, no se exime nunca del pago de la multa, sino que el órgano competente puede resolver reducir el importe del pago de la multa que correspondiese

1894. Formará parte del expediente administrativo, según la Ley 39/15:

a. Informes preceptivos y facultativos solicitados después de la resolución administrativa que ponga fin al procedimiento

b. Informes internos

c. Opiniones y resúmenes

d. Índice numerado de los documentos que contenga cuando se remita

1895. El procedimiento por el cual se impulsará de oficio en todos sus trámites y a través de medios electrónicos, respetando los principios de transparencia y publicidad, se denomina principio de:

a. impulso

b. celeridad

c. ordenación

d. transparencia

1896. Indica lo INCORRECTO según la Ley 39/15. Podrán tener la consideración de actos finalizadores del procedimiento:

a. Acuerdos

b. Convenios

c. Contratos

d. Desistimiento

1897. Indica lo INCORRECTO según la Ley 39/15. Pondrán fin al procedimiento:

a. Celebración de acuerdos, pactos o convenios o contratos

b. el pago voluntario de la sanción en procedimientos de carácter sancionador

c. Renuncia al derecho cuando no esté permitido por el ordenamiento jurídico

d. Declaración de caducidad

1898. NO es un contenido mínimo de los pactos, acuerdos, convenios y contratos:

a. el ámbito personal, funcional y territorial

b. el plazo de vigencia

c. Las personas a las que estuvieran destinados

d. la cuantía económica

1899. La ejecución forzosa por las Administraciones Públicas se efectuará, respetando siempre el principio de proporcionalidad, por los siguientes medios. Señala la INCORRECTA:

a. Multa coercitiva

b. Ejecución subsidiaria

c. Compulsión sobre el patrimonio

d. Las tres son correctas

1900. Cuando se trate de actos que por no ser personalísimos puedan ser realizados por un sujeto distinto del obligado, la Ley 39/15 indica que:

a. Se podrán imponer multas coercitivas

b. Se podrá ejecutar por compulsión directa sobre las personas

c. Habrá lugar a la ejecución subsidiaria

d. Se seguirá el procedimiento de apremio sobre el patrimonio

1901. El concepto de sector público es la primera de las novedades que incorpora la Ley 40/2015 Cuál de los siguientes no integraría el sector público:

a. Las Universidades públicas
b. la Sociedad Estatal Correos y Telégrafos
c. la Diputación Provincial de Alicante
d. Todos los integrarían según se sigue de la delimitación del ámbito subjetivo de la mencionada norma

1902. No aparece entre los principios que deberán respetar en su actuación y relaciones las Administraciones Públicas...

a. Servicio retribuido a los ciudadanos
b. Racionalización y agilidad de los procedimientos administrativos
c. Eficiencia en la asignación y utilización de los recursos públicos
d. Todos forman parte

1903. También dentro de las novedades aparece el que por primera vez se define el concepto de órgano administrativo Conforme el art. 5 de la Ley 40/2015 un órgano administrativo es siempre y por lo pronto...

a. Una autoridad o funcionario
b. Una unidad administrativa
c. Un ente de derecho con o sin personalidad jurídica
d. Un sujeto de la relación jurídico administrativa

1904. Lo característico de un órgano administrativo es que lo que hace...

a. Se ajusta en todo caso al ordenamiento jurídico
b. Constituye siempre el ejercicio de una potestad administrativa
c. Tiene efectos jurídicos frente a terceros o tiene carácter preceptivo
d. Es consecuencia directa de la voluntad del órgano

1905. Cuál de los siguientes no es un requisito que deba cumplirse para crear un órgano administrativo:

a. Determinación de su forma de integración en la Administración Pública de que se trate y su dependencia jerárquica
b. Delimitación de sus funciones y competencias
c. Duplicación del órgano existente cuya competencia se declara al tiempo íntegra y subsistente
d. Dotación de los créditos necesarios para su puesta en marcha y funcionamiento

1906. Los órganos administrativos podrán dirigir las actividades de sus órganos jerárquicamente dependientes mediante instrucciones y órdenes de servicio. Cuál de las afirmaciones siguientes es adecuada con relación a las mismas:

a. el incumplimiento de las instrucciones u órdenes de servicio determina por si solo la invalidez del acto dictado
b. el incumplimiento de las instrucciones u órdenes de servicio no es origen por si mismo de la responsabilidad disciplinaria
c. Para que surtan eficacia las instrucciones y órdenes de servicio se publicarán siempre en el boletín oficial que corresponda
d. Ninguna de las afirmaciones anteriores es correcta

1907. Los órganos consultivos...

a. Gozarán de autonomía orgánica y funcional respecto de la Administración activa
b. Desaparecen identificándose con la nueva norma como los servicios de la Administración activa que prestan asistencia jurídica
c. No estarán sujetos a dependencia jerárquica respecto de la Administración activa pero si estarán sujetos a las instrucciones, directrices u otras indicaciones que reciban de ésta
d. Necesariamente formarán parte de toda Administración como complemento ineludible del ejercicio de su potestad por la ahora llamada Administración activa

1908. No es cierto que la competencia...

a. Sea irrenunciable, es decir el órgano administrativo titular de la misma no puede desprenderse libremente de ella
b. Por defecto se ejerce por el órgano administrativo que la tiene atribuída como propia
c. Sea por lo anteriormente expuesto indelegable
d. Las tres son correctas

1909. Supone alteración de la competencia...

a. la encomienda de gestión
b. la avocación
c. la delegación de firma
d. la suplencia

1910. La titularidad y el ejercicio de las competencias atribuidas a los órganos administrativos podrán ser ...

a. Desconcentradas en otros que no sean jerárquicamente dependientes de los primeros
b. Desconcentradas en otros que sean jerárquicamente dependientes de los primeros
c. Desconcentradas en otros que sean superiores jerárquicamente a los primeros
d. Todas son correctas

1911. Delegación de competencias. Art. 9 de la Ley 40/2015 cuál de estas afirmaciones es incorrecta:

a. la adopción de disposiciones de carácter general es en todo caso indelegable
b. También son siempre indelegables las competencias que procedan de una delegación
c. la delegación de competencias debe publicarse en el boletín oficial que corresponda al ámbito de competencia territorial de que se trate
d. Ninguna de las afirmaciones anteriores es incorrecta

1912. La delegación de competencias...

a. Es revocable en cualquier momento
b. Es revocable en cualquier momento anterior a su primer ejercicio por el órgano en quien se hubiere delegado
c. No es nunca revocable
d. Sólo podrá ser revocada en el supuesto en que el órgano en quien se hubiere delegado la competencia no pudiera ejercerla por imposibilidad material sobrevenida

1913. La delegación de competencias del Jefe del Estado se publicarán en su caso en...

a. el Diario Oficial de todas las CC AA
b. Todos los boletines provinciales y en su caso el diario oficial de las CC AA uniprovinciales
c. Exclusivamente en el BOE
d. Ninguna es correcta

1914. Para que un órgano pueda avocar para si el conocimiento de uno o varios asuntos no hace falta que...

a. la índole del asunto lo haga conveniente
b. el órgano que avoca sea superior al órgano del que se avoca
c. la competencia corresponda al órgano del que se avoca siempre por delegación del avocante
d. Todas son correctas

1915. La realización de actividades de carácter material o técnico de la competencia de los órganos administrativos o de las Entidades de Derecho Público podrá ser encomendada a otros órganos o Entidades de Derecho Público de la misma o de distinta Administración Es la denominada...

a. Delegación de competencias
b. Delegación de firma
c. Avocación
d. Encomienda de gestión

1916. La delegación de firma

a. Requiere que el delegante sea en ese momento el titular de la competencia

b. Asimismo requiere que la competencia ostentada no lo sea por delegación

c. la firma se puede delegar en órganos administrativos pero no se puede delegar en unidades administrativas

d. Las tres son correctas

1917. Cuál es el efecto de la delegación de firma sobre la competencia:

a. Altera la competencia del órgano delegante

b. Altera la competencia del órgano en quien se delega

c. Altera la competencia de uno y de otro

d. No altera la competencia del órgano delegante

1918. No es un supuesto de suplencia

a. Vacante

b. Ausencia

c. Delegación

d. Enfermedad

1919. Si no se designa suplente, la competencia del órgano administrativo se ejercerá por quien...

a. designe el propio órgano

b. designe el órgano administrativo superior

c. designe el órgano administrativo inmediato superior

d. Quien sea el órgano administrativo inferior o la unidad administrativa dependiente del órgano suplido

1920. El órgano administrativo que se estime incompetente para la resolución de un asunto remitirá directamente las actuaciones al órgano que

a. Sea competente

b. Considere competente

c. Sea superior jerárquico

d. Resulte superior jerárquico común a ambos

1921. A quién corresponde de manera específica velar por la legalidad formal y material de las actuaciones de un órgano colegiado:

a. Al vocal concretamente designado para ello

b. Al Secretario

c. Al régimen jurídico del órgano

d. A aquel a quien corresponda la Presidencia

1922. Para la válida constitución del órgano, a efectos de la celebración de sesiones, deliberaciones y toma de acuerdos, se requerirá la asistencia, presencial o a distancia, del Presidente y Secretario o en su caso, de quienes les suplan, y ...

a. la de la mayoría, al menos, de sus miembros

b. la de la mitad más uno, al menos, de sus miembros

c. la mitad, al menos, de sus miembros

d. la cantidad necesaria de sus miembros que no podrá ser inferior a la tercera parte de los mismos

1923. Salvo que no resulte posible, las convocatorias serán remitidas a los miembros del órgano colegiado a través de medios electrónicos, haciendo constar en la misma junto con la documentación necesaria para su deliberación cuando sea posible ...

a. el orden del día

b. el acta de la reunión anterior

c. Los acuerdos hasta entonces alcanzados

d. el número de miembros necesario para constituir válidamente el órgano en segunda convocatoria

1924. Para que se trate un asunto no previsto se requiere...

a. Que asistan todos los miembros del órgano colegiado a la reunión

b. Que sea declarada la urgencia del asunto con el voto favorable de la mayoría

c. A y B son correctas

d. No podrá tratarse del asunto urgente en esa reunión sin perjuicio de que pueda acordarse que se trate con carácter urgente en una posterior reunión extraordinaria

1925. No quedan exentos de la responsabilidad que en su caso pueda derivarse de los acuerdos quienes:

a. Emitan un voto no válido

b. Se abstengan

c. Voten en contra

d. Ninguno queda exento

1926. De cada sesión que celebre el órgano colegiado se levantará acta que especificará necesariamente ...

a. Los asistentes

b. Las circunstancias de tiempo y lugar en que se ha celebrado

c. Los puntos principales de las deliberaciones

d. Todas son correctas

1927. Firma el acta de la reunión...

a. ...el Presidente

b. ...el Secretario con el visto bueno del Presidente

c. ...el Presidente con el visto bueno del Secretario

d. ...el Presidente y en su defecto el Secretario con el visto bueno de los asistentes a la reunión del órgano colegiado

1928. No corresponde al Presidente del órgano colegiado...

a. Designar a todos los componentes del órgano colegiado

b. Visar las certificaciones del órgano colegiado

c. Presidir las sesiones, moderar el desarrollo de los debates y suspenderlos por causas justificadas

d. Entre otras corresponden al Presidente del órgano colegiado todas esas funciones

1929. En casos de vacante, ausencia, enfermedad, u otra causa legal, el Presidente será sustituido por el Vicepresidente que corresponda, y en su defecto, por el miembro del órgano colegiado de mayor ...

a. Antigüedad

b. Jerarquía

c. Edad

d. Indistintamente por cualquiera de ellos

1930. Los miembros del órgano colegiado deberán recibir la convocatoria de las reuniones con una antelación mínima de...

a. 1 día

b. 3 días

c. 2 días

d. 5 días

1931. Cuál de los siguientes no sería un motivo de abstención conforme el art. 23 de la Ley 40/2015, de 1 de octubre, de Régimen Jurídico del Sector Público:

a. Ser el personal respecto del que la abstención se plantea sobrino del interesado en el procedimiento

b. Ser el personal respecto del que la abstención se plantea vecino del interesado en el procedimiento

c. Ser el personal respecto del que la abstención se plantea cuñado del interesado en el procedimiento

d. Ser el personal respecto del que la abstención se plantea nieto del interesado en el procedimiento

1932. Juan (funcionario) está casado con María que tiene una hermana que se llama Rosa que está casada con Fernando En cuál de los siguientos supuestos no existe motivo legal que justifique la abstención de Juan:

a. Si el interesado es María

b. Si el interesado es Rosa

c. Si el interesado es Fernando

d. En todos los supuestos anteriores debería abstenerse pues se encuentran dentro del cuarto grado de afinidad

1933. Debe abstenerse el funcionario que tiene relación de servicio con interesado en el asunto o le ha prestado servicios profesionales en los ...

a. Tres últimos años

b. Cinco últimos años

c. Cuatro últimos años

d. Dos últimos años

1934. Podrán ordenarle que se abstengan de toda intervención en el expediente al funcionario que se encuentre en causa de abstención...

a. Los órganos jerárquicamente superiores

b. Sólo los órganos inmediatamente superiores jerárquicos

c. Los interesados en el procedimiento

d. Las alternativas b) y c) son correctas

1935. La actuación de autoridades y personal al servicio de las Administraciones Públicas en los que concurran motivos de abstención ...

a. No implicará, necesariamente, y en todo caso, la invalidez de los actos en que hayan intervenido pero dará lugar a la responsabilidad que proceda

b. Dará lugar a la responsabilidad que proceda pero no implicará en ningún caso la invalidez de los actos en que hayan intervenido

c. implicará, necesariamente, y en todo caso, la invalidez de los actos en que hayan intervenido

d. implicará, necesariamente, y en todo caso, la invalidez de los actos en que hayan intervenido dando lugar a la responsabilidad que proceda

1936. Puede promover la recusación:

a. Cualquier órgano

b. el interesado

c. el interesado y el superior jerárquico del órgano de que se trate

d. el interesado, el superior jerárquico del órgano de que se trate y el propio órgano

1937. La recusación se plantea...

a. Antes de iniciado el procedimiento

b. Una vez iniciado el procedimiento

c. Cuando el instructor dicta propuesta de resolución

d. En cualquier momento del procedimiento

1938. La recusación se planteará...

a. Sólo verbalmente

b. Sólo por escrito

c. Verbalmente o por escrito

d. Verbalmente o por escrito siempre que es exprese la causa o causas en que se funda

1939. Si el recusado niega la causa de recusación, el superior resolverá en cuántos días:

a. 1 b. 2 c. 3 d. 4

1940. Contra las resoluciones en materia de abstención y recusación...

a. Cabra recurso de alzada

b. Cabra el nuevo protesto

c. Cabra recurso de reposición

d. No cabrá recurso alguno

1941. Cuál de estas alternativas no corresponde a una de las características esenciales de la llamada sede electrónica conforme el art. 38 de la Ley 40/2015:

a. Toda sede electrónica es siempre y en todo caso una dirección electrónica

b. Su titularidad siempre corresponde a una única Administración Pública o a un único organismo público o entidad de Derecho Público

c. Toda sede electrónica es disponible para los ciudadanos

d. Las tres afirmaciones anteriores corresponden a características esenciales de las sedes electrónicas

1942. El punto de acceso electrónico cuya titularidad corresponda a una Administración Pública, organismo público o entidad de Derecho Público que permite el acceso a través de internet a la información publicada y, en su caso, a la sede electrónica correspondiente se entiende como...

a. Sistema internet

b. Sitio web

c. Actuación administrativa electrónica

d. Portal de internet

1943. Los documentos utilizados en las actuaciones administrativas se almacenarán por medios electrónicos:

a. Siempre que sea posible

b. En todo caso

c. Cuando así se disponga expresamente en una disposición legal

d. Sólo cuando así se disponga expresamente en una disposición legal o reglamentaria

1944. Los medios o soportes en que se almacenen documentos, deberán contar con medidas de seguridad, de acuerdo con lo previsto en el ...

a. Esquema Nacional de Inteligencia

b. Centro Nacional de Inteligencia

c. Esquema Nacional de Seguridad

d. Centro Nacional de Seguridad

1945. La Administración de que se trate podrá superponer un sello electrónico basado en un certificado electrónico reconocido o cualificado ...

a. Si no utiliza sistemas de firma electrónica distintos de aquellos basados en certificado electrónico reconocido o cualificado

b. Si utiliza sistemas de firma electrónica distintos de aquellos basados en certificado electrónico reconocido o cualificado

c. No podrá Imperativamente deberá utilizar sistemas de firma electrónica basados en certificado electrónico reconocido o cualificado

d. Los selles electrónicos no se superponen, incluso si se trata de sellos basados en certificados electrónicos reconocidos o cualificados

1946. Requisito incorrecto de la actuación administrativa automatizada

a. Acto realizado íntegramente a través de medios electrónicos

b. No necesariamente acto sino basta que sea una mera actuación administrativa realizada íntegramente a través de medios electrónicos

c. Intervención directa de un empleado público para que la actuación administrativa automatizada adquiera ese carácter

d. Todos los requisitos anteriores vienen impuestos por el art. 41 de la Ley 40/2015

1947. No es sistema de firma válido a efectos de la actuación administrativa automatizada...

a. Sello electrónico de Administración Pública

b. Código seguro de verificación

c. Intercambio electrónico de datos

d. Todos los sistema de firma anteriores deben considerarse válidos por estar contemplados en la Ley 40/2015

1948. Para que la notificación se practique utilizando algún medio electrónico se requerirá que ...

a. Lo disponga la Administración actuante

b. el interesado haya señalado dicho medio como preferente

c. Lo requiere la efectividad del acto

d. Todas son correctas

1949. Se entenderá que la notificación ha sido rechazada cuando existiendo constancia de su puesta a disposición del interesado éste no acceda a su contenido en el plazo de...

a. Diez días hábiles

b. Diez días naturales

c. Cinco días hábiles

d. Cinco días naturales

1950. Las copias realizadas por medios electrónicos de documentos electrónicos emitidos por el propio interesado o por las Administraciones Públicas...

a. Tendrán la consideración de copias auténticas si mantienen el formato original

b. Tendrán la consideración legalmente prevista que no será la de copias auténticas

c. Tendrán la consideración de copias auténticas aun cuando no mantengan el formato original

d. Sólo excepcionalmente tendrán la consideración de copia auténticas cuando una disposición legal o reglamentaria expresamente lo prevea

1951. Los Ministerios contarán en todo caso con...

a. Secretarías de Estado

b. Secretarías Generales

c. Subsecretarías

d. Todas son correctas

1952. Las llamadas Secretarías Generales Técnicas dependen de...

a. Secretarías de Estado

b. Secretarías Generales

c. Subsecretarías

d. Cada uno de ellos

1953. Los jefes superiores del Departamento y superiores jerárquicos directos de los Secretarios de Estado y Subsecretarios son los ...

a. Directores Generales

b. Ministros

c. Niveles superiores

d. Niveles inferiores

1954. Los Ministros ejercen la potestad reglamentaria en las materias propias de su Departamento mediante...

a. Decreto
b. Real Decreto
c. Decretos Legislativos y Decretos Leyes
d. Ordenes

1955. No se nombran por Real Decreto del Consejo de Ministros...

a. Ministros
b. Secretarios de Estado
c. Subsecretarios
d. Secretarios Generales Técnicos

1956. NO es una de las funciones atribuídas al Ministro en el art. 61 de la Ley 40/2015:

a. Evaluar la realización de los planes de actuación del Ministerio por parte de los órganos superiores y órganos directivos y ejercer el control de eficacia respecto de la actuación de dichos órganos y de los Organismos públicos dependientes, sin perjuicio de lo dispuesto en la Ley 47/2003, de 26 de noviembre, General Presupuestaria
b. Colocar al gato patas arriba para poder observarle los órganos sexuales de forma que la zona del ano mire directamente hacia el titular del Departamento para que este pueda así examinar con detalle dichos órganos
c. Nombrar y separar a los titulares de los órganos directivos del Ministerio y de los Organismos públicos o entidades de derecho público dependientes del mismo, cuando la competencia no esté atribuida al Consejo de Ministros a otro órgano o al propio organismo, así como elevar a aquél las propuestas de nombramientos que le estén reservadas de órganos directivos del Ministerio y de los Organismos Públicos dependientes del mismo
d. Fijar los objetivos del Ministerio, aprobar los planes de actuación del mismo y asignar los recursos necesarios para su ejecución, dentro de los límites de las dotaciones presupuestarias correspondientes

1957. No es función del Secretario de Estado...

a. Nombrar y separar a los Subdirectores Generales de la Secretaría de Estado
b. Conceder subvenciones y ayudas con cargo a los créditos de gasto propios de la Secretaría de Estado, con los límites establecidos por el titular del Departamento
c. Autorizar las comisiones de servicio con derecho a indemnización por cuantía exacta para altos cargos dependientes del Ministro
d. Autorizar las comisiones de servicio con derecho a indemnización por cuantía exacta para los altos cargos dependientes de la Secretaría de Estado

1958. La jefatura superior del personal de un departamento corresponde a...

a. Subsecretario
b. Secretario de Estado
c. Ministro
d. Secretario General Técnico

1959. NO nombra un Subdirector General...

a. Un Ministro
b. Un Secretario de Estado
c. Un Director General
d. la ley admite que todos los anteriores nombren y cesen a los Subdirectores generales dependientes de los mismos respetando los principios de igualdad, mérito y capacidad

1960. No aparece en la organización central de la Administración General del Estado...

a. Delegado del Gobierno
b. Director Insular
c. Subdelegado del Gobierno
d. No aparece ninguno de los anteriores

1961. 1. Un miembro del Gobierno que no es titular de un Departamento pero al que se atribuyen determinadas funciones gubernamentales es...

a. Un Subsecretario
b. Un Delegado del Gobierno
c. Un Ministro sin cartera
d. Un Secretario de Estado

1962. Cuál de estas no es una competencia del Consejo de Ministros:

a. Aprobar los Reales Decretos-leyes y los Reales Decretos Legislativos
b. Aprobar la Ley de Presupuestos Generales del Estado
c. Acordar la negociación y firma de Tratados internacionales, así como su aplicación provisional
d. Todas son funciones según la disposición final 3ª de la Ley

1963. A las reuniones del Consejo de Ministros pueden asistir...

a. Exclusivamente Secretarios de Estado
b. Subsecretarios y Secretarios de Estado
c. Excepcional y exclusivamente Ministros, Secretarios de Estado y Subsecretarios
d. Secretarios de Estado y excepcionalmente otros altos cargos, cuando sean convocados para ello

1964. Son secretas...

a. Las deliberaciones del Consejo de Ministros
b. Las reuniones del Consejo de Ministros
c. Las reuniones y las deliberaciones del Consejo de Ministros
d. Todas son correctas

1965. Las Comisiones Delegadas se crean por...

a. Ley
b. Ley Orgánica
c. Real Decreto-Ley
d. Real Decreto

1966. La integran los titulares de las Secretarías de Estado y por los Subsecretarios de los distintos Departamentos Ministeriales

a. Comisión general de Secretarios de Estado y Subsecretarios
b. Comisión Delegada de la Administración General del Estado
c. Comisión general de Subsecretarios y de Secretarios de Estado
d. Comisión general de Secretarios de Estado y de Altos Cargos del Gobierno de la Nación y de la Administración General del Estado

1967. Preside la anterior...

a. Vicepresidente del Gobierno en todo caso
b. Ministro de Presidencia siempre
c. Ministro de Presidencia si no hay Vicepresidente del Gobierno
d. Vicepresidente del Gobierno si no existe Ministro de Presidencia

1968. La Secretaría de la Comisión General de Secretarios de Estado y Subsecretarios será ejercida por ...

a. el Subsecretario de Presidencia
b. el Secretario de Estado de Presidencia
c. el Ministro de Presidencia
d. el Vicepresidente del Gobierno

1969. órgano de apoyo del Consejo de Ministros, de las Comisiones Delegadas del Gobierno y de la Comisión General de Secretarios de Estado y Subsecretarios

a. Subsecretariado del Gobierno
b. Comisión Delegada del Gobierno
c. Secretariado del Gobierno
d. Dirección General del Gobierno

1970. órganos de apoyo político y técnico del Presidente del Gobierno, de los Vicepresidentes, de los Ministros y de los Secretarios de Estado

a. Secretarías
b. Gabinetes
c. Departamentos
d. Unidades

1971. Dentro de la organización territorial de la Administración General del Estado se cita a las Delegaciones del Gobierno Cuál de las siguientes afirmaciones es verdadera en relación a estas Delegaciones:

a. En el caso de las Islas Canarias sustituyen a los anteriormente denominados Cabildos Insulares
b. Las Delegaciones del Gobierno no estaban previstas constitucionalmente y aparecen como un límite al ejercicio exorbitante de sus potestades por las CC AA creado por el legislador tras el intento de golpe de estado del 23 de febrero de 1981
c. En cada una de las Comunidades Autónomas hay una Delegación del Gobierno
d. Las tres son correctas

1972. En las CC AA pluriprovinciales existen las subdelegaciones del Gobierno Dichas subdelegaciones vienen a sustituir a ...

a. Las Diputaciones Provinciales
b. Las Diputaciones Provinciales y los Cabildos Insulares
c. Las Audiencias Territoriales
d. Los Gobiernos Civiles

1973. Las Delegaciones del Gobierno están adscritas orgánicamente al Ministerio de ...

a. Hacienda y Administraciones Públicas
b. Presidencia
c. Interior
d. Justicia

1974. En ciertas islas se determinará reglamentariamente la existencia de un...

a. Delegado Insular
b. Director Insular
c. Subdelegado Insular
d. Cabildo Insular

1975. Los servicios territoriales de la Administración General del Estado en la Comunidad Autónoma se organizarán atendiendo al mejor cumplimiento de sus fines, en servicios ...

a. Financieros y no financieros
b. Prestados y no prestados
c. Integrados y no integrados
d. Transferidos y no transferidos

1976. En el territorio de la respectiva Comunidad Autónoma los Delegados del Gobierno representan...

a. Al Estado
b. Al Rey
c. A la Comunidad Autónoma
d. Al Gobierno

1977. Quién es el representante ordinario del Estado en el ámbito de una Comunidad Autónoma:

a. En todo caso, el Rey como Jefe del Estado
b. el Presidente del Gobierno
c. el Presidente de esa Comunidad Autónoma
d. el Delegado del Gobierno en esa Comunidad Autónoma

1978. No es competencia del Delegado del Gobierno en una Comunidad Autónoma...

a. Nombrar al Delegado del Gobierno en esa Comunidad Autónoma
b. Impulsar, coordinar y supervisar con carácter general su actividad en el territorio de la Comunidad Autónoma, y, cuando se trate de servicios integrados, dirigirla, directamente o a través de los subdelegados del gobierno, de acuerdo con los objetivos y, en su caso, instrucciones de los órganos superiores de los respectivos ministerios
c. Informar, con carácter preceptivo, las propuestas de nombramiento de los titulares de órganos territoriales de la Administración General del Estado y los Organismos públicos estatales de ámbito autonómico y provincial en la Delegación del Gobierno
d. Todas lo son

1979. Cuál de estas afirmaciones no es correcta con relación a los Subdelegados del Gobierno:

a. Tendrá nivel de Subdirector General
b. Será nombrado por el Gobierno mediante Real Decreto a propuesta del Delegado del Gobierno
c. Deberá ser funcionario perteneciente a Cuerpo o Escala clasificado como Subgrupo A1
d. Las tres son correctas

1980. Cuál de estas no es función del Subdelegado del Gobierno:

a. Desempeñar las funciones de comunicación, colaboración y cooperación con la respectiva Comunidad Autónoma y con las Entidades Locales y, en particular, informar sobre la incidencia en el territorio de los programas de financiación estatal
b. Proteger el libre ejercicio de los derechos y libertades, garantizando la seguridad ciudadana, todo ello dentro de las competencias estatales en la materia. A estos efectos, ejercerá el mando supremo de las Fuerzas Armadas en la provincia
c. Coordinar la utilización de los medios materiales y, en particular, de los edificios administrativos en el ámbito territorial de su competencia
d. Todas son correctas

1981. 1. Cuál de estas notas características no integraría la definición de organismo público tal como se desprende del art. 88 y siguientes de la Ley 40/2015:

a. Tales organismos siempre dependen o están vinculados o a la Administración General del Estado o a otro organismo público
b. Pueden crearse organismos públicos para la producción de bienes públicos susceptibles de contraprestación
c. Los organismos públicos carecen de personalidad jurídica diferenciada correspondiéndoles la del departamento de la Administración General del Estado al que están vinculados o del que dependen
d. Las tres son correctas

1982. No todo organismo público tiene ...

a. Autonomía de gestión
b. Personalidad jurídica pública diferenciada
c. Patrimonio y tesorería propios
d. Tiene todo lo que se cita

1983. Los organismos públicos no pueden...

a. Expropiar
b. Producir bienes públicos susceptibles de contraprestación
c. Sancionar
d. Regirse por sus respectivos Estatutos en lo que la ley prevea

1984. No forma parte siempre de los máximos órganos de gobierno de los organismos públicos...

a. Presidente
b. Director
c. Consejo Rector
d. Todos forman parte siempre

1985. La creación de organismos públicos estatales se efectuará por...

a. Orden del Ministerio de Hacienda y Administraciones Públicas
b. Ley
c. Real Decreto del Ministerio de Hacienda y Administraciones Públicas
d. Real Decreto del Gobierno a propuesta del Ministerio de Hacienda y Administraciones Públicas

1986. No forma parte del contenido mínimo de los estatutos de los organismos públicos conforme el art. 93 de la Ley 40/2015...

a. la determinación de su estructura organizativa, con expresión de la composición, funciones y nombre de las personas físicas individualizadas que corresponda a cada los órganos de gobierno de cada órgano salvo el Director
b. el patrimonio que se les asigne y los recursos económicos que hayan de financiarlos
c. Las funciones y competencias del organismo, con indicación de las potestades administrativas que pueda ostentar
d. el régimen relativo a recursos humanos, patrimonio, presupuesto y contratación

1987. Pueden fusionarse los organismos públicos estatales:

a. Si, en todo caso
b. Si, siempre que tengan la misma naturaleza jurídica
c. Si, salvo que la fusión se intente llevar a cabo mediante una disposición reglamentaria que suponga la modificación de organismos públicos creados por ley o por real decreto
d. No, nunca Primero se acuerda la extinción de los organismos a los que el proyecto de fusión se refiera y luego se crea un organismo nuevo a partir de los entes resultantes

1988. No se consideran servicios comunes de los organismos públicos ...

a. Gestión de bienes inmuebles
b. Asistencia jurídica
c. Recursos humanos asignados
d. Contratación pública

1989. No esta prevista como causa de disolución de los organismos públicos...

a. el transcurso del tiempo de existencia señalado en la ley de creación
b. Todos sus fines y objetivos son asumidos como propios por los servicios de la Administración General del Estado
c. Como consecuencia de la contabilidad y de la gestión financiera
d. Todas las anteriores son causas previstas en el art. 96 de la Ley 40/2015

1990. Un organismo público se disuelve si se encuentra en desequilibrio financiero durante...

a. Cuatro ejercicios consecutivos
b. Cinco ejercicios consecutivos
c. Tres ejercicios consecutivos
d. Dos ejercicios consecutivos

1991. Cuál de estas entidades NO sería una entidad empresarial pública:

a. Consorcios
b. Fondos sin personalidad jurídica
c. Organismos autónomos estatales
d. Autoridades administrativas independientes

1992. Las entidades público empresariales se financiarán mayoritariamente con ...

a. Transferencias corrientes o de capital que procedan de las Administraciones o entidades públicas
b. Ingresos de mercado
c. Consignaciones específicas que tuvieran asignadas en los Presupuestos Generales del Estado
d. Aportaciones del personal que tuvieren adscrito

1993. Entidades de derecho público, con personalidad jurídica propia, tesorería y patrimonio propios y autonomía en su gestión, que desarrollan actividades propias de la Administración Pública, tanto actividades de fomento, prestacionales, de gestión de servicios públicos o de producción de bienes de interés público, susceptibles de contraprestación, en calidad de organizaciones instrumentales diferenciadas y dependientes de ésta

a. Consorcios
b. Fondos sin personalidad jurídica
c. Organismos autónomos estatales
d. Autoridades administrativas independientes

1994. La creación de una sociedad mercantil estatal o la adquisición de este carácter de forma sobrevenida será autorizada mediante ...

a. Real Decreto
b. Ley
c. Orden del Ministerio de Hacienda
d. Acuerdo del Consejo de Ministros

1995. Los recursos económicos de los organismos autónomos podrán provenir de diversas fuentes. No sería una de tales fuentes...

a. Bien integrante de su patrimonio
b. Rentas de un bien integrante de su patrimonio
c. Herencia o legado procedente de la Administración o entidades públicas
d. Consignaciones específicas que tuvieren asignadas en los presupuestos generales del Estado

1996. Sin perjuicio de las competencias atribuidas al Tribunal de Cuentas, la gestión económico financiera de las sociedades mercantiles estatales estará sometida al control de

a. la Intervención General de la Administración del Estado
b. los Presupuestos Generales del Estado
c. las Comisiones Parlamentarias de Economía y Hacienda
d. la Sindicatura de Cuentas y el Consejo del Reino

1997. Entidades de derecho público que, vinculadas a la Administración General del Estado y con personalidad jurídica propia, tienen atribuidas funciones de regulación o supervisión de carácter externo sobre sectores económicos o actividades determinadas, por requerir su desempeño de independencia funcional o una especial autonomía respecto de la Administración General del Estado, lo que deberá determinarse en una norma con rango de Ley

a. Consorcios
b. Fondos sin personalidad jurídica
c. Organismos autónomos estatales
d. Autoridades administrativas independientes

1998. Cuál de estas afirmaciones es incorrecta con relación a las entidades empresariales públicas:

a. Su personal se rige por el Derecho laboral
b. Tales entidades se rigen siempre por el Derecho privado
c. Una de las modalidades de entidades públicas empresariales son los denominados fondos sin personalidad jurídica
d. Las tres son correctas

1999. Carecen de órganos propios ...

a. Consorcios
b. Fondos sin personalidad jurídica
c. Organismos autónomos estatales
d. Autoridades administrativas independientes

2000. Entidades de derecho público, con personalidad jurídica propia y diferenciada, creadas por varias Administraciones Públicas o entidades integrantes del sector público institucional, entre sí o con participación de entidades privadas, para el desarrollo de actividades de interés común a todas ellas dentro del ámbito de sus competencias

a. Consorcios
b. Fondos sin personalidad jurídica
c. Organismos autónomos estatales
d. Autoridades administrativas independientes

2001. El Defensor del Pueblo da cuenta del ejercicio de sus atribuciones al/la las:

a. Tribunal Constitucional
b. Al gobierno
c. Cortes
d. Poder Judicial

2002. La elección del Defensor del Pueblo compete a:

a. Plenos del Congreso Senado
b. Comisión creada al efecto en el Congreso
c. Al Gobierno
d. Al Rey

2003. La inviolabilidad, respecto al Defensor del Pueblo:

a. No la posee
b. la posee sobre cualquier actuación que realice
c. la ostenta en cuanto a los actos que realice en el ejercicio de sus competencias como tal
d. Supone que está exento de dar cuenta de su trabajo a las Cortes

2004. Si se presenta una queja anónima ante el Defensor del Pueblo:

a. Deberá darle trámite con prioridad
b. Sólo la tramitará si el asunto es de interés general
c. No está obligado a darle trámite
d. Se deja a su arbitrio el darle o no trámite

2005. Las quejas deben presentarse al Defensor del Pueblo:

a. Por medio de abogado y procurador
b. En papel de pagos al Estado
c. Con el justificante de haber pagado las tasas indicadas al efecto
d. En papel común

2006. El auxilio al Defensor del Pueblo por parte de los Funcionarios Públicos:

a. Se supedita a lo que, en cada caso, determine la Autoridad administrativa de la que dependan
b. Sólo se realizará cuando sea reclamado judicialmente
c. Ha de ser preferente y urgente
d. Es potestativo para los funcionarios

2007. Los miembros del Tribunal de Cuentas gozan de la independencia e inamovilidad propia de :

a. Los miembros del Gobierno
b. Los Jueces
c. Los Funcionarios Públicos
d. Dichos miembros carecen de estas prerrogativas

2008. El Tribunal de Cuentas ha de remitir su informe anual a:

a. Al Gobierno
b. A las Cortes
c. Al Tribunal Constitucional
d. Al Defensor del Pueblo

2009. La justicia se administra en nombre del:

a. Juez o Tribunal que la imparta
b. Pueblo español
c. Rey
d. Poder judicial

2010. El titular de la Justicia es:

a. el Poder Judicial
b. el Rey
c. el Pueblo soberano
d. Los Jueces y los Tribunales por norma

2011. El art. 117 de la Constitución no incluye como una característica de los Jueces y Magistrados la:

a. Independencia
b. Responsabilidad
c. Inamovilidad
d. Las incluye todas

2012. La ejecución de lo juzgado es competencia de:

a. Juzgados y Tribunales
b. Consejo General del Poder Judicial normalmente
c. Policía Judicial
d. Administración Pública Estatal

2013. Los supuestos de suspensión o movilidad de los Jueces deben estar establecidos en :

a. Una Ley Orgánica
b. Un Reglamento
c. Una Ley Ordinaria
d. la Constitución

2014. Según la Constitución el procedimiento debe ser:

a. Gratuito siempre
b. Predominantemente oral
c. En audiencia pública
d. Motivado siempre

2015. La colaboración con los Jueces y Tribunales por los particulares es obligatoria:

a. En el proceso
b. Antes del procesamiento
c. Sólo cuando no exista proceso penall
d. En todo caso como norma general

2016. Los Jueces y Tribunales deben elevar al Tribunal Constitucional:

a. la cuestión de inconstitucionalidad
b. el recurso de inconstitucionalidad
c. la inconstitucionalidad de las normas reglamentarias
d. Todo lo anterior

2017. Por funcionamiento anormal de la Administración de Justicia debe responder:

a. la propia Administración
b. el ministerio de Justicia solamente
c. el Estado
d. Nadie

2018. La cúspide de la jurisdicción en España la ostenta el:

a. Consejo General del Poder Judicial
b. Ministerio Fiscal
c. Tribunal Constitucional
d. Tribunal Supremo

2019. La misión de velar por la independencia de los Tribunales y procurar ante estos la satisfacción del interés social es propia del/de los:

a. Poder Judicial
b. Consejo General del Poder Judicial
c. Ministerio Fiscal
d. Jueces y Tribunales

2020. El jurado no intervendrá en procesos:

a. De ningún tipo
b. Penales
c. Evidenciados en Audiencias Provinciales
d. Civiles

2021. El Jurado en los Tribunales consuetudinarios:

a. No existe
b. Existe
c. Ejerce como acción popular
d. Está integrado por Jueces y Magistrados

2022. La función del Jurado es:

a. Obligatoria y gratuita
b. Incompatible en todo caso
c. Remunerada y voluntaria
d. Nada de lo anterior es cierto

2023. La existencia del Jurado en los Tribunales Superiores de Justicia:

a. Es posible
b. No se va a dar nunca
c. Es su única sede
d. Se admite en toda materia

2024. Un Policía Local actuará como Policía Judicial:

a. En todo caso
b. Nunca
c. Cuando se le requiera al efecto
d. Previa autorización de su Presidente

2025. La asociación profesional de Jueces y Magistrados está:

a. Prohibida
b. Permitida
c. Ilegalizada
d. Admitida, si se hace mediante sindicato

2026. La declaración del estado de alarma lo es por :

a. Las Cortes Generales
b. el Gobierno, por quince días
c. el Congreso, por treinta días
d. el Gobierno, por treinta días prorrogables

2027. Para los supuestos de graves alteraciones de orden público está previsto declarar :

a. el estado de excepción
b. el estado de sitio
c. Estado de alarma
d. Ninguno de ellos

2028. La declaración del estado de sitio se realiza por el/las:

a. Congreso por mayoría absoluta
b. Gobierno, autorización previa del Congreso
c. Las Cortes
d. Senado a propuesta del Gobierno

2029. Para declarar el estado de sitio se necesita:

a. Aprobación de las Cortes
b. Mayoría absoluta del Congreso
c. Autorización del Gobierno
d. Autorización del Rey

2030. Según la Constitución, las Entidades que forman parte de la organización territorial del Estado tienen la nota común de:

a. Autogobierno
b. Independencia
c. Autonomía
d. Financiación propia

2031. La titularidad de la soberanía española radica en el/las:

a. Cortes Generales como representantes del pueblo español
b. Rey como Jefe del Estado
c. Pueblo mismo
d. Nacionalidades y regiones que integran España

2032. La declaración del estado de alarma lo es por el/las:

a. Cortes Generales
b. Gobierno, por quince días
c. Congreso, por treinta días
d. Gobierno, por treinta días prorrogables por el Congreso

2033. Para los supuestos de graves alteraciones de orden público está previsto declarar el estado de:

a. Excepción
b. Sitio
c. Alarma
d. Ninguno de ellos

2034. Primeras elecciones democráticas celebradas en España:

a. 1975   b. 1976   c. 1977   d. 1978

2035. El referéndum en el que se aprobó popularmente la Constitución se llevó a efecto el:

a. 27 de diciembre de 1978
b. 6 de diciembre de 1978
c. 31 de octubre de 1978
d. 29 de diciembre de 1979

2036. La ponencia encargada de redactar el borrador de la Constitución se constituyó en el:

a. Senado
b. Senado y Congreso
c. Congres
d. Gobierno

2037. Si un poder público, en su actuación, infringe lo dispuesto en el Preámbulo de la Constitución:

a. Incurre en nulidad
b. Incurre en inconstitucionalidad
c. No pasa nada, salvo que, como consecuencia de esa actuación, se infrinja un artículo de la propia Constitución
d. Nada de lo anterior es cierto

2038. El principio en virtud del cual el ciudadano está amparado por una legislación no sujeta a continuos vaivenes es el de:

a. Legalidad
b. Publicidad normativa
c. Seguridad jurídica
d. Jerarquía normativa

2039. El principio en virtud del cual un Reglamento no puede contradecir una Ley es el de:

a. Legalidad
b. Jerarquía normativa
c. a y b son correctas
d. Seguridad jurídica

2040. Una norma que imponga una nueva pena más leve para un delito:

a. No se aplica retroactivamente
b. Puede aplicarse retroactivamente
c. Ha de ser reglamentaria
d. Atenta contra el principio de legalidad penaι si se aplica retroactivamente

2041. Todos los españoles, respecto al castellano, tienen el:

a. Derecho-deber de conocerlo
b. Derecho de usar y deber de conocerlo
c. Derecho-deber de usarlo
d. Nada de lo anterior

2042. La capital del Estado es:

a. la propia de cada Comunidad Autónoma
b. Madrid
c. Aquella donde se establezca en cada momento el Gobierno
d. Aquella en la que resida generalmente el Rey

2043. Título de la Constitución que trata de la reforma constitucional:

a. I   b. X   c. IX   d. XI

2044. El Defensor del Pueblo se regula en el siguiente Título y Capítulo de la Constitución, respectivamente:

a. Preliminar y 1º
b. Segundo y 41
c. Segundo y 3º
d. Primero y 4º

2045. El Título de la CE que trata del Gobierno y la Administración es el:

a. Tercero
b. Cuarto
c. Quinto
d. Sexto

2046. Los principios rectores de la política social y económica se regulan en el siguiente Capítulo y Título de la Constitución:

a. Segundo del Primero
b. Tercero del Primero
c. Tercero del Preliminar
d. Primero del Séptimo

2047. La derogación de una norma postconstitucional que vaya en contra de la Constitución se efectúa por el/la/las:

a. Propia Constitución
b. Tribunal Constitucional
c. Cortes Generales
d. Gobierno

2048. Según la Constitución el Estado es:

a. Apolítico
b. Aconfesional
c. De bienestar social
d. Federal

2049. El derecho a la vida se consagra en el artículo:

a. 10   b. 15   c. 16   d. 24

2050. La pena de muerte en España:

a. Ha quedado abolida
b. Puede aplicarse en cualquier momento
c. Sólo se aplicará, en tiempo de guerra, a los militares
d. Rige sólo en el ámbito civil

2051. La inmediata puesta a disposición judicial derivada del habeas corpus, se produce por:

a. Detención ilegal
b. Prisión ilegal
c. Prisión preventiva
d. Detención preventiva

2052. El proceso en el que se enjuicie a un presunto delincuente debe:

a. Ser sumario
b. No dilatarse
c. Entorpecer los instrumentos probatorios
d. Nada de lo anterior es cierto

2053. La entrada en un domicilio en caso de flagrante delito, sin autorización de su titular:

a. Puede dar lugar a la aplicación del habeas corpus
b. Requiere autorización previa de la autoridad judicial
c. Puede efectuarse en todo momento
d. No puede realizarse en momento alguno

2054. Cuando, al conocerse la comisión de un delito por una persona, se acude a su domicilio para detenerla:

a. Está obligada a franquear la entrada
b. Se necesitará autorización judicial para entrar
c. Pese a que no dé su consentimiento, se puede entrar
d. Nada de lo anterior es correcto

2055. La autorización previa para celebrar una manifestación pública:

a. la da el Subdelegado del Gobierno en la Provincia
b. Es ineludible
c. Sería inconstitucional
d. Se da cuando no se prevean alteraciones al orden público, con peligro para personas o bienes

2056. El tipo de sufragio que consagra la Constitución es el:

a. Proporcional
b. Universal
c. Censitario
d. Son correctas A y B

2057. Además de la no autoinculpación, la Constitución prevé que no se está obligado a declarar sobre un hecho presuntamente delictivo en caso de:

a. Parentesco y afinidad
b. Cláusula de conciencia
c. Secreto profesional
d. a y b son correctas

2058. El principio de legalidad penal está íntimamente relacionado con el/la:

a. Arbitrariedad de los poderes públicos
b. Responsabilidad de éstos
c. Irretroactivad de las normas sancionadoras
d. Publicidad normativa

2059. La asunción de funciones constitucionales por la Reina consorte:

a. Está prevista como regla general
b. Depende de la voluntad del Rey
c. Está prohibida
d. Está limitada

2060. La tutoría del Rey puede recaer en:

a. Cualquier persona nombrada por las Cortes, en su caso
b. Sus hijos
c. Una, tres o cinco personas
d. Nada de lo anterior es cierto

2061. Una hija del Príncipe de Asturias ostentará este tratamiento:

a. Cuando su padre acceda a la condición de Rey, si es la primogénita
b. Al morir su padre
c. Al acceder a Rey su padre, si no tiene hermano varón
d. Cuando delegue en ella el propio Príncipe

2062. La Regencia se ejerce:

a. Por mandato del Rey
b. En nombre de éste
c. Por mandato constitucional
d. b y c son correctas

2063. La dirección de la defensa del Estado es competencia genuina de:

a. el Rey
b. las Fuerzas Armadas
c. el Gobierno
d. Todos ellos

2064. El refrendo de los actos del Rey está íntimamente relacionado con:

a. Su irresponsabilidad política
b. Su inhabilitación
c. la Regencia
d. Sus poderes discrecionales

2065. En caso de que el Rey sea menor de edad:

a. No tomará posesión de su cargo hasta su mayoría de edad
b. Ejercerá la Regencia el Príncipe Heredero
c. Ejercerá la Regencia su cónyuge
d. Nada de lo anterior es cierto

2066. Si el Príncipe Heredero tuviera descendientes y renunciara a sus derechos al trono:

a. Su cónyuge ejercería la Regencia hasta que su primogénito varón fuere mayor de edad
b. Su cónyuge ejercería la Regencia hasta que dicho primogénito fuera proclamado Rey
c. Se nombraría Princesa Heredera a su hermana mayor, si la hubiere
d. Nada de lo anterior es cierto

2067. La información sobre los asuntos del Estado es suministrada al Rey, esencialmente, por:

a. Su Casa Civil
b. el Consejo de Ministros
c. Las Cortes
d. el Presidente del Gobierno

2068. El Rey prestará juramento:

a. Ante las Cortes Generales
b. Ante el Gobierno
c. Ante los Miembros de la Familia Real
d. Ante el Pueblo español

2069. Si se agotan todas las líneas llamadas a la sucesión en la Corona:

a. se Nombran Regentes
b. se instaura una nueva línea
c. Ambas con correctas
d. Ninguna de las dos

2070. La inhabilitación del Rey se reconoce por el/los/las:

a. Gobierno
b. Congreso
c. Cortes Generales
d. Tres Poderes constitucionales

2071. El Regente nombrado en defecto de padre, madre, pariente mayor de edad o Príncipe Heredero mayor de edad se designa por el/las:

a. Propio Rey
b. Cortes Generales
c. Congreso
d. Consejo de Regencia

2072. La Regencia se ejerce por mandato:

a. De las Cortes Generales   b. Del Rey
c. Constitucional   d. De nadie

2073. El número mínimo de Diputados previstos para el Congreso es de:

a. 250   b. 300   c. 400   d. 350

2074. No es incompatible para ser elegido Diputado un:

a. Director General
b. Miembro de una Junta Electoral
c. Juez
d. Ministro

2075. La Palma elige cuántos Senadores:

a. 0   b. 2   c. 1   d. 4

2076. La intervención bélica de tropas españolas debe autorizarla el/las:

a. Gobierno   b. Rey
c. Cortes Generales   d. ONU

2077. El Presidente de la Diputación Permanente del Congreso es el:

a. Del partido mayoritario
b. Portavoz del partido con mayor número de escaños
c. Presidente de la Cámara
d. Elegido por los Portavoces de los Grupos Parlamentarios

2078. La iniciativa gubernamental en el proceso de elaboración de Leyes:

a. Se plasma en un Proyecto de Ley
b. Se hace a través de Proposición de Ley
c. No existe
d. Es la popular

2079. La iniciativa legislativa parlamentaria:

a. Puede ser llevada a efecto por cualquiera de las Cámaras
b. Se manifiesta a través de Proyectos de Ley
c. Se efectúa a instancias de¡ Gobierno
d. Todo lo anterior es correcto

2080. Mínimo de miembros integrantes de una Comisión de Investigación según el art. 76:

a. Veintiuno   b. Mayoría simple
c. Mayoría absoluta   d. No se establece

2081. No puede solicitar la celebración de una sesión extraordinaria de las Cortes el/la:

a. Mayoría absoluta de sus miembros
b. Diputación Permanente de ellas
c. Mesa de cada Cámara
d. Gobierno

2082. El primer período de sesiones de las Cámaras concluye:

a. Al finalizar su mandato   b. En enero
c. En diciembre   d. En junio

2083. No puede delegarse en una Comisión Legislativa Permanente la posibilidad de aprobar una Ley:

a. Tributaria
b. De Funcionarios Públicos
c. Orgánica
d. A y c son correctas

2084. A efectos judiciales no se constituye como división del Estado el/la:

a. Comunidad Autónoma   b. Municipio
c. Partido Judicial   d. Lo son todos ellos

2085. El Partido Judicial se integra por:

a. Uno o más Municipios
b. Un solo Municipio o Provincia
c. Una o más Provincias
d. Una Comunidad Autónoma

2086. No hay Tribunal Militar Territorial en:

a. Sevilla   b. La Coruña
c. Las Palmas   d. Barcelona

2087. Tampoco existe Tribunal Militar Territorial en:

a. Sevilla   b. Baleares
c. Madrid   d. Sta. Cruz de Tenerife

2088. El segundo escalón de la Jurisdicción Militar lo constituye el/la/los:

a. Tribunal Militar Central
b. Tribunales Militares Territoriales
c. Juzgados Togados Militares
d. Sala de lo Militar de¡ Tribunal Supremo

2089. El órgano judicial que se establece a nivel de partidos judiciales es el Juzgado de:

a. Primera Instancia e Instrucción
b. Lo Penal
c. Paz
d. Menores

2090. La instrucción de los sumarios de los que conoce la Sala de lo Penal de la Audiencia Nacional corresponde a la/los:

a. Propia Audiencia Nacional
b. Juzgados Centrales de Instrucción
c. Juzgados de lo Pena¡
d. Juzgados de Instrucción

2091. En el orden penal, los Juzgados de Paz pueden conocer de determinados procesos por:

a. Delitos
b. Delitos y faltas
c. Faltas
d. Infracciones administrativas

2092. Los Juzgados de lo Contencioso-Administrativo existirán en el siguiente ámbito territorial:

a. Comarcal   b. Provincial
c. Municipal   d. De Comunidad Autónoma

2093. En la Audiencia Nacional NO existe Sala de lo:

a. Penal   b. Contencioso-Administrativo
c. Civil   d. Social

2094. La jurisdicción del Tribunal Supremo abarca a:

a. Todas las materias
b. Las actividades de las Cortes
c. Todo el territorio nacional
d. Las cuestiones constitucionales

2095. La Sala de lo Militar en el Tribunal Supremo es la:

a. Sexta   b. Quinta
c. Cuarta   d. No existe como tal

2096. En el TS, la Sala IV se dedica a lo:

a. Penal
b. Contencioso-Administrativo
c. Militar
d. Social

2097. Con su Presidente, integran el CGPJ los siguientes miembros:

a. 12   b. 21   c. 20   d. 13

2098. El Congreso propone los siguientes miembros del CGPJ:

a. 4   b. 12   c. 10   d. 6

2099. En materia de modificación de plantillas orgánicas de Jueces y Magistrados, el CGPJ:

a. Decide
b. Informa posteriormente
c. Informa previamente
d. Propone en todo caso

2100. La propuesta de nombramiento de los miembros de este CGPJ parte del:

a. Congreso y Senado
b. Gobierno
c. a y b son correctas
d. el Tribunal Constitucional, en parte

2101. No es órgano del CGPJ las/el/la:

a. Pleno
b. Secciones
c. Vicepresidente
d. Comisión Permanente

2102. El Vicepresidente en el CGPJ:

a. Es un cargo facultativo
b. Existe siempre
c. Se elige por la Comisión Permanente
d. No está prevista su existencia

2103. La mayoría que se exige en el CGPJ para proponer al Presidente del Tribunal Supremo es de:

a. Mayoría absoluta
b. Dos tercios
c. Mayoría simple
d. Tres quintos

2104. El CGPJ propone el nombramiento de los siguientes miembros del Tribunal Constitucional:

a. Dos
b. Cuatro
c. Cinco
d. Ninguno

2105. Los miembros del Ministerio Fiscal se integran en:

a. Un Cuerpo único
b. Una estructura no jerarquizada
c. Una sola categoría
d. Categorías independientes

2106. Los principios con arreglo a los cuales han de ejercer sus funciones los miembros del Ministerio Fiscal son los de:

a. Igualdad y legalidad
b. Imparcialidad e igualdad
c. Imparcialidad y legalidad
d. Legalidad y dependencia

2107. Cuál de estas materias no se regulará por ley orgánica:

a. régimen electoral general
b. ministerio fiscal
c. marco en el que se crearán policías por las CC AA
d. abdicación del rey

2108. Una característica de la actuación del Ministerio Fiscal, en lo que a su organización interna se refiere, es la de:

a. Dependencia del Gobierno
b. Dependencia jerárquica
c. Parcialidad
d. Inamovilidad

2109. Nuestra Constitución trata de las relaciones entre el Gobierno y las Cortes Generales en su Título:

a. Tercero
b. Cuarto
c. Quinto
d. Sexto

2110. El ámbito donde es posible una mayor discrecionalidad por parte del Gobierno de la Nación es en el/la:

a. Aplicación de la Ley
b. Potestad reglamentaria
c. Dirección de la política
d. Función ejecutiva

2111. La función representativa de los miembros de] Gobierno se manifiesta en:

a. la Jefatura de los Ministerios
b. Su estatuto personal como tales
c. Su mandato parlamentario
d. Ninguna forma

2112. La coordinación de las funciones de los miembros del Gobierno es competencia del/de las:

a. Presidente del Gobierno
b. Vicepresidente del Gobierno
c. Ministerio de Administraciones Públicas
d. Comisiones Delegadas del Gobierno

2113. La propuesta del Rey de candidato a la Presidencia del Gobierno se canaliza a través del:

a. Presidente del Congreso
b. Gobierno en pleno
c. Senado y Congreso
d. Grupo político mayoritario

2114. La confianza al candidato a Presidente del Gobierno se otorga, en primera vuelta, por:

a. Mayoría absoluta de las Cortes
b. Mayoría absoluta del Congreso
c. Mayoría simple del Congreso
d. Mayoría simple de las Cortes

2115. La disolución de las Cámaras, por transcurso de dos meses desde la primera votación de investidura, sin obtención de la confianza parlamentaria por los candidatos, se refrenda por el:

a. Presidente del Gobierno
b. Rey
c. Presidente del Congreso
d. No necesita refrendo

2116. El Gobierno, en relación con los Presupuestos Generales del Estado, los:

a. Aprueba
b. Convalida
c. Elabora
d. Ratifica

2117. No se incluye como principio fundamental de la actuación de la Administración el de:

a. Coordinación
b. Cooperación
c. Legalidad
d. b y c son correctas

2118. La aprobación de exigencia de responsabilidad de un Ministro por un delito contra la seguridad del Estado en el ejercicio de sus funciones compete al/a la:

a. Sala de lo Penal del Tribunal Supremo
b. Mayoría absoluta de los miembros del Congreso
c. Cuarta parte de estos miembros
d. Consejo de Ministros

2119. La prerrogativa real de gracia respecto a la responsabilidad penal de un Ministro se refrenda por el:

a. Presidente del Congreso
b. Presidente del Tribunal Supremo
c. Presidente del Gobierno
d. No es posible esta medida

2120. Las Fuerzas y Cuerpos de Seguridad dependen del:

a. Ejército
b. Gobierno
c. Ministerio de Defensa
d. Rey

2121. Puede negarse el acceso a los ciudadanos a un archivo administrativo por motivo de:

a. Intimidad de las personas
b. Defensa del Estado
c. Política general
d. a y b son correctas

2122. Si como consecuencia de un terremoto se cae sobre un ciudadano una farola que estaba en buen estado:

a. No está obligada a indemnizarle la Administración
b. Al ser un caso fortuito, sí debe hacerlo
c. Depende de la conducta del propio ciudadano el que tenga o no derecho a indemnización
d. la responsabilidad se exige al Estado como tal y no a la Administración

2123. El supremo órgano consultivo del Gobierno es el:

a. Ministerio Fiscal
b. Consejo de Estado
c. Consejo General del Poder Judicial
d. Consejo Económico y Social

2124. La responsabilidad solidaria del Gobierno ante el Congreso significa que:

a. Cada Ministro está sometido a las interpelaciones de las mismas
b. el Gobierno en sí responde ante el Congreso y no cada uno de sus miembros individualmente considerado
c. el Presidente es el que responde
d. Sólo puede ser obligado a dimitir por unanimidad

2125. La responsabilidad solidaria del Gobierno ante el Congreso de los Diputados es de carácter:

a. Judicial
b. Administrativo
c. Político
d. De los tres tipos

2126. La responsabilidad del Gobierno ante el Senado es:

a. Mancomunada
b. Individual
c. Solidaria
d. Inexistente

2127. El tiempo mínimo previsto para interpelaciones en las Cortes al Gobierno es:

a. Semanal
b. Trimestral
c. Mensual
d. En cada período de sesiones

2128. La explicación del Gobierno sobre el contenido de una petición individual presentada en las Cortes es:

a. Obligatoria en todo caso
b. Obligatoria cuando así lo exijan las Cámaras
c. Obligatoria cuando así se solicite en la propia petición
d. Discrecional

2129. El pronunciamiento sobre la cuestión de confianza es competencia del/de las:

a. Congreso exclusivamente
b. Senado cuando se plantee ante él
c. Congreso y Senado
d. Propio Gobierno

2130. La cuestión de confianza se plantea por el:

a. Presidente del Gobierno
b. Gobierno en sí
c. Congreso
d. Cualquier Ministro

2131. Respecto al planteamiento de la cuestión de confianza, el Consejo de Ministros:

a. Decide
b. Debe dictaminarlo favorablemente
c. Delibera
d. No tiene nada que hacer

2132. Los signatarios de una moción de censura no pueden presentar otra en el/la:

a. Misma legislatura
b. Mismo período de sesiones
c. Ningún momento
d. Misma Cámara

2133. La disolución anticipada del Congreso o del Senado, se decreta por:

a. Presidente del Gobierno
b. Presidente de la Cámara
c. Rey
d. Gobierno en pleno

2134. En las CC AA que siguen la vía común, el Proyecto de Estatuto será elaborado por la/los:

a. Asamblea de Parlamentarios que se constituye al efecto
b. Comisión Constitucional del Congreso de los Diputados
c. Diputación Provincial correspondiente
d. Miembros de la Diputación u órgano interinsular y por los Diputados y Senadores elegidos por ellas

2135. El voto de ratificación por los Plenos del Senado y del Congreso se dará en el/las:

a. Comunidades Autónomas que siguen la vía común
b. Comunidades Autónomas que siguen la vía especial
c. Acceso a la autonomía de Ceuta y Melilla
d. Acceso a la autonomía de Gibraltar

2136. La responsabilidad política del Presidente de una Comunidad Autónoma se exige por el/la:

a. Sala de lo Penal del Tribunal Supremo
b. Congreso de los Diputados
c. Tribunal Superior de Justicia de la Comunidad Autónoma
d. Asamblea Legislativa de la Comunidad Autónoma

2137. La Asamblea Legislativa de las CC AA se elige:

a. Con criterios de representación territorial
b. Con criterios de representación proporcional
c. Por sufragio individual
d. Con criterios de representación provincial

2138. El principio de coordinación con la Hacienda estatal se consigue por:

a. el Fondo de Compensación Interterritorial
b. Los preceptos de las sucesivas Leyes de Presupuestos Generales del Estado
c. la creación del Consejo de Política Fiscal y Financiera de las CC AA
d. Imperativo de la propia Constitución

2139. Los Estatutos de Autonomía deberán contener el/las:

a. Competencias que se dejan al Estado y las que asume la Comunidad
b. Competencias que, en función de la Constitución, asume cada Comunidad Autónoma
c. Desarrollo de la Administración Autonómica
d. División provincial y órganos de gobierno

2140. En la reforma de los Estatutos intervienen las Cortes Generales:

a. Siempre
b. Nunca
c. Sólo cuanto se trata de CC AA que accedieron por la vía común
d. En las CC AA de vía especial exclusivamente

2141. Los miembros de las Diputaciones u órganos interinsulares intervienen en la elaboración de los Estatutos de Autonomía:

a. En todo caso
b. Nunca
c. En las CC AA de vía común
d. En las CC AA de vía especial

2142. Los Estatutos de Autonomía en la vía común se aprueban por el:

a. Congreso mediante Ley Orgánica
b. Congreso y Senado por Ley Orgánica
c. Congreso y Senado por Ley Ordinaria
d. Parlamento Autonómico solamente

2143. La más alta representación de una Comunidad Autónoma la ostenta el:

a. Presidente del Parlamento Autonómico
b. Presidente de la Comunidad Autónoma
c. Rey
d. Presidente del Gobierno

2144. La asunción de competencias y de mayor autonomía por las Comunidades es, como regla general:

a. Regresiva
b. Progresiva
c. Automática
d. Inmediata

2145. En la elaboración por la vía común de los Estatutos de Autonomía:

a. No intervienen los Municipios afectados
b. Intervendrán en todo caso
c. Sólo intervienen las Diputaciones Provinciales u órganos interinsulares
d. Sólo intervienen los Municipios y los Diputados y Senadores

2146. El principio de solidaridad consagrado por el art. 138 de la Constitución exige una atención especial a:

a. las CC AA de economía más deprimida
b. Las Entidades Locales Menores
c. Todas las partes del territorio nacional
d. Las Islas

2147. El establecimiento de un sistema fiscal más favorable por una Comunidad Autónoma respecto de las demás:

a. Puede hacerse en cualquier caso
b. Está absolutamente prohibido
c. Forma parte de las medidas para fomentar la industria autóctona
d. Debe basarse en una Ley de Bases estatal

2148. Según la Constitución, las Haciendas Locales deben:

a. Ser autosuficientes
b. Carecer de recursos propios
c. Supeditarse a la estatal
d. Nada de lo anterior es cierto

2149. El carácter de cauce inmediato de participación ciudadana se predica del/de la:

a. Comunidad Autónoma
b. Municipio
c. Estado
d. Provincia

2150. La administración descentralizada de núcleos de población separados, bajo la denominación de aldeas, anteiglesias, etc., se refiere a las:

a. Entidades de ámbito territorial inferior al municipal
b. Mancomunidades
c. Comarcas
d. Areas Metropolitanas

2151. Tiene el carácter de división territorial para el cumplimiento de las actividades del Estado un/una:

a. Comarca
b. Municipio
c. Provincia
d. Comunidades Autónomas

2152. Un Colegio Oficial de Abogados:

a. Tiene personalidad jurídica propia
b. Carece de esta personalidad
c. Depende del Ente que lo crea
d. Sólo tiene personalidad respecto de los asuntos que determine la Ley

2153. El substrato de una Fundación es una:

a. Pluralidad de bienes
b. Pluralidad de personas
c. Comunidad de bienes
d. Comunidad de Entes

2154. Respecto de los partidos políticos, sindicatos y asociaciones empresariales, en la Constitución se exige que:

a. Las cuotas de sus afiliados financien las actividades del partido, sindicato o asociación
b. Los miembros que ostenten funciones ejecutivas sean elegidos mediante el voto libre, igual, directo y secreto de sus afiliados
c. Anualmente procedan a dar publicidad a su presupuesto de gastos e ingresos
d. Su estructura interna y su funcionamiento sean democráticos

2155. El ejercicio del derecho a la libre sindicación:

a. No tiene constitucionalmente limitación alguna
b. Puede exceptuarse o limitarse por Ley a las Fuerzas Armadas
c. Implica al mismo tiempo el deber de todo trabajador de afiliarse obligatoriamente a un sindicato libremente elegido por el
d. Ninguna de las anteriores es correcta

2156. Los sindicatos de trabajadores y las asociaciones empresariales deberán contribuir a la:

a. Formación de partidos políticos
b. Elección de Diputados y Senadores
c. Defensa y promoción de los intereses económicos y sociales de sus afiliados
d. Son correctas A y C

2157. Los españoles tienen derecho a participar en los asuntos públicos:

a. Solo a través de los Diputados y Senadores libremente elegidos por sufragio universal
b. Solo de forma directa
c. De forma directa y a través de los Diputados y Senadores libremente elegidos por sufragio universal
d. De forma directa y a través de sus representantes libremente elegidos por sufragio universal

2158. El derecho de petición consiste en que los ciudadanos puedan dirigirse a los poderes públicos en solicitud de:

a. cualquier cosa, aunque no se basen en derechos o intereses reconocidos en normas jurídicas
b. derechos o intereses legítimos
c. el ejercicio de derechos constitucionales
d. el ejercicio de derechos fundamentales

2159. Excepto en lo concerniente a miembros de las FF AA o de Cuerpos sometidos a disciplina militar, cómo puede ejercerse el derecho de petición por los demás ciudadanos:

a. De forma individual o colectiva
b. Solo a título individual
c. Solo de forma colectiva
d. Solo de forma individual o a través de asociaciones legalmente reconocidas

2160. Los miembros de las FF AA o de Cuerpos sometidos a disciplina militar ¿pueden ejercer el derecho de petición?

a. Si, pero solamente a título individual
b. Si, en las mismas condiciones que los demás ciudadanos
c. Si, pero solo pueden hacerlo de forma colectiva
d. No, en ningún caso

2161. Según la Constitución, la enseñanza básica será:

a. Reglada
b. Obligatoria
c. Gratuita
d. Obligatoria y gratuita

2162. Según la Constitución, la enseñanza universitaria será:

a. Reglada
b. Obligatoria
c. Gratuita
d. Ninguna de las anteriores es correcta

2163. Los derechos de propiedad y herencia se reconocen en la Constitución:

a. En el art. 33
b. En la Sección Primera del Capítulo Segundo del Título I
c. En el art. 36
d. En el Capitulo Tercero del Titulo I

2164. Los derechos de propiedad y herencia:

a. Se configuran constitucionalmente como derechos absolutos, sin limitación alguna
b. Sobre el derecho de propiedad caben limitaciones, pero no así sobre el derecho a la herencia
c. Sobre el derecho a la herencia caben limitaciones, pero no así sobre el derecho de propiedad
d. Por su función social, ambos derechos son susceptibles de delimitación legal

2165. De acuerdo con la Constitución:

a. Los poderes públicos pueden disponer la expropiación forzosa sin limitación alguna, pero siempre mediante la correspondiente indemnización
b. En su caso, la expropiación se realizara de conformidad con lo dispuesto en las leyes, cuando obedezca a causa justificada de interés para la Administración Publica y mediante la correspondiente indemnización
c. En su caso, la expropiación se realizara de conformidad con lo dispuesto en las leyes, cuando obedezca a razones de Estado y mediante la correspondiente indemnización
d. En su caso, la expropiación se realizara de conformidad con lo dispuesto en las leyes, cuando obedezca a causa justificada de utilidad pública o interés social y mediante la correspondiente indemnización

2166. Corno garantías del derecho de propiedad, la Constitución establece, entre otras, la prohibición de:

a. Establecer impuestos sobre el patrimonio
b. Establecer impuestos sobre la herencia
c. Establecer impuestos de carácter confiscatorio
d. Intervenir empresas

2167. El derecho al trabajo se plasma en la Constitución:

a. En el art. 35
b. En la Sección Primera del Capitulo Segundo del Titulo I
c. En el art. 40
d. En el Capitulo Tercero del Titulo I

2168. Al regular el derecho al trabajo, la Constitución prohibe expresamente la discriminación por razón de:

a. Edad

b. Sexo

c. Estado civílz

d. Opinión o cualquier otra condición o circunstancia personal o social

2169. En lo que concierne al derecho al trabajo, la Constitución se remite:

a. Al Estatuto de los Trabajadores

b. A la Ley de Libertad Sindical

c. Al Estatuto de los Trabajadores y a la Ley de Libertad Sindical

d. Al Estatuto de los Trabajadores y a la Ley General de la Seguridad Social

2170. Conforme a la dispuesto en la Constitución, el derecho a la negociación colectiva:

a. Se ciñe exclusivamente a la que colectivamente puedan pactar los trabajadores de una empresa, divididos en categorías o grupos profesionales, con su propio empresario

b. Abarca tan solo a lo que puedan pactar colectivamente todos los trabajadores de una empresa, sin dividirse en categorías o grupos profesionales, con su propio empresario

c. Abarca no solo a lo que puedan pactar colectivamente los trabajadores de una empresa, divididos o no en categorías o grupos profesionales, con su propio empresario, sino también a los pactos entre organizaciones de empresarios y trabajadores

d. Solo pueden ejercer tal derecho, en nombre de los trabajadores, las centrales sindicales mayoritarias

2171. Respecto de los convenios colectivos, la Constitución garantiza:

a. el mantenimiento del poder adquisitivo de los salarios

b. Su revisión anual

c. Su fuerza vinculante

d. Son correctas las respuestas a) y c)

2172. El derecho a la huelga:

a. Es susceptible de ciertas limitaciones en su ejercicio para asegurar el mantenimiento de los servicios esenciales de la comunidad

b. Se configura constitucionalmente como un derecho absoluto de los trabajadores, sin limitación alguna

c. Está expresamente prohibido en la Constitución para los funcionarios públicos

d. Solo pueden ejercer tal derecho, en nombre de los trabajadores, las centrales sindicales mayoritarias

2173. El derecho al cierre patronal:

a. Es susceptible de ciertas limitaciones en su ejercicio para asegurar el mantenimiento de los servicios esenciales de la comunidad

b. Se configura constitucionalmente como un derecho absoluto de los empresarios, sin limitación alguna

c. Está expresamente prohibido en la Constitución para las empresas publicas

d. Sólo pueden ejercer tal derecho, en nombre de los empresarios, las organizaciones empresariales mas representativas

2174. Según la Constitución, todo ciudadano deberá contribuir al sostenimiento de los gastos públicos:

a. De forma equitativa

b. De acuerdo con su respectiva capacidad económica

c. De forma progresiva

d. De acuerdo con su respectiva renta

2175. Los principios rectores de la política social y económica se establecen en la Constitución:

a. En el Capitulo II del Titulo I

b. En el Capitulo III del Titulo I

c. En el Capitulo IV del Titulo I

d. En el Capitulo V del Titulo I

2176. Dentro de los principios rectores de la política social y económica no se contempla:

a. la redistribución de la renta

b. el fomento del deporte

c. la política orientada a combatir la inflación

d. la atención a los disminuidos físicos

2177. Los derechos fundamentales y libertades publicas que se contemplan en la Sección Primera del Capitulo Segundo del Titulo I de la Constitución pueden regularse:

a. Solo por Ley orgánica

b. Por Ley orgánica o por Ley ordinaria, pero nunca por Decreto-ley o Decreto legislativo

c. Por Ley orgánica, por Ley ordinaria o por Decreto-ley, pero nunca por Decreto legislativo

d. Por Ley orgánica, ley ordinaria, Decreto-ley o Decreto legislativo

2178. Recurso y Cuestión de inconstitucionalidad se plantean ante:

a. el Tribunal Constitucional

b. Los Tribunales Ordinarios

c. el primero, ante el Tribunal Constitucional; la segunda, ante los Tribunales ordinarios

d. el primero, ante el Tribunal Constitucional; la segunda, ante el Defensor delPueblo

2179. El recurso de inconstitucionalidad puede ser instado:

a. Por cualquier persona física en demanda de protección de derechos y libertades fundamentales

b. Solo por el Presidente del Gobierno

c. Entre otros, por cincuenta Diputados o cincuenta Senadores

d. Solo por el Defensor del Pueblo

2180. La cuestión de inconstitucionalidad puede ser planteada por:

a. Cualquier persona física en demanda de protección de derechos y libertades fundamentales

b. el Presidente del Gobierno o por el Defensor del Pueblo

c. Jueces y Tribunales

d. Las tres son correctas

2181. El recurso de amparo protege:

a. Exclusivamente los derechos fundamentales y libertades publicas que se contemplan en la Sección Primera del Capitulo Segundo del Titulo I de la Constitución

b. Exclusivamente los derechos fundamentales y libertades publicas que se contemplan en la Sección Primera del Capitulo Segundo del Titulo I de la Constitución y, además, el derecho de igualdad ante la Ley, regulado en el art. 14

c. Exclusivamente los derechos fundamentales y libertades publicas que se contemplan en la Sección Primera del Capitulo Segundo del Titulo I de la Constitución y, además, el derecho de igualdad ante la Ley, regulado en el art. 14, junto con la objeción de conciencia, prevista en el art. 30

d. Los derechos y libertades que se contemplan en los Capítulos Primero y Tercero del Titulo I de la Constitución

2182. En su caso, el recurso de amparo se planteara ante:

a. el Tribunal Constitucional

b. Los Tribunales ordinarios

c. el Defensor del Pueblo

d. Las tres son correctas

2183. El recurso de amparo puede ser planteado:

a. Por cualquier persona, a titulo individual

b. Solo por el Defensor del Pueblo

c. Solo por el Presidente del Gobierno

d. Solo por cincuenta Diputados o cincuenta Senadores

2184. Ante los Tribunales ordinarios, y mediante un procedimiento basado en los principios de preferencia y sumariedad, pueden invocarse:

a. Exclusivamente los derechos fundamentales y libertades publicas que se con-templan en la Sección Primera del Capitulo Segundo del Titulo I de la Constitución

b. Exclusivamente los derechos fundamentales y libertades publicas que se contemplan en la Sección Primera del Capitulo Segundo del Titulo I de la Constitución y, además, el derecho de igualdad ante la Ley, regulado en el art. 14

c. Exclusivamente los derechos fundamentales y libertades publicas que se contemplan en la Sección Primera del Capitulo Segundo del Titulo I de la Constitución y, además, el derecho de igualdad ante la Ley, regulado en el art. 14, junto con la objeción de conciencia, prevista en el art. 30

d. Los derechos y libertades publicas que se contemplan en los Capítulos Primero y Tercero del Titulo I de la Constitución

2185. El Defensor del Pueblo es una institución que se recoge por vez primera en:

a. la Constitución de 1978
b. el Fuero de los Españoles del anterior régimen
c. la Constitución de Cádiz de 1812
d. la Constitución de 1931

2186. En que país hizo su aparición la figura del Defensor del Pueblo:

a. En Francia
b. En Suecia
c. En EEUU
d. En Alemania

2187. La misión fundamental del Defensor del Pueblo se centra en la defensa de:

a. Todos los preceptos constitucionales
b. Los derechos contemplados en el Titulo I de la Constitución
c. Los derechos fundamentales y libertades publicas que se contemplan en la Sección Primera del Capitulo Segundo del Titulo I de la Constitución
d. Los derechos contemplados en el Titulo I de la Constitución no susceptibles de recurso de amparo

2188. En qué precepto constitucional se define el Defensor del Pueblo:

a. En el art. 30
b. En el art. 45
c. En el art. 54
d. En el art. 60

2189. El Defensor del Pueblo se configura constitucionalmente como alto comisionado:

a. Del pueblo
b. De las Cortes Generales
c. Del Poder Judicial
d. Del Gobierno

2190. Para el cumplimiento de sus fines, el Defensor del Pueblo puede inspeccionar

a. Las decisiones del Gobierno de naturaleza política
b. la actividad de la Administración
c. la actividad de las Cortes Generales
d. Las tres son correctas

2191. El Defensor del Pueblo es designado:

a. Por el pueblo
b. Por el Rey
c. Por las Cortes Generales
d. Por el Gobierno

2192. En el desempeño de sus funciones, el Defensor del Pueblo actua:

a. Siempre de oficio
b. Siempre a instancia de parte interesada
c. De oficio o a instancia de parte interesada
d. A instancia de las Cortes Generales

2193. Los estados excepcionales previstos en la Constitución (alarma, excepción y sitio) no están regulados:

a. En el Titulo V
b. En el Titulo donde se contemplan las relaciones entre el Gobierno y las Cortes Generales
c. En el art. 116
d. No es correcta ninguna de las tres anteriores

2194. Como característica común en la declaración de los tres estados excepcionales cabe citarse, entre otras, la de:

a. Precisar de autorización parlamentaria previa
b. Tener un ámbito territorial determinado
c. Ser susceptibles de suspensión ciertos derechos fundamentales y libertades públicas
d. Tener topes máximos de tiempo fijados en la Constitución

2195. En cuanto a las situaciones de gravedad estimadas por los poderes públicos competentes para declarar los estados excepcionales, y en orden de menor a mayor gravedad, dicha ordenación de estados será:

a. Alarma, excepción y sitio
b. Excepción, alarma y sitio
c. Alarma, sitio y excepción
d. Excepción, sitio y alarma

2196. Quien puede declarar el estado de alarma:

a. el Congreso de los Diputados
b. el Gobierno, previa autorización del Congreso de los Diputados
c. el Gobierno, para posteriormente dar cuenta al Congreso de los Diputados
d. el Gobierno, para posteriormente dar cuenta a las Cortes Generales

2197. En principio, el estado de alarma se declarara por un plaza máxima de:

a. Quince días
b. Treinta días
c. Sesenta días
d. En la Constitución no se fija plaza alguno

2198. Declarado el estado de alarma:

a. Solo es susceptible de suspensión el derecho a la inviolabilidad del domicilio
b. Entre otros, puede suspenderse el derecho a salir y entrar libremente de España
c. Entre otros, puede suspenderse el derecho a la huelga
d. No es susceptible de suspensión ningún derecho constitucional

2199. El plaza per el que en principia se declara el estado de alarma, puede ser prorrogado:

a. Si, por otros quince días
b. Si, por otros treinta días
c. Si, por otros sesenta días
d. Si, pero en la Constitución no se fija plaza máximo alguno para la prorroga

2200. En su caso, la prorroga del estado de alarma deberá ser declarada por:

a. el Congreso de los Diputados
b. el Gobierno, previa autorización del Congreso de los Diputados
c. el Gobierno, para posteriormente dar cuenta al Congreso de los Diputados
d. el Gobierno, para posteriormente dar cuenta a las Cortes Generales

2201. Qué órgano puede declarar el estado de excepción:

a. El Congreso de los Diputados
b. el Gobierno, previa autorización del Congreso de los Diputados
c. Las Cortes Generales
d. el Gobierno, para posteriormente dar cuenta al Congreso de los Diputados

2202. En principio, el estado de excepción se declarara por un plazo máximo de:

a. Quince días
b. Treinta días
c. Sesenta días
d. En la Constitución no se fija plazo alguno

2203. Puede ser prorrogado el plazo por el que en principio se declara el estado de excepción:

a. Si, por otros quince días
b. Si, por otros treinta días
c. Si, por otros sesenta días
d. Si, pero en la Constitución no se fija plaza máxima alguno para la prorroga

2204. Señale, de entre los propuestos, el orden cronológico a seguir en la elaboración de las leyes

a. 1) Iniciativa legislativa; 2) Deliberación, discusión y votación; 3) Promulgación; 4) Sanción; 5) Publicación
b. 1) Iniciativa legislativa; 2) Deliberación, discusión y votación; 3) Promulgación; 4) Publicación; 5) Sanción
c. 1) Iniciativa legislativa; 2) Deliberación, discusión y votación; 3) Sanción; 4) Publicación; 5) Promulgación
d. 1) Iniciativa legislativa; 2) Deliberación, discusión y votación; 3) Sanción; 4) Promulgación; 5) Publicación

2205. Al indicar que una Ley es de 18 de marzo de 1988, la que se esta diciendo es que en esa fecha:

a. Se aprobó par las Cortes Generales
b. Se sanciono
c. Se promulgo
d. Se publica

2206. La iniciativa legislativa no corresponde:

a. Al Gobierno
b. Al Congreso y al Senado
c. A las Asambleas de las CC AA
d. A la iniciativa popular que reúna 400.000 firmas

2207. Si es el Gobierno quien inicia el proceso legislativo, al texto que envía a las Cortes se le conoce con el nombre de:

a. Proyecto de Ley
b. Proposición de Ley
c. Borrador de Ley
d. Decreto legislativo

2208. Si la iniciativa legislativa parte de una de las Cámaras, al texto que se propone se le denomina:

a. Proyecto de Ley
b. Proposición de Ley
c. Borrador de Ley
d. Decreto legislativo

2209. Las Asambleas legislativas de las CC AA están facultades para:

a. Remitir a la Mesa del Congreso un proyecto de Ley
b. Solicitar del Gobiemo la adopción de una proposición de Ley
c. Remitir a la Mesa del Congreso un Decreto-Ley
d. Remitir a la Mesa del Congreso una proposición de Ley o solicitar del Gobierno la adopción de un proyecto de Ley

2210. La iniciativa legislativa popular debe acompañarse de, al menos:

a. 300.000 firmas
b. 400.000 firmas
c. 500.000 firmas
d. 1.000.000 firmas

2211. No precede la iniciativa legislativa popular en materias:

a. Propias de Ley ordinaria
b. De carácter económico
c. Relativas a la prerrogativa de gracia
d. Las tres son correctas

2212. Los proyectos de Ley enviados a las Cortes son presentados por el Gobierno:

a. En la Mesa de las Cortes
b. En la Mesa del Congreso
c. En la Mesa del Senado
d. el texto original en la Mesa del Congreso y una Exposición de Motivos en la Mesa del Sena

2213. Recibido un proyecto de Ley por la Mesa:

a. Se procede a su toma de consideración y, de resultar favorable, se ordena su publicación en el Boletín Oficial de las Cortes
b. Se ordena su inmediata publicación en el Boletín Oficial de las Cortes
c. Se estudia la conveniencia o no de su publicación por la Junta de Portavoces
d. Solo se ordena su inmediata publicación si el Gobierno o el Congreso de los Diputados lo declaran de urgente tramitación

2214. Recibida una proposición de Ley par la Mesa del Congreso:

a. Se procede a su toma de consideración y, de resultar favorable, se ordena su publicación en el Boletín Oficial de las Cortes
b. Se ordena su inmediata publicación en el Boletín Oficial de las Cortes
c. Se estudia la conveniencia o no de su publicación par la Junta de Portavoces
d. Solo se ordena su inmediata publicación si el Gobierno la declara de urgente tramitación

2215. Aprobado par el Congreso un proyecto de Ley, su Presidente:

a. Ordenara su inmediata publicación en el Boletín de las Cortes
b. Dará inmediata cuenta del mismo al Presidente del Senado
c. Dispone del plazo de quince días para dar cuenta del mismo al Presidente del Senado
d. Dispone del plazo de un mes para dar cuenta del mismo al Presidente del Senado

2216. Es preciso que los proyectos y proposiciones de Ley se aprueben por las dos Cámaras:

a. Si, en todo caso
b. Si se aprueban en el Congreso pero no en el Senado, pueden volver de nuevo al Congreso y quedar aprobados par mayoría simple
c. En el caso de veto por parte del Senado, es preciso que el Congreso rectifique el texto inicial
d. Ninguna de las anteriores es correcta

2217. El Senado, para aprobar, enmendar o vetar los proyectos o proposiciones de Ley aprobados por el Congreso, dispone normalmente, a partir de la recepción del texto, de un plaza de:

a. Quince días
b. Un mes
c. Dos meses
d. Tres meses

2218. Qué órgano es competente para declarar la urgente tramitación de un proyecto de Ley:

a. el Gobierno o el Congreso
b. Solo el Congreso
c. Solo el Gobierno
d. el Gobierno, el Congreso o el Senado

2219. Si el proyecto de Ley aprobado por el Congreso es declarado de urgente tramitación, de que plazo dispone el Senado, a partir de su recepción, para aprobarlo, vetarlo o enmendarlo:

a. Veinte días
b. Quince días
c. Un mes
d. Dos meses

2220. Para la sanción de las leyes, el Rey dispone de:

a. Veinte días
b. Quince días
c. Un mes
d. Dos meses

2221. Las leyes entran en vigor:

a. el mismo día de su completa publicación en el Boletín Oficial del Estado
b. Al día siguiente de su completa publicación en el Boletín Oficial del Estado
c. En todo caso, a los veinte días de su completa publicación en el Boletín Oficial del Estado
d. A los veinte días de su completa publicación en el Boletín Oficial del Estado, si en ellas no se dispusiere otra cosa

2222. Puede publicarse hoy una Ley en el Boletín Oficial del Estado para que empiece a obligar hoy mismo:

a. No
b. Si, pero se tiene que indicar expresamente en el texto
c. Solo si se trata de leyes ordinarias
d. Solo si se trata de leyes orgánicas

2223. Puede publicarse hoy una Ley en el Boletín Oficial del Estado para que empiece a obligar dentro de un año:

a. No
b. Si, pero se tiene que indicar expresamente en el texto
c. Solo si se trata de leyes ordinarias
d. Solo si se trata de leyes orgánicas

2224. Cuando se implantaron en nuestro país las leyes orgánicas:

a. En la Constitución de 1978
b. En la Constitución de 1831
c. En la Constitución de 1912
d. En las Leyes Fundamentales del régimen anterior

2225. En que articulo de la Constitución se determinan las materias reservadas a leyes orgánicas:

a. 81   b. 83   c. 91   d. 94

2226. En su día, los diferentes Estatutos de Autonomía fueron aprobados mediante:

a. Leyes orgánicas
b. Leyes ordinarias
c. Leyes orgánicas, en algunos casos
d. Leyes ordinarias, en algunos casos

2227. Entre las leyes que deben ser orgánicas, se encuentran:

a. Las relativas al desarrollo de los derechos fundamentales y de las libertades publicas
b. Las que aprueben las normas básicas del Régimen Local
c. Las que establezcan los principios necesarios para armonizar las disposiciones normativas de las CC AA
d. Las tres son correctas

2228. Si las Cortes Generales aprueban una Ley par la que se condecora a un determinado funcionario publica, estamos en presencia:

a. De una Ley en sentido material, pero no en sentido formal
b. De una Ley en sentido formal, pero no en sentido material
c. De una Ley en sentido formal y material
d. De un Decreto legislativo

2229. Las leyes orgánicas:

a. Pueden ser aprobadas par las Comisiones legislativas
b. Deben ser aprobadas por las Comisiones legislativas
c. Pueden ser aprobadas par las Comisiones legislativas, si estas son permanentes
d. Deben ser aprobadas par el Pleno de las Cámaras

2230. Las leyes ordinarias:

a. Pueden ser aprobadas por las Comisiones legislativas o por las Comisiones de investigación
b. Deben ser aprobadas por las Comisiones legislativas
c. Pueden ser aprobadas por las Comisiones legislativas
d. Deben ser aprobadas por el Pleno de las Cámaras

2231. Las Cortes Generales, deben prestar su autorización previa al Gobierno para celebrar tratados internacionales:

a. Si, en todo caso
b. No, en ningún caso
c. No necesariamente, pero en todo casa deberán ser puntualmente informadas de su conclusión
d. No, y sin que necesariamente tengan que estar informadas de su conclusión

2232. Si, por medio de un tratado, nuestro país atribuye a una organización internacional el ejercicio de competencias derivadas de la Constitución:

a. Se precisa un puro acto formal de las Cortes por el que se presta el consentimiento
b. Se precisa una Ley orgánica que lo autorice
c. Se tiene que reformar previamente la Constitución
d. Basta con que las Cortes sean informadas inmediatamente de su conclusión

2233. En el supuesto de que un tratado internacional celebrado par España contenga estipulaciones contrarias a la Constitución:

a. Se precisa un puro acta formal de las Cortes por el que se presta el consentimiento
b. Se precisa una Ley orgánica que la autorice
c. Se tiene que reformar previamente la Constitución
d. Basta con que las Cortes sean informadas inmediatamente de su conclusión

2234. Para que España celebre un tratado internacional de carácter militar:

a. Se precisa un puro acta formal de las Cortes par el que se presta el consentimiento
b. Se precisa una Ley orgánica que la autorice
c. Se tiene que reformar previamente la Constitución
d. Basta con que las Cortes sean informadas inmediatamente de su conclusión

2235. Para que nuestro país celebre un tratado internacional que afecte a la integridad territorial del Estado:

a. Se precisa un puro acto formal de las Cortes par el que se presta el consentimiento
b. Se precisa una Ley orgánica que la autorice
c. Se tiene que reformar previamente la Constitución
d. Basta con que las Cortes sean informadas inmediatamente de su conclusión

2236. Cuál de las afirmaciones siguientes es correcta:

a. Las Cortes Generales, integradas por el Congreso y el Senado, representan a los partidos políticos y coaliciones electorales que han obtenido algún escaño
b. Las Cortes Generales, integradas por el Congreso, el Senado y las Asambleas Legislativas de las CC AA, representan al pueblo español
c. Las Cortes Generales, integradas por el Congreso y el Senado, representan al pueblo español
d. Las Cortes Generales, integradas por el Congreso, el Senado y el Tribunal Constitucional, representan al pueblo español

2237. Las Cortes Generales son tratadas en la Constitución:

a. En su Titulo III
b. En su Titulo IV
c. En su Titulo V
d. En su Titulo VI

2238. Las Cortes Generales estarán formadas por órganos:

a. Ejecutivos de naturaleza representativa, deliberante, inviolable y continua
b. Legislativos de naturaleza representativa, resolutiva, inviolable y continua
c. Legislativos de naturaleza sustitutiva, deliberante, inviolable y continua
d. Legislativos de naturaleza representativa, deliberante, inviolable y continua

2239. El carácter continuo de las Cortes Generales hace referencia a que:

a. Sus órganos ejercen sus funciones de forma ininterrumpida, incluso en vacaciones, excepto en los casos de disolución o expiración del mandato
b. Sus órganos ejercen sus funciones de forma ininterrumpida, incluso en vacaciones y en los casos de disolución o expiración del mandato
c. Los asuntos tratados en ellas deben tramitarse en la misma sesión, sin interrupción alguna
d. Las leyes deben aprobarse en la misma sesión, sin interrupción alguna

2240. La continuidad de las Cortes Generales se logra mediante la existencia de las llamadas:

a. Comisiones Legislativas
b. Comisiones Permanentes
c. Diputaciones Permanentes
d. Mesas Permanentes

2241. El Senado es la Cámara:

a. De mayor protagonismo en la vida parlamentaria
b. De representación territorial
c. Encargada preferentemente de los asuntos internacionales
d. Consultiva

2242. Qué denominación recibe el órgano rector de cada una de las Cámaras legislativas:

a. Comisión Legislativa
b. Comisión Permanente
c. Diputación Permanente
d. Mesa

2243. Las Diputaciones Permanentes del Congreso y Senado están formadas, respectivamente, por:

a. 21 miembros
b. Un mínimo de 21 miembros
c. Un máximo de 21 miembros
d. 21 miembros, pero de la Diputación Permanente del Senado forman parte, además, diecisiete representantes de las CC AA

2244. Quién preside cada una de las Diputaciones Permanentes:

a. Los Diputados o Senadores que, a tales efectos, sean elegidos por las propias Cámaras
b. Los Presidentes de cada Cámara
c. Los Vicepresidentes primeros de cada Cámara
d. Los Secretarios primeros de cada Cámara

2245. El acta del Rey, mediante el cual propone Presidente del Gobierno, y quien debe refrendarlo:

a. el Presidente de las Cortes
b. el Presidente del Congreso
c. el Presidente del Senado
d. el anterior Presidente del Gobierno

2246. En el supuesto de que ningún candidato a Presidente del Gobierno obtenga la confianza parlamentaria que precisa, quien refrenda la disolución de las Cortes:

a. El Presidente de las Cortes
b. el Presidente del Congreso
c. el Presidente del Senado
d. el anterior Presidente del Gobierno

2247. Las Comisiones legislativas:

a. Solamente debaten los proyectos y proposiciones de Ley, pero su aprobación se somete al Pleno de las Cámaras
b. Pueden aprobar todos los proyectos y proposiciones de Ley, sin limitación alguna
c. Pueden aprobar proyectos y proposiciones de Ley, con ciertas limitaciones o prohibiciones establecidas en el Reglamento de cada Cámara pero no en la Constitución
d. Pueden aprobar proyectos y proposiciones de Ley, con ciertas limitaciones o prohibiciones previstas expresamente en la Constitución

2248. Las Comisiones Legislativas, pueden aprobar leyes orgánicas:

a. Si, en todo caso
b. No, en ningún caso
c. Solamente pueden hacerlo con autorización expresa de la Mesa de cada Cámara
d. Solamente pueden hacerlo con autorización expresa de ambas Cámaras, tomada para cada Ley por mayoría absoluta

2249. En caso de denegación de una cuestión de confianza al presidente del gobierno:

a. se nombra automáticamente al candidato propuesto en la misma
b. se disuelven las cámaras
c. se procede al nombramiento de un nuevo presidente del gobierno
d. asume las funciones de presidente el vicepresidente hasta la celebración de nuevas elecciones generales

2250. Las Cámaras se reúnen anualmente en dos periodos ordinarios de sesiones:

a. De seis meses cada uno
b. el primero, de enero a junio, y el segundo, de septiembre a diciembre
c. el primero, de septiembre a diciembre, y el segundo, de febrero a junio
d. el primero, de septiembre a diciembre, y el segundo, de febrero a julio

2251. Las Cámaras pueden reunirse en sesión extraordinaria:

a. Solo durante los periodos ordinarios de sesiones
b. Solo en periodo vacacional
c. En cualquier momento
d. Solo para declarar o autorizar alguno de los estados excepcionales previstos en el art. 116 de la Constitución

2252. No pueden solicitar sesiones extraordinarias de las Cámaras:

a. el Gobierno
b. Las respectivas Diputaciones Permanentes
c. la mayoría simple de los miembros de las respectivas Cámaras
d. Ninguna de las anteriores es correcta

2253. Normalmente, los acuerdos de las Cámaras se adoptan:

a. Por mayoría simple
b. Por mayoría absoluta
c. Por mayoría de dos tercios
d. Por mayoría de tres quintos

2254. En el supuesto de que a una sesión del Congreso asistan 200 Diputados, puede aprobarse una ley que no requiere mayoría cualificada con 10 votos afirmativos, 9 negativos y 181 abstenciones:

a. Si
b. No, porque no hay quórum de asistencia
c. No, porque se requieren, al menos, 101 votos afirmativos
d. No, porque se requiere que voten, afirmativa o negativamente, 101 miembros

2255. SI a una sesión del Congreso asisten 120 Diputados, podrá aprobarse una Ley que no requiere mayoría cualificada con 45 votos afirmativos, 5 negativos y 70 abstenciones:

a. Si
b. No, porque no hay quórum de asistencia
c. No, porque se requieren, al menos, 61 votos afirmativos
d. No, porque se requiere que voten, afirmativa o negativamente, 61 miembros

2256. Una de las siguientes afirmaciones no esta bien formulada

a. el quórum de asistencia a las Cámaras legislativas es de la mitad mas uno de los miembros que las componen
b. el voto de los miembros de las Cortes Generales es personal e indelegable
c. Los miembros de las Cortes Generales están ligados por mandato imperativo
d. Nadie puede ser, a la vez, miembro del Congreso y del Senado

2257. Pueden ser elegidos Diputados o Senadores:

a. el Defensor del Pueblo y sus Adjuntos
b. el Director General de RTVE y los Directores de las sociedades estatales de este Ente Publico
c. el Gobernador y Subgobernador del Banco de España
d. Ninguna de las anteriores es correcta

2258. Según la Constitución, el Congreso estará integrado por un mínimo de:

a. 300 y un máximo de 350 Diputados
b. 200 y un máximo de 400 Diputados
c. 300 y un máximo de 400 Diputados
d. 250 y un máximo de 350 Diputados

2259. Los miembros del Congreso son elegidos por un periodo de:

a. Cinco años
b. Cuatro años
c. Tres años
d. Dos años

2260. Dentro de los limites mínimo y máximo fijados en la Constitución, el numero de miembros del Congreso es determinado en cada momento por:

a. el Gobierno
b. El Presidente del Congreso
c. el Tribunal Constitucional
d. Ley

2261. En la actualidad, el Congreso lo componen:

a. 250 Diputados
b. 300 Diputados
c. 350 Diputados
d. 400 Diputados

2262. De las siguientes afirmaciones señale la correcta

a. Los Senadores pueden ser simultáneamente miembros de una Asamblea Legislativa de Comunidad Autónoma
b. Los Diputados pueden ser simultáneamente miembros de una Asamblea Legislativa de Comunidad Autónoma
c. Los Diputados pueden ser al mismo tiempo Senadores
d. Los Diputados y Senadores pueden ser elegidos entre militares profesionales en activo

2263. De que fecha es la vigente Ley orgánica del Régimen Electoral General:

a. 19 de junio de 1985
b. 1 de enero de 1984
c. 17 de julio de 1983
d. 21 de septiembre de 1983

2264. En la elección de Diputados al Congreso, la circunscripción electoral es:

a. la provincia
b. la provincia y las islas
c. la provincia y las ciudades de Ceuta y Melilla
d. la provincia, las islas y las ciudades de Ceuta y Melilla

2265. En la provincia de Valencia se elegirán:

a. Igual numero de Diputados al Congreso que en la provincia de Teruel
b. Mayor numero de Senadores que en la provincia de Huelva
c. Mayor numero de Diputados al Congreso que en la provincia de Guipúzcoa
d. Son correctas las respuestas b) y c)

2266. Una de las características de la actual organización administrativa española es la:

a. Institucionalización
b. Descentralización
c. Concentración
d. Centralización

2267. La Administración del Estado posee personalidad Jurídica:

a. Propia
b. Plena
c. Unica
d. Independiente

2268. Cabe hablar de organización periférica en el seno de la Administración de las CC AA:

a. No, en ningún caso
b. Si, en cualquier caso
c. Sí, pero sólo en las Comunidades históricas
d. Si, pero solo en las Comunidades pluriprovinciales

2269. No es un ente publico territorial:

a. el Estado
b. Una Comunidad Autónoma
c. el Municipio
d. el SENPA

2270. Dentro de la Administración del Estado, cual de estas organizaciones piramidales es correcta:

a. Gobierno, Ministerio, Servicios, Direcciones Generales, Negociados y Secciones
b. Gobierno, Ministerio, Direcciones Generales, Secciones, Negociados y Servicios
c. Gobierno, Ministerio, Direcciones Generales, Negociados, Secciones y Servicios
d. Gobierno, Ministerio, Direcciones Generales, Servicios, Secciones y Negociados

2271. En las CC AA, que denominación reciben las organizaciones que dentro de su territorio asumen funciones similares a los Ministerios estatales:

a. Comisiones
b. Departamentos
c. Consejerías
d. Cámaras

2272. NO es una característica referida a la Administración estatal:

a. Posee una personalidad jurídica única
b. Constituye la organización instrumental del Estado concebida coma unidad política
c. Se compone de órganos jerárquicamente subordinados y ordenados en base al principio de mando de línea
d. Se estructura en forma departamental, la cual indica que cada uno de los miembros del Gobierno encabeza una estructura jerárquica denominada Ministerio

2273. El Estado autonómico español no responde al principio de:

a. Autonomía
b. Independencia
c. Solidaridad
d. Variedad

2274. La libertad de actuación del Estado autonómico se concreta en estas manifestaciones. EXCEPTO:

a. la titularidad de potestades normativas
b. la titularidad en materia de competencias especificas
c. la garantía del libre ejercicio de las competencias, o sea, sin intromisiones por parte del Estado
d. Las tres anteriores son incorrectas

2275. Los entes públicos no territoriales integran la denominada Administración:

a. Periférica
b. Autonómica
c. Local
d. Institucional y Corporativa

2276. Los entes institucionales y corporativos, se hallan bajo la tutela de algún ente publico:

a. No, en ningún caso
b. Si, bajo la tutela del Estado
c. Si, bajo la tutela de cualquier ente publico
d. Si, bajo la tutela de un ente publico territorial

2277. Son entes públicos no territoriales:

a. Los Organismos Autónomos
b. Las Entidades Publicas Empresariales
c. Los colegios profesionales
d. Las tres son correctas

2278. En el concepto de ente publico es esencial la existencia de:

a. Ingresos propios
b. Personalidad jurídica y patrimonio propios
c. Funcionarios propios
d. Régimen monopolístico

2279. En cuanto a la Administración institucional rige el principio del:

a. Numerus clausus
b. Numerus apertus
c. Numerus clausus o numerus apertus, según los casos
d. Numerus clausus para las de tipo fundacional y numerus apertus para las de tipo corporativo

2280. Los Organismos Autónomos:

a. No pueden tener ingresos propios
b. Son entes de tipo fundacional
c. Son entes de tipo corporativo
d. Sólo pueden ser estatales

2281. Los Colegios de Médicos:

a. Son entes de tipo fundacional
b. Son entes de tipo corporativo
c. No se hallan bajo la tutela de ningún ente territorial
d. Son correctas las respuestas b) y c)

2282. De los organismos o establecimientos que a continuación se indican, cuál de ellos no tiene la consideración de ente publico:

a. Jefatura de Trafico
b. Servicio Nacional de Productos Agrarios (SENPA)
c. Gerencia de Informática de la Seguridad Social
d. Consejo Superior de Investigaciones Científicas

2283. La naturaleza jurídica de Radio-Televisión Española es la de:

a. Una sociedad civil
b. Una sociedad mercantil
c. Una sociedad anónima
d. Un ente publico

2284. Por regla general, el personal que presta sus servicios en los Organismos Autónomos es:

a. Funcionario
b. Laboral
c. Mercantil
d. Funcionario, laboral o mercantil

2285. Por lo general, el personal que presta sus servicios en las Entidades Publicas Empresariales es:

a. Funcionario
b. Laboral
c. Mercantil
d. Funcionario, laboral o mercantil

2286. La Constitución:

a. Autoriza la federación de Comunidades Autónomas
b. Prohibe la federación de Comunidades Autónomas
c. Autoriza la federación de Comunidades Autónomas cuando sean limítrofes y tengan características históricas, culturales y económicas comunes
d. No establece nada en relación a la federación de Comunidades Autónomas

2287. Las Diputaciones son:

a. Organos de gobierno y administración de las provincias
b. Organos de gobierno y administración de las comarcas
c. Organos de gobierno y administración de las mancomunidades
d. Organos de gobierno y administración de las pedanías

2288. La isla, en los archipiélagos balear y canario, forma parte de:

a. la Administración del Estado
b. la Administración Institucional
c. la Administración Local
d. la Administración Autonómica

2289. No forman parte de la Administración Local:

a. Las comarcas
b. Las provincias
c. Las áreas metropolitanas
d. las CC AA

2290. Qué plazo debe transcurrir para que las CC AA puedan ampliar sus competencias, reformando sus Estatutos:

a. Dos años
b. Tres años
c. Cinco años
d. No es necesario que transcurra plazo

2291. La creación de Areas Metropolitanas, par las CC AA, ha de hacerse:

a. Mediante Decreto
b. Mediante Ley
c. No corresponde dicha facultad a las CC AA
d. Por Ley o por Decreto, según los casos

2292. Los Alcaldes, según el articulo 140 de la Constitución, serán elegidos por:

a. Los Concejales o los vecinos
b. Las Cortes Generales
c. Los Gobernadores Civiles
d. el Presidente del Gobierno

2293. Según la Constitución, articulo 140, el gobierno y la administración de los municipios corresponde:

a. A sus respectivos Ayuntamientos
b. Al Gobierno de la Nación
c. A los Diputados Provinciales
d. A)as personas que designen los respectivos Alcaldes

2294. La Hacienda de las Corporaciones Locales, según la Constitución, se va a nutrir fundamentalmente:

a. De tributos propios
b. De la participación en los tributos del Estado y de las CC AA
c. De la participación exclusiva en los tributos del Estado
d. Son correctas A y B

2295. Los recursos del Fondo de Compensación Interterritorial a que hace referencia el articulo 158.2 de la Constitución, serán distribuidos:

a. Por el Gobierno de la Nación entre las CC AA
b. Por las Cortes Generales entre las CC AA y provincias, en su caso
c. Por el Gobierno de la Nación entre las CC AA y provincias, en su caso
d. Por las Cortes Generales entre las CC AA, provincias y municipios

2296. Cuál de estas no es una Entidad local territorial

a. la provincia
b. Las Areas Metropolitanas
c. Los Organismos Autónomos
d. Las comarcas

2297. Si ninguno de los candidatos a Alcalde obtiene la mayoría necesaria para ser proclamado Alcalde:

a. Es proclamado Alcalde el que obtuviere la mayoría simple en segunda votación
b. Es proclamado Alcalde el que obtuviere un tercio de los votos en segunda votación
c. Es proclamado Alcalde el Concejal que encabece la lista que haya obtenido mayor numero de votos populares en el correspondiente municipio
d. Es proclamado Alcalde el Concejal que elija el Presidente del Gobierno

2298. Antes de comenzar el ejercicio de sus funciones, el Alcalde deberá Jurar o prometer el cargo ante:

a. el Rey
b. El Ayuntamiento Pleno
c. Las Cortes Generales
d. el Presidente de la Diputación correspondiente

2299. Cuál de estas materias NO entra dentro de las competencias de los municipios:

a. Cementerios
b. Alumbrado publico
c. Abastos y mataderos
d. Fuerzas Armadas

2300. En los Municipios con Comisión de Gobierno el numero de Tenientes de Alcalde:

a. No podrá exceder del numero de miembros de dicha Comisión
b. No podrá ser superior a cinco
c. No podrá ser superior a la mitad de miembros de dicha Comisión
d. No podrá ser superior a diez

2301. Con anterioridad a la Constitución de 1978:

a. Se reconocía el derecho a la autonomía de las nacionalidades pero no de las regiones

b. Se reconocía el derecho a la autonomía de las regiones pero no de las nacionalidades

c. Se reconocía el derecho a la autonomía de las nacionalidades y de las regiones

d. No se reconocía el derecho a la autonomía de las nacionalidades ni de las regiones

2302. La Comisión de Gobierno es un órgano que ha de existir necesariamente:

a. En todos los municipios

b. En los municipios con población de derecho superior a 5.000 habitantes

c. En los municipios con población de derecho superior a l 0.000 habitantes

d. Dicha Comisión no es un órgano necesario en los Ayuntamientos

2303. Cuando el Alcalde se ausente del termino municipal por mas de 24 horas sin haber conferido delegación o cuando por causa imprevista le hubiere sido imposible otorgarla quien le sustituirá:

a. El Presidente del Ayuntamiento

b. la Comisión de Gobierno

c. la persona que designe el Pleno del Ayuntamiento

d. el Teniente de Alcalde a quien corresponda

2304. En que articulo de la Constitución se reconoce y garantiza el derecho a la autonomía de las nacionalidades y regiones que integran la Nación española:

a. Articulo 2

b. Articulo 143

c. Articulo 137

d. Articulo 151

2305. Indicar cual de las siguientes afirmaciones es correcta:

a. la diferencia entre los Estatutos de las diferentes Comunidades Autónomas no podrá implicar, en ningún caso, privilegios económicos o sociales

b. Los españoles ostentan diferentes derechos y obligaciones dependiendo del municipio donde habiten

c. las CC AA pueden obstaculizar la libre circulación de bienes en el territorio español

d. Cualquier Comunidad Autónoma puede impedir el establecimiento en su territorio de españoles de otras Comunidades Autónomas

2306. En que articulo de la Constitución se contemplan las competencias que pueden asumir las CC AA:

a. Articulo 149

b. Articulo 148

c. Articulo 151

d. Articulo 137

2307. Según la Constitución, el Estado podrá transferir a las CC AA facultades correspondientes a materias de titularidad estatal que por su propia naturaleza sean susceptibles de transferencia. Dicha transferencia se deberá realizar:

a. Mediante Ley ordinaria

b. Mediante Decreto Ley

c. Mediante Ley Orgánica

d. Mediante Decreto Legislativo

2308. Las materias no atribuidas expresamente al Estado por la Constitución podrán corresponder:

a. A las provincias españolas

b. A los municipios que las reclamen

c. A las CC AA, en virtud de sus respectivos Estatutos de Autonomía

d. A las CC AA, mediante Ley Orgánica u ordinaria

2309. Cuál de estas denominaciones de Comunidades Autónomas no es correcta:

a. Asturias

b. la Rioja

c. Castilla-La Nueva

d. Castilla y León

2310. La organización territorial del Estado viene recogida en la Constitución:

a. En su Titulo VIII

b. En su Titulo VI

c. En su Titulo V

d. En su Titulo X

2311. El Estado se organiza territorialmente en:

a. Municipios

b. Municipios, provincias y comarcas

c. Comunidades Autónomas

d. Municipios, provincias y en las CC AA que se constituyan

2312. Las entidades fundamentales que forman la Administración Local son:

a. el Municipio, la Provincia y la Región

b. el Municipio y la Provincia

c. la Comarca y la Provincia

d. la Comarca y el Municipio

2313. Uno de los siguientes no es un principio general de la organización territorial del Estado:

a. Libertad de circulación

b. Solidaridad

c. Discriminación

d. Igualdad

2314. En que articulo de la Constitución se reconoce el derecho a la autonomía de las nacionalidades y regiones que integran la Nación española:

a. En su articulo 137

b. En su articulo 2

c. En su articulo 149

d. En su articulo 158

2315. La alteración de los limites provinciales deberá ser aprobada:

a. Por las Cortes Generales mediante Ley Orgánica

b. Por la Asamblea Legislativa de la Comunidad Autónoma a que pertenezca la provincia afectada

c. Por las Cortes mediante Ley Ordinaria

d. Por el Gobierno mediante Decreto

2316. Los Concejales de los Ayuntamientos serán elegidos por:

a. El Presidente de la Diputación

b. el Gobierno

c. Los vecinos del municipio

d. el Alcalde

2317. Los Ayuntamientos están integrados por:

a. el Alcalde y los Concejales

b. el Presidente de la Diputación y los Concejales

c. el Alcalde y los Tenientes de Alcalde exclusivamente

d. el Alcalde y los Consejeros particulares

2318. Los Municipios:

a. Son dependientes del Gobierno

b. Carecen de personalidad jurídica plena

c. Carecen absolutamente de autonomía

d. Gozan de personalidad jurídica plena

2319. En los archipiélagos, las islas tendrán además su administración propia en forma de:

a. Comisiones Permanentes

b. Delegaciones del Gobierno

c. Juntas Administrativas

d. Cabildos o Consejos

2320. Es un órgano necesario en los Ayuntamientos de más de 5.000 hab:

a. la Comisión del Gobierno
b. la Comisión Permanente
c. el Presidente de la Diputación Provincial
d. el Consejo de Gobierno

2321. El tratamiento constitucional de la Administración Local se recoge:

a. en los artículos 137, 138 y 139
b. en sus artículos 143 a 150
c. en sus artículos 140, 141 y 142
d. en sus artículos 2, 137, 141 y 149

2322. La Ley de Bases del Régimen Local es de:

a. 18 de abril de 1986
b. 15 de julio de 1975
c. 2 de octubre de 1952
d. 2 de abril de 1985

2323. NO es un órgano que ha de existir en las Diputaciones Provinciales:

a. la Comisión de Gobierno
b. El Pleno de los Diputados
c. el Senado Provincial
d. el Presidente

2324. NO es un órgano necesario en los Ayuntamientos:

a. el Alcalde
b. Los Tenientes de Alcalde
c. el Pleno
d. la Comisión Permanente

2325. La Administración Local forma parte de:

a. la Administración Central del Estado
b. la Administración Publica
c. la Administración Autonómica
d. la Administración Institucional

2326. Qué articulo de la Constitución regula expresamente los municipios:

a. 2   b. 137   c. 140   d. 141

2327. Qué articulo regula la provincia:

a. 2   b. 140   c. 137   d. 141

2328. Qué RDL ha venido a aprobar el texto refundido de las disposiciones legales vigentes en materia de Régimen Local:

a. Ninguno, puesto que esta pendiente de aprobación
b. el Real Decreto Legislativo 7/1985
c. el Real Decreto Legislativo 781/1986
d. Ninguno, pues el indicado texto refundido ha sido aprobado por Ley Orgánica

2329. La provincia es:

a. Una Entidad institucional publica no territorial carente de personalidad
b. Una Entidad Local con personalidad jurídica propia
c. Una Entidad Local no territorial con personalidad jurídica
d. Una Entidad Local con personalidad jurídica derivada y no propia

2330. Según la Constitución, la provincia viene determinada por

a. la agrupación de comarcas y división territorial para el cumplimiento de las actividades del Estado
b. la agrupación de Entidades Locales no territoriales
c. la agrupación de municipios y división territorial para el cumplimiento de las actividades del Estado
d. la agrupación de municipios y división territorial para el cumplimiento de las actividades de las CC AA

2331. Pueden crearse agrupaciones de municipios diferentes a la provincia:

a. No, por prohibirlo la Constitución
b. Sí
c. Solamente cuando la permita el Gobierno de la Nación, por interés político
d. Si, pero exclusivamente a efectos electorales

2332. NO es un elemento constitutivo de la provincia:

a. Organización
b. Soberanía
c. Territorio
d. Población

2333. El territorio provincial esta compuesto por:

a. la suma de los territorios municipales de todos los municipios que lo integran
b. la suma de los territorios de las comarcas que la integran
c. la suma de los territorios de las Entidades locales menores que la integran
d. la mitad del territorio de la Comunidad Autónoma donde se encuentra

2334. Pueden modificarse la denominación y capitalidad de las provincias:

a. No, en ningún caso
b. Si, cuando lo determine el Gobierno
c. Solamente por ley aprobada par las Cortes Generales
d. Solamente cuando lo decida el Presidente de la Corporación

2335. La población de la provincia viene determinada por:

a. la suma de los residentes de las capitales mas importantes que la integran
b. la suma de las poblaciones de los municipios que la integran
c. el numero de residentes y transeúntes de la capital de la provincia
d. el numero de residentes inscritos en el Padrón Provincial

2336. En cuál de esta materias NO asumirán competencias las CC AA:

a. Defensa y Fuerzas Armadas
b. Ordenación del territorio, urbanismo y vivienda
c. Organización de sus instituciones de autogobierno
d. Montes y aprovechamientos forestales

2337. En cuál de las siguientes materias no podrán asumir competencias las CC AA:

a. Asistencia social
b. Artesanía
c. Seguridad e higiene
d. Administración de Justicia

2338. La reforma de los Estatutos de Autonomía requerirá:

a. la aprobación por las Cortes Generales, mediante Ley Orgánica
b. la aprobación por la Asamblea legislativa de la Comunidad Autónoma respectiva
c. Autorización previa del Gobierno
d. la previa propuesta por parte del Consejo de Gobierno de la Comunidad Autónoma respectiva

2339. las CC AA son:

a. Entes públicos de carácter territorial, sin poder de autogobierno
b. Entes privados de carácter territorial
c. Entes públicos de carácter institucional
d. Entes públicos de carácter territorial dotados de autonomía política y administrativa

2340. Cuál de estas precisiones no se ha de contener necesariamente en los Estatutos de Autonomía:

a. la expresión de las provincias que limitan con la Comunidad Autónoma de que se trate
b. la denominación de la Comunidad
c. la denominación, organización y sede de las instituciones autónomas propias
d. la delimitación de su territorio

2341. En cuál de las siguientes materias no podrán asumir competencias las CC AA:

a. Legislación sobre propiedad intelectual e industrial
b. Ferias interiores
c. Promoción del deporte
d. Obras publicas de interés de la Comunidad Autónoma en su propio territorio

2342. Son los Estatutos de Autonomía parte integrante del ordenamiento jurídico estatal:

a. Si, en todo caso
b. En ningún caso
c. No, salvo que así lo acuerden las Cortes Generales por mayoría absoluta
d. Si, con algunas salvedades

2343. Qué camino es mas rápido para la elaboración de los Estatutos de las CC AA:

a. el del articulo 4 de la Constitución
b. el del articulo 151 de la Constitución
c. el del articulo 143 de la Constitución
d. El del articulo 158 de la Constitución

2344. Iniciado el procedimiento para la elaboración de un Estatuto de Autonomía por la vía del artículo 151, y una vez el proyecto de Estatuto ha sido aprobado en cada provincia, cual es el paso siguiente a dar:

a. Elevarlo al Gobierno de la Nación
b. Someterlo a sanción por el Rey
c. Elevarlo a las Cortes Generales
d. Elevarlo al Presidente del Gobierno para su aprobación

2345. Cuál es la norma institucional básica de cada Comunidad Autónoma:

a. la Constitución Autonómica
b. Su Estatuto de Autonomía
c. la Ley Orgánica que al respecto dicte cada Comunidad Autónoma
d. Ninguna pues se somete a todas y cada una de las Leyes del Estado

2346. Indique la correcta:

a. la Constitución entrará en vigor el día siguiente de su publicación en el BOE
b. la Constitución fue publicada en las lenguas existentes en España
c. la Constitución entró en vigor el día 27 de diciembre de 1978
d. la Constitución es flexible

2347. Nuestra Constitución no tiene:

a. 9 Disposiciones Adicionales
b. 11 Títulos
c. 1 Disposición final
d. 169 Artículos

2348. Cuál es la forma política del Estado español:

a. Social y de derecho
b. Monarquía Parlamentaria
c. Monarquía Constitucional
d. el Estado Autonómico

2349. Las Fuerzas Armadas:

a. Defienden la independencia de España, su soberanía y su integridad
b. Garantizan la soberanía e independencia de España y defienden su integridad territorial
c. Garantizan la soberanía e independencia de España y defienden su ordenamiento constitucional
d. Garantizan la integridad de España y su ordenamiento constitucional y defienden su soberanía e independencia

2350. La Constitución garantiza:

a. la irretroactividad de todas las normas jurídicas
b. la irretroactividad de las disposiciones sancionadoras que limiten derechos individuales
c. la irretroactividad de las disposiciones sancionadoras no favorables
d. la irretroactividad de las normas favorables no restrictivas de derechos individuales

2351. La libertad de empresa:

a. No es reconocida expresamente en la Constitución
b. Se reconoce en el marco de la planificación económica estatal, de acuerdo con la Constitución
c. Se reconoce en la Constitución, en el marco de la economía de mercado
d. la reconoce la Constitución, en el marco de la economía capitalista

2352. Según el art. 55 de la Constitución, la suspensión de los derechos fundamentales (arts. 15 a 29) se regularán:

a. Mediante Ley Ordinaria
b. Mediante Ley Orgánica
c. la suspensión será realizada por el juez
d. la Constitución no prevee nada al respecto

2353. Cuál de estos derechos podrá ser suspendido en el estado de alarma:

a. Derecho de reunión
b. Derecho de asociación
c. Derecho de huelga
d. Ningún derecho

2354. Según la Constitución, la detención preventiva no podrá tener una duración superior a:

a. 48 horas
b. 36 horas
c. 72 horas
d. No lo establece

2355. Los adjuntos y asesores del Defensor del Pueblo:

a. Cesarán automáticamente en el momento de toma de posesión del nuevo Defensor
b. Serán nombrados por el voto favorable de 3/5 partes de los miembros del Congreso
c. Son nombrados y separados por el Presidente del Congreso y del Senado
d. Son elegidos por las Cortes Generales

2356. La condición de Defensor del Pueblo no es incompatible con:

a. la permanencia como excedente en cualquier Administración
b. el desempeño de funciones directivas
c. el ejercicio de la profesión de abogado
d. la condición de Senador

2357. El Defensor del Pueblo es elegido por:

a. Las Cortes Generales, por 5 años
b. Las Cortes Generales por cada legislatura
c. Las Cortes Generales
d. Referéndum por 5 años

2358. El Defensor del Pueblo es el Alto Comisionado de las Cortes Generales para la defensa de:

a. la Constitución y el resto del Ordenamiento Jurídico
b. Lo derechos comprendidos en el Título I de la Constitución
c. Los derechos del Título II de la Constitución
d. Las garantías de los derechos y deberes fundamentales

2359. A través de qué instrumento jurídico podrán reconocerse las banderas y enseñas propias de cada una de las CC AA:

a. Por la propia Constitución
b. Por medio de Ley Orgánica de la correspondiente Comunidad Autónoma
c. Por los Estatutos de Autonomía correspondientes
d. Por Ley Ordinaria aprobada en las Cortes Generales

2360. La declaración que hace el artículo 9.1 de la vigente Constitución de que los ciudadanos y demás poderes públicos están sujetos a la Constitución y al resto del ordenamiento jurídico, supone la constitucionalización de:

a. el principio de jerarquía normativa
b. el principio de legalidad
c. el principio de seguridad jurídica
d. Todos los anteriores

2361. De los que seguidamente se relacionan, podrá ser exigido ante los Tribunales ordinarios por un procedimiento basado en los principios de preferencia y sumariedad:

a. el derecho de defender a España
b. el derecho a la educación
c. el derecho a contraer matrimonio
d. Todos los anteriores

2362. Cuál de estas funciones está atribuida expresamente por la Constitución al Rey:

a. Elaborar los Presupuestos de su Casa y Familia y los remite a las Cortes Generales
b. Elaborar los Presupuestos Generales del Estado
c. Representar al pueblo español
d. Nombrar libremente a los miembros civiles y militares de su casa

2363. Respecto a los actos del Rey, Cuál de las siguientes alternativas es correcta:

a. Los refrenda el Presidente del Gobierno y, en su caso, los Ministros correspondientes
b. Es responsable el Rey de sus propios actos
c. Los actos no necesitan ser refrendados
d. Los refrenda el Presidente del Gobierno, los Ministros, en su caso, y el Presidente del Congreso de los Diputados en la disolución del art. 99

2364. En el supuesto de que el Rey fuese inhabilitado, quién deberá reconocer dicha inhabilitación:

a. el Tribunal Constitucional
b. el Gobierno de la Nación
c. el Congreso de los Diputados
d. Ninguna es correcta

2365. Según la Constitución, las abdicaciones y renuncia a la Corona cómo se resolverán:

a. Mediante el mecanismo previsto en la Constitución
b. Por las Cortes Generales en sesión conjunta de ambas Cámaras
c. Mediante una Ley Orgánica
d. Mediante una Ley Orgánica, si plantean dudas de hecho o de derecho

2366. Para el Congreso de los Diputados, cada provincia cuenta con:

a. Dos Diputados
b. Un mínimo inicial de dos Diputados
c. Tres Diputados
d. Un mínimo inicial de cuatro Diputados

2367. Por cuantos Diputados estarán representadas en el Congreso las ciudades de Ceuta y Melilla:

a. Por un Diputado cada una
b. Por un mínimo inicial de un Diputado cada una
c. Por dos Diputados cada una
d. Por un mínimo inicial de dos Diputados cada una

2368. Las elecciones de Diputados al Congreso se efectúan mediante el sistema de candidaturas de listas:

a. Abiertas
b. Cerradas
c. Libres
d. Secretas

2369. El estado de excepción puede declararlo el/las:

a. congreso, a propuesta del gobierno
b. gobierno, previa autorización del congreso
c. gobierno por sí sólo, dando cuenta al congreso
d. Cortes Generales

2370. Cuál de las características siguientes responde mejor al sistema de listas cerradas:

a. Cada elector debe dar su voto a una sola lista de candidatos, sin introducir en ella modificación ni alteración alguna
b. Cada elector solo puede dar su voto a candidatos que figuren por orden correlativo en la correspondiente lista
c. Cada elector puede dar su voto al candidato o candidatos que crea convenientes, sin que exista limitación alguna
d. Cada elector puede dar su voto al candidato o candidatos que crea convenientes, con un máximo de candidatos a votar por cada elector

2371. El numero inicial de Diputados del Congreso asignado a cada provincia favorece a las provincias:

a. Menos pobladas
b. Más pobladas
c. Mas pequeñas, territorialmente hablando
d. Mas grandes, territorialmente hablando

2372. A partir de la terminación del mandato de las anteriores Cámaras, las elecciones legislativas tienen lugar:

a. Entre 30 y 60 días
b. Antes de 60 días
c. Entre 30 y 90 días
d. Antes de 90 días

2373. En que Cámara se aplica la atribución de escaños por el sistema D'Hondt:

a. En el Congreso
b. En el Senado
c. En ambas Cámaras
d. En ninguna de las Cámaras

2374. La atribución de escaños por el sistema D'Hondt favorece a:

a. Las provincias menos pobladas
b. Las provincias más pobladas
c. Los partidos políticos y coaliciones mayoritarios
d. Los partidos políticos y coaliciones minoritarios

2375. El Congreso electo, cuando debe ser convocado:

a. A los veinticinco días de la celebración de las elecciones
b. A los treinta días de la celebración de las elecciones
c. Dentro de los veinticinco días siguientes de la celebración de las elecciones
d. Entre los treinta y sesenta días de la celebración de las elecciones

2376. En todo casa, quedaran sin escaño en el Congreso aquellas candidaturas queno obtengan en las elecciones, al menos:

a. Un 3 por 100 de los votos validos emitidos en la circunscripción
b. Un 3 por 100 del censo electoral de la circunscripción
c. Un 3 por 100 de los votos emitidos en la circunscripción
d. Un 5 por 100 de los votos emitidos en la circunscripción

2377. En una determinada provincia, donde deben elegirse seis Diputados al Congreso, se han presentado cinco coaliciones electorales, A, B, C, D y E, habiendo obtenido respectivamente 200.000, 120.000, 50.000, 42.000 y 10.000 votos. En estas condiciones, cuantos Diputados corresponderán a cada una de las citadas coaliciones:

a. A: 4 Diputados; B: 1 Diputados; C: 1 Diputado
b. A: 4 Diputados; B: 2 Diputados
c. A: 3 Diputados; B: 2 Diputados; C: 1 Diputado
d. A: 3 Diputados; B: 1 Diputado; C: 1 Diputado; D: 1 Diputado

2378. En las elecciones al Senado, la circunscripción electoral es:

a. la provincia
b. la provincia, las islas y las ciudades de Ceuta y Melilla
c. la provincia y las ciudades de Ceuta y Melilla
d. la provincia, las islas con Cabildo o Consejo Insular y las ciudades de Ceuta y Melilla

2379. Además de las provincias, islas con cabildo o consejo y Ceuta y Melilla, designan Senadores:

a. Los municipios que sean capitales de provincia
b. Los municipios que superen el millón de habitantes
c. las CC AA
d. Las tres son correctas

2380. Cuantos Senadores se eligen en cada provincia peninsular:

a. Dos
b. Cuatro
c. Los mismos que en cada provincia insular
d. Son correctas las respuestas b) y c)

2381. Las ciudades de Ceuta y Melilla están representadas cada una por:

a. Un Senador
b. Dos Senadores
c. Tres Senadores
d. Cuatro Senadores

2382. A la isla de Gran Canaria le corresponde cuántos senadores:

a. 2
b. 3
c. 4
d. 5

2383. A la isla de Menorca le corresponderán cuántos senadores:

a. 2
b. 3
c. 4
d. Otra cantidad

2384. El número de Diputados que establece el art. 68 es de:

a. 350
b. Entre 350 y 420
c. Entre 290 y 300
d. Entre 300 y 400

2385. Con independencia de los que le corresponden por Comunidad Autónoma uniprovincial, la provincia de Baleares tiene asignados cuántos senadores:

a. 3
b. 4
c. 5
d. 6

2386. Con independencia de los que les correspondan por Comunidad Autónoma, el numero total de Senadores asignados a las tres provincias insulares se eleva a:

a. 17   b. 16   c. 15   d. 14

2387. Con independencia de los que correspondan por Comunidades Autónomas, el numero total de Senadores que se asignan a las provincias peninsulares se eleva a:

a. 350
b. 208
c. 188
d. 168

2388. Qué órgano es competente para designar a los Senadores que representan a las CC AA:

a. el Presidente de la Comunidad Autónoma
b. la Asamblea Legislativa respectiva
c. el Consejo de Gobierno de la Comunidad Autónoma
d. Los Presidentes de las Diputaciones Provinciales de la Comunidad Autónoma

2389. El numero de Senadores elegidos por las CC AA son aproximadamente:

a. 39
b. 48
c. 55
d. 74

2390. Prescindiendo de los que representan a las CC AA, cuantos Senadores se eligen en las distintas circunscripciones electorales:

a. 350
b. 208
c. 188
d. 168

2391. Con independencia de los elegidos par las provincias que la integran, cuantos Senadores designará la Castilla-León, si tiene una población de 2.700.000 habitantes:

a. 1   b. 2   c. 3   d. 4

2392. Entre los que se le asignan por provincia y por Comunidad Autónoma uniprovincial, cuantos Senadores corresponden en total a Navarra, si tiene una población de 560.000 habitantes:

a. 4   b. 5   c. 6   d. 7

2393. El numero total de Senadores elegidos en las distintas circunscripciones electorales y los que representan a las CCAA, se eleva aproximadamente a:

a. 243
b. 247
c. 256
d. 350

2394. En una provincia peninsular, los electores de Senadores votarán:

a. De manera exclusiva a una sola lista
b. A los cuatro candidatos que crean convenientes
c. A los tres candidatos que crean convenientes
d. A un máximo de tres candidatos

2395. Son proclamados Senadores en cada circunscripción electoral:

a. Los candidatos que resulten de la aplicación del sistema D'Hondt
b. Los cuatro primeros candidatos de la lista que haya obtenido mayor numero de votos, excepto en las islas con Cabildo o Consejo insular, y en Ceuta y Melilla
c. Los candidatos que hayan obtenido mayor numero de votos
d. Por orden correlativo, los candidatos de la lista que haya obtenido más votos

2396. El derecho a la vida se consagra en el articulo:

a. 10   b. 16   c. 15   d. 24

2397. Nombra a los Vicepresidentes:

a. el Rey
b. el Presidente del Gobierno
c. el Presidente del Congreso
d. el Rey con el refrendo del Presidente del Gobierno

2398. Cuál de los siguientes miembros del Gobierno es facultativo:

a. el Presidente del Gobierno
b. el Vicepresidente del Gobierno
c. el Consejo de Ministros
d. Los Ministros

2399. NO forman parte del Consejo de Ministros:

a. el Presidente del Gobierno
b. Los Ministros
c. Los Secretarios de Estado
d. Todos forman parte

2400. Tienen voz pero no voto en el Consejo de Ministros:

a. el Presidente del Gobierno
b. Los Secretarios de Estado
c. Los Ministros
d. Todos tienen voz y voto

2401. Quién convoca el Consejo de Ministros:

a. el Presidente del Gobierno
b. el Ministro de la Presidencia
c. la Comisión General de Secretarios de Estado
d. Los Subsecretarios

2402. A quién corresponde la preparación del Orden del día en el Consejo de Ministros:

a. Esencialmente al Ministro de la Presidencia
b. En ocasiones, a la Comisión General de Secretarios de Estado
c. Siempre, a la Comisión General de Secretarios y Subsecretarios de Estado
d. Son correctas A y B

2403. Cómo son las reuniones del Consejo de Ministros:

a. Informales
b. Deliberatorias
c. Formales
d. Secretas

2404. Cuál de los siguientes órganos ha de existir en un Ministerio:

a. Una Subsecretaría
b. Secretarías de Estado
c. Secretarías Generales
d. Las tres son correctas

2405. Cuál NO es un órgano directivo dentro de un Ministerio:

a. el Subsecretario
b. el Director General
c. Los Ministros
d. el Subdirector General

2406. Los Tribunales de Honor están prohibidos respecto de los/la/las:

a. Sindicatos y Organizaciones Profesionales
b. Administración Civil y Militar
c. Organizaciones Profesionales y la primera de estas Administraciones
d. Los anteriores

2407. El secreto profesional, constitucionalmente, sirve para:

a. Ejercer con libertad una profesión titulada
b. la libertad de creación científica y técnica
c. No declarar sobre hechos presuntamente delictivos
d. Todo la anterior

2408. La fundación de una Internacional Sindical por un sindicato español:

a. Es libre
b. Esta prohibida
c. Debe plasmarse en un Tratado Internacional
d. Nada de la anterior es cierto

2409. El ejercicio del derecho de petición a través de una manifestación ciudadana:

a. No se admite
b. Se admite en algún caso
c. Se admite, salvo para los militares
d. Ni se admite ni se prohíbe

2410. Nuestro sistema tributario ha de ser:

a. Regresivo e igualitario
b. Progresivo y generalizado
c. Confiscatorio
d. Justo y regresivo

2411. Se produce una rotura definitiva del vinculo conyugal, debiendo regularse según la Constitución, en caso de:

a. Cese de la convivencia matrimonial
b. Disolución del matrimonio
c. Separación
d. En todos ellas

2412. Las Fundaciones son:

a. Patrimonios adscritos a un fin de interés general
b. Administración Corporativa
c. Entidades Privadas con fines de carácter también privado
d. Asociaciones de personas para conseguir fines de interés general

2413. La asistencia de todo orden a los hijos habidos extraconyugalmente:

a. No esta prevista en la Constitución
b. Es un deber de los padres
c. Se dispensara por Instituciones de Beneficencia
d. Se dispensa solo a los discapaces

2414. La especulación urbanística, según la Constitución:

a. Debe evitarse
b. Esta permitida
c. Genera plusvalías para la colectividad
d. Pueden hacerla los poderes públicos

2415. No es susceptible de recurso de amparo el derecho a :

a. Sindicación
b. Investigación científica
c. Secreto de las comunicaciones
d. Lo son todos ellos

2416. No es susceptible de recurso de amparo el derecho a

a. Libertad de cátedra
b. Negociación colectiva
c. Manifestación
d. Huelga

2417. Es susceptible de recurso de amparo el derecho a

a. Libre sindicación
b. Petición
c. Cláusula de conciencia
d. Lo están todos ellos

2418. Una vez declarado el estado de excepción no se puede suspender el derecho/libertad de:

a. Huelga
b. Enseñanza
c. Adopción de medidas de conflicto colectivo
d. Libertad de circulación

2419. Durante el estado de excepción, un detenido conserva el derecho de/a:

a. Setenta y dos horas para ser puesto a disposición judicial
b. Secreto de comunicaciones
c. Asistencia de Letrado
d. Ninguno de ellos

2420. Se puede suspender, con motivo de investigaciones relativas a bandas armadas, el derecho de:

a. Huelga
b. Inviolabilidad del domicilio
c. Libertad de circulación
d. B y c son correctas

2421. No puede llevarse a cabo una expropiación forzosa si no:

a. Media una causa de utilidad publica e interés social
b. Se da una indemnización al particular
c. Se regula reglamentariamente
d. A y b son ciertas

2422. Los ingresos y gastos del Estado de cada año se contienen en el/los:

a. Planes económicos
b. Decretos que dicte el Gobierno
c. Presupuestos del mismo
d. Nada de lo anterior

2423. Los Presupuestos Generales del Estado se aprueban por:

a. Ley de Cortes
b. Decreto del Gobierno
c. Decreto del Presidente del Gobierno
d. Orden del Ministerio de Economía y Hacienda

2424. La planificación de la actividad económica, por su parte, debe hacerse a través de:

a. Ley de las Cortes Generales
b. Simple consenso entre el Gobierno y los Consejos de Gobierno de las CC AA
c. Decreto del Ministerio de Economía y Hacienda
d. Acuerdo entre el Gobierno y los Sindicatos y Organizaciones Empresariales

2425. Pueden crear tributos:

a. Las Cortes Generales
b. Las Corporaciones Locales
c. Los Parlamentos Autonómicos
d. Todos ellos

2426. A pesar de la denominación del Titulo I de la Constitución (De los derechos y deberes fundamentales),los derechos fundamentales propiamente dichos se recogen:

a. En la Sección Primera del Capitulo Primero de dicho Titulo
b. En la Sección Segunda del Capitulo Primero de dicho Titulo
c. En la Sección Primera del Capitulo Segundo de dicho Titulo
d. En la Sección Segunda del Capitulo Segundo de dicho Titulo

2427. La Sección primera del capítulo segundo del título I comprende los artículos:

a. 15 al 29
b. 14 al 29
c. 15 al 55
d. 14 al 55

2428. La garantía constitucional de que nadie podrá ser privado de la nacionalidad española se asegura:

a. A todos los españoles
b. A los españoles de origen y a los súbditos de países iberoamericanos que han adquirido la nacionalidad española por residencia continuada en España
c. A los españoles de origen y a quienes no poseen doble nacionalidad
d. Solamente a los españoles de origen

2429. En el art. 14 de la Constitución se declara que los españoles son iguales ante la Ley, disponiendo que no podrá prevalecer discriminación alguna, entre otras, por razón de:

a. Nacimiento
b. Raza
c. Sexo
d. Las tres

2430. Entre las circunstancias citadas en el art. 14 de la Constitución con respecto a la no discriminación, no se cita expresamente:

a. la religión
b. la opinión
c. la edad
d. la raza

2431. La abolición de la pena de muerte se consagra constitucionalmente:

a. En todos los casos y circunstancias
b. Excepto en lo que puedan disponer las leyes civiles para tiempos de guerra
c. Excepto en lo que puedan disponer las leyes militares para los estados de alarma, excepción y sitio
d. Excepto en lo que puedan disponer las leyes militares para tiempos de guerra

2432. El aborto:

a. Se menciona en la Constitución por su propio nombre
b. Solamente se permite en nuestro país en determinados casos y circunstancias
c. Se permite en nuestro país sin restricción alguna
d. Ninguna de las anteriores es correcta

2433. Las Libertades ideológicas y religiosas:

a. Son derechos constitucionales sin limitación alguna
b. No se recogen expresamente en la Constitución
c. Son derechos constitucionales con la sola limitación de la que pueda establecer la Ley en los casos de alarma, excepción y sitio
d. Son derechos constitucionales con la sola limitación, en sus manifestaciones, que la necesaria para el mantenimiento del orden publico protegido par la ley

2434. Respecto a su ideología, religión o creencias, ninguna persona puede ser obligada por nadie a manifestarse en tal sentido

a. Cierto, en todo caso
b. Falso, en todo caso
c. Solo puede ser obligada por Jueces o Tribunales
d. Solo puede ser obligada cuando se trate de asuntos políticos

2435. La tortura y penas o tratos inhumanos o degradantes atentan contra el derecho:

a. A la libertad personal y seguridad jurídica
b. A la libertad de expresión
c. Al honor y a la intimidad personal y familiar
d. A la vida y a la integridad física y moral

2436. Los poderes públicos:

a. Velarán porque el catolicismo tenga carácter estatal
b. Velarán porque todas las confesiones tengan carácter estatal
c. Solamente mantendrán relaciones de cooperación con la Iglesia Católica
d. Mantendrán relaciones de cooperación con la Iglesia Católica y las demás confesiones

2437. Una de las manifestaciones del derecho a la libertad personal y seguridad Jurídica, consagrado en la Constitución, radica en que la detención preventiva ha de durar:

a. En todo casa, 72 horas
b. En todo caso, 48 horas
c. el tiempo mínimo necesario para la realización de las averiguaciones tendentes al esclarecimiento de los hechos, pero, en todo caso, el detenido deberá ser puesto en libertad o a disposición de la autoridad judicial en el plazo máximo de 72 horas
d. el tiempo mínimo necesario para la realización de las averiguaciones tendentesal esclarecimiento de los hechos, pero, en todo caso, el detenido deberá serpuesto en libertad o a disposición de la autoridad judicial en el plazo máximo de48 horas

2438. Respecto al penado:

a. Prohibe el trabajo remunerado en todos los casos
b. Reconoce el derecho al trabajo remunerado, pero solo cuando se trate de trabajos forzados
c. Prohibe los trabajos forzados
d. Ninguna de las anteriores es correcta

2439. Corno finalidades de las penas privativas de libertad se señalan:

a. la reeducación y reinserción social del penado
b. el arrepentimiento y reinserción social del penado
c. la formación profesional y el arrepentimiento del penado
d. la formación profesional y reeducación del penado

2440. Constitucionalmente esta consagrado el derecho:

a. Al honor, a la fama y a la propia imagen
b. A la fama, a la intimidad personal y a la propia imagen
c. Al honor, a la intimidad personal y a la propia imagen
d. A la fama, al honor, a la intimidad personal y a la propia imagen

2441. En la Constitución se proclama que el domicilio es inviolable. No obstante:

a. En todos los casos podrá efectuarse la entrada o registro en el mismo con el consentimiento del titular
b. Además del consentimiento del titular, hace falta en todos los casos resolución judicial
c. Aun con el consentimiento del titular y resolución judicial hay casos en que la entrada o registro no puede legalmente llevarse a cabo
d. Ninguna de las anteriores es correcta

2442. A falta de consentimiento del titular y de resolución judicial, la entrada o registro del domicilio puede llevarse a cabo en caso de:

a. Delito político
b. Flagrante delito
c. Delito contra la propiedad
d. Ninguna de las anteriores es correcta

2443. La Constitución, al limitar el uso de la informática, tiende a garantizar:

a. el honor y la intimidad personal y familiar de los ciudadanos y el pleno ejercicio de sus derechos
b. el secreto de las comunicaciones entre ordenadores por vía telefónica
c. Los derechos de autor en programas informáticos
d. el secreto profesional

2444. El derecho que asiste a los españoles de salir y entrar en el territorio nacional:

a. Puede ser negado por cualquier motivo
b. Solo puede ser negado por motivos políticos
c. Solo puede ser negado por motivos ideológicos
d. No puede ser negado por motivos ideológicos o políticos

2445. El derecho que asiste a los españoles de salir y entrar en el territorio nacional:

a. No puede ser negado por motivos ideológicos o políticos
b. Puede quedar suspendido si se declara el estado de excepción o de sitio
c. Puede quedar suspendido si se declara el estado de alarma
d. Son correctas las respuestas a) y b)

2446. Uno de los derechos constitucionales que a continuación se mencionan esta mal formulado

a. el derecho a la libertad de expresión mediante la palabra, la prensa y la imprenta
b. el derecho a la producción y creación literaria, artística, científica y técnica
c. el derecho a la libertad de cátedra
d. el derecho a comunicar y recibir libremente información veraz por cualquier medio de difusión. No obstante, el Gobierno podrá ejercer la censura previa en prensa, radio y televisión

2447. El derecho a la libertad de cátedra quiere indicar que:

a. Las cátedras tienen que adjudicarse por libre designación, esto es, sin previa oposición, concurso o concurso-oposicion
b. Los catedráticos tienen derecho a enseñar conforme a sus propios criterios y con los métodos que estimen mas convenientes
c. Los catedráticos y profesores tienen derecho a enseñar conforme a sus propios criterios y con los métodos que estimen mas convenientes
d. Los alumnos pueden elegir libremente las asignaturas que consideren convenientes para su formación universitaria o profesional

2448. La Constitución, en cuanto al ejercicio del derecho de reunión en lugares no considerados de transito:

a. Lo reconoce sin restricción alguna
b. Exige comunicación previa a la autoridad
c. Exige autorización previa
d. No exige autorización previa

2449. En los supuestos de ejercicio del derecho de reuniones en lugares de transito y manifestaciones se exige:

a. Autorización previa, la cual puede no concederse por los motivos que se estimen oportunos
b. Comunicación previa a la autoridad, la cual podrá prohibirla por motivos que estime oportunos
c. Comunicación previa a la autoridad, la cual podrá prohibirla cuando existan razones fundadas de alteración del orden publico, con peligro para personas o bienes
d. Autorización previa, la cual puede no concederse cuando existan razones fundadas de alteración del orden publico, con peligro para personas o bienes

2450. Aun cuando en la Constitución se reconoce el derecho de asociación, se prohiben expresamente las asociaciones:

a. Secretas
b. De carácter paramilitar
c. Con fines de lucro
d. Secretas y de carácter paramilitar

2451. la Constitución establece el mantenimiento de un régimen de Seguridad Social:

a. Público
b. Privado
c. Complementado por los poderes públicos
d. Tutelado por los poderes públicos

2452. Conforme al artículo 149.1.17º de la C.E., el Estado tiene competencia exclusiva sobre la siguiente materia:

a. Asistencia social
b. Sanidad e Higiene
c. Legislación básica y régimen económico de la Seguridad Social, sin perjuicio de la ejecución de sus servicios por las CC AA
d. Sobre todas las materias señaladas

2453. Es cierto que el artículo 41 de la C.E. establece en relación con la Seguridad Social:

a. Que la asistencia y prestaciones complementarias no serán libres
b. el mantenimiento de un régimen de Seguridad Social para quienes realicen actividad laboral, exclusivamente
c. Que la asistencia y prestaciones complementarias serán libres
d. la garantía de prestaciones sólo en situaciones de desempleo

2454. La protección a la salud se contempla en el Título I, en el Capítulo dedicado a:

a. Los españoles y extranjeros
b. Los principios rectores de la política social y económica
c. Derechos y libertades
d. Garantía de las libertades y derechos fundamentales

2455. El Texto Refundido de la Ley General de la Seguridad Social de 1994 entró en vigor el:

a. 20 de junio
b. 29 de junio
c. 1 de septiembre
d. 20 de julio

2456. Conforme al artículo 81 de la Ley General de la Seguridad Social, la titularidad del patrimonio de la Seguridad Social corresponde:

a. al Estado
b. Al Ministerio de Trabajo y Asuntos Sociales
c. A la Tesorería General de la Seguridad Social
d. A las Entidades Gestoras

2457. La garantía del percibo de pensiones adecuadas y periódicamente actualizadas a favor de la tercera edad, se recoge:

a. En el artículo 49 C.E
b. En el artículo 50 C.E
c. En el artículo 43 C.E
d. En ninguno de los artículos señalados

2458. La enajenación de los bienes inmuebles integrados en el patrimonio de la Seguridad Social requerirá autorización de:

a. la Tesorería General de la Seguridad Social
b. Del Ministerio de Trabajo y Asuntos Sociales cuando su valor, según tasación, no exceda de las cuantías fijadas en la Ley de Patrimonio de Estado
c. Del Ministerio de Trabajo y Asuntos Sociales, siempre
d. Del Gobierno, siempre

2459. Dentro de las competencias del Estado, corresponde al Ministerio de Trabajo y Asuntos Sociales, en relación con las materias reguladas en la Ley General de la Seguridad Social

a. Proponer al Gobierno los Reglamentos generales para su aplicación
b. la dirección y tutela de las Entidades Gestoras
c. la inspección de la Seguridad Social a través de la Inspección de Trabajo y Seguridad Social
d. Las tres son correctas

2460. Según el articulo primero de la Constitución, cuáles son los valores superiores de su ordenamiento jurídico:

a. la justicia, la libertad, la seguridad jurídica y la legalidad

b. la libertad, la igualdad, la justicia y la legalidad

c. la justicia, la libertad, la igualdad y el pluralismo político

d. la igualdad, la seguridad, la justicia y la libertad

2461. La soberanía nacional reside:

a. En el pueblo

b. En los poderes públicos

c. En la Constitución

d. En el Ordenamiento jurídico

2462. La forma política del Estado español es:

a. el estado social y democrático de derecho

b. la monarquía parlamentaria

c. el pluralismo político

d. la monarquía electiva

2463. la Constitución comienza:

a. En el capitulo primero

b. En el titulo primero

c. En el titulo preliminar

d. En el preámbulo

2464. Cuál es el modelo de Constitución progresista, cercano a nuestro texto constitucional:

a. la Constitución de 1812

b. la Constitución de 1931

c. la Constitución de 1869

d. la Constitución de 1935

2465. En el periodo de transición política destaca un texto normativo de fundamental importancia, cuál es:

a. la Ley para la Reforma Política

b. la Ley Fundamental a la Sucesión en la Jefatura del Estado

c. la Ley Orgánica de Referéndum

d. la Ley Orgánica del Estado

2466. El texto definitivo de la Constitución fue aprobado, en sesiones separadas, por ambas Cámaras, el día:

a. 31 de Octubre de 1978

b. 30 de Octubre de 1978

c. 15 de Junio de 1978

d. 29 de Diciembre de 1978

2467. De los siguientes caracteres, cuál de ellos califica mejor a la Constitución:

a. Es una Constitución elástica

b. Es una Constitución perfectamente acabada

c. Es una Constitución de tipo federal

d. Es una Constitución muy rígida

2468. De cuántos artículos está compuesto el preámbulo de la Constitución:

a. Ninguno

b. Diez

c. Cinco

d. Uno

2469. La Constitución está compuesta de un titulo preliminar y diez títulos; A qué titulo pertenece el enunciado 'De las relaciones entre el Gobierno y las Cortes Generales':

a. Titulo cuarto

b. Titulo quinto

c. Titulo tercero

d. Titulo segundo

2470. Cuándo entró en vigor nuestra Constitución:

a. A los veinte días de su publicación en el Boletín Oficial del Estado

b. el mismo día de su publicación

c. El día 27 de Diciembre de 1978

d. Cuando fue sancionada par el Rey

2471. Los poderes del Estado, según la Constitución, emanan del:

a. Pueblo

b. Del propio ordenamiento jurídico

c. De las Cortes

d. De la Monarquía parlamentaria

2472. La Constitución consta de una disposición final y otra derogatoria, pero, sabes si tiene alguna disposición adicional o transitoria:

a. Tiene cuatro disposiciones adicionales y nueve transitorias

b. Tiene nueve disposiciones adicionales y cuatro transitorias

c. Solo tiene ocho disposiciones transitorias

d. Tiene nueve disposiciones adicionales y ocho transitorias

2473. El castellano es la lengua oficial y todos los españoles tienen respeto a la misma:

a. el derecho de conocerla

b. el deber de conocerla y el derecho a usarla

c. la obligación de utilizarla

d. el deber de valerse del castellano, corno lengua oficial

2474. Cuál es el instrumento fundamental para la participación política:

a. Las asociaciones de vecinos

b. el referéndum

c. la acción popular

d. Los partidos políticos

2475. En qué fecha fue sancionada por el Rey la Constitución actual:

a. 27 de Noviembre de 1978

b. 27 de Diciembre de 1978

c. 29 de Diciembre de 1978

d. 1 de Enero de 1978

2476. Las bases de la organización militar se regularán mediante:

a. Ley orgánica

b. Real Decreto

c. Ley ordinaria

d. Acuerdo conjunto de ambas cámaras legislativas

2477. La Constitución garantiza, entre otros principios:

a. la irretroactividad de las disposiciones sancionadoras no favorables

b. la irretroactividad de las disposiciones sancionadoras favorables

c. la retroactividad de las disposiciones sancionadoras no favorables

d. la retroactividad general de las disposiciones legales

2478. Las Cortes constituyentes se configuraron como resultado de las elecciones celebradas el:

a. 16 de julio de 1976

b. 15 de junio de 1977

c. 16 de junio de 1978

d. 15 de julio de 1976

2479. Cómo se pudieron celebrar unas elecciones democráticas antes de la vigencia de la Constitución:

a. Utilizando parcialmente la Ley constitutiva de las Cortes anteriores

b. A través de las normas establecidas por el Real Decreto Ley de 18 de marzo de 1977

c. Acudiendo a la Ley republicana reguladora de las elecciones democráticas

d. Mediante la L.O. del Estado de 1967

2480. El constitucionalismo español empieza a comienzos del siglo:

a. XIX

b. X

c. XVIII

d. XVII

2481. El articulo dos de la Constitución compatibiliza la unidad de la nación con un derecho destacado reiteradamente a lo largo de su articulado. Sabes citar algún articulo de la Constitución que aluda a dicho principio:

a. el 9

b. el 137

c. el 24

d. el 167

2482. Cuál es la primera Constitución que efectúa un reconocimiento expreso de los partidos políticos:

a. la de 1812

b. la de 1931

c. la de 1978

d. la de 1845

2483. En las Constituciones se suelen distinguir dos partes:

a. Una parte dogmática (estructura) y una parte orgánica (estamentos)

b. Una parte dispositiva y otra resolutoria

c. Una parte formal sin articulado y una parte sustancial ordenada en artículos

d. Una parte dogmática (principios y libertades publicas) y una parte orgánica (poderes públicos)

2484. Cuál es la primera de las denominadas Declaraciones de Derechos que tanto proliferaron a lo largo del siglo XVIII:

a. la Declaración de Derechos de Virginia

b. la Declaración de Derechos del Hombre y del Ciudadano

c. la Declaración de Derechos y Libertades

d. la Proclamación belga de libertades y derechos

2485. La Constitución garantiza el principio de legalidad, qué entiende Vd. por este principio:

a. Que cualquier actuación de los poderes públicos deberá regularse por la Ley

b. el sometimiento de la Administración a la Ley y al derecho

c. Que la Ley ocupa un lugar preeminente sobre otras disposiciones normativas

d. Que las Cortes son las únicas facultadas para hacer normas con rango de Ley

2486. Las garantías jurídicas, como el principio de legalidad, la jerarquía normativa, la seguridad jurídica, vienen reguladas en un fundamental artículo de nuestra Constitución, cuál es:

a. Articulo dos

b. Articulo cinco

c. Articulo ocho

d. Articulo nueve

2487. La Constitución tiene un valor normativo directo:

a. No, puesto que ha de desarrollarse reglamentariamente

b. No, ya que existen las leyes de desarrollo

c. Sí

d. Solamente en su parte orgánica

2488. El proceso de la transición política española culmina con la Ley de Reforma Política, de 4 de Enero de 1977 que va a instrumentalizar el cambio político; pero, sabes de cuántos artículos se integra:

a. Diez artículos

b. Cinco artículos

c. Veinte artículos

d. Cincuenta y cinco artículos

2489. La propuesta de revisión total de la Constitución requerirá para su aprobación el voto de la mayoría de ambas Cámaras con el quórum de votación de:

a. Los dos tercios de sus miembros

b. Las tres quintas partes

c. la mayoría absoluta

d. la mayoría de los presentes

2490. No podrá iniciarse la reforma constitucional en los casos siguientes:

a. Durante la vigencia del estado de alarma

b. Durante la vigencia del estado de excepción

c. Durante la vigencia del estado de sitio

d. Durante la vigencia de alguno de los tres estados citados

2491. Aprobada la reforma parcial de la Constitución, siempre que no afecte al Titulo Preliminar, a la Corona y a los derechos fundamentales y libertades publicas, será preceptiva su ratificación por referéndum:

a. Si, es obligatoria

b. No, salvo cuando la soliciten una décima parte de los miembros de cualquiera de las Cámaras

c. Si, cuando lo soliciten la mayoría de los miembros de cualquiera de las Cámaras

d. Sí, cuando lo solicite la mayoría absoluta de los miembros de cualquiera de las Cámaras

2492. Si la reforma constitucional afectase al Titulo Preliminar, al Titulo II o a los derechos fundamentales y libertades publicas, la ratificación por referéndum, una vez aprobada por las Cortes:

a. Será obligatoria

b. Será potestativa

c. Deberá ser solicitada por la mayoría absoluta de cada Cámara

d. Deberá ser solicitada por la mayoría simple de cada Cámara

2493. El referéndum de 6 de Diciembre de 1 978 se instrumentalizó a través de una pregunta; cuál fue:

a. Aprueba Vd. el nuevo estado de derecho establecido por la Constitución:

b. Ratifica Vd. la forma política del Estado establecido por la Constitución:

c. Aprueba el proyecto de constitución:

d. Acata Vd. el nuevo sistema político:

2494. Si se pretendiera reformar el Titulo VIII de la Constitución, qué quórum de votación por parte de ambas Cámaras seria necesario:

a. Mayoría de tres quintos

b. Mayoría de dos tercios

c. Mayoría simple

d. Mayoría absoluta

2495. Se dice que la Constitución de I 978 es una Constitución inacabada, por qué:

a. Por su excesiva rigidez

b. Por su carácter no vinculante

c. Por su abundante llamada a la Ley orgánica

d. Por el elevado numero de disposiciones transitorias

2496. De las siguientes respuestas, cuál de ellas considera Vd. Qué es la más correcta:

a. Las Cortes aprueban la Constitución

b. El pueblo español ratifica la Constitución

c. el Rey sanciona la Constitución

d. Las tres son correctas

2497. Las disposiciones adicionales y transitorias de la Constitución están en su mayor parte dedicadas a problemas relacionados con:

a. Los principios rectores del nuevo régimen

b. la garantía de protección de los derechos en el proceso de adecuación política

c. la derogación del ordenamiento jurídico anterior

d. la ordenación del territorio

2498. El articulo dos de nuestra Constitución plasma una calificación del Estado que se traduce en:

a. Un estado autonómico

b. Un régimen monárquico y parlamentario

c. Un estado social y democrático de derecho

d. Un estado jerarquizado

2499. Qué órgano es el interprete supremo de la Constitución:

a. el Rey

b. el Tribunal Constitucional

c. el Tribunal Supremo

d. el Consejo de Estado

2500. Una de las diferencias entre regímenes monárquicos y republicanos radica:

a. En que el Monarca esta conferido normalmente de facultades mas amplias que el Presidente de la República

b. En el carácter vitalicio del titular de la Corona

c. En la forma de designación de los representantes populares del poder legislativo

d. En que el Monarca asume la titularidad de la Corona, pero no la Jefatura del Estado

2501. Nuestro país ha conocido:

a. Una etapa republicana
b. Dos etapas republicanas
c. Tres etapas republicanas
d. Cuatro etapas republicanas

2502. Dentro de las diferentes formas monárquicas, el Rey esta conferido:

a. De las mismas facultades en la Monarquía absoluta que en la constitucional
b. De menores facultades en la Monarquía constitucional que en la parlamentaria
c. De las mismas facultades en la Monarquía constitucional que en la parlamentaria
d. De mayores facultades en la Monarquía constitucional que en la parlamentaria

2503. La Monarquía parlamentaria se caracteriza por el hecho de que el Rey:

a. Comparte con el Parlamento las funciones legislativas
b. Ostenta la Presidencia del Parlamento
c. Debe gozar de la confianza del Parlamento
d. Carece de funciones ejecutivas y legislativas

2504. Una forma política en la que el Rey gobierna no es en ningún casa una Monarquía:

a. Parlamentaria
b. Constitucional
c. Absoluta
d. Soberana

2505. Según la vigente Constitución:

a. la forma política del Estado español es la Monarquía parlamentaria
b. el Rey no es el Jefe del Estado
c. El Rey no ostenta el mando supremo de las Fuerzas Armadas
d. Las tres son correctas

2506. Entre las funciones que en la Constitución se atribuyen al Rey se encuentra la de:

a. Nombrar al Presidente del Gobierno, sin mas tramites, una vez conocidos los resultados de las elecciones generales
b. Nombrar y separar a los miembros del Gobierno, a propuesta de su Presidente
c. Ejercer el derecho de gracia y conceder indultos generales
d. Las tres son correctas

2507. Corresponde al Rey sancionar y promulgar:

a. Los proyectos de Ley
b. Las proposiciones de Ley
c. Las leyes
d. Las tres son correctas

2508. De las siguientes afirmaciones hay una que no es correcta respecto a la persona del Rey

a. Es el símbolo de la unidad del Estado
b. Es responsable de todos sus actos
c. Es el Jefe del Estado
d. Es inviolable

2509. El Rey debe sancionar las leyes en el plazo maximo de cuántos días:

a. 10   b. 15   c. 20   d. 30

2510. Podría negarse a sancionarlas:

a. Si, en cualquier caso
b. No, en ningún caso
c. Sólo cuando sean claramente inconstitucionales
d. Sólo cuando impidan el ejercicio de derechos fundamentales

2511. La sanción de las leyes:

a. Debe ser refrendada par el Presidente del Congreso de los Diputados
b. Debe ser refrendada par el Presidente del Senado
c. Debe ser refrendada por el Presidente del Gobierno
d. No necesita refrendo

2512. NO es una de las funciones del Rey:

a. Proponer el candidato a la Presidencia del Gobierno
b. Proponer el nombramiento de los miembros del Gobierno
c. Convocar las Cortes Generales
d. Convocar elecciones

2513. El Rey convocara el Congreso de los Diputados:

a. Dentro de los veinticinco días siguientes a la celebración de las elecciones
b. Dentro de los veinte días siguientes a la celebración de las elecciones
c. Dentro de los quince días siguientes a la celebración de las elecciones
d. No es función del Rey convocar el Congreso

2514. La Corona de España es hereditaria en los sucesores:

a. De la dinastía borbónica
b. De S.M. don Alfonso XIII
c. Del Príncipe de Asturias
d. De S.M. don Juan Carlos I de Borbón

2515. No caracteriza a la Corona:

a. Simbolizar la unidad y permanencia del Estado
b. la Presidencia ordinaria del Consejo de Ministros
c. el mando supremo de las Fuerzas Armadas
d. Las tres son correctas

2516. Puede una mujer ostentar la titularidad de la Corona de España:

a. Si, pero solo como Reina consorte
b. Si, y con mayor probabilidad que los varones
c. Si, con igual probabilidad que los varones
d. Si, pero con menor probabilidad que los varones

2517. La Reina consorte o el consorte de la Reina ¿pueden asumir funciones constitucionales?

a. Si, en todo caso
b. No, en ningún caso
c. No, salvo lo dispuesto para la Regencia
d. Si, en todo caso, pero con la expresa autorización de las Cortes Generales

2518. La sucesión en el trono seguirá el orden:

a. Descendente, nunca ascendente
b. Regular de las líneas establecidas en Derecho común para la herencia
c. Regular de primogenitura y representación
d. Regular de líneas y grados

2519. En la sucesión el trono:

a. Dentro del mismo grado de parentesco se prefiere siempre la persona de mas edad a la de menos
b. Dentro del mismo grado de parentesco se prefiere el varón a la mujer
c. Se prefiere en todos los casos la persona de mas edad a la de menos
d. Se prefiere en todo caso al varón a la mujer

2520. El Príncipe heredero de la Corona de España tiene la dignidad de:

a. Príncipe de España
b. Príncipe de Asturias
c. Príncipe de España y los demás títulos vinculados tradicionalmente al sucesor de la Corona de España
d. Príncipe de Asturias y los demás títulos vinculados tradicionalmente al sucesor de la Corona de España

2521. En el supuesto de que se extingan todas las líneas llamadas en Derecho a la sucesión a la Corona:

a. Decidirán las Cortes Generales
b. Decidirá el pueblo en referéndum
c. Se nombrara Rey al Regente
d. Ninguna de las anteriores es correcta

2522. Puede ostentarse el cargo de Rey siendo menor de edad:

a. Si
b. Si, pero para ello se precisa la expresa autorización de las Cortes Generales
c. No, porque el Rey será en todo caso el Regente
d. No, porque el Rey era en todo caso su tutor

2523. De acuerdo con la Constitución, una persona con derechos sucesorios al trono quedaría automáticamente excluida en la sucesión a la Corona si contrae matrimonio contra la expresa prohibición:

a. Del Rey
b. De las Cortes Generales
c. Del Rey o de las Cortes Generales
d. Del Rey y de las Cortes Generales

2524. Las abdicaciones, renuncias y dudas que surjan en el orden de sucesión a la Corona deberán resolverse por:

a. la Casa de Su Majestad el Rey
b. Ley orgánica
c. Ley ordinaria
d. el Consejo de Ministros

2525. Para merecer la Regencia, se exige en la Constitución algún requisito especial:

a. No, ninguno
b. Si, ser español de nacimiento y mayor de edad
c. Si, ser español y mayor de edad
d. Si, ser mayor de edad

2526. El Regente ejerce las funciones del Rey mientras este:

a. Sea menor de edad
b. Se encuentre inhabilitado para el ejercicio de sus funciones
c. Sea menor de edad o se encuentre inhabilitado para el ejercicio de su autoridad
d. Ninguna de las anteriores es correcta

2527. En el supuesto de que el Rey fuera menor de edad, la Regencia seria ejercida en primer lugar:

a. Por su padre o madre
b. Por la persona mayor de edad mas próxima a suceder en la Corona
c. Por su abuelo paterno
d. Por la persona que en su testamento hubiese nombrado el Rey difunto

2528. Si no vivieran el padre o madre , la Regencia se ejercería:

a. Por la persona mas próxima a suceder en la Corona
b. Por la persona que en su testamento hubiese nombrado el Rey difunto
c. Por el abuelo paterno del Rey
d. Por la persona mayor de edad mas próxima a suceder en la Corona

2529. En el caso de que el Rey mayor de edad se inhabilitare para el ejercicio de su autoridad, la Regencia seria ejercida en primer lugar:

a. En todo casa, por el Príncipe heredero
b. Por el padre del Rey
c. Por el Príncipe heredero, si es mayor de edad
d. Por la persona de mas edad más próxima a suceder en la Corona

2530. Para que la inhabilitación del Rey se lleve a efecto, es preciso que sea reconocida por

a. Las Cortes Generales
b. el Gobierno
c. Las Cortes Generales o el Gobierno
d. Las Cortes Generales y el Gobierno

2531. De no existir persona a quien corresponda la Regencia, qué organo es competente para nombrarla:

a. Las Cortes Generales
b. el Gobierno
c. Las Cortes Generales o el Gobierno
d. Las Cortes Generales y el Gobierno

2532. De no existir persona a quien corresponda la regencia, cuantas personas deben ser nombradas para ejercer la Regencia:

a. Una, en todo caso
b. Varias, en todo caso
c. Una, 3 o 5, que sean parientes del Rey
d. Ninguna de las anteriores es correcta

2533. Por vía testamentaria, puede el Rey nombrar Regente del nuevo Rey:

a. No, puesto que aunque lo nombrara, no tendría validez alguna
b. Sí, y en todo caso tendría plena validez
c. Sólo si la autorizan las Cortes Generales
d. Sólo si la autoriza el Gobierno

2534. En el supuesto de que el padre del Rey contrajera nuevo matrimonio desempeñando la Regencia:

a. No hay ningún impedimento para que la siga desempeñando
b. Tendría que renunciar al cargo y las Cortes Generales nombraran un nuevo Regente
c. Tendrá que renunciar al cargo y la Regencia pasaría a ejercerse por el pariente del Rey mayor de edad mas próximo a suceder en la Corona
d. Tendrá que renunciar al cargo y el tutor del Rey será automáticamente el nuevo Regente

2535. Por vía testamentaria, puede el Rey nombrar tutor del nuevo Rey:

a. Sí
b. No
c. Sólo si lo autoriza el Gobierno
d. Sólo si lo autorizan las Cortes Generales

2536. Los cargos de Regente y de tutor del Rey, pueden ostentarse simultáneamente por la misma persona:

a. Nunca
b. Si, en todo caso
c. Solo si recaen sobre el padre o la madre del Rey
d. Solo si recaen sobre el padre, la madre o un ascendiente directo del Rey

2537. En su caso, el cargo de tutor del Rey será desempeñado en primer lugar:

a. Por el padre o la madre del Rey
b. Por la persona que en su testamento hubiese nombrado el Rey difunto
c. Por la persona mayor de edad mas próxima a suceder en la Corona
d. Por la persona que nombren las Cortes Generales

2538. El cargo de tutor del rey será desempeñado en primer lugar por la persona que figure en el testamento, pero precisa algún requisito especial:

a. No, ninguno
b. Si, ser español de nacimiento y mayor de edad
c. Si, ser español y mayor de edad
d. Si, ser mayor de edad

2539. En defecto de la persona a que se refieren las dos preguntas anteriores, quien desempeñaría el cargo de tutor del Rey:

a. el padre o la madre del Rey
b. la persona que en su testamento hubiese nombrado el Rey difunto
c. la persona de mas edad mas próxima a suceder en la Corona
d. el padre o la madre del Rey, mientras permanezcan viudos

2540. Si el padre del Rey contrae matrimonio al tiempo de desempeñar el cargo de tutor del Rey:

a. No hay ningún impedimento para que lo siga ejerciendo
b. Tendrá que renunciar al cargo y las Cortes Generales nombraran a un nuevo tutor
c. Tendrá que renunciar al cargo y este pasaría a ejercerse por el pariente del Rey mayor de edad mas próximo a suceder en la Corona
d. Tendrá que renunciar al cargo y éste pasaría a ejercerse por el Regente

2541. De no existir nadie a quien legalmente corresponda el cargo de tutor del Rey, cuantas personas serán nombradas por el órgano competente para ejercer tal cargo:

a. Una sola
b. Varias
c. Una, tres o cinco, parientes del Rey
d. Una, tres o cinco

2542. En todo caso, el ejercicio de la tutela del Rey es incompatible con el:

a. De la Regencia
b. De Diputado o Senador
c. Desempeño de toda actividad comercial, financiera o industrial
d. Son correctas las respuestas b) y c)

2543. El tutor del Rey:

a. Ejerce las funciones del Rey mientras este es menor de edad
b. Ejerce las funciones del Rey mientras este se encuentra inhabilitado para el ejercicio de su autoridad
c. Desempeña funciones de representación privada del Rey
d. Las tres son correctas

2544. En el caso de que contrajera matrimonio la hermana mayor del Rey estando desempeñando las funciones de Regente y tutor del Rey:

a. No hay impedimento alguno para que las siga desempeñando
b. Deberá renunciar a ambos cargos
c. Deberá renunciar al cargo de Regente, pero no al de tutor
d. la situación aludida es inconstitucional

2545. El Rey no puede:

a. Distribuir libremente la cantidad global que recibe para el sostenimiento de su Familia y Casa Real
b. Declarar la guerra a otros países, ni aun con autorización de las Cortes Generales
c. Conceder indultos generales
d. Presidir las sesiones del Consejo de Ministros, a petición del Presidente del Gobierno

2546. La cantidad global destinada al sostenimiento de la Familia y Casa Real:

a. Debe ser justificada posteriormente por el Monarca, con indicación de las partidas que han sido asignadas
b. No figura en los Presupuestos Generales del Estado, lo cual indica que se concede por el Gobierno sin aprobación parlamentaria
c. Figura en los Presupuestos Generales del Estado, por lo que se concede con aprobación parlamentaria
d. Son correctas las respuestas a) y c)

2547. La irresponsabilidad del Rey se circunscribe:

a. A todas sus actuaciones, sean publicas o privadas
b. A las actuaciones ejercidas en el desempeño de su cargo
c. Exclusivamente a sus actuaciones refrendadas
d. Exclusivamente a sus actuaciones sin refrendo

2548. Por medio del refrendo, de los actos del Rey se responsabilizan:

a. Las Cortes Generales
b. el Gobierno
c. el Gobierno o las Cortes Generales
d. Las personas que la otorgan

2549. Los actos del Rey deben ser refrendados por:

a. el Presidente del Gobierno
b. Los Ministros
c. el Presidente del Congreso de los Diputados
d. Todos los citados, según los casos y circunstancias

2550. Los actos del Rey sin refrendo:

a. Carecen siempre de validez, sin excepción alguna
b. Carecen de validez, excepto los actos relativos al nombramiento y cese de los miembros civiles y militares de su Casa Real
c. Carecen de validez, excepto los actos relativos al nombramiento y cese de los miembros civiles y militares de su Casa Real, y los que se refieran a la concesión de honores y distinciones con arreglo a las leyes
d. Trasladan la responsabilidad a las personas que constitucionalmente debían prestar el refrendo

2551. La propuesta y nombramiento del Presidente del Gobierno, quien deberá refrendarla:

a. el anterior Presidente del Gobierno
b. el Ministro de Relaciones con las Cortes
c. el Presidente del Congreso
d. Ninguno de los citados

2552. Respecto a la dimisión del Rey:

a. Solo puede decretarla el Gobierno, previa autorización de las Cortes Generales por mayoría absoluta
b. Solo pueden decretarla las Cortes Generales, por mayoría simple
c. Solo pueden decretarla las Cortes Generales, por mayoría absoluta
d. Constitucionalmente, nadie puede obligar al Rey a dimitir

2553. La organización territorial del Estado se contempla fundamentalmente en la Constitución en el Titulo:

a. VI
b. VII
c. VIII
d. IX

2554. La mayoría de las CC AA existentes accedieron a la autonomía por la vía:

a. General u ordinaria del art. 143
b. Del art. 144
c. Del art. 145
d. Del art. 151

2555. Los Estatutos de Autonomía son definidos en la Constitución como la norma institucional básica:

a. Del Estado de las Autonomías
b. De cada Comunidad Autónoma, pero no integrantes del ordenamiento jurídico estatal
c. De cada Comunidad Autónoma y parte integrante del ordenamiento jurídico estatal
d. De les Comunidades Autónomas y de la Administración Local

2556. Los Estatutos de Autonomía deben plasmarse en:

a. Leyes de Bases
b. Leyes orgánicas
c. Leyes ordinarias
d. Leyes de transferencias

2557. Actualmente, de los Estatutos de Autonomía posibles, se han aprobado:

a. Todos
b. Todos, excepto los de los Cabildos Insulares
c. Todos, excepto los de Ceuta y Melilla
d. Todos, excepto los de los Consejos Insulares

2558. Las ciudades de Ceuta y Melilla, se han constituido en Comunidades Autónomas:

a. No
b. Si
c. Solo Ceuta
d. Sólo Melilla

2559. La reforma de los Estatutos de Autonomía:

a. Esta prohibida
b. En todo caso, requiere aprobación par las Cortes mediante Ley orgánica
c. En todo casa, requiere aprobación par las Cortes mediante Ley ordinaria
d. No requiere la aprobación de las Cortes Generales; basta simplemente con la aprobación por parte de la Asamblea Legislativa de la respectiva C.A

2560. La denominación de la Comunidad Autónoma será:

a. Libre
b. la que mejor corresponda a su identidad histórica
c. la que decidan los órganos de gobierno de la propia Comunidad
d. la que mejor corresponda a su identidad propia

2561. Las materias sobre las que el Estado tiene competencia exclusiva vienen enumeradas en la Constitución:

a. En el art. 149.1
b. En el art. 148.1
c. En el art. 150
d. En otro

2562. Las materias sobre las que las CC AA puede asumir competencias desde su constitución vienen enumeradas en el texto constitucional:

a. En el art. 149.1
b. En el art. 148.1
c. En el art. 150
d. En otro

2563. Las CC AA pueden asumir competencias en materia de:

a. Sanidad e higiene
b. Legislación sobre pesas y medidas
c. Administración de Justicia y derecho de asilo
d. Son correctas A y C

**2564. Las competencias sobre ferroca-
rriles:**

a. Son exclusivas del Estado

b. Pueden ser asumidas por las CC AA en el
casa de trenes de vía estrecha

c. Pueden ser asumidas par las CC AA cuando
su itinerario se desarrolle íntegramente en
su territorio

d. Pueden ser asumidas por una Federación
de CC AA cuando su itinerario se desarrolle
íntegramente en el territorio de las Comunidades Federadas

**2565. El Estado tiene competencia ex-
clusiva sobre:**

a. Relaciones internacionales

b. Bases del régimen minero y energético

c. Régimen aduanero y arancelario

d. Las tres son correctas

**2566. El Estado tiene competencia ex-
clusiva sobre:**

a. Ordenación del territorio, urbanismo y vivienda

b. Asistencia social

c. Marina mercante

d. Las tres son correctas

**2567. las CC AA pueden asumir com-
petencias en materia de:**

a. Pesca en aguas interiores

b. la alteración de los términos municipales

c. Tenencia y uso de armas y explosivos

d. Son correctas A y B

**2568. La competencia sobre los puer-
tos:**

a. Es exclusiva del Estado

b. Es exclusiva de las CC AA

c. Puede ser asumida por las CC AA cuando
se trate de puertos de refugio, puertos y ae-
ropuertos deportivos y, en general, los que
no desarrollen actividades comerciales

d. Ninguna de las anteriores es correcta

**2569. Pueden ser creados Cuerpos de
Policía propios por parte de las CC
AA:**

a. No, en ningún caso

b. Sí, en todo casa

c. Si, pero la forma que se establezca en sus
respectivos Estatutos y en el marco de lo
que disponga una Ley ordinaria

d. Si, pero en la forma que se establezca en
sus respectivos Estatutos y en el marco de
lo que disponga una Ley orgánica

**2570. Sobre la convocatoria de consul-
tas populares por vía de referéndum:**

a. la actuación en todo lo que concierne a esta
materia corresponde con exclusividad al Estado

b. Puede ser asumida por las CC AA, aunque
la autorización para celebrarlas es competencia exclusiva estatal

c. Puede ser asumida par las Comunidades
Autonomías de acuerdo con lo que disponga
en una Ley de Bases

d. Puede ser realizada por las CC AA sin necesidad de autorización estatal

**2571. Indique cual de las competen-
cias que a continuación se expresan
no es exclusiva del Estado**

a. la legislación básica sobre montes, aprovechamientos forestales y vías pecuarias

b. la promoción del deporte y de la adecuada
utilización del ocio

c. Dictar las bases del régimen estatutario de
los funcionarios de las CC AA

d. Dictar las normas básicas del régimen de
prensa, radio y televisión, en general, de
todos los medios de comunicación social

2572. En todo caso, el Derecho estatal:

a. Prevalece sobre el Derecho de las CC AA

b. Es supletorio del Derecho de las CC AA

c. Estará armonizado con el Derecho de las CC
AA

d. Ninguna de las anteriores es correcta

**2573. Son órganos institucionales au-
tonómicos:**

a. la Asamblea Legislativa, el Delegado del Gobierno, el Consejo de Gobierno y el Presidente de la Comunidad

b. la Asamblea Legislativa, el Consejo de Gobierno, el Presidente de la Comunidad y los
Presidentes de las Diputaciones Provinciales

c. la Asamblea Legislativa, el Consejo de Gobierno y el Presidente de la Comunidad

d. la Asamblea Legislativa, el Consejo de Gobierno, el Tribunal Superior de Justicia y el
Presidente de la Comunidad

**2574. La suprema representación de la
Comunidad Autónoma recae sobre:**

a. el Presidente de la Comunidad

b. el Presidente de la Asamblea Legislativa

c. el Delegado del Gobierno en la Comunidad
Autónoma

d. el Presidente del Tribunal Superior de Justicia

**2575. Al Presidente de la Comunidad
Autónoma le corresponde:**

a. la Presidencia de la Asamblea Legislativa

b. la dirección del Consejo de Gobierno

c. la Presidencia del Tribunal Superior de Justicia

d. Las tres son correctas

**2576. El Tribunal Superior de Justicia
de las CC AA es un órgano:**

a. Estatal, previsto en el art. 152 de la Constitución

b. Autonómico

c. Exclusivamente con competencia civil

d. Estatal, previsto en el art. 81

**2577. La representación ordinaria del
Estado en la Comunidad la ostenta:**

a. el Presidente de la Comunidad

b. El Presidente de la Asamblea Legislativa

c. el Delegado del Gobierno en la Comunidad
Autónoma

d. el Presidente del Tribunal Superior de Justicia

**2578. El control de los actos adminis-
trativos y de las normas reglamentarias de las CC AA corresponde:**

a. A la jurisdicción contencioso-administrativa

b. Al Tribunal Constitucional

c. Al Gobierno de la Nación

d. A los órganos jurisdiccionales propios de las
CC AA

**2579. El Presidente de la Comunidad
Autónoma es elegido por:**

a. Sufragio universal, libre, igual, directo y secreto en los términos que establece la Ley

b. la Asamblea Legislativa de la Comunidad,
de entre sus miembros

c. el Consejo de Gobierno de la Comunidad,
de entre sus miembros

d. la Asamblea Legislativa de la Comunidad,
pero sin que necesariamente tenga que
serlo de entre sus miembros

**2580. Los miembros de las Asambleas
Legislativas de las CC AA son elegidos:**

a. Por los Alcaldes de los municipios que las
integran

b. Por sufragio universal

c. Por las Cortes Generales

d. Por los Concejales electos de los municipios
que las integran

**2581. En la Constitución se establece
que la elección de los miembros de
las Asambleas Legislativas de las CC
AA debe realizarse mediante un sistema de representación proporcional
que asegure, en todo caso, la representación:**

a. De los diversos Municipios del territorio

b. De las Provincias del territorio

c. De los diversos partidos judiciales del territorio

d. De las diversas zonas del territorio

**2582. El Presidente de la Comunidad
responde de su gestión política ante:**

a. Las Cortes Generales

b. la Asamblea Legislativa de la Comunidad
Autónoma

c. el Tribunal Superior de Justicia de la Comunidad Autónoma

d. el Presidente del Gobierno de la Nación

**2583. las CC AA pueden obtener recur-
sos:**

a. Por recargos sobre impuestos estatales

b. Mediante el establecimiento de sus propios
impuestos

c. Por rendimientos de sus bienes patrimoniales

d. Las tres son correctas

2584. La adopción de medidas tributarias por parte de las CC AA sobre bienes situados fuera de su territorio tiene que ser previamente autorizada por:

a. Las Cortes Generales, mediante ley orgánica

b. Las demás Comunidades Autónomas afectadas

c. el Consejo de Ministros, a propuesta del Ministro de Economiza y Hacienda

d. la pregunta esta mal formulada, dado que la adopción de tales medidas esta expresamente prohibida en la Constitución

2585. El control de la actividad económica y presupuestaria de los órganos e instituciones de las CC AA la ejerce:

a. el Tribunal de Cuentas

b. la jurisdicción contencioso-administrativa

c. el Gobierno de la Nación

d. el Tribunal Constitucional

2586. Los miembros del Consejo de Gobierno responden de su gestión política ante:

a. Las Cortes Generales

b. la Asamblea Legislativa de la Comunidad Autónoma

c. el Tribunal Superior de Justicia de la Comunidad Autónoma

d. el Presidente del Gobierno de la Nación

2587. La creación del denominado Fondo de Compensación Interterritorial responde al principio de

a. Igualdad

b. Solidaridad

c. Suficiencia financiera

d. desconcentración

2588. Los recursos del Fondo de Compensación Interterritorial son distribuidos entre las distintas Comunidades Autónomas:

a. Por las Cortes Generales

b. Por el Tribunal de Cuentas

c. De mutuo acuerdo por todas ellas

d. Proporcionalmente a la población de derecho de cada una

2589. Según la Constitución, los recursos del Fondo de Compensación Interterritorial serán distribuidos entre las CC AA y, en su caso, entre:

a. Los Municipios

b. Las Mancomunidades de Municipios

c. Las Comarcas

d. Las Provincias

2590. Las cantidades recibidas por las CC AA del Fondo de Compensación Interterritorial:

a. Pueden destinarse a cualquier clase de gasto

b. Deben destinarse a gastos de inversión

c. Deben destinarse al sector agrícola

d. Deben destinarse a la amortización de deudas

2591. Puede el Estado transferir o delegar en las CC AA facultades de titularidad estatal:

a. Nunca, en ningun caso

b. Sólo en favor de las CC históricas

c. Si, en todos los casos

d. Si, pero siempre que se trate de materias susceptibles de transferencia o delegación

2592. Una ley marco se caracteriza por:

a. Transferir o delegar en las CC AA facultades correspondientes a materias de titularidad estatal

b. Establecer los principios necesarios para armonizar las disposiciones normativas de las CC AA, aun en el caso de materias atribuidas a la competencia de estas últimas

c. Atribuir a las CC AA, en materia de titularidad estatal, la facultad de dictar para si mismas normas legislativas dentro de unos principios, bases y directrices

d. Atribuir a las CC AA, en materia de titularidad estatal o autonómica, la facultad de dictar para si mismas normas legislativas dentro de unos principios, bases y directrices

2593. Las leyes marco:

a. Son leyes ordinarias

b. Son leyes orgánicas

c. Requieren mayoría de tres quintos en Congreso y Senado

d. Requieren mayoría de dos tercios en Congreso y Senado

2594. Las normas legislativas que, al amparo de las leyes marco, emanen de las Comunidades Autonómicas, serán en todo caso controladas por:

a. Las Cortes Generales

b. el Tribunal Constitucional

c. Los Tribunales Superiores de Justicia

d. la jurisdicción contencioso-administrativa

2595. Mediante una Ley de transferencias, las CC AA asumen facultades correspondientes a materias de titularidad:

a. Estatal que, por su propia naturaleza, son susceptibles de transferencia o delegación

b. Estatal que, por su propia naturaleza, no son susceptibles de transferencia o delegación

c. Autonómica previstas en sus propios estatutos

d. Autonómica no previstas en sus propios Estatutos

2596. Las leyes de transferencias:

a. Son leyes ordinarias

b. Son leyes orgánicas

c. Requieren mayoría de tres quintos en Congreso y Senado

d. Requieren mayoría de dos tercios en Congreso y Senado

2597. La finalidad de una Ley de armonización es la de:

a. Refundir en un solo texto legal las disposiciones normativas de las CC AA

b. Dar uniformidad a las disposiciones normativas de las CC AA

c. Dotar de flexibilidad a las disposiciones normativas de las CC AA

d. Atribuir a las CC AA de la facultad de dictar para si mismas disposiciones normativas

2598. Para que pueda dictarse una Ley de armonización es preciso que:

a. Lo soliciten dos o mas Asambleas Legislativas de Comunidades Autónomas

b. Lo solicite el Gobierno de la Nación

c. Lo exija el interés general, circunstancia que debe ser apreciada por las Cortes Generales por mayoría simple

d. Lo exija el interés general, circunstancia que debe ser apreciada por las Cortes Generales por mayoría absoluta

2599. Las leyes de armonización:

a. Son leyes ordinarias

b. Son leyes organicas

c. Requieren mayoría de tres quintos en Congreso y Senado

d. Requieren mayoría de dos tercios en Congreso y Senado

2600. Se distingue entre parte dogmática y parte orgánica en la Constitución de 1978:

a. No, su estructura es única, estando dividida en títulos

b. Sí, la parte dogmática agruparía los grandes principios y derechos que inspiran el desarrollo del Estado, mientras que la parte orgánica se referiría a la Organización del Estado

c. Sí, la parte dogmática sería el preámbulo y el resto formaría la parte orgánica

d. Son todas falsas

2601. El preámbulo de la Constitución, es una norma de aplicación directa:

a. Sí, por tratarse de una parte integrante de la norma fundamental

b. Sí, porque recoge los principios garantizados mediante la Constitución

c. No, porque su concreción no es posible, dado su carácter genérico y ambiguo

d. No, porque no forma parte de la Constitución

2602. La soberanía, según la Constitución de 1.978 reside en:

a. la Corona

b. el Gobierno

c. la Nación

d. el pueblo español

2603. En el Preámbulo, la Soberanía reside en la Nación, mientras que según el Artículo 1º, reside en el pueblo español. Qué es correcto:

a. Lo dispuesto en el Preámbulo dado su carácter ideológico

b. Lo dispuesto en el Artículo 1º, puesto que el Preámbulo no tiene virtualidad normativa, y no es aplicable

c. Es de aplicación el Artículo 1º, por encontrarse situado con posterioridad, por lo que las normas posteriores derogan a las anteriores

2604. La Constitución está formada por:

a. Un Título Preliminar y 10 Títulos más, así como una Disposición Final

b. Un Preámbulo, un Título Preliminar y 10 Títulos más

c. Un Preámbulo, un Título Preliminar, 10 Títulos, y por 4 Disposiciones Adicionales, 9 Transitorias, 1 Derogatoria y una Final

d. Un Título Preliminar, 10 títulos, 4 Disposiciones Adicionales, 9 Transitorias y una Final

2605. Se puede interponer Recurso de Amparo ante el Tribunal Constitucional con el fin de defender los siguientes Derechos:

a. Los recogidos en el Título Preliminar

b. Los recogidos en el Capítulo Segundo del Título 1º

c. Los recogidos en el Artículo 14, la Sección 2ª del Capítulo Segundo del Título 1º

d. Los recogidos en el Artículo 14, la Sección 1ª del Capítulo Segundo del Título 1º y el Artículo 3.3

2606. Qué tipo de derechos cuentan con la protección de acudir ante el Tribunal Constitucional mediante la interposición de un recurso de inconstitucionalidad y únicamente pueden ser regulados por ley:

a. Los recogidos en la Sección segunda del Capítulo Segundo del Título I

b. Los recogidos en la Sección segunda del Capítulo Segundo, del Título I, excepto el derecho a la objeción de conciencia y el derecho a la igualdad ante la Ley

c. Los recogidos en la Sección segunda del Capítulo segundo del Título I, excepto el derecho a la objeción de conciencia

d. Los recogidos en la Sección primera del Capítulo segundo del Título I

2607. Puede existir discrepancia entre los Derechos recogidos en la Constitución y los establecidos en la Declaración Universal de Derechos Humanos:

a. Sí, el catálogo de los Derechos recogidos en la Constitución es más amplio

b. No, todas las normas internacionales están supeditadas a la Constitución

c. Sí, porque la Constitución tiene mayor rango normativo

d. No, porque todas las normas que afecten a los derechos y libertades, han de ser interpretados conforme a la Declaración Universal de Derechos Humanos

2608. Puede un español de origen ser privado de su nacionalidad:

a. Sí, por adquisición de otra nacionalidad distinta

b. Sí, por matrimonio y residencia con una personal de otro país

c. No, no puede ser privado por los poderes públicos

d. No, salvo que se haya fugado fuera de España

2609. La forma política del Estado español es:

a. Social y de Derecho

b. Monarquía Parlamentaria

c. Monarquía Constitucional

d. el Estado Autonómico

2610. Qué es el Habeas Corpus:

a. Un procedimiento judicial utilizado en caso de vulneración de un derecho fundamental

b. Un procedimiento judicial dispuesto para los casos de tortura

c. Un procedimiento judicial que impide la vulneración del derecho a la igualdad de todos los españoles

d. Es un procedimiento judicial que impide las detenciones ilegales

2611. Qué es el Habeas Corpus:

a. Un recurso administrativo

b. Un recurso judicial

c. Un procedimiento administrativo

d. Un procedimiento judicial

2612. En caso de delito de terrorismo, es posible la entrada policial en un domicilio particular para efectuar un registro, sin consentimiento del dueño:

a. Sí, porque se trata de un caso de fuerza mayor

b. Sí, siempre y cuando se cuente con autorización judicial previa

c. No, porque ha sido declarada inconstitucional la Ley Orgánica de Seguridad

d. No, porque se estaría vulnerando el Artículo 18, que declara al domicilio inviolable

2613. La detención preventiva no puede durar más de:

a. 72 horas

b. Del tiempo estrictamente necesario para la realización de las averiguaciones de los hechos

c. 48 horas

d. Son correctas A y B

2614. En qué ocasiones pueden ser alegados ante la Jurisdicción ordinaria los principios reconocidos en el Capítulo 3º del Título I:

a. Sólo se pueden alegar directamente

b. Sólo se pueden alegar de acuerdo con lo que dispongan las leyes que los desarrollen

c. Sólo se pueden alegar de acuerdo con lo que dispongan las leyes reguladoras del Poder Judicial

d. Sólo se pueden alegar de acuerdo con lo que disponga la Ley Orgánica del Poder Judicial

2615. El Defensor del Pueblo puede interponer:

a. Cuestión de inconstitucionalidad

b. Recurso de amparo y cuestión de inconstitucionalidad

c. Cuestión de inconstitucionalidad y recurso de inconstitucionalidad

d. Recurso de amparo y recurso de inconstitucionalidad

2616. El Defensor del Pueblo es designado:

a. Por las Cortes Generales

b. Por la Corona

c. Por el Presidente del Gobierno

d. Por el Congreso de los Diputados

2617. El Estado se organiza territorialmente en:

a. Areas metropolitanas
b. Comarcas
c. Mancomunidades
d. Municipios, Provincias y Comunidades Autónomas

2618. La creación de Comunidades Autónomas:

a. Es un Derecho de ejercicio obligatorio
b. Es un deber
c. Es un Derecho y un deber al mismo tiempo
d. Es un Derecho que podrá ejercitarse o no, a voluntad de esos entes territoriales a los que se les reconoce

2619. Los Estatutos de Autonomía se aprueban por:

a. Leyes Orgánicas
b. Leyes Ordinarias
c. Leyes Autonómicas
d. Leyes Marco

2620. El contenido mínimo de los Estatutos de Autonomía:

a. la determinación de las competencias asumidas por la Comunidad
b. la denominación de la Comunidad y la delimitación de su territorio
c. la denominación, organización y sede de las instituciones de la Comunidad Autónoma
d. la denominación de la Comunidad, la delimitación de su territorio, la denominación, organización y sede de sus instituciones y las competencias asumidas

2621. Territorialmente España se constituye en:

a. Un Estado Regional
b. Un Estado Centralizado
c. Un Estado Integrado
d. Un Estado Autonómico

2622. En el Ordenamiento Jurídico Español, la norma de mayor rango jerárquico es:

a. el Tratado de Maastricht
b. la Corona
c. la Constitución
d. el Tratado de adhesión a la UE

2623. España se constituye en un Estado social y democrático de Derecho, lo que supone que:

a. Es únicamente una definición sin valor normativo alguno
b. No hay diferencia entre un Estado Social y otro Liberal
c. Supone el reconocimiento de unos fines a los que el Estado ha de atender y el sometimiento a la Ley
d. No existen los Estados Sociales ni Democráticos de Derecho

2624. Hubiese variado en algo que, en vez de decir que la forma política del Estado español es la Monarquía Parlamentaria, se hubiese dicho la forma de Gobierno...:

a. No, porque el Rey reina pero no gobierna
b. Sí, porque con la redacción actual, el Estado no existiría si no existiese la Monarquía Parlamentaria
c. Sí, porque entonces el Presidente del Gobierno, sería el máximo representante del Estado español
d. Sí porque en realidad el Parlamento al que elige es al Gobierno

2625. Según el Artículo 15 que garantiza el derecho a la vida y a la integridad física, se afirma que:

a. Todas las personas tienen derecho a la vida
b. Todos los españoles tienen derecho a la vida
c. Todos tienen derecho a la vida
d. Todos los ciudadanos tienen derecho a la vida

2626. La pena de muerte ha sido abolida en España:

a. Si, en todos los casos
b. Sí, salvo en caso de guerra y por decisión de los Tribunales militares bajo su jurisdicción
c. No, únicamente en tiempo de paz
d. No, porque en el Código Penal aún sigue vigente

2627. Cuál es el único Título que está a su vez dividido en Capítulos y Secciones:

a. el Preliminar
b. el Título I
c. el Título VIII
d. el Título IV

2628. Cabe algún tipo de recurso contra las Sentencias del Tribunal Constitucional:

a. Sí, recurso de amparo
b. Sí, recurso de revisión
c. No cabe recurso alguno
d. Únicamente cabe recurso de apelación

2629. Está previsto en la Constitución de 1.978, la institución del jurado:

a. No, lo prevé una Ley Orgánica
b. Si, en la forma y respecto a todos los procesos
c. Solo para los procesos penales
d. Ninguna de las anteriores es correcta

2630. Todos los derechos y libertades reconocidos en el capítulo segundo del título primero de la Constitución se regularán:

a. Por Ley
b. Por Ley Ordinaria
c. Por Ley Orgánica
d. Por Decretos-Leyes

2631. El Presidente del Tribunal Constitucional se nombra por el Rey a propuesta de:

a. el propio Tribunal
b. el Presidente del Gobierno
c. el Gobierno
d. el Consejo General del Poder Judicial

2632. El Principio de Igualdad está recogido en la Constitución en el:

a. Título I
b. Título Preliminar
c. la Sección Primera del Título I
d. Título XII

2633. Las primeras elecciones democráticas celebradas en España tras la muerte de Franco tuvieron lugar en:

a. 1975
b. 1976
c. 1977
d. 1978

2634. El referéndum en el que se aprobó popularmente la Constitución se llevó a efecto el:

a. 27 de diciembre de 1978
b. 6 de diciembre de 1978
c. 31 de octubre de 1978
d. 29 de diciembre de 1979

2635. la ponencia encargada de redactar el borrador de la Constitución se constituyó en el:

a. Senado
b. Senado y Congreso
c. Congreso
d. Gobierno

2636. Si un poder público, en su actuación, infringe lo dispuesto en el preámbulo de la Constitución:

a. Incurre en nulidad
b. Incurre en inconstitucionalidad
c. No pasa nada, salvo que, coma consecuencia de esa actuación, se infrinja un articulo de la propia Constitución
d. Nada de la anterior es cierto

2637. El principio en virtud del cual el ciudadano esta amparado por una legislación no sujeta a continuos vaivenes es el de:

a. Legalidad
b. Publicidad normativa
c. Seguridad jurídica
d. Jerarquía normativa

2638. NO es competencia del TC:

a. el recurso de amparo por violación de los derechos y libertades públicas reconocidos en el Artículo 14 y la Sección 1ª del Capítulo IIº del Título Iº
b. el derecho a la objeción de conciencia
c. Las causas contra Diputados y Senadores
d. Los conflictos entre los órganos constitucionales del Estado

2639. Según la Constitución, una norma que imponga una nueva pena más leve para un delito:

a. No se aplica retroactivamente
b. Puede aplicarse retroactivamente
c. Ha de ser reglamentaria
d. Atenta contra el principia de legalidad penal si se aplica retroactivamente

2640. Todos los españoles, respecto al castellano, tienen el:

a. Derecho-deber de conocerlo
b. Derecho de usar y deber de conocerlo
c. Derecho-deber de usarlo
d. Nada de lo anterior

2641. la capital del Estado en España es:

a. la propia de cada Comunidad Autónoma
b. Madrid
c. Aquella donde se establezca en cada momento el Gobierno
d. Aquella en la que resida generalmente el Rey

2642. El Titulo de la Constitución que trata de la reforma constitucional es el:

a. Primero
b. Décimo
c. Noveno
d. Undécimo

2643. El Defensor del Pueblo se regula en el siguiente Titulo y Capitulo respectivamente:

a. Preliminar y 1º
b. Segundo y 4º
c. Segundo y 3º
d. Primero y 4º

2644. El Titulo de la CE que trata del Gobierno y la Administración es el:

a. Tercero
b. Cuarto
c. Quinto
d. Sexto

2645. Los principios rectores de la política social y económica se regulan en el siguiente Capitulo y Titulo de la Constitución:

a. Segundo del Primero
b. Tercero del Primero
c. Tercero del Preliminar
d. Primero del Séptimo

2646. la derogación de una norma postconstitucional que vaya en contra de la Constitución se efectúa por el/la/las:

a. Propia Constitución
b. Tribunal Constitucional
c. Cortes Generales
d. Gobierno

2647. El Estado es:

a. Apolítico
b. Aconfesional
c. De bienestar social
d. Federal

2648. La Constitución entró en vigor el:

a. 27 de diciembre de 1978
b. 29 de diciembre de 1978
c. 1 de enero de 1979
d. 31 de octubre de 1978

2649. La forma política del Estado español es:

a. Su consideración coma social y democrático de Derecho
b. la soberanía popular
c. la Monarquía Parlamentaria
d. Todas las anteriores la configuran

2650. Entre los valores superiores de nuestro ordenamiento jurídico no se encuentra el de:

a. Justicia
b. Igualdad
c. Libertad
d. Seguridad jurídica

2651. La interdicción de la arbitrariedad de los poderes públicos significa que:

a. Pueden actuar arbitrariamente
b. Gozan de amplias potestades discrecionales
c. Se les prohibe taxativamente actuar con arbitrariedad
d. Pueden revisar en vía administrativa sus actos ilegales

2652. El instrumento fundamental para la participación política:

a. Sindicatos y Asociaciones Empresariales
b. Fuerzas y Cuerpos de Seguridad
c. Cortes Generales
d. Partidos Políticos

2653. El Titulo de la Constitución que trata del Poder Judicial es el:

a. Tercero
b. Quinto
c. Cuarto
d. Sexto

2654. Al Tribunal Constitucional, se dedica el Titulo:

a. Décimo
b. Octavo
c. Noveno
d. Ninguno

2655. El titular de la soberanía española es el/las:

a. Rey
b. Cortes Generales
c. Gobierno de la Nación
d. Pueblo español

2656. Según la Constitución, una disposición sancionadora que sea favorable a un delincuente que este cumpliendo condena:

a. No se le aplica retroactivamente
b. Cuando los Tribunales de Justicia la estimen oportuno, se le aplicara retroactivamente
c. Se le aplicara en todo casa
d. Solo se le aplicara si le aumenta la condena

2657. Las normas deben:

a. Ser retroactivas
b. Aprobarse solo por las Cortes
c. Publicarse necesariamente
d. Ser arbitrarias

2658. Garantizar la soberanía e independencia de España, defender su integridad territorial y el ordenamiento constitucional es competencia de los/de las:

a. Cortes Generales
b. Fuerzas Armadas
c. Sindicatos y Asociaciones Empresariales
d. Fuerzas y Cuerpos de Seguridad

2659. La dignidad de la persona, los derechos inviolables que le son inherentes, el libre desarrollo de la personalidad, el respeto a la Ley y a los derechos de los demás son el fundamento del:

a. Orden jurídico y la paz social
b. Orden político y dicha paz social
c. Orden social y la paz jurídica
d. Orden constitucional y la paz política

2660. La mayoría de edad en España se produce al:

a. Emanciparse
b. Empadronarse coma cabeza de familia
c. Jurar la Constitución
d. Cumplir los 18 anos

2661. la Constitución se reformó el:

a. 27 de diciembre de 1978
b. 27 de agosto de 1992
c. 25 de julio de 1992
d. Nunca

2662. Se reformó la Constitución para:

a. Conceder el sufragio activo a los extranjeros
b. Conceder sufragio pasivo a los extranjeros
c. Reconocer todo tipo de sufragio a los españoles
d. Autorizar la firma del Tratado de Maastricht

2663. Se dice que una Constitución es impuesta cuando:

a. Nace del compromiso entre el poder y las fuerzas políticas y sociales
b. Tiene su origen en la concesión voluntaria del poder político
c. Surge de una decisión adoptada par el pueblo
d. Proviene de una decisión ajena a la voluntad mayoritaria del pueblo

2664. Una Constitución es pactada si:

a. Nace del compromiso entre el poder y las fuerzas políticas y sociales

b. Tiene su origen en la concesión voluntaria del poder político

c. Surge de una decisión adoptada por el pueblo

d. Proviene de una decisión ajena a la voluntad mayoritaria del pueblo

2665. Las constituciones espontáneas:

a. Nacen del compromiso entre el poder y las fuerzas políticas y sociales

b. Tienen su origen en la concesión voluntaria del poder político

c. Surgen de una decisión adoptada por el pueblo

d. Provienen de una decisión ajena a la voluntad mayoritaria del pueblo

2666. Qué Constitución española se aprobó durante el reinado de Alfonso XII:

a. la de 1931

b. la de 1876

c. la de 1869

d. la de 1845

2667. Qué General catalán para mas señas tuvo especial trascendencia en la gestación de la Constitución de 1869:

a. Al General Pavia

b. Al General Mola

c. Al General Prim

d. Al General Martinez Campos

2668. Tras el fallecimiento de Franco, quién ostentó en primer termino la Presidencia del Gobierno:

a. Arias Navarro

b. Adolfo Suárez

c. Leopoldo Calvo Sotelo

d. Felipe González

2669. Qué nombre recibió la Ley-puente que permitió reformar las Leyes Fundamentales del régimen del general Franco y pasar a una nueva legitimidad respetando dichas Leyes:

a. Ley de Bases de la Constitución de 1978

b. Ley de Reforma Politiza

c. Ley de Referéndum Nacional

d. Ley del Proceso Democrático

2670. Quién ostentaba la Presidencia del Gobierno en el momento de aprobarse la Ley puente que permitió reformar las leyes fundamentales del régimen de Franco:

a. Arias Navarro

b. Adolfo Suarez

c. Leopoldo Calvo Sotelo

d. Felipe Gonzalez

2671. La Ley puente que permitió reformar las leyes fundamentales del régimen de Franco fue ratificada por el pueblo español en referéndum:

a. el 20 de noviembre de 1975

b. B 15 de diciembre de 1976

c. el 20 de febrero de 1977

d. el 20 de diciembre de 1977

2672. La Constitución de 1978 fue ratificada:

a. Por los Presidentes de las Diputaciones Provinciales

b. Por los principales partidos políticos

c. Por las centrales sindicales mayoritarias

d. Por el pueblo español en referéndum

2673. De la Ponencia encargada de redactar el borrador de la Constitución de 1978 no formó parte:

a. Manuel Fraga Iribarne

b. Miguel Roca

c. Alfonso Guerra

d. Gregorio Peces Barba

2674. Cuándo fue aprobada por las Cortes Generales la Constitución :

a. el 30 de octubre de 1978

b. el 31 de octubre de 1978

c. El 6 de noviembre de 1978

d. el 27 de diciembre de 1978

2675. La Constitución fue ratificada por el pueblo en referéndum. En qué fecha:

a. el 30 de octubre de 1978

b. el 31 de octubre de 1978

c. el 6 de diciembre de 1978

d. el 29 de diciembre de 1978

2676. El Rey sanciono la Constitución de 1978 el:

a. 31 de octubre de 1978

b. 6 de diciembre de 1978

c. 27 de diciembre de 1978

d. 29 de diciembre de 1978

2677. Las Cámaras se reúnen cada:

a. 2 meses

b. Cada trimestre

c. Cada 6 meses

d. Ninguna de las anteriores

2678. Según la materia que tratan, los artículos de la Constitución se agrupan en primer término en:

a. Apartados

b. Secciones

c. Títulos

d. Capítulos

2679. Algunos Títulos de la Constitución se dividen en:

a. Apartados

b. Capítulos

c. Secciones

d. Ninguna de las anteriores es correcta

2680. La Constitución se compone de:

a. Un Preámbulo, un Titulo Preliminar y diez Títulos mas

b. Un Preámbulo, un Titulo Preliminar y nueve Títulos mas

c. Un Preámbulo, un Titulo Preliminar y once Títulos mas

d. Un Preámbulo, un Titulo Preliminar y ocho Títulos mas

2681. La Constitución de 1978 contiene:

a. Una disposición adicional, una transitoria, una derogatoria y una final

b. Nueve disposiciones adicionales, cuatro transitorias, una derogatoria y una final

c. Cuatro disposiciones adicionales, nueve transitorias, dos derogatorias y una final

d. Cuatro disposiciones adicionales, nueve transitorias, una derogatoria y una final

2682. La Constitución tiene un total de:

a. 179 artículos

b. 169 artículos

c. 188 artículos

d. 196 artículos

2683. Qué Títulos de la Constitución están divididos en Capítulos:

a. Los Títulos I, II, III y X

b. Los Títulos I, III y VIII

c. Todos los Títulos, excepto el Preliminar

d. Todos los Títulos, incluido el Preliminar

2684. Qué Capitulo o Capítulos de la Constitución están divididos en Secciones:

a. el Capitulo Segundo del Titulo I, dividido en dos Secciones, y el Capitulo Segundo del Titulo III, que se divide en tres Secciones

b. El Capitulo Segundo del Titulo I, dividido en dos Secciones, existiendo en dicho Capitulo un articulo, el 16, no incluido en ninguna de las Secciones

c. El Capitulo Segundo del Titulo I, dividido en dos Secciones, existiendo en dicho Capitulo un articulo, el 15, no incluido en ninguna de las Secciones

d. El Capitulo Segundo del Titulo I, dividido en dos Secciones, existiendo en dicho Capitulo un articulo, el 14, no incluido en ninguna de las Secciones

2685. la Constitución no tiene:

a. Un Titulo dedicado al Poder Judicial

b. Una disposición final

c. Once Titulas

d. Cuatro disposiciones transitorias

2686. El Título Preliminar y el Título I de la Constitución forman básicamente su parte:

a. Dogmática

b. Programatica

c. Estatutaria

d. Orgánica

2687. Los Títulos de la Constitución que no forman la parte dogmática forman su parte:

a. Dogmática
b. Programatica
c. Estatutaria
d. Orgánica

2688. En cuántos Capítulos se encuentra dividido el Titulo I:

a. 2   b. 3   c. 4   d. 5

2689. Según la Constitución, la soberanía nacional reside en:

a. el Gobierno
b. Las Cortes Generales
c. el Jefe del Estado
d. el pueblo español

2690. En qué Título constitucional se reconocen las diferentes lenguas oficiales españolas:

a. En el Preliminar
b. En el Titulo f
c. En el Titulo II
d. En el Titulo III

2694. El Título I de la Constitución trata:

a. De los derechos y deberes fundamentales
b. De la organización territorial del Estado
c. De la Corona
d. De los Estatutos de Autonomía

2695. De las relaciones entre el Gobierno y las Cortes Generales se ocupa la Constitución en su Titulo:

a. VI   b. VII   c. VIII   d. Otro

2696. El Título VI de la Constitución trata:

a. De las relaciones entre el Gobierno y las Cortes Generales
b. De la organización territorial del Estado
c. Del Gobierno y la Administración
d. Del Poder Judicial

2697. Cuál es el Titulo con máyor número de artículos:

a. I   b. II   c. X   d. Otro

2698. En cuanto al numero de artículos que contiene, cual es el Titulo mas breve de la Constitución:

a. el Titulo I
b. el Titulo II
c. el Titulo X
d. Ninguna de las anteriores es correcta

2699. Qué denominación recibe el supremo órgano consultivo del Gobierno:

a. Consejo de Estado
b. Consejo del Reino
c. Tribunal Constitucional
d. Defensor del Pueblo

2700. En que Título constitucional se aborda la elaboración de los presupuesto generales del Estado:

a. En el Titulo VIII
b. En el Titulo IX
c. En el Titulo X
d. Ninguna es correcta

2691. La Corona se regula en la Constitución en el Titulo:

a. Preliminar   b. I   c. II   d. III

2692. A las Cortes Generales dedica la Constitución su Titulo:

a. II   b. III   c. IV   d. VI

2693. Donde establece la Constitución la forma del nombramiento del Presidente del Gobierno y de los Ministros, así como su cese y responsabilidades:

a. En su Titulo III
b. En su Titulo IV
c. En su Titulo V
d. En su Titulo VI

2701. Los criterios básicos de la Administración Local son fijados en la Constitución:

a. En su Titulo VII
b. En su Titulo VIII
c. En su Titulo IX
d. Ninguna de las anteriores es correcta

2702. Al Tribunal Constitucional dedica la Constitución:

a. Su Titulo VII
b. Su Titulo VIII
c. Su Titulo IX
d. Un Titulo distinto de los anteriores

2703. En virtud de la disposición adicional primera de la Constitución, podrán los navarros, si así se contemplara en su antiguo Fuero, participar en las elecciones de Diputados, Senadores, Concejales, Alcaldes o miembros del Parlamento navarro, antes de cumplir los 18 años:

a. Podrán ser electores, pero no elegibles
b. Podrán ser elegibles, pero no electores
c. Podrán ser electores y elegibles
d. No podrán ser electores ni elegibles

2704. En virtud de la disposición adicional primera de la Constitución, los navarros menores de edad podrán efectuar en el ámbito privado aquellas operaciones o acciones amparadas por su Fuero, aunque no se reconozcan en el Derecho común

a. Cierto
b. Falso
c. Se exceptúan las transmisiones de bienes inmuebles
d. Se exceptúan las operaciones de préstamo

2705. La Constitución NO establece entre sus principios básicos:

a. Un Estado social y democrático de Derecho
b. Una monarquía parlamentaria
c. Un sistema parlamentario bicameral
d. Un Estado unitario centralizado

2706. A cual de las Constituciones españolas se le conoce popularmente con el nombre de «La Pepa»:

a. A la de Bayona, de 1808
b. A la de Cádiz, de 1812
c. A la de 1931
d. A la de 1978

2707. De las relaciones entre el Gobierno y las Cortes Generales se ocupa la Constitución en su Título:

a. VI
b. VII
c. VIII
d. Ninguna de las anteriores es correcta

2708. Como finalidad de las penas de prisión señala la Constitución:

a. la reeducación y reinserción social del penado
b. el arrepentimiento y reinserción social del penado
c. la formación profesional y el arrepentimiento del penado
d. la formación profesional y reeducación del penado

2709. De acuerdo con la Constitución:

a. Los poderes públicos pueden disponer la expropiación forzosa sin limitación alguna, pero siempre mediante la correspondiente indemnización
b. En su caso, la expropiación se realizará de conformidad con lo dispuesto en las leyes, cuando obedezca a causa justificada de interés para la Administración Pública y mediante la correspondiente indemnización
c. En su caso, la expropiación se realizará de conformidad con lo dispuesto en las leyes, cuando obedezca a razones de Estado y mediante la correspondiente indemnización
d. En su caso, la expropiación se realizará de conformidad con lo dispuesto en las leyes, cuando obedezca a causa justificada de utilidad pública o interés social y mediante la correspondiente indemnización

2710. La Diputación Permanente (tanto del Congreso como del Senado) constará de:

a. 18 miembros
b. De 18 a 21 miembros
c. 33 miembros
d. Como mínimo de 21 miembros

2711. Qué órgano es competente para declarar el estado de sitio:

a. Las Cortes Generales, por mayoría absoluta de los miembros de ambas Cámaras
b. el Congreso de los Diputados, por mayoría absoluta, a propuesta del Consejo de Estado
c. el Congreso de los Diputados, por mayoría absoluta, a propuesta del Gobierno
d. el Gobierno, previa autorización del Congreso de los Diputados por mayoría absoluta

2712. Qué órgano es competente para conocer de la instrucción y enjuiciamiento de las causas contra un Magistrado de un Tribunal Superior de Justicia:

a. la Sala de lo Civil y Penal de dicho Tribunal
b. la Sala de lo Penal de la Audiencia Nacional
c. la Sala de lo Penal del Tribunal Supremo
d. Una Sala formada por el Presidente del Tribunal Superior de Justicia, los Presidentes de la Sala y el Magistrado más moderno de cada una de ellas

2713. Qué responsabilidad se puede exigir a un miembro del Ministerio Fiscal que, incurriendo en dolo o culpa, cause daño en el ejercicio de sus funciones:

a. Civil
b. Pública
c. Disciplinaria
d. Penal

2714. Los miembros del Gobierno se reúnen en…

a. Consejo de Ministros
b. Comisiones Subdelegadas del Gobierno
c. Comisiones Delegadas del Gobierno
d. a. y c. son correctas

2715. En los casos de vacante, ausencia o enfermedad, las funciones del Presidente del Gobierno serán asumidas por…

a. Los Ministros
b. Los Ministros sin cartera
c. Los Vicepresidentes
d. Nadie

2716. Quién elige a los vocales de la Comisión Permanente del CGPJ:

a. 2 el turno judicial y 3 el de juristas
b. 3 el turno judicial y 2 el de juristas
a. 3 el turno judicial y otros 3 el de juristas
b. 2 el turno judicial y otros 2 el de juristas

2717. Cuál de los siguientes órganos es un órgano superior:

a. Los Subsecretarios y Secretarios Generales
b. Los Secretarios de Estado
c. Los Secretarios Generales Técnicos y Directores Generales
d. Los Subdirectores Generales

2718. Para que el pleno del CGPJ esté válidamente constituido se precisa que se hallen presentes, como mínimo:

a. la mitad de sus miembros
b. Catorce de sus miembros, con asistencia del Presidente o de quien le sustituya legalmente
c. Dieciséis de sus miembros, con asistencia del Presidente o quien legalmente le sustituya
d. la mitad más uno de sus miembros

2719. Las Comisiones Legislativas de las Cortes Generales, pueden aprobar leyes orgánicas:

a. Sí, en todo caso
b. No, en ningún caso
c. Solamente pueden hacerlo con autorización expresa de la Mesa de la Cámara
d. Solamente pueden hacerlo con autorización expresa de ambas Cámaras, tomada para cada ley por mayoría absoluta

2720. El Vicepresidente del Tribunal Supremo ha asumido las funciones del Vicepresidente del CGPJ y se elige, al igual que se elegía a éste, en el Pleno del CGPJ por mayoría...

a. ...de 2/3
b. ...de 3/5
c. ...absoluta
d. ...simple

2721. Quién debe aprobar los Reglamentos que dicte el CGPJ sobre personal:

a. la Comisión de Calificación
b. la Comisión Disciplinaria
c. la Comisión Permanente
d. el Pleno

2722. A la isla de Gran Canaria le corresponden:

a. Dos Senadores
b. Tres Senadores
c. Cuatro Senadores
d. Cinco Senadores

2723. El Presidente del Tribunal Supremo y del CGPJ tomará posesión de su cargo:

a. Ante los Plenos del Tribunal Supremo y del Consejo General del Poder Judicial, en sesión conjunta
b. Ante el Consejo General del Poder Judicial en pleno
c. Ante las Cámaras, en sesión conjunta
d. Ante el Rey

2724. Cuál de los siguientes no es un órgano colegiado:

a. la Comisión de Funciones
b. el Pleno
c. la Comisión Disciplinaria
d. Las tres son correctas

2725. Qué diferencia existe entre el Gobierno y la Administración:

a. Ninguna, ya que los órganos del Gobierno también forman parte de la organización administrativa
b. Que la Administración tiene funciones tanto políticas como administrativas, mientras que el Gobierno, únicamente administrativas
c. Que la Administración carece de función política
d. Ninguna de las anteriores es correcta

2726. Es preciso que los proyectos y proposiciones de ley se aprueben por las dos Cámaras legislativas:

a. Sí, en todo caso
b. Si se aprueban en el congreso pero no en el Senado, pueden volver de nuevo al Congreso y quedar aprobados por mayoría simple
c. En el caso de veto por parte del Senado, es preciso que el Congreso rectifique el texto inicial
d. Ninguna de las anteriores es correcta

2727. Cuando las Cortes fijan unas directrices para que el Gobierno las desarrolle mediante legislación delegada, dichas directrices se plasman en una ley:

a. De autorización
b. Orgánica
c. De Bases
d. De delegación

2728. La prerrogativa real de gracia no puede aplicarse al Presidente y demás miembros del Gobierno:

a. En ningún supuesto
b. En ningún caso de responsabilidad criminal
c. Solamente no puede aplicarse por delito de traición
d. Solamente no puede aplicarse por cualquier delito contra la seguridad del Estado

2729. Los Presidentes de los Tribunales Superiores de Justicia, por cuánto tiempo se nombran:

a. Por 3 años
b. Por 5 años
c. Por 8 años
d. Por 10 años

2730. El Tribunal de Cuentas depende directamente:

a. Del Gobierno
b. De las Cortes Generales
c. Del Consejo General del Poder Judicial
d. Del Tribunal Constitucional
e. Del Ministerio de Economía y Hacienda

2731. Cuál de los siguientes rasgos no caracteriza al derecho a la libre asociación:

a. Las Asociaciones de Jueces y Magistrados tendrán personalidad jurídica y plena capacidad para el cumplimiento de los fines por las que se han creado
b. Han de tener ámbito territorial nacional, pero se concede la posibilidad de crear secciones de ámbito territorial de una Comunidad Autónoma
c. Los Jueces y Magistrados tienen derecho y obligación a asociarse
d. Las tres son correctas

2732. Qué órgano conoce de los recursos contra las resoluciones de los Juzgados de lo Social en una misma Comunidad Autónoma:

a. la Audiencia Provincial
b. el Tribunal superior de Justicia
c. la Audiencia Nacional
d. Ninguna de las anteriores es correcta

2733. Qué se necesita para que el Presidente del Gobierno conserve su puesto, tras una cuestión de confianza:

a. Mayoría absoluta de los Diputados
b. Mayoría simple de los Diputados
c. la mitad más uno de los Diputados presentes en el momento de la votación
d. b. y c. son correctas

2734. Ante quién puede plantear el Presidente del Gobierno una cuestión de confianza:

a. el Congreso
b. el Senado
c. Las Cámaras
d. el Consejo de Ministros

2735. El procedimiento de habeas corpus se encuentra regulado por:

a. Ley Orgánica de 24 de mayo de 1984
b. Ley de 24 de mayo de 1984
c. Ley Orgánica de 1 de julio de 1985
d. Ley de 1 de julio de 1985

2736. Quién está legitimado o capacitado para interponer una moción de censura:

a. el Gobierno a través del Presidente
b. el Congreso de los Diputados
c. el Consejo de Ministros
d. Las Cortes Generales

2737. Qué se necesita para que la moción de censura triunfe:

a. Mayoría absoluta de los Diputados
b. la mitad más uno del total de miembros del Congreso
c. Actualmente, 176 votos a favor
d. Las tres son correctas

2738. En caso de triunfo de la moción de censura, el Gobierno...

a. Cesa
b. Disuelve las Cortes
c. Dimite
d. Las tres son correctas

2739. Por la ISLA de Tenerife se eligen:

a. Tres Senadores
b. Cuatro Senadores
c. Cinco Senadores
d. Seis senadores

2740. Por regla general, las actuaciones judiciales serán:

a. Públicas
b. Gratuitas
c. Secretas
d. Gratuitas y públicas

2741. Un acto es contrario al principio de igualdad cuando:

a. Se trata de forma diferente a dos personas que se encuentran en diferente situación
b. Se trata de forma diferente a dos personas que se encuentran en la misma situación por razones objetivas
c. Se trata de una forma diferente a dos personas que se encuentran en la misma situación por razones subjetivas
d. Todas las anteriores

2742. Según el art. 14 de la Constitución son circunstancias que suponen discriminación:

a. el sexo
b. la religión
c. la raza
d. Todas las anteriores

2743. Los límites provinciales pueden ser alterados mediante:

a. Real Decreto
b. Ley
c. Ley Orgánica
d. Ley de la Comunidad Autónoma

2744. Existe en nuestro sistema jurídico algún tipo de control del sometimiento de la Administración a los fines que la justifican:

a. No, es la propia Administración la que analiza el correcto cumplimiento de sus fines
b. Sí, el control de los Tribunales
c. Sí, el control parlamentario
d. No, eso atentaría contra el principio de separación de poderes

2745. El Gobierno lo componen, además del Presidente:

a. Los Ministros
b. Los Vicepresidentes, en su caso, y los Ministros
c. Los Vicepresidentes, en su caso, los Ministros y los Secretarios de Estado
d. Los Vicepresidentes, en su caso, los Ministros y los demás miembros que establezca la ley

2746. La Audiencia Nacional está integrada por las Salas:

a. De lo civil y penal
b. De lo civil, penal y contencioso-administrativo
c. De lo penal, social y contencioso-administrativo
d. De lo civil, penal, social y contencioso-administrativo

2747. El ejercicio del derecho a la huelga se encuentra regulado en:

a. el Real Decreto 6/1985, de 3 de septiembre
b. la Ley Orgánica 2 de agosto de 1985
c. el Real Decreto-Ley 17/1977, de 4 de marzo
d. el Real Decreto Legislativo 4/1987, de 6 de abril

2748. Como máximo, el mismo candidato a presidente del Gobierno puede someterse para su investidura a cuántas votaciones:

a. 2
b. 3
c. 4
d. Ninguna es correcta

2749. Puede ser reelegido el Presidente del Tribunal Supremo:

a. No
b. Sí, por una sola vez, para un nuevo mandato
c. Sí, hasta un máximo de tres
d. Sí, siendo el único límite la jubilación del mismo

2750. Los Jueces de Paz nombrados prestarán juramento ante:

a. la Sala de Gobierno del Tribunal Superior de Justicia
b. el Juez de Primera Instancia e Instrucción
c. el Ministro de Justicia
d. el Pleno del Ayuntamiento

2751. Si el Presidente del Gobierno no supera la cuestión de confianza:

a. Será automáticamente sustituido por el Vicepresidente primero del Gobierno
b. Será automáticamente sustituido por la persona que designe el Congreso, por mayoría simple
c. el Gobierno presentará su dimisión al Rey, disolviéndose las Cortes y convocándose nuevas elecciones generales
d. el Gobierno presentará su dimisión al Rey, procediéndose al proceso de investidura previsto en el art. 99 de la Constitución, sin celebración de elecciones generales

2752. En qué Municipios hay Comisión de Gobierno:

a. En todos
b. Sólo en los de más de 5.000 habitantes
c. Por lo menos, en los de más de 5.000 habitantes
d. En los que son capital de Provincia

2753. El Secretario de Estado es un órgano:

a. Con rango de Ministro
b. Intermedio entre el Ministro y el Subsecretario
c. Con rango de Subsecretario
d. Intermedio entre el Subsecretario y el Director General

2754. La Sala especial o innominada del Tribunal Supremo está formada por:

a. el presidente del Tribunal Supremo, los Presidentes de Sala y el Magistrado más antiguo y el más moderno de cada una de ellas
b. el Presidente del Tribunal Supremo y un número impar de Magistrados
c. el Presidente del Tribunal Supremo y los Presidentes de cada una de las Salas
d. el Presidente del Tribunal Supremo, los Presidentes de Salas y un número de Magistrados igual al de éstos

2755. Las Comisiones Legislativas de las Cortes Generales:

a. Solamente debaten los proyectos y proposiciones de ley, pero su aprobación se somete al Pleno de las Cámaras
b. Pueden aprobar todos los proyectos y proposiciones de ley, sin limitación alguna
c. Pueden aprobar proyectos y proposiciones de ley, con ciertas limitaciones o prohibiciones establecidas en el Reglamento de cada Cámara pero no en la Constitución
d. Pueden aprobar proyectos y proposiciones de ley, con ciertas limitaciones o prohibiciones previstas expresamente en la Constitución

2756. Cuál de las competencias que a continuación se expresan no es exclusiva del Estado:

a. la legislación básica sobre montes, aprovechamientos forestales y vías pecuarias
b. la promoción del deporte y de la adecuada utilización del ocio
c. Dictar las bases del régimen estatutario de los funcionarios de las CC AA
d. Dictar las normas básicas del régimen de prensa, radio y televisión, en general, de todos los medios de comunicación social

2757. Según el art. 32 de la Constitución:

a. la mujer pasa a depender del marido al contraer matrimonio
b. la mujer tiene más derechos que el hombre al contraer matrimonio
c. el hombre tiene más derechos que la mujer al contraer matrimonio
d. el hombre y la mujer tienen los mismos derechos al contraer matrimonio

2758. El nombramiento del Presidente del Tribunal Supremo se lleva a cabo mediante:

a. Ley
b. Real Decreto refrendado por el Presidente del Gobierno
c. Real Decreto refrendado por el Ministerio de Justicia
d. Orden del Ministerio de Justicia

2759. La responsabilidad criminal del Presidente y los demás miembros del Gobierno será exigible, en su caso, ante…

a. la Sala II del Tribunal Supremo
b. la Sala I del Tribunal Supremo
c. Las Salas I y II del Tribunal Supremo
d. Las tres son correctas

2760. La Sala de lo Civil del Tribunal Supremo conoce:

a. De los recursos de amparo
b. De la instrucción y enjuiciamiento de las causas contra Magistrados de la Audiencia Nacional o de un Tribunal Superior de Justicia
c. De los recursos de casación, revisión y otros extraordinarios en materia civil que establezca la ley
d. De los recursos que establezca la ley contra las resoluciones del Tribunal de Cuentas

2761. Presentada una moción de censura al Gobierno puede presentarse otras mociones alternativas:

a. No, por lo menos hasta que se proceda a la votación de aquélla
b. Sí, durante los dos días siguientes a la presentación de aquélla
c. Sí, durante los cuatro días siguientes a la presentación de aquélla
d. Sí, durante los cinco días siguientes a la presentación de aquélla

2762. En el caso de que un Real Decreto-Ley no llegue a convalidarse en el plazo de que se dispone para ello:

a. el Gobierno está obligado a dictar otro, en el plazo más breve posible
b. Las Cortes Generales están obligadas a dictar una ley que lo sustituya, en el plazo más breve posible
c. el Decreto-ley perdería toda su vigencia
d. Son correctas las respuestas a) y c)

2763. Una de las competencias que se citan es exclusiva del Estado:

a. Relaciones internacionales
b. Bases del régimen minero y energético
c. Régimen aduanero y arancelario
d. Las tres son correctas

2764. Cuál de los siguientes derechos o libertades no sería susceptible del recursos de amparo:

a. Libertad religiosa
b. Derecho a crear fundaciones
c. Derecho de asociación
d. Derecho de reunión

2765. El Título que regula el Tribunal Constitucional es el:

a. Título IX°
b. Título X°
c. Título VIII°
d. Título VII°

2766. La elección que realiza el Congreso de Diputados de los miembros del TC requiere mayoría:

a. absoluta
b. simple
c. de 3/5
d. cualificada

2767. El mandato de los miembros del Tribunal Constitucional es de:

a. 9 años
b. 8 años
c. 7 años
d. 4 años

2768. El Tribunal Constitucional conocerá de

a. Recurso de amparo
b. Recurso de inconstitucionalidad
c. a) y b) son correctas
d. Recurso contencioso-administrativo

2769. A efectos judiciales, el Estado se organiza territorialmente en:

a. Partidos
b. Partidos y Comarcas
c. Municipios, Partidos, Provincias y Comunidades Autónomas
d. Municipios, Partidos, Comarcas, Provincias y Comunidades Autónomas

2770. Órgano que formalmente relaciona al Gobierno con las Cortes:

a. el Ministerio de Defensa
b. el Ministerio de la Presidencia
c. la Presidencia del Gobierno
d. el Secretariado del Gobierno

2771. Tecnología empleada en la automatización de oficinas:

a. Ofimática
b. Informática
c. Telemática
d. Teleinformática

2772. Los órganos administrativos son:

a. Unidades administrativas
b. Unidades administrativas integradas por una esfera de competencias
c. Unidades administrativas integradas por una esfera de competencias y un conjunto de medios materiales que son ejercitadas y utilizadas, respectivamente, por una o varias personas que se encuentran adscritas a la unidad de que se trate
d. Unidades administrativas integradas por una esfera de competencias que son ejercitadas y utilizadas por una o varias personas que se encuentran adscritas a la unidad de que se trate

2773. Se entiende por Administración

a. el conjunto de órganos que tienen por finalidad la satisfacción del interés público
b. Todas aquellas necesidades que tiene la sociedad española como tal
c. Una organización de entes que está servida por trabajadores de a pie
d. Ninguna respuesta es correcta

2774. Son competencias propias de las Diputaciones Provinciales:

a. la asistencia económica y técnica a los Municipios de su territorio
b. la prestación de servicios públicos supranacionales
c. la prestación en su caso, de servicios públicos supracomarcales
d. Las tres son correctas

2775. Pueden ser creados Cuerpos de policía propios por parte de las CC AA:

a. No, en ningún caso
b. Sí, en todo caso
c. Sí, pero la forma que se establezca en sus respectivos estatutos y en el marco de lo que disponga una ley ordinaria
d. Sí, pero en la forma que se establezca en sus respectivos Estatutos y en el marco de lo que disponga una ley orgánica

2776. Los montes y aprovechamientos forestales, según la Constitución, es competencia de…

a. el Estado, como establece el art. 148
b. la Comunidad Autónoma, como establece el art. 149
c. el Estado, como establece el art. 149
d. la Comunidad Autónoma, como establece el art. 148

2777. Si una ley de las Cortes Generales legisla sobre materias que son competencia de las Asambleas Legislativas de las CC AA:

a. No ocurre nada
b. Tiene superioridad jerárquica la ley de las Cortes Generales
c. la ley de las Cortes Generales se declara inconstitucional
d. la ley de las Asambleas Legislativas de las CC AA se declara inconstitucional

2778. Forma parte de la Administración pública las Administraciones de las CC AA:

a. No, ya que las CC AA no se regulan en la Ley de la Jurisdicción contencioso-administrativa
b. Sólo la de las Comunidades con autonomía plena
c. No, es una Administración especial
d. Sí, a todos los efectos

2779. La legislación autonómica está sujeta a una serie de limitaciones. Indique la FALSA:

a. A la reserva constitucional a favor de las Cortes Generales, sólo en materias reservadas a leyes orgánicas
b. A sus límites territoriales, salvo en los casos de convenios y acuerdos de cooperación y acuerdos de cooperación con otras Comunidades Autónomas previstos en el artículo 145.2 de la Constitución
c. A las relaciones internacionales, por ser materia reservada al Estado y porque los Tratados Internacionales son de superior jerarquía que los propios Estatutos de las CC AA
d. Al interés general, según el artículo 150.3 de la Constitución

2780. Debido a la disposición de sus teclas, los teclados españoles de un ordenador se suelen denominar:

a. QWERTY
b. QEWRTY
c. QWRETY
d. QWRTEY

2781. De forma excepcional, dónde puede tener su sede la Delegación del Gobierno en las CC AA:

a. Sólo en la ciudad más importante de la Comunidad
b. Donde la tenga la Asamblea legislativa de la Comunidad
c. Donde lo determine el Consejo de Ministros
d. Donde lo determine el Consejo de Ministros o lo disponga expresamente el Estatuto de Autonomía de la Comunidad Autónoma respectiva

2782. Las notificaciones defectuosas surtirán efecto a partir de la fecha en que el interesado:

a. Realice actuaciones que supongan el conocimiento del contenido de la resolución
b. Interponga el recurso que proceda
c. No acuda al emplazamiento
d. Son correctas las respuestas a) y b)

2783. En la Comisión de Gobierno de las Diputaciones Provinciales pueden delegar atribuciones:

a. Sólo el Presidente de la Corporación
b. Sólo el Pleno
c. Sólo el Presidente y el Pleno
d. el Presidente, el Pleno y cualquier otro órgano provincial

2784. Son órganos fundamentales en todos los Ayuntamientos:

a. el Alcalde y el Pleno
b. el Alcalde, los Tenientes de Alcalde y el Pleno
c. el Alcalde, los Tenientes de Alcalde, el Pleno y la Comisión Permanente
d. el Alcalde, los Tenientes de Alcalde, el Pleno y la Comisión de Gobierno

2785. Quién nombra al Fiscal General del Estado:

a. Las Cortes Generales, a propuesta del Consejo General del Poder Judicial y oído el Gobierno
b. el Rey, a propuesta del Gobierno y oído el Consejo General del Poder Judicial
c. el Rey, a propuesta de la Junta de Fiscales de Sala y oído el Gobierno
d. el Rey, a propuesta del Consejo General del Poder Judicial y oído el Gobierno

2786. Normalmente, dónde tiene su sede la Delegación del Gobierno en las CC AA:

a. En la ciudad más importante de la Comunidad
b. Donde la tenga la Asamblea legislativa de la Comunidad
c. Donde la tenga el Consejo de Gobierno de la Comunidad
d. Donde lo determine el Consejo de Ministros

2787. Cuál de los siguientes derechos o libertades es susceptible de ser suspendido en el caso de declararse el estado de excepción:

a. Libertad de prensa e imprenta
b. Derecho de asociación
c. Libertad ideológica
d. Derecho de sindicación

2788. Está facultado el Alcalde para delegar determinadas competencias en los Tenientes de Alcalde:

a. Sí, en todo caso
b. No, en ningún caso, ya que simplemente sustituyen al Alcalde en casos de ausencia, vacante o enfermedad
c. Sólo en los Ayuntamientos donde no exista Comisión de Gobierno
d. Sólo en los Ayuntamientos donde no existan Concejales Delegados

2789. En el estado de sitio son susceptibles de suspensión, entre otros, el derecho:

a. A la asistencia de abogado en las diligencias policiales y judiciales
b. A adoptar medidas de conflicto colectivo por parte de empresarios y trabajadores
c. De negarse a prestar declaración
d. Las tres son correctas

2790. Qué número de Concejales corresponderán a un Municipio de 380.000 residentes:

a. 27   b. 29   c. 31   d. 33

2791. La responsabilidad política del Gobierno tiene carácter:

a. Solidario
b. Indistinto
c. Mancomunado
d. Subsidiario

2792. Las leyes marco, según la Constitución son:

a. Leyes dictadas por el Estado
b. Leyes autonómicas
c. Pueden ser leyes estatales o autonómicas
d. Son leyes autonómicas dictadas exclusivamente por las CC AA de 1 Grado
e. la Constitución no contempla esta figura legislativa

2793. Las leyes de armonización se aprueban por:

a. Mayoría simple de ambas Cámaras
b. Mayoría absoluta del Congreso
c. Mayoría absoluta de ambas Cámaras
d. Mayoría de 2/3 del Congreso y mayoría simple del Senado
e. Las leyes de armonización so se aprueban por las Cámaras, porque son leyes de las C.A

2794. En qué artículo de la Constitución se determinan las materias reservadas a leyes orgánicas:

a. 81
b. 83
c. 91
d. 94

2795. Los Vocales del CGPJ que no procedan de la carrera judicial:

a. Deben pertenecer a Cuerpos de la Administración de Justicia, distintos de los de Jueces y Magistrados, con una antigüedad de más de quince años
b. Deben pertenecer a Cuerpos de la Administración de Justicia, distintos de los Jueces y Magistrados, tener una antigüedad de más de quince años y hallarse en servicio activo
c. Deben ser abogados o juristas de reconocida competencia, con más de quince años en el ejercicio de su profesión
d. Deben ser abogados o juristas con más de quince años en el ejercicio de su profesión

2796. En todo caso, quedarán sin escaño en el Congreso aquellas candidaturas que no obtengan en las elecciones, al menos:

a. Un 3 por 100 de los votos válidos emitidos en la circunscripción
b. Un 3 por 100 del censo electoral de la circunscripción
c. Un 3 por 100 de los votos emitidos en la circunscripción
d. Un 5 por 100 de los votos emitidos en la circunscripción

2797. Qué órgano municipal tiene atribuida la aprobación de Ordenanzas:

a. el Alcalde
b. el Pleno
c. el Alcalde o el Pleno, según sea la clase de Ordenanza de que se trate
d. la Comisión de Gobierno

2798. Puede ostentarse el cargo de Rey siendo menor de edad:

a. Sí
b. Sí, pero para ello se precisa la expresa autorización de las Cortes Generales
c. No, porque el Rey será en todo caso el Regente
d. No, porque el Rey será en todo caso su tutor

2799. Los Secretarios Generales tienen rango de:

a. Subsecretario
b. Director General
c. Secretario de Estado
d. Secretario General Técnico

2800. Los Secretarios Generales son nombrados por:

a. el Rey, a propuesta del Presidente del Gobierno
b. el Presidente del Gobierno, a propuesta del Ministro respectivo
c. el Gobierno, a propuesta del Ministro correspondiente
d. el Ministro correspondiente

2801. Quién dirige y coordina a las Direcciones Generales que estén bajo su dependencia:

a. el Secretario de Estado
b. el Ministro
c. el Subsecretario
d. el Director General

2802. Los Subsecretarios son nombrados:

a. Por el Rey, a propuesta del Presidente del Gobierno
b. Por el Presidente del Gobierno, a propuesta del Ministro respectivo
c. Por el Gobierno, a propuesta del Ministro correspondiente
d. Por el Ministro correspondiente

2803. Según el artículo 1 de la Constitución, España se constituye en un:

a. Estado parlamentario
b. Estado democrático y parlamentario
c. Estado social y democrático de derecho
d. Estado social y parlamentario de derecho

2804. NO se destaca como un valor superior del ordenamiento jurídico nacional en ese artículo 1:

a. la libertad
b. la igualdad
c. la monarquia
d. la justicia

2805. Las normas relativas a los derechos fundamentales se interpretarán de conformidad con:

a. la Declaración Universal de Derechos Humanos
b. el principio de igualdad
c. Lo establecido por los tribunales ordinarios de justicia
d. Lo establecido por las Leyes

2806. Cuál de los siguientes derechos de las personas tendría de ser violado por la Administración para que se pueda interponer el derecho de amparo constitucional:

a. el derecho a contraer matrimonio libremente
b. el derecho a la protección de la salud
c. el derecho a la huelga
d. el derecho a la Seguridad Social

2807. Qué órgano resuelve el derecho de amparo constitucional:

a. el Tribunal Constitucional en todos los casos
b. Los tribunales de justicia ordinarios en un proceso sumario
c. Según se trate o no de un derecho fundamental, el primero o el segundo
d. el Defensor del Pueblo

2808. Los derechos fundamentales de los ciudadanos son:

a. Todos los mencionados en el Título I
b. Todos los del Capítulo I del Título I
c. Todos los del Capítulo II del Título I
d. Ninguna es correcta

2809. El derecho a la educación puede ser regulado por:

a. Ley Orgánica
b. Decreto Ley
c. Decreto Legislativo
d. Ley Ordinaria

2810. El Gobierno no puede aprobar:

a. Decretos Legislativos
b. Decretos Leyes
c. Reglamentos
d. Leyes Orgánicas

2811. El mantenimiento de un régimen público de Seguridad Social es:

a. Un derecho fundamental de los ciudadanos
b. Un principio rector de la política social y económica
c. Un derecho que puede reclamarse mediante el recurso de amparo
d. Un derecho recogido en el Título III de la CE

2812. La regulación del derecho a la S. Social puede hacerse mediante:

a. Ley Orgánica
b. Decreto Ley
c. Decreto Legislativo
d. Reglamento

2813. Al Rey NO le corresponde:

a. Aprobar las Leyes
b. Expedir los Decretos acordados en Consejo de Ministros
c. Nombrar al Presidente del Gobierno
d. Nombrar a los Ministros

2814. Para ser nombrado Regente, en cualquier caso, es necesario:

a. Ser español y mayor de edad
b. Ser español de nacimiento y mayor de edad
c. Ser mayor de edad y pertenecer a alguna línea de descendencia de la Corona
d. Ser miembro de las Cortes Generales

2815. El artículo 2 reconoce el derecho a la autonomía de:

a. Las regiones que integran la nación
b. Las nacionalidades que integran la nación
c. Las nacionalidades y regiones que integran la nación
d. Ninguna es correcta

2816. El castellano es la lengua oficial del Estado, pero las demás lenguas españoas, pueden tener carácter oficial en su respectiva autonomía:

a. Sí, si la región tiene Estatuto de Autonomía
b. Sí, si lo autoriza el Estado
c. Sí, si así se recoge en su respectivo Estatuto de Autonomía
d. No, en ningún caso

2817. 'Todos los poderes públicos están sujetos a la Constitución'. Artículo:

a. 1   b. 2   c. 3   d. 9

2818. Los miembros del TC se eligen:

a. Por los miembros de las Cortes Generales
b. De entre los miembros de las Cortes Generales y por ellos mismos
c. De entre los miembros de las Cortes Generales pero por el Gobierno
d. De entre los miembros de las Cortes Generales por el Defensor del Pueblo

2819. El Defensor del Pueblo se elige:

a. Por los miembros de las Cortes Generales
b. De entre los miembros de las Cortes Generales y por ellos mismos
c. De entre los miembros de las Cortes Generales pero por el Gobierno
d. De entre los miembros de las Cortes Generales por el Rey

2820. Puede el Rey presidir el Consejo de Ministros:

a. Sí, a petición propia
b. Sí, a petición del Presidente del Gobierno
c. Sí, en la primera reunión de cada legislatura
d. No, en ningún caso

2821. Las Leyes que se aprueban en las Cortes son sancionadas por:

a. el Presidente del Gobierno
b. el Rey
c. el Presidente del Congreso de los Diputados
d. el Presidente del Tibunal Constitucional

2822. Las Cortes no pueden tramitar una proposición de ley por iniciativa:

a. Popular
b. Del Presidente del Gobierno
c. Del Congreso de los Diputados
d. De un Parlamento Autonómico

2823. La disolución de las Cámaras legislativas puede solicitarla:

a. el Rey
b. el Presidente del Gobierno
c. el Presidente de cada Cámara
d. Nadie, las Cámaras tan sólo se disuelven automáticamente cuando transcurren cuatro años desde que se constituyen tras las elecciones

2824. El Gobierno del Poder Judicial corresponde a:

a. el Consejo General del Poder Judicial
b. el Tribunal Supremo
c. el Tribunal Constitucional
d. el Ministerio de Justicia

2825. Los miembros del Tribunal Constitucional son nombrados:

a. Por el Rey
b. Por el Presidente del Tribunal Supremo
c. Por el Presidente del Gobierno
d. Por el Ministro de Justicia

2826. La reforma de la Constitución no puede iniciarse por:

a. Iniciativa popular
b. Iniciativa del Gobierno
c. Iniciativa del Congreso de los Diputados
d. Iniciativa del Paralmento de una Comunidad Autónoma

2827. La Reforma de la Constitución necesita referendum para su aprobación:

a. En todo caso
b. Nunca
c. Sí, pero únicamente en el caso de que lo solicite una parte de los miembros de las Cámaras
d. Ninguna es totalmente correcta

2828. La entrada en vigor de la Constitución es del año:

a. 1980   b. 1978   c. 1975   d. 1977

2829. No corresponde al Rey, según la Constitución:

a. Nombrar y separar a los Ministros
b. Autorizar indultos generales
c. Convocar elecciones generales
d. Disolver las Cortes

2830. La reforma no esencial de la Constitución necesita para su aprobación:

a. el voto favorable de tres quintas partes de cada Cámara
b. el voto favorable de dos terceras partes
c. el voto favorable de tres cuartas partes
d. el voto favorable de la mayoría absoluta de cada Cámara

2831. Esta mayoría (la de la reforma no esencial de la CE) podría sustituirse por:

a. Mayoría absoluta del Senado y 3/5 del Congreso
b. Mayoría absoluta del Congresp y de 2/3 del Senado
c. Mayoría absoluta del Senado y de 2/3 del Congreso
d. Mayoría absoluta de ambas Cámaras

2832. La reforma de la Constitución no puede iniciarse:

a. Durante el estado de alarma
b. Durante el estado de excepción
c. Durante el estado de excepción ni el de sitio
d. En ninguno de los tres casos

2833. Cuál es el sistema de Gobierno en España que establece el artículo 1 de la Constitución:

a. el Estado Social y Democrático de Derecho
b. la Democracia Parlamentaria
c. la Monarquia Parlamentaria
d. el Bicameral

2834. El artículo 2 reconoce el derecho a la autonomía de:

a. Las nacionalidades y regiones que integran la Nación
b. Las nacionalidades que ya aprobaron históricamente su Estatuto de Autonomía
c. Las regiones con tradición autonómica
d. Las regiones que autorice el Estado

2835. En el título preliminar se establece una serie de principios del ordenamiento jurídico. Cuál NO:

a. Jerarquía de las normas
b. Eficacia
c. Irretroactividad de las disposiciones sancionadoras no favorables
d. Seguridad jurídica

2836. Corresponde al Rey, según la Constitución:

a. Sancionar y aprobar las Leyes
b. Sancionar y aprobar las Leyes aprobadas en las Cortes
c. Convocar y disolver las Cortes Generales
d. Aprobar los Decretos expedidos en Consejo de Ministros

2837. El Estatuto de los Trabajadores, como norma básica que regula el derecho al trabajo, debe aprobarse:

a. Mediante ley ordinaria, exclusivamente
b. Mediante ley ordinaria o Decreto Legislativo
c. Mediante ley ordinaria, Decreto Legislativo o Decreto Ley
d. Mediante Ley orgánica

2838. Los derechos recogidos entre los principios rectores de la política social y económica deben regularse mediante:

a. Mediante ley ordinaria, exclusivamente
b. Mediante ley ordinaria o Decreto Legislativo
c. Mediante ley ordinaria, Decreto Legislativo o Decreto Ley
d. Mediante Ley orgánica

2839. El derecho a la objeción de conciencia debe regularse mediante:

a. Mediante ley ordinaria, exclusivamente
b. Mediante ley ordinaria o Decreto Legislativo
c. Mediante ley ordinaria, Decreto Legislativo o Decreto Ley
d. Mediante Ley orgánica

2840. Puede iniciarse la tramitación de Ley orgánica por iniciativa popular:

a. Sí, si se trata de regular materia reservada a dicho tipo de Ley
b. No, salvo autorización del Congreso
c. No, salvo autorización de las Cortes Generales
d. No, en ningún caso

2841. Los Decretos Leyes deben ser convalidados:

a. En un plazo de treinte días, por las Cortes Generales
b. En un plazo de un mes, por el Congreso de los Diputados
c. En un plazo de treinta días, por el Congreso de los Diputados
d. En un plazo de diez días, por el Rey

2842. Qué derechos pueden ser suspendidos durante el estado de alarma:

a. Ninguno
b. la libertad de reunión y de libre circulación de las personas
c. Los mismos que el el estado de excepción
d. Los derechos de huelga y de manifestación

2843. En el Título preliminarse propugnan unos valores superiores del ordenamiento jurídico, entre los que no se encuentra:

a. el pluralismo político
b. la libertad
c. la justicia
d. la fraternidad

2844. La sanción del Rey a las leyes es refrendada por:

a. el Presidente del Congreso, salvo que se trate de refrendar un Decreto Legislativo o Decreto Ley, en cuyo caso es refrendada por el Presidente del Gobierno
b. el Presidente del Congreso en todo caso
c. el Presidente del Gobierno en todo caso
d. el Presidente de las Cortes Generales

2845. El heredero al trono perdería sus derechos como tal:

a. Si contrajera matrimonio contra la expresa prohibición de sus padres
b. Si contrajera matrimonio contra la expresa prohibición de las Cortes Generales
c. Si contrajera matrimonio contra la expresa prohibición del Rey y de las Cortes
d. Si contrajera matrimonio con persona sin dinastía real

2846. Si el heredero al trono pierde sus derechos, los derechos de sucesión pasarían a:

a. la persona que fuera sucesor de dicho heredero
b. la persona que siguiera en el orden de sucesión de dicho heredero
c. la persona que designen las Cortes Generales
d. la persona que designe el Rey

2847. El Principe heredero de la Corona, en caso de inhabilitación del Rey para el ejercicio de su autoridad:

a. No puede ejercer la Regencia
b. Puede ejercer la Regencia si es designado para ello por el Rey
c. Puede ejercer la Regencia si es mayor de edad
d. Puede ejercer la Regencia en cualquier momento

2848. Si no hubiera ninguna persona a quien corresponda la Regencia, ésta será nombrada por:

a. el Rey
b. el Presidente del Gobierno
c. el Congreso de los Diputados
d. Las Cortes Generales

2849. El estado de sitio debe ser declarado:

a. Por el Rey, a propuesta del Gobierno
b. Por el Rey, a prpuesta de la mayoría absoluta del Congreso
c. Por la mayoría absoluta del Congreso
d. Por las Cortes Generales

2850. Los referéndum consultivos sobre decisiones políticas de especial transcendencia son convocados por:

a. el Rey
b. el Presidente del Gobierno
c. el Presidente del Congreso de los Diputados
d. Ninguno de ellos

2851. Los Decretos Legislativos son:

a. Normas con rango de reglamento que se aprueban en las Cortes
b. Normas con rango de regalamento que aprueba el Gobierno
c. Normas con rango de ley que aprueban las Cortes
d. Normas con rango de ley que aprueba el Gobierno

2852. La duración del estado de excepción no puede exceder de:

a. Un mes
b. Treinta días, prorrogables por otros treinta
c. Quince días
d. el tiempo que autorice el Congreso

2853. La potestad reglamentaria corresponde a:

a. el Congreso
b. Las Cortes
c. el Gobierno
d. la Administración

2854. Según el artículo 123 de la Constitución, el Presidente del Tribunal Supremo es propuesto por:

a. el Rey
b. el Consejo General del Poder Judicial
c. el Propio Tribunal Supremo
d. el Presidente del Gobierno
e. Los presidentes de los Tribunales Superiores de Justicia de las CC AA

2855. El Congreso y el Senado proponen a los vocales del CGPJ por mayoría:

a. Simple
b. Absoluta
c. De 2/3
d. De 3/5
e. De la mitad más uno de sus miembros

2856. La justicia se administra por:

a. Jueces y Magistrados
b. Juzgados y Tribunales
c. el Ministerio fiscal
d. Es una función en la que pueden participar los ciudadanos
e. Son correctas A y D

2857. El Título VII de la Constitución se rubrica:

a. Del Poder Judicial
b. De la Organización Territorial del Estado
c. De Economía y Hacienda
d. De las Cortes Generales
e. Del Tribunal Constitucional

2858. Cuántos miembros componen el Pleno del Tribunal Constitucional:

a. 10   b. 11   c. 12   d. 14

2859. El ejercicio de la potestad jurisdiccional corresponde:

a. Jueces y Magistrados
b. Jueces y Ministerio fiscal
c. Juzgados y Tribunales
d. Consejo General del Poder Judicial
e. Tribunal Constitucional

2860. El Tribunal Constitucional queda regulado en el Título…

a. IX   b. X   c. XI   d. Preliminar

2861. El Presidente del Tribunal Constitucional es elegido por…

a. Mayoría absoluta, en una primera votación
b. Mayoría simple, en una segunda votación
c. Las 3/5 partes de sus miembros
d. a. y b. son correctas

2862. El mandato de los miembros del Tribunal Constitucional dura (años)…

a. 3   b. 6   c. 9   d. 12

2863. El Recurso de Amparo lo pueden interponer…

a. el Presidente del Gobierno, 50 Diputados o 50 Senadores
b. el Defensor del Pueblo, el Ministerio Fiscal y cualquier persona física o jurídica afectada
c. Los Jueces y Magistrados
d. el Presidente del Gobierno, 50 Diputados, 50 Senadores, el Defensor del Pueblo

2864. La participación es:

a. Un principio democrático
b. Un principio constitucional
c. Una obligación
d. Un principio de igualdad

2865. Cómo responde el Gobierno en su gestión política ante el Congreso de los Diputados:

a. De forma global
b. Shogun imperativo legal
c. De acuerdo con sus normas de actuación políticas
d. Solidariamente

2866. A través de quién pueden recabar información las Cámaras y sus Comisiones:

a. A través de los Senadores y Diputados
b. A través del Presidente del Congreso
c. A través de los Presidentes
d. Ninguna de las tres

2867. Qué artículo establece la facultad de los miembros del Gobierno de hacerse oír en las Cámaras:

a. 108   b. 111   c. 110.1   d. 110.2

2868. ¿Pueden reclamar las Cámaras la presencia de los miembros del Gobierno?

a. Si
b. Si, si la autoriza el Presidente
c. Sólo si lo aprueba par mayoría
d. Sólo si quiere el Gobierno

2869. Dónde se establecen los tiempos semanales para las interpelaciones y preguntas a los miembros del Gobierno, por parte de las Cámaras:

a. En el Diario dc sesiones
b. En la Ley
c. En los Reglamentos
d. En el Congreso y Senado respectivamente

2870. Qué artículo dice que toda interpelación podra dar lugar a una moción en la que la Cámara manifieste su posición:

a. el 111.2 b. el 111.1
c. el 111.3   d. el 111.4

2871. Necesita autorización el Presidente por parte de sus Ministros para presentar la cuestión de confianza:

a. Si, es preceptivo
b. No
c. Debe haber deliberación previa del Consejo de Ministros
d. Si, de la mayoría de los Ministros

2872. De acuerdo con el art. 112 de la Constitución, la cuestión de confianza se entenderá otorgada cuando vote a favor de la misma:

a. la mayoría simple de los Diputados
b. la mayoría de 3/5
c. la mayoría absoluta
d. la décima parte de los Diputados

2873. La moción de censura deberá ser propuesta al menos por:

a. la mayoría simple de los Diputados
b. Las 3/4 partes de los Diputados
c. Las 2/3 partes de los Diputados
d. Décima parte de los Diputados

2874. La moción de censura no podrá ser votada hasta que transcurran:

a. 3 días desde su presentación
b. 6 días desde su presentación
c. 5 días desde su presentación
d. 48 horas desde su presentación

2875. Quien está capacitado para negar la confianza al Gobierno:

a. el Congreso
b. el Rey
c. Las Cortes Generales
d. el Pueblo Español

2876. Hay que incluir candidato en la moción de censura:

a. No, lo deciden las Cortes
b. Sólo en algún caso
c. Sí
d. Todas las respuestas son falsas

2877. Quien puede decretar la disolución de las Cortes Generales:

a. el Rey
b. el Presidente del Gobierno
c. el Gobierno en Pleno
d. el Presidente de las Cortes

2878. Dónde se fijará la fecha de las elecciones una vez disueltas las Cámaras:

a. En el diario de sesiones
b. En el B.O.E
c. En el decreto de disolución
d. Todas les respuestas son correctas

2879. Se podrá presentar la propuesta de disolución cuando esté en tramite una moción de censura:

a. Sí, no tienen nada que ver una con otra
b. Sí, pero se paralizará la moción de censura
c. Sólo si la aprueba el Consejo de Estado
d. No

2880. No procederá nueva disolución antes que transcurra un año desde el anterior, salvo lo dispuesto en el Art.:

a. 99.4   b. 99.6   c. 99.3   d. 99.5

2881. Qué Ley regularán los estados de alarma, excepción y sitio:

a. Orgánica
b. Ordinaria
c. Especial
d. Decreto-Ley

2882. Plazo máximo del Estado de Alarma:

a. 15 días   b. 10 días
c. 1 año   d. 5 meses

2883. Quien determinará el ámbito territorial del Estado de Alarma:

a. el Gobierno el propio decreto
b. el Rey
c. el Congreso
d. el Presidente dcl Gobierno

2884. Quién deberá autorizar al Gobierno para declarar el Estado de Excepción:

a. El Rey
b. el Senado
c. el Congreso de los Diputados
d. el pueblo español

2885. Cuántos días se podrá prorrogar el Estado de excepción:

a. 12 días
b. 31 días
c. 2 meses
d. 30 días

2886. Quién puede proponer exclusivamente el Estado de sitio:

a. el Gobierno   b. el Rey
c. el Congreso   d. el Senado

2887. Si el Congreso está disuelto, Quien pude declarar el Estado de sitio:

a. el Rey
b. El Presidente del Gobierno
c. la Diputación Permanente del Congreso
d. Nadie

2888. Cuáles son los Estados no habituales o excepcionales:

a. Alarma
b. Sitio
c. Excepción
d. Los tres

2889. La declaración de los estados de alarma, excepcion y sitio, modifica la responsabilidad del Gobierno:

a. No
b. Si
c. En algunas cosas
d. Todas son falsas

2890. El derecho a la libertad de cátedra:

a. Está contemplado en la Ley de Reforma Universitaria de 1983, pero no en la Constitución
b. Es un postulado doctrinal sin respaldo normativo
c. Está expresamente reconocido y protegido en la Constitución
d. Su ejercicio puede, excepcionalmente, ser objeto de censura previa

2891. La declaración contenida en el Art. 11.2) de la Constitución de que ningún español de origen podrá ser privado de su nacionalidad:

a. Es una simple declaración programática, pero susceptible de limitaciones mediante Ley Orgánica
b. Tiene carácter absoluto, sin limitaciones
c. No está siquiera contenida en la Constitución
d. No está contenida en la Constitución pero ha sido objeto de reconocimiento jurisprudencial

2892. Según la Constitución, la sanción y promulgación de las leyes corresponde:

a. Al Parlamento
b. Al Presidente del Congreso de los Diputados
c. Al Presidente del Senado
d. Al Rey

2893. De acuerdo con el Art. 68 de la Constitución, el Congreso se compone de:

a. Un mínimo de 350 y un máximo de 400 Diputados
b. Un mínimo de 300 y un máximo de 400 Diputados
c. Un mínimo de 250 y un máximo de 350 Diputados
d. 378 Diputados

2894. Además de los senadores que corresponden a cada provincia o circunscripción, las CC AA designarán:

a. Un Senador y otro más por cada millón de habitantes de su territorio
b. Un solo Senador, independientemente de los habitantes de su territorio
c. Dos Senadores, independientemente de los habitantes de su territorio
d. Cuatro Senadores cada una de ellas

2895. La moción de censura deberá ser propuesta al menos por:

a. la quinta parte de los Diputados
b. la décima parte de los Diputados
c. la mayoría simple de los Diputados
d. la cuarta parte de los Diputados

2896. Quién nombra al presidente del TS:

a. el CGPJ
b. El Rey a propuesta del CGPJ
c. Por acuerdo de los Presidentes de Sala del propio TS
d. el Rey, previo informe del TC

2897. La responsabilidad criminal del Presidente y de los demás miembros del Gobierno será exigible, en su caso:

a. Ante la Audiencia Nacional
b. Ante el Tribunal Constitucional
c. Ante el Consejo General del poder Judicial
d. Ante la Sala de lo Penal del Tribunal Supremo

2898. La federación de Comunidades Autónomas:

a. Requiere la aprobación en referéndum de las CC AA afectadas
b. Corresponde al Congreso de los Diputados mediante Ley Orgánica
c. Corresponde al Congreso de los Diputados mediante Ley Ordinaria
d. Está expresamente prohibida

2899. Duración máxima de la detención preventiva:

a. 48 h   b. 24 h   c. 72 h   d. Ilimitada

2900. A quién corresponde declarar la guerra y hacer la paz:

a. Al Rey, previa autorización de las Cortes Generales
b. Al Presidente del Gobierno
c. A las Cortes Generales, previa autorización del Rey
d. Al Tribunal Constitucional

2901. Según el artículo 68.2 de la Constitución, la representación de las provincias de Ceuta y Melilla en el Congreso es de:

a. Un Diputado
b. Tres Diputados
c. Cinco Diputados
d. Dos Diputados

2902. El artículo 26 de la Constitución prohibe los Tribunales de Honor en:

a. el ámbito de la Administración Civil exclusivamente
b. el ámbito de la Administración Civil y de las Organizaciones Profesionales
c. el ámbito de la Administración Militar
d. NO existe tal prohibición en la Constitución

2903. La cuestión de inconstitucionalidad puede ser planteada por:

a. Cualquier órgano judicial
b. el Defensor del Pueblo
c. Toda persona natural o jurídica que invoque un interés legítimo
d. Las Asambleas legislativas de las CC AA

2904. Los Alcaldes son elegidos:

a. Siempre por los vecinos en elecciones periódicas
b. Por los Concejales en todo caso
c. En unos casos por los vecinos y en otros por los concejales
d. Por los Diputados Provinciales

2905. El Derecho a la Libertad y a la Seguridad deberá ser desarrollado por una:

a. Ley ordinaria
b. Ley de bases
c. Real Decreto
d. Ley orgánica

2906. Según el artículo 87.1 a quién corresponde la iniciativa legislativa:

a. Sólo al Congreso
b. A las Cortes Generales en exclusiva
c. Al Gobierno, al Congreso y al Senado
d. Al Poder Judicial

2907. El artículo 27 de la Constitución NO contempla:

a. Que los poderes públicos garantizan el derecho que asiste a los padres para que sus hijos reciban la formación religiosa y moral que esté de acuerdo con sus propias convicciones
b. el derecho a la educación
c. Que la enseñanza básica es obligatoria y gratuita
d. el derecho a la protección de la salud

2908. Qué función NO está comprendida en el ámbito de la Autonomía de las Universidades:

a. la aprobación de sus Estatutos y demás normas de funcionamiento interno
b. la elección, designación y remoción de sus órganos de gobierno
c. el establecimiento y modificación de sus plantillas
d. la expedición de sus Títulos y Diplomas

2909. El sometimiento de la Administración a la ley y al derecho es una consecuencia del:

a. Principio de coordinación
b. Principio de legalidad
c. Principio de proporcionalidad
d. Principio de eficacia

2910. La descentralización funcional se realiza a través de los entes:

a. locales
b. territoriales
c. institucionales
d. internacionales

2911. La Desconcentración es:

a. la alteración de las atribuciones entre órganos administrativos sin personalidad jurídica propia, incluidos dentro de una misma Administración Pública
b. la transferencia de competencias de la Administración del Estado a las CC AA
c. la transferencia de competencias de la Administración del Estado a los entes locales
d. la alteración de las atribuciones entre órganos administrativos con personalidad jurídica propia, incluidos en distintas Administraciones Públicas

2912. Según la Constitución, los Estatutos de Autonomía se aprueban mediante:

a. Ley ordinaria
b. Ley básica
c. Ley orgánica
d. Ley autonómica

2913. Señale la correcta:

a. la potestad reglamentaria es una competencia exclusiva del Gobierno de la nación
b. Un decreto tiene un rango jerárquico superior a una orden ministerial
c. Son leyes ordinarias las relativas al desarrollo de los derechos fundamentales y de las libertades públicas
d. el Congreso de los Diputados podrá delegar en el Gobierno la potestad de dictar normas con rango de ley sobre cualquier materia

2914. Según el artículo 103, los órganos de la Administración del Estado:

a. Son creados, regidos y coordinados por los poderes públicos
b. Son creados, regidos y coordinados por la Constitución
c. Son creados, regidos y coordinados de acuerdo con la ley
d. Son creados, regidos y coordinados por el Gobierno

2915. Cuál de estas disposiciones tiene mayor rango en la jerarquía normativa:

a. Decreto Legislativo
b. Ley Orgánica
c. Orden Ministerial
d. Real Decreto

2916. Según el artículo 106 de la Constitución: Quién controla la potestad reglamentaria y la legalidad de la actuación administrativa:

a. el Tribunal de La Haya
b. el Consejo General del Poder Judicial
c. el Congreso de los Diputados
d. Los Tribunales

2917. Una disposición legislativa provisional dictada por el Gobierno en caso de extraordinaria y urgente necesidad es:

a. Un decreto legislativo
b. Una ley marco
c. Un decreto-ley
d. Una ley de transferencia

2918. Qué tienen en común los Decretos Legislativos y los Decretos-Leyes:

a. Ambas normas emanan del poder legislativo
b. Ambas tienen el rango de Ley Orgánica
c. Tienen el mismo valor que las Leyes Ordinarias y ambas emanan del ejecutivo
d. No tienen nada en común

2919. Según la Constitución el derecho a disfrutar de una vivienda digna y adecuada es:

a. Un deber fundamental de los poderes públicos
b. Un derecho fundamental de los españoles
c. Una libertad pública
d. Un principio rector de la política social y económica

2920. Los Diputados son elegidos por:

a. Sufragio universal, indirecto y secreto
b. el Rey, a propuesta del Presidente del Congreso
c. Sufragio universal, libre, igual, directo y secreto
d. Los miembros del Senado

2921. La Constitución garantiza la libertad ideológica, religiosa y de culto en:

a. Artículo 25
b. Artículo 16
c. Artículo 17
d. Artículo 18

2922. 'Toda persona tiene derecho a la libertad y a la seguridad'. Es un:

a. principio político
b. Derecho excepcional
c. Derecho social
d. Derecho fundamental

2923. El Presidente del Tribunal Supremo es nombrado por:

a. el Presidente del Gobierno
b. el Presidente del Senado
c. el Rey
d. el propio Pleno del Tribunal

2924. La jurisdicción de los Juzgados de lo Penal se ejerce en la demarcación territorial de:

a. la Provincia
b. el Partido Judicial
c. el Municipio
d. el Estado

2925. El derecho de participación de los ciudadanos en los asuntos públicos se regula dentro de la Constitución en:

a. Artículo 23
b. Artículo 21
c. Artículo 22
d. Artículo 24

2926. El Presidente del Tribunal Supremo es, a su vez:

a. Presidente del Tribunal Constitucional
b. Presidente de la Audiencia Nacional
c. Presidente del Tribunal Superior de Justicia de Madrid
d. Presidente del Consejo General del Poder Judicial

2927. El mando supremo de las Fuerzas Armadas lo ostenta:

a. el Presidente del Gobierno
b. el Ministro de Defensa
c. el Rey
d. el Capitán General de los Ejércitos

2928. Señale cuál de las siguientes afirmaciones es cierta:

a. la justicia emana de los jueces y magistrados, integrantes del Poder Judicial
b. la justicia emana del pueblo y se administra por el Rey
c. la justicia se administra por el Rey en nombre del pueblo
d. la justicia emana del pueblo y se administra en nombre del Rey por jueces y magistrados

2929. El estado de excepción:

a. Es declarado por el Gobierno, previa autorización del Congreso de los Diputados
b. Es declarado por el Congreso de los Diputados, previa autorización del Gobierno
c. Es declarado por el Gobierno, mediante decreto acordado en Consejo de Ministros, dando cuenta al Congreso de los Diputados
d. Es declarado por la mayoría absoluta del Congreso de los Diputados, a propuesta exclusiva del Gobierno

2930. Aprueba los Presupuestos Generales del Estado:

a. el Gobierno
b. las Cortes Generales
c. el Senado
d. el Congreso de los Diputados

2931. Los Estatutos de Autonomía se aprueban:

a. Por ley ordinaria
b. Por ley orgánica
c. Por reglamento
d. Por aquella ley que el propio Estatuto indique

2932. El poder judicial se regula en la Constitución:

a. En el Título VI
b. En el Título VII
c. En el Título VIII
d. En el Título IX

2933. La Sala Tercera del Tribunal Supremo es 'De lo...:

a. Civil
b. Penal
c. Social
d. Contencioso-administrativo

2934. Las CC AA podrán asumir competencias de la lista expuesta en la Constitución en:

a. Artículo 149
b. Artículo 148
c. Artículo 152
d. Artículo 147

2935. Los principios de solidaridad e igualdad territorial vienen recogidos en:

a. el artículo 138
b. el artículo 137
c. el artículo 1
d. la Constitución habla de igualdad y no de igualdad territorial
e. la solidaridad es un principio social que debe guiar la conciencia de los hombres en sus relaciones con los demás, pero no es un principio de Derecho que la Constitución reconozca

2936. Quién propone el candidato a presidente de Gobierno a través del Congreso de los Diputados:

a. S.M. el Rey
b. el Senado
c. el Consejo de Ministros
d. el Presidente del Congreso

2937. Pueden las CC AA utilizar las banderas y reseñas junto a la bandera de España en los actos oficiales:

a. No
b. Sí
c. Cuando lo permita el Gobierno
d. Cuando lo permitan las Cortes

2938. Qué ejercen los ciudadanos mediante la acción del jurado:

a. la justicia social
b. la defensa ciudadana
c. Los intereses sociales
d. la acción popular

2939. las CC AA podrán adoptar acuerdos de cooperación, previa autorización de..

a. Las Cortes Generales
b. el Gobierno
c. el Tribunal Supremo
d. el Tribunal Constitucional

2940. Los Delegados del Gobierno en las CC AA son nombrados por:

a. el Rey, a propuesta del Gobierno
b. el Gobierno, a propuesta de su Presidente
c. el Gobierno, a propuesta del Ministerio para las Administraciones Públicas
d. el Presidente del Gobierno, a propuesta del Ministro del Interior

2941. Las competencias que pueden asumir todas las CC AA son las enumeradas en:

a. el artículo 137
b. el artículo 148
c. el artículo 149
d. el artículo 150. e. el artículo 2

2942. Los artículos de la Constitución relativos a la distribución de Competencias entre el Estado y las CC AA son:

a. el artículo 2
b. el artículo 128 y 137
c. el artículo 148 y 149
d. el artículo 150 y 151
e. el artículo 24 y 25

2943. La iniciativa del proceso Autonómico en las CC AA históricas corresponde:

a. A todas las Diputaciones interesadas
b. Al órgano interinsular correspondiente
c. A las 2/3 partes de los municipios
d. A las 3/5 partes de los municipios
e. A los órganos colegiados superiores de los respectivos órganos preautonómicos

2944. Cuál de los siguientes órganos es un órgano autonómico:

a. el Delegado de Gobierno en las CC AA
b. el Subdelegado de Gobierno en las Provincias
c. el Consejo de Gobierno
d. el Presidente de la Diputación Provincial
e. el Cabildo insular

2945. Sobre las leyes de las CC AA, la iniciativa legislativa puede partir:

a. Del Gobierno, Congreso y Senado
b. De las Asambleas Legislativas de las CC AA
c. De la iniciativa popular, mediante la presentación de 500.000 firmas acreditadas
d. De entidades locales
e. Todas las anteriores son correctas

2946. Quién podrá autorizar al Gobierno para comprometerse sobre tratados o convenios de carácter militar:

a. S.M. el Rey
b. Las Cortes Generales
c. el Tribunal Supremo
d. el Fiscal General del Estado

2947. Qué órgano elige al Defensor del Pueblo:

a. el Gobierno
b. Las Cortes Generales
c. el Tribunal Constitucional
d. el Fiscal General del Estado

2948. Quién sancionó la Constitución:

a. el Gobierno
b. el Senado
c. Las Cortes Generales
d. S.M. el Rey

2949. Ante qué órgano podrá impugnar el Gobierno las resoluciones y disposiciones adoptadas por las CC AA:

a. Congreso
b. Cortes Generales
c. Tribunal Supremo
d. Tribunal Constitucional

2950. Qué nombre reciben los hijos de los reyes:

a. Príncipes
b. Infantes
c. Descendientes
d. Sucesores

2951. A quién representan los diputados:

a. A la provincia
b. Al municipio
c. A la región
d. A la nación

2952. Qué órgano puede exigir la responsabilidad política al Gobierno a través de una 'moción de censura':

a. el Senado
b. el Congreso
c. Las Cortes Generales
d. el Consejo General del Poder Judicial

2953. El Rey sanciona en plazo de 15 días las leyes aprobadas por…

a. el Gobierno
b. el Senado
c. el Congreso
d. Las Cortes Generales

2954. Todos debemos contribuir al sostenimiento de los gastos públicos, de acuerdo con nuestra:

a. Capacidad económica
b. Obligación política
c. Conciencia social
d. Capacidad intelectual

2955. De qué Cámara se exige la mayoría absoluta para la aprobación, modificación o derogación de las leyes orgánicas:

a. Del Congreso
b. Del Senado
c. De las Cortes Generales
d. De al Cámara de los Lores

2956. Cuántas salas tiene el TC:

a. 3   b. 4   c. 6   d. 2

2957. A qué está subordinada la riqueza del País:

a. A las necesidades del Gobierno
b. A la defensa nacional
c. A la investigación y desarrollo
d. Al interés general

2958. En caso de objeción de conciencia, qué podrá imponer la ley:

a. Una multa
b. Una condena
c. Una prestación social
d. Una prestación económica

2959. Qué religión tiene en España carácter estatal:

a. la católica
b. la protestante
c. la evangélica
d. Ninguna

2960. No es necesaria autorización previa para reunirse o manifestarse cuando sea…

a. Pacífica
b. Sin armas
c. Autorizada
d. la 'a' y la 'b'

2961. Cómo es la Constitución:

a. Flexible
b. Rígida
c. Semirígida
d. Cambiable

2962. Qué estado podrá declarar el Gobierno cuando se produzcan catástrofes, epidemias, etc.:

a. Alarma
b. Excepción
c. Sitio
d. Cualquiera de las tres

2963. Quiénes podrán gozar del derecho de asilo en España:

a. Los apátridas
b. Los inmigrantes
c. Los extranjeros
d. Son correctas A y C

2964. A qué órgano corresponde garantizar la seguridad ciudadana:

a. Al Gobernador Civil
b. Al Ministerio del Interior
c. Al Gobierno
d. A las Fuerzas y Cuerpos de Seguridad del Estado

2965. Qué título tiene el Jefe del Estado español:

a. el presidente del gobierno
b. el primer ministro
c. el Rey de España
d. el de presidente del TC

2966. La Constitución se fundamenta en la indisoluble unidad de:

a. la Nación española
b. las CC AA
c. Las lenguas del Estado
d. la sociedad española

2967. Cuál es la norma jurídica suprema del Estado español:

a. la Constitución
b. Las Leyes Orgánicas
c. Los Decretos-Leyes
d. Los Decretos-Legislativos

2968. Qué ley regula los Estatutos de una Comunidad Autónoma:

a. Una Ley de Bases
b. Un Decreto-Ley
c. Un Decreto Legislativo
d. Una Ley Orgánica

2969. De los tres Poderes del Estado, los jueces y magistrados ejercen:

a. el legislativo
b. el judicial
c. el ejecutivo
d. Los tres

2970. A qué días de su promulgación entran en vigor los Decretos – Ley:

a. 20 días
b. 45 días
c. 30 días
d. 15 días

2971. Por qué procedimiento deberá elegirse a los representantes que participen en asuntos políticos:

a. Por votación
b. Por elección directa
c. Por elección libre
d. Por concurso

2972. Los recursos económicos de las CC AA vienen recogidos en el artículo:

a. 142
b. 156
c. 157
d. 158
e. la Constitución no establece cuáles son los recursos económicos de las CC AA

2973. El presidente del Tribunal Constitucional lo propone:

a. el Congreso
b. el Senado
c. el Gobierno
d. el Pleno del Tribunal Constitucional
e. el Consejo General del Poder General

2974. Penalmente los miembros del Tribunal Constitucional:

a. Son irresponsables
b. Cuentan con un fuero especial para la exigencia de responsabilidad penal
c. Responden ante el pleno del Tribunal Constitucional exclusivamente
d. Sólo les puede exigir responsabilidad el Fiscal General del Estado
e. Sólo responderán ante el Consejo General del Poder Judicial como órgano de Gobierno del Poder Judicial

2975. Los miembros del Tribunal Constitucional son:

a. Doce
b. Doce y el presidente
c. Veinte
d. Veinte y el presidente
e. Diecisiete

2976. El TC actúa en:

a. Pleno
b. Pleno y salas
c. Secciones
d. Salas y secciones
e. Pleno, salas y secciones

2977. El Título IX de la Constitución se rubrica:

a. Las Cortes Generales
b. Del Tribunal Constitucional
c. la Organización Territorial del Estado
d. la Reforma de la Constitución
e. Economía y Hacienda

2978. El plazo para interponer el recurso de inconstitucionalidad es:

a. 1 mes
b. 3 meses
c. 15 días
d. 2 meses
e. 30 días

2979. No tienen la consideración de leyes o disposiciones normativas con fuerza de ley a los efectos de interponer recurso de inconstitucionalidad contra ellas:

a. Estatutos de Autonomía, leyes orgánicas y ordinarias
b. Decretos leyes, decretos legislativos y Reglamentos de las Cámaras y de las Cortes Generales
c. Normas equivalentes a las anteriores dictadas por las CC AA
d. Tratados Internacionales
e. Normas de derecho comunitario europeo

2980. Para interponer el Recurso de Amparo a instancia de parte es necesario:

a. Haber delegado en vía judicial la vulneración del Derecho del que se solicita el amparo
b. Se puede acudir directamente al Tribunal Constitucional sin haber pasado antes por los Tribunales ordinarios
c. Se deja a la libre elección del interesado
d. Se acudirá a una vía judicial o a la constitucional dependiendo de cuál sea el derecho vulnerado
e. Los Tribunales ordinarios no pueden conocer del recurso de amparo

2981. Plazo para interponer Recurso de Amparo:

a. 3 meses en todos los supuestos
b. 2 meses en todos los supuestos
c. 3 meses en el supuesto de actos emanados de los órganos legislativos y 20 días en el supuesto de actos emanados de los órganos ejecutivos de la administración civil y militar o de los órganos judiciales
d. 2 meses en el supuesto de actos emanados de órganos legislativos, 1 mes en el de órganos ejecutivos y 30 días en el de órganos judiciales
e. No existe plazo, se interpondrá inmediatamente después de observarse la vulneración del derecho o libertad

2982. El Recurso de Amparo ante el Tribunal Constitucional ha de fundamentarse en la violación de los derechos y libertades recogidos en:

a. el Título preliminar de la Constitución
b. el Título I
c. la Sección 1ª del Capítulo II del Título I
d. En los derechos y libertades a que se refiere el artículo 53.2 de la Constitución
e. En los derechos a que se refiere el artículo 14, la Sección 2ª del Capítulo II y en la Objeción de conciencia del artículo 30

2983. Resolver las controversias que surgen dentro de los poderes del Estado, como consecuencia del reparto de funciones, entre ellos, es una competencia del TC que se conoce con el nombre de:

a. Conflictos de atribuciones
b. Recurso de amparo
c. Cuestión de inconstitucionalidad
d. Conflictos de competencias
e. Enjuiciamiento de la constitucionalidad

2984. Las sentencias del Tribunal Constitucional:

a. Tienen valor de cosa juzgada desde el momento en que se dictan
b. Son recurribles en casación
c. Son recurribles en súplica
d. Tienen valor de cosa juzgada y no son recurribles
e. Se publican en el Boletín Oficial del Estado

2985. La sentencia de inconstitucionalidad de una norma dictada por el Tribunal Constitucional:

a. Supone la derogación total de la ley
b. Supone la derogación parcial de la ley, si el Tribunal Constitucional expresamente lo dice
c. Supone la derogación parcial de la ley y tiene efectos frente a todos
d. Sólo produce efectos respecto de quien impugna la ley
e. Los efectos alcanzarán a las personas que determine el Tribunal Constitucional

2986. El TC puede dictar:

a. Exclusivamente sentencias
b. Autos
c. Providencias
d. Sentencias, autos y providencias
e. Autos y providencias

2987. El Título X se rubrica:

a. Del Tribunal Constitucional
b. De la reforma constitucional
c. Del Tribunal de Cuentas
d. De la organización territorial del Estado
e. De Economía y Hacienda

2988. El procedimiento especial de reforma de la Constitución contenido en el artículo 168 exige para su aprobación:

a. Mayoría de 3/5 del Congreso y del Senado
b. Mayoría de 3/5 del Congreso y mayoría absoluta del Senado
c. Mayoría de 2/3 del Congreso y mayoría absoluta del Senado
d. Mayoría de 2/3 del Congreso y del Senado y disolución de Cortes
e. Mayoría de 2/3 de ambas Cámaras

2989. El procedimiento general de reforma de la Constitución establecido en el artículo 167, exige para su aprobación:

a. Mayoría de 3/5 de ambas Cámaras
b. Mayoría de 2/3 de ambas Cámaras
c. Mayoría absoluta del Senado y de 2/3 del Congreso
d. Mayoría de 3/5 de ambas Cámaras al texto inicial o de 2/3 del Congreso y absoluta del Senado a un segundo texto elaborado por una comisión paritaria de Diputados y Senadores
e. Mayoría absoluta de ambas Cámaras

2990. El Referéndum consultivo tras la reforma de la Constitución:

a. Es siempre preceptivo
b. No es nunca preceptivo
c. Sólo es preceptivo en el procedimiento general de reforma previsto en el artículo 167
d. Sólo es preceptivo en el procedimiento especial de reforma previsto en el artículo 168
e. Sólo es preceptivo cuando el Título que se reforma es el relativo a las Cortes Generales

2991. La Constitución tiene:

a. 4 Disposiciones Adicionales
b. 3 Disposiciones Adicionales
c. 5 Disposiciones Adicionales
d. 2 Disposiciones Adicionales
e. No tiene Disposiciones Adicionales

2992. El número de Disposiciones Transitorias contenidas en la Constitución es:

a. Diez Disposiciones Transitorias
b. Ocho Disposiciones Transitorias
c. Nueve Disposiciones Transitorias
d. Siete Disposiciones Transitorias
e. Cuatro Disposiciones Transitorias

2993. El ejercicio de los derechos que la Constitución reconoce:

a. No están sujetos a limitación alguna al tratarse de derechos de carácter absoluto
b. Tienen como límite genérico la edad del sujeto
c. Tienen como límite genérico la nacionalidad del sujeto
d. Tienen como límite genérico la personalidad del sujeto
e. Son correctas B, C y D

2994. En qué artículos regula la Constitución la garantía de los derechos y libertades:

a. En todo el Título I
b. Del artículo 30 al 35
c. Del artículo 53 al 55
d. En el artículo 54 y 55
e. la Constitución no establece garantías sino que se remite a una ley

2995. El principio de legalidad está recogido en el artículo:

a. 1   b. 2   c. 7   d. 9   e. 17

2996. La publicidad de las normas:

a. Es un principio consagrado en la Constitución
b. Es un valor superior del ordenamiento jurídico
c. Es un principio rector de la política social y económica
d. Es un derecho fundamental
e. Es una regla de derecho administrativo

2997. El sistema tributario español se inspira en los principios de:

a. Capacidad económica y progresividad
b. Igualdad y progresividad
c. Economía e igualdad
d. Economía y celeridad
e. Capacidad y no-discriminación

2998. El derecho a elegir libremente residencia y a circular por el territorio nacional, lo reconoce la Constitución:

a. Sólo a los españoles
b. Sólo a los extranjeros
c. A los españoles y a los extranjeros
d. A los españoles y a los ciudadanos UE
e. A los españoles y a los ciudadanos de la comunidad iberoamericana

2999. El ejercicio del derecho a sindicarse libremente, podría regularse a través de un Decreto-Ley:

a. Sólo en caso de necesidad y urgencia
b. Sí, con autorización del Congreso de los Diputados
c. En ningún caso, al tratarse de un derecho fundamental regulado en el Título I de la Constitución
d. Sí, cuando se tramite por el procedimiento de urgencia

3000. Puede el ciudadano que considere violado el derecho reconocido en el artículo 30.2 (objeción de conciencia), acudir al Tribunal Constitucional a través del recurso de amparo:

a. No, al estar ubicado fuera de la Sección 1ª (de los derechos fundamentales y de las libertades públicas)
b. Sí, al preverse esta posibilidad, dentro de las denominadas garantías de las libertades públicas y derechos fundamentales
c. No, sólo podrá ser alegado ante la Jurisdicción Ordinaria conforme a lo dispuesto en la ley que lo desarrolla
d. No, sólo le asiste el derecho de acudir en queja ante el Defensor del Pueblo

Made in the USA
Monee, IL
07 July 2026